THE MYSTICAL QABALAH

DION FORTUNE

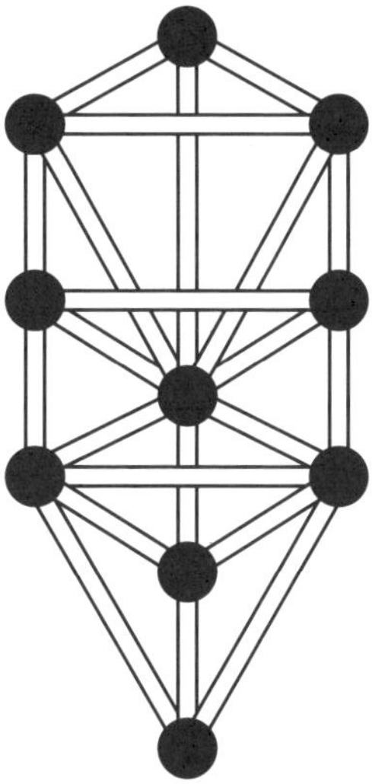

祕法卡巴拉

荻恩・佛瓊

目錄

第二部

第三部

推薦序

原初心靈的浮現：談卡巴拉祕術哲學與精神傳承

「卡巴拉（Qabalah）」對於華文世界的絕大多數人來說，無疑是非常陌生的一個詞彙，甚至對於已然接觸過西方神祕學的群眾來說，這個詞彙背後所指述的內涵，也顯得艱深晦澀，難以一言以蔽之。

但它卻是西方傳統神祕學之中，至關重要的一脈精神傳承，可以說，西方神祕學的世界觀、神學觀、妙體觀；乃至於西方具體實踐的儀式魔法工作，及其實踐工作所要朝向的目標，都受到了卡巴拉這脈傳承的影響。

那麼，卡巴拉究竟在講些什麼呢？

簡而言之，用比較容易理解的說法來解釋，它是猶太民族在歷史的長河之中，經歷種種苦難與顛沛，長遠的慢慢積累而成的精神與流風，之所以不用一種「宗教」來定義它，是因為卡巴拉一開始是奠基於一種直接而純粹的宗教心靈體驗，它涉及到各種靈視意境（vision）在原初心靈的浮現。

我們甚至可以說，所有信仰的根源，都來自於這種靈視意境的浮現，在這樣的意境之中，我們經歷到某種非常深具寓意的場景或形象，並且深深的參與其中、認同其中，這樣靈視意境的浮現，在最初期被稱之為薩滿乃至巫術信仰的階段；而隨著人的理智漸漸成長堅固，我們開始為這樣具有象徵寓意的靈視意境，賦予種種文字語言上的形容與紀錄，甚至彙整與統合，這就進入到了宗教信仰的階段；而在我們開始在理智上、文字上建構意義，理解所謂神性的同時，在我們於儀式中麻痺的行禮如儀，卻失去了最一開始深深參與其中、直接與神聖的意境或存有面對的時候，祕術哲學的階段就來臨了。

祕術哲學之中，嘗試以各種默觀冥想的想像工作、當然還有與之相應的儀式工作，來試圖觸發那曾經浮現於我們原初心靈之中，直接且純粹的宗教體驗；但在此同時，仍保留了宗教歷程中，盡力以理智與意識去詮釋、去紀錄的部分，因為那是我們意識的路標，也是精神的傳承載體。

人的意識發展過程是有意義的，完全的沉浸於神話的世界之中，回到理智之前，從而無法落實到自身的生命，無法銜接到自身的現實，並不是一種明智的做法；同樣的，完全訴諸於自身的理智，否定任何自身思維範疇之外的「可能性」與「非主流」，也是走向了另一個極端。

也因此，祕術哲學誕生於宗教信仰的階段之後，藉由宗教早先關於靈視意境的紀載，在意識中對於這些神聖象徵沉思冥想，從而不只是在理智上理解其意義，更是在儀式與冥想的過程，參與到這個世界背後所蟄伏的，無形且永恆的精神意志；在這樣深深參與的過程，我們的意識心靈，也逐漸的加深對於永恆層面的記憶與經歷的印痕，這使得我們可以在凡塵的僵固與凝滯中，幫助你洞見生活乃至生命的其他向度與可能性。

而也在我們以想像與儀式工作，慢慢的銜接起自身存在的永恆與轉瞬、精神與物質之間的裂隙時，用自身的生命實證了這個傳承，而脱胎其框架，越發豐富了其中的精神內涵，這對於每個在後世中接觸到這門學問的人而言，都會是非常珍貴的指引路標。

而卡巴拉，就是基於猶太教傳統而開展出來的祕術哲學，並且經由後世的實修者，不斷完善豐富其內涵的一脈傳承。

我們可能會想，時至今日，已經有許多宗派與傳承，是距離我們較為相近且淺顯易懂的文化，為何又要煞費苦心的去理解卡巴拉這門傳承？但實際上，那些古代的哲思與精神傳承，反映了當時的原初心靈，對於這個世界、對於自身、對於內外虛實之間的，直觀的洞察與感受；它不盡然符合科學，但它符合人性的深度。

這顯然是處於當代意識心靈的我們，所難以銜接上的深度經歷；而卡巴拉這脈精神的傳承在經歷許多整合與內涵的豐富之後，更成為了一座堅實的橋樑，在我們面對自身存在的各個面向時，自身存在之中精神性與物質性之間的裂痕、以及自身意志在永恆面與世俗面的矛盾衝突時，適時的提供給我們一些建議與指引。

它呈現了一幅神祕學世界觀的地圖，為我們揭示了世界的真身，在長遠的發展與整合過程中，生命之樹的內涵越發豐富，當中最關鍵的一環，莫過於彙整進赫密斯派之中的天體模型世界觀，亦讓古老的希臘哲學思想，成為卡巴拉派，甚或應該說是整個西方傳統神祕學更加完善的一塊拼圖。

透過這樣的祕法世界觀，我們知曉了世界不只是眼前可視的層面，亦有蟄伏於物象背後的無形且巨大的作用力，正如人類有形肉身的行動，是受到無形思想、意志或傾向的影響，這個世界也是如此，除了有形的物質世界、更有無形的精神領域，以及介於之中的象徵層面。

象徵、形象是一種很有趣的存在狀態，它有形卻不具體，就像我們的記憶與想像，它不是現實的存在，但它不盡然不真實，事實上我們的行動與創造，都基於這個有形無體的想像與願景的浮現，甚至可以說，世界之所以不斷的變動與前進，都是基於這些深富寓意的象徵在我們意識中的浮現，而在其背後則是更加抽象無形的精神領域，是生命力與智慧純粹流動的場域。

我們的生命，不可能只生存在物質層面的僵固與凝滯、也不可能天馬行空的馳騁於理想之中，生命的失衡與偏差，絕大部分來自於橫亙於兩界之間的象徵系統，無法以啟蒙與教誨的方式運作，從而導致了極端或迷妄的狀態。

而卡巴拉生命之樹，正是一門平衡且完善的象徵系統，使我們在探索象徵與精神領域的過程中，能夠洞見力量的平衡之道與流變銜接，一個完整的精神傳承，不僅僅是呈現出一幅世界觀的路徑，它亦同時反映出我們自身存在的各個意識層次，也就是我們妙體觀的結構。

卡巴拉的傳承之中，係認為人身乃是人格、情感、智慧都臻至完美的「全人」，象徵著宇宙本身的光輝之子、太初的原型之人——亞當．加達蒙（Adam Qadmon）的碎形，人就是宇宙在某種程度上的倒影與反映，正因如此，我們才能夠透過自身不同的意識層次，來接觸其他層面的現實。

而隨著我們的意識，逐漸的探觸到不同層面的現實中所存在的場景或形象，我們也等同於是與另一重現實之中的活物與力量相接觸，而當我們回歸到自身的現實，便會發現物質凡塵背後的各種作用力，甚至當我們的意識統合到一定的程度時，更能夠辨認出平凡與庸俗背後潛在的神聖痕跡。

這對於超出自身之外的，更為巨大的平衡與更全面的神性意志的洞見，乃至於反映到成就自身之所是的終極責任，就是卡巴拉的傳承之中所揭示的神學觀；從而一步步的銜接自身存在之中的各個面向，也讓理想與現實、精神與物質之間愈發和諧、平衡、有序的運行，從而對人的生命品質產生一種「精妙的質變」。

但相對來說，要介紹這麼一個平衡且完善的象徵系統，其學術涵養與實修經歷也必須相當扎實穩健，卡巴拉這一派精神傳承，之所以對大多數人來說顯得艱深晦澀，正是因為要引導修習者進入這般精妙的象徵世界，不只是需要理論的闡述、更需要深切實踐並內化於心的實修經歷，才有辦法從抽象的理論信念，銜接到我們的生活與生命之中。

而大多數關於卡巴拉的論述與介紹，不是偏向理論性的——大量且繁雜的資料，這導致了修習者難以理解與內化，其中各種派別論述的歧異與矛盾，更導致了種種偏誤與迷惑：要不然就是偏向通靈性的——缺乏深度的理解與探索，從而迷失在靈視意境互相重疊染汙的世界之中。

而這都取決於，一個人有沒有辦法將自身所接承到的精神傳承，一次次的落實到自身的生命現象之上，從而逐漸開展自身生命的越發全然性的眼界與觀點，去洞見這個傳承在你身上所展現出來的信仰核心。

而《祕法卡巴拉》的作者 Dion Fortune，成功擔綱起為我們指引路徑的導航者角色，作者以簡明、嚴謹卻不失靈動的行文方式，引領著讀者進入到卡巴拉生命之樹中，精妙且細緻的象徵世界，並且為讀者揭開在儀式工作或冥想工作之中，修習者會如何運用到卡巴拉生命之樹這個象徵系統。

這是唯有經歷過實修驗證與內化的工作者，才有辦法在教導與傳承的過程中，做到如此妥善且精妙的權衡與取捨。

Dion Fortune 被公認為是二十世紀初最重要的神祕學家與儀式魔法師之一，其著作與學說理念，更催生了後世許多祕術哲學的結社，甚至就連現代巫術——威卡 Wicca 亦受其理念脈絡所影響，對於有心於探索、理解卡巴拉這脈精神傳承，並且運用其象徵系統，來整合完善自身身心靈的讀者而言，本書的中文化出版，著實是華文世界西方神祕學尋道者的一大福音。

於此誠摯推薦。

FB「一個台灣巫師的影子書」版主／丹德萊恩

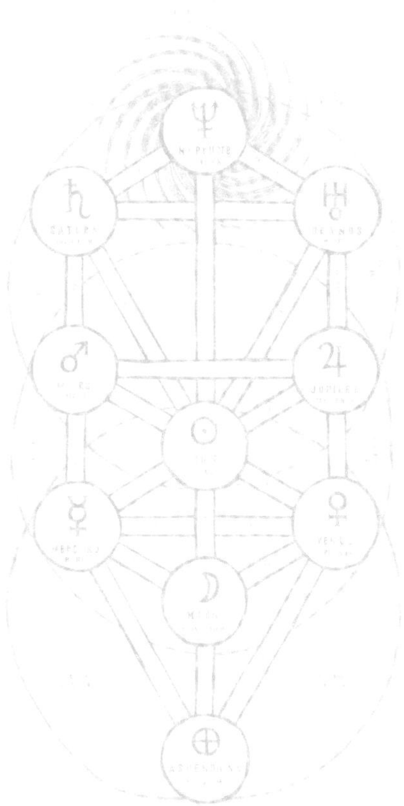

導讀

談西洋神祕學核心卡巴拉源流

卡巴拉是西洋神祕學的核心，墊基於猶太教的神祕主義傳統，而出身於英國黃金黎明協會的女性作家荻恩・佛瓊則是其中的佼佼者，她畢業於倫敦大學，在那裡學習精神分析與佛洛伊德，後來又轉往榮格的分析心理學，並以諮商師（counselor）為業。但很快地，神祕學及靈修的經驗更加吸引她，從而逐漸成為一個傑出的神祕學家。

國內的卡巴拉之學一直以來仰賴國外著作中出現的簡短介紹，並不完整。近年來雖有出版社譯介通論性的書籍，但卡巴拉思想的演變史及大師們的修行心得離我們仍非常遙遠，更別提卡巴拉的心理學分析及意義了。如果沒有卡巴拉，塔羅牌不過是一算命工具，猶如失了《易經》的占卜，將毫無深度及啟發性可言。因此神祕學團體以研習卡巴拉，冥想生命之樹為修行核心絕非偶然，因為那是神祕學的重中之重。而今國內能迎來第一本大師作品，而且在我看來是一位正派的大師作品（原因容我下文再述），這實在是國人之福。

卡巴拉是猶太教神祕主義的代稱，但要詳述「卡巴拉」絕非易事。猶太教是西方宗教及文明的基石，因而猶太教與天主教會發展出來的靈修方式共同主導著西方的靈修傳統。但由於前者的誨澀及中世紀前濃重的族群傾向，因此一直以來只侷限在特定地區與人士（也就是猶太族裔的社區中）手裡，影響力遠不如天主教會。所以要理解卡巴拉，不談猶太教的神祕主義是不行的，鑑於本書內容未及交代卡巴拉的思想史，我將在下文中緊接著為國內讀者做個簡短說明。同時為了滿足現代人的「理性」需求，我也會在導讀的最後一部分以心理學的角度來分析卡巴拉及生命之樹的象徵意義。讀者可以根據您的個人需求從標題中找到想要理解的內容。

猶太教神祕主義源流

根據學者劉精忠的研究，卡巴拉是中世紀以後才出現的名詞，但猶太教的神祕主義傳統卻遠遠早於此。歷史上，猶太教神祕主義的最早形式被稱為「默卡巴」神祕主義。默卡巴（Merkabah）在希伯來語中原指上帝的「戰車」，在《以西結書》所描繪的異象中，上帝曾駕著祂的戰車在嘉巴魯河畔（Chebar）顯現。被後人視為偽經的《以諾書》也在描述伊甸園、天使、以及世界末日等內容時，反覆提及上帝坐在祂榮耀的寶座上，書中的託名人物以實瑪利在漫遊天庭時，更是直接見證了上帝的寶座和戰車。這些異象因此被猶太教的靈性經驗視為最重要的內容。上帝的戰車、特別是王座中的上帝形象，因此成為早期猶太教神祕主義自我建構的重要依托。

默卡巴神祕主義的出現年代是在猶太歷史上被驅逐出聖殿祭祀的祭司們的宗教作品。在羅馬人摧毀了猶太人的第二聖殿之後（西元70年），宮殿文學的作家們就開始撰寫這類著作。它們企圖將聖殿崇拜中被剝奪的宗教儀式轉換成一種永恆的天堂式的崇拜。也就是說，將那些不能再重演的外在宗教儀式轉為內心永恆的天國儀式。在此轉換中，天堂界的描述總是與被放逐的先知以西結所描述的戰車異象有關。以西結成為了一個被放逐者的典範形象。

這些作品全神貫注於天堂中沒有受到塵世影響的七重宮殿，在那裡，天上的儀式維持永恆的運作。這些作品裡也反覆地出現被驅逐、或被廢棄的光明之子與竄位者或黑暗之子間的衝突，這一衝突反應著撒督家族被廢棄的祭司與取代他們的非法祭司，也就是希臘化祭司和哈斯蒙尼王朝（活躍在西元前167年～西元前37年）間的宗教政治鬥爭。

一直到中世紀後，德國的猶太社區出現了名為「虔誠者」的宗教運動，嚴格強調禁欲、平靜與利他。於此同時，法國的普羅旺斯地區也開始出現一種被稱為「卡巴拉」（Kabbalah）的神祕主義運動。卡巴拉一詞原為「傳統」，顧名思義，是在吸收猶太教傳統資源的基礎上，發展出來的神祕主義神智學體系。它產生不久後就迅速擴張到西班牙的猶太社團，在那裡獲得了蓬勃發展。

卡巴拉思想的現身與完備

就其思想淵源來說，雖然卡巴拉標榜對自身傳統的重視，但學者卻指出它實際上更多地包含了諾斯替教派、新柏拉圖主義乃至某些異端邪說的影響。而在法國南部的普羅旺斯猶太社區，在當時正處於一個非常適宜創造的文化沃土。猶太教的學者們在這裡一步步地將不同的哲學概念給卡巴拉化，最終完善了自身的神祕學體系，卡巴拉才正式地現身了。

其理論的最早著作可以追溯到《光明之書》，這部匿名作品中，該書可能出現在西元1150到1200年的普羅旺斯，它將歷史上的默卡巴傳統轉化為一種涉及神光中上帝之力量的猶太諾斯替傳統。其中最重要的方法就是對以往的輝耀（sefirot，又譯為聖質或流溢層，本意為「計數」，是卡巴拉中的10種屬性）概念做出幾乎全新的解釋。在此書裡，輝耀的流溢現象開始成為某種內在於上帝本身的力量與屬性，由十個數字所代表的輝耀被解視為上帝創造世界的容器。從此神性創造的王國就被視為一種具有結構性的統一體，而非原本那種單純的統一體。在這種神祕祈禱中，祈禱者並不僅僅立足於字母的數值計算或祕名方法，而且立足在祈禱中做為集中意象的手段。

西班牙卡巴拉給猶太教神祕主義留下的最偉大遺產則是被稱為《佐哈爾》（Zohar）的《光輝之書》。本書約完成於1280年前後，其主體是圍繞《律法書》所展開的卡巴拉式神祕主義詮釋，目標在「敍述創世之功的奧祕。闡釋造物主的十次流溢，以說明創世過程和宇宙的存在；兼論罪惡問題並從宇宙論角度論述祈禱和善功的意義。」本書的成功之處在於，全書旁徵博引，以卡巴拉的方式出色地詮釋了西班牙卡巴拉主義者對《托拉》的內在精神和寓意的神祕主義領悟。該書是西班牙在13世紀前半葉卡巴拉思想發展的頂峰。

其實《佐哈爾》算不上一本非常邏輯化或系統性的著作，而比較是關於宗教靈性實踐的書面紀錄與反思，其採取的是超越理性與邏輯思維的神祕主義象徵方式，來準確紀錄和表達那些稍縱即逝的靈性經驗。正因如此，《佐哈爾》可以不斷地詮釋、再詮釋，這個特徵同時也使卡巴拉信徒總是維持自身的小圈圈，不將神祕主義外傳的原因。《佐哈爾》的作者更偏好採用悖論性的矛盾修飾手法，來表達靈性領域的超越。學者認為，正是這種「缺陷」才讓《佐哈爾》深深打動了他的讀者，成功引發歷代猶太人的共鳴。在他的詮釋手法下，即便《聖經》中最平淡的句子也獲得了完全意想不到的意義。

待1492年西班牙國王與宗教法庭大舉驅逐猶太人後，這本書被神聖化了，開始被帶進卡巴拉信徒以外的猶太群眾裡，卡巴拉信徒四處流散，逐漸地將此傳統擴散到其他地區。西元16世紀時，卡巴拉神祕主義重新在義大利、奧斯曼土耳其帝國、巴勒斯坦、以及北美等地再次形成新的卡巴拉中心。

而如果您恰巧與我一樣，是一位喜歡西洋神祕學的同好的話，您可能已經發現了，正是在這個時候，來自西班牙的卡巴拉理論與來自拜占庭帝國的學者們同在義大利相遇了。在猶太人遭驅逐前，拜占庭帝國已經搖搖欲墜，大批學者紛紛往西方最繁榮的地區，也就是義大利各城邦出逃。1453年，鄂圖曼帝國攻陷了君士坦丁堡，帝國大圖書館的文獻在城破前被一批批地送走，而有一批被稱為Hermitica（從字面來看就是神祕學的意思）的文稿就是在這個背景下於1460年流入了當中最著名的佛羅倫斯大公梅帝奇的手中，此人創建了柏拉圖學院，並將這批文稿交給學院裡的學者進行研究。而這正是塔羅、卡巴拉、與神祕學之所以會產生結合的背景因素。

這個經濟繁榮、文化高度發展的時代後來被我們稱為「文藝復興」，文藝復興時期的人們不滿中世紀神學的枯燥，因此熱烈歡迎重新翻譯面世的古希臘哲學與各種「異端」思想，而卡巴拉正是在此時融合了不同的哲學觀點，在義大利結合了塔羅牌，深化了這項占卜工具。並在16世紀時，於巴勒斯坦的小鎮薩非德（Safed）迎來了理論的第二次高峰。

薩非德卡巴拉的信徒們認為，人是一種宇宙性的、靈性的存在，人性是神性在此世界中的反射或倒影。就此而言，神是大宇宙，人是小宇宙。只因為亞當的墮落，從而使人由神所創造的輝耀世界中滑落至被惡所籠罩的世界裡。因此也就產生了人這種半靈性、半物質的存在物及其所生活的物質世界。卡巴拉信眾認為，惡之所以產生是因為創世的過程裡，光的力量太強，因此在行經十個輝耀世界時，擊碎了下面六個輝耀的容器，造成惡的洩漏，而信徒們必須擔負起救世的責任，協助上帝加速修復世界。經此一轉，猶太人從被上帝拋棄的子民，一變成為擔負特殊任務的上帝選民。沒有他們，世界會更長久地處在黑暗中。因此卡巴拉信徒們從隱密走向開放，積極地要求在猶太社群中扮演主導地位，挑戰傳統律法師的權威，甚至接納外族成為他們的信徒。

黃金黎明協會與迪恩佛瓊

除去這大段的歷史背景，卡巴拉在近年的西方被視為重要的靈修材料。受益於新時代運動的興起與引介，以及傳統基督宗教的衰頹，世界各地的靈修傳統在過去的150年間都有在歐美復甦的趨勢。創建於倫敦的黃金黎明協會更是當代神祕學及魔法學的先驅。該協會是近代史上最知名的神祕學團體，不論魔法、占星、塔羅、還是卡巴拉都是他們的研究主題。在此類團體中，卡巴拉被視為最重要的文本和宇宙學架構，他們有嚴格的考核機制以及資格授與，用來判定每個成員的位階。

如果仔細閱讀這些神祕學團體的文獻就會發現他們有幾個共同特徵：第一，他們多會強調自己與傳說中的「玫瑰十字協會」有聯繫，藉此抬高社團的地位與內容的真實性；第二，他們皆會以「靈啟經驗」做為第二層的背景支撐，用神祕經驗來說服外人自身解讀的可靠；第三，他們皆以卡巴拉為宗，明顯地自外於教會的靈修傳統，用語多半晦澀，而且理論性濃重。

正是這樣的背景，讓我可以肯定的說，這本《卡巴拉祕法》的翻譯是國內愛好者的福音。作者荻恩．佛瓊是黃金黎明協會的晚期成員，而且是一位女性。我為什麼特別強調她的性別是有原因的。因為這些早期的男性成員們所寫的書籍有時流於用語生硬，甚且喜歡貶抑他人、自吹自捧，而且內容明顯地僅滿足於理論的建構。為了引起注意，這些現象在宗派創立的初期並不罕見。但神祕主義與宗派建立往往是相互敵對的。因為與神聖接觸的經驗如人飲水，冷暖自知，真正碰觸到神聖，體會到完整的人，不會四處嚷嚷，也不會去抨擊別人。他們知道真正的「道」一說就破，無人可以描繪全貌，更別說用一套理論將它清楚表明。但若不行諸文字又無法跟外人溝通，因此神祕經驗的理論化也是一種必要之惡。

但真正走在靈修之路上的人是謙虛的，他們不會耽溺在神祕合一的狂喜中，也不會過分地向物質與現實靠攏。他們知道只要能向當下開放，就能汲取永不枯竭的靈性，文字只是方便，理論只是階梯。以手指月指非月，他們並不看重理論與教義解讀的「精確」（或者說是死板），他們看重的是個人內在本性的清明程度。就以馬瑟斯和克洛利這兩位作者認定的重要神祕學人物來說吧！馬瑟斯是黃金黎明協會的創始者之一，但他為了謀權曾幹了許多見不得人的事。克洛利行為乖誕（小說《哈利波特》中的佛地魔，據信就是以他為藍本而創造），後來還自稱「地球最邪惡的男人」、署名「666」（撒旦的別名）。從他們身上完全看不出修行人，嚮往靈性者的基本素養。兩人後來還相互指控對方使用黑魔法召喚地獄軍團及吸血鬼來攻擊自己，以我來看，簡直荒唐胡來！

對這樣的人來說，神祕學只不過是求取名利和放縱情慾的手段，我認為他們從來沒有過靈啟經驗，有的只是深度心理學談的「自我膨脹」或「神力人格」經驗，古人將之稱為墮入魔道。但荻恩・佛瓊卻不同，讀者想必可以從文字裡發現，她用語簡單、深刻，既不強調個人經驗的特殊，也不訴諸她的學養背景，她看重的是自身在冥想時所得到的直接體悟。易言之，她正確地把握了靈修或「個體化」的要義。這本作品之所以會被放上黃金黎明協會線上圖書館絕非偶然，卡巴拉書目中跟她並列的還有許多那個時代的大師（而她是唯一的女性），然而她的作品絕對不亞於當中的任何一個。因此當我得知出版社有意出版本書時簡直欣喜若狂。

心理學觀點的生命樹與卡巴拉

我必須向讀者坦承，雖然這是一本簡單而深刻的書，但要瞭解卡巴拉你還是得有一些先備知識才行，例如最最基本的占星學。心理學大師榮格曾經抱怨，西方人那種外傾的心理態度即使學習東方的瑜伽，也只會強調如何「做」，而非在心態上向瑜伽的本意靠攏。他因此斷定，這不會有好結果。他認為西方並不是沒有自己的靈修傳統，例如天主教的《神操》，或者深度心理學的「積極想像」，這些方式跟瑜伽一樣，都是透過冥想的方式來讓潛意識的象徵能夠意識化，降低意識的過分使用，以得到心靈的整補。他希望今後西方世界能夠建立起自己的瑜伽，而且是根植於基督宗教的文化土壤之上的瑜伽。而我認為，卡巴拉與做為象徵的生命之樹很有可能就是他一直追求的解答。

荻恩・佛瓊既出身於嚴謹的神祕學團體，卡巴拉所蘊含的神祕學知識礙於個人的學養我不再妄言，除在上文略替讀者交代歷史背景以增進理解外，下面再以深度心理學的角度來談談生命之樹的象徵。

做為冥想的對象，生命之樹的結構相當獨特。首先它告訴我們，位於上方的三個輝耀是進化與邁向整合的目標，同時也是生命的源頭。易言之，個體化歷程是一種向上的活動。然而，上位三輝耀與下方的七個輝耀中間卻隔著一道難以跨越的深淵。用心理學的角度來說，這無疑是在暗示冥想者，若要抵達光明，必先穿越黑暗。但黑暗並不僅僅在下界，一如生命之樹的假設那樣，越下層的輝耀，離神聖越遙遠，黑暗也同時位於上界。這樣彼此矛盾的概念充斥在生命樹的結構中。

位於左方的女性之柱又被稱為「嚴厲之柱」，位於右方的男性之柱則被稱為「慈悲之柱」，這樣的名稱恰與我們熟悉的慈母嚴父相反。這並不是卡巴拉主義者的玩笑或誤會，熟悉深度心理學的人就知道，二元對立及陰陽相生正是心靈的動力與奧祕。生命樹的作者明顯地在對修行者們說，不要妄加分別，想要瞭解生命的實相就要放下你腦中的假設。生命之樹的意象清楚地告訴我們，完整包含了光與黑暗，靈性與物質，主動與被動等所有的對立。當我們觀想著生命之樹這個具體而微的宇宙時，我們就是在觀想自己內在的「自性」，亦即位於集體潛意識裡那個完整而神聖的本質我，那個「一」。而這個「一」又透過生命之樹的四個層級世界與概念的對立包含了「一切」，一即一切，一切即一。許多修習卡巴拉的神祕主義者都提到了足以改變其一生的靈啟經驗絕非偶然，這肇因於生命之樹乃是一個極具活力的象徵，而基督宗教的十字架卻已逐漸地變成死去的符號，無法再提供現代人深刻的啟示。

同時，生命之樹也具有曼陀羅的特徵。榮格曾說過，曼陀羅的存在有兩種證據，第一是基於歷史事實，也就是古今文獻提供的資料；第二是臨床的觀察，病人在特定的階段裡會自發性地描繪曼陀羅。曼陀羅是一個有序的整體，常見的形式為外圓內方，或外方內圓。它表明了心靈是一個有秩序的統一體，不論曼陀羅的主題為何，最終都會統一在一個同心的或者輻射的序列。而生命之樹的中心就在位於中柱的輝耀 Tiphareth（亦即「美」，beauty），它被形容為宇宙的中心，靈魂的光，對應著占星學裡的太陽。以人物而言，他是國王與王后之子。換句話說，他是王國未來的繼承人。人在這裡必須以小孩的面貌重生。而我們很清楚耶穌怎麼說的，「除非你成為小孩，否則不能進天國。」王子的另一半是生命樹最下方的輝耀 Malkuth（亦即「王國」，kingdom）。易言之，身為靈魂之光的王子必須與物質相結合才能成為夠格的國王。

這一切都在表明生命樹的核心並不是位於最上方的輝耀 Kether（亦即「王冠」，crown），它是生命之源，但不是生命的最終完成，甚至不是生命的可能性本身。只有那擁有資格（也就是王子身分），但卻尚未完全成熟的青年人才是心靈的核心。王子的不成熟即代表了生命的可能性（想想選填志願前夕的高中生），而這正是潛意識的重要特徵之一。那個能四時孕育與創造的心靈，絕不可能是完成體，它永遠處於現在進行式。

正因如此，生命樹上未出現的第11個輝耀才變得重要。生命樹上雖然只有10個輝耀，但熟悉卡巴拉的人都知道，還有一個隱藏的輝耀稱為 Daath（亦即「知識」，knowledge），它位在中柱，Tiphareth 與 Kether 的中間，它的存在使 Tiphareth 成為中柱的中點，更加確立了它的地位以及生命之樹的曼陀羅形式。卡巴拉的作者也強調，生命之樹既是個人的，同時也是宇宙的。用心理學的話來說，每個人的整體生命都是一棵生命之樹，因此能夠洞悉自身的人，就能洞悉整個宇宙。卡巴拉的心理學因此同時是具超越性質的形上學，當中沒有心與物的分裂，人與世界仍是一體。

這是我認為卡巴拉是天主教會外，西方世界所提供給世人最具吸引力的靈修傳統的原因。

荻恩‧佛瓊此書雖然肯定無疑地是卡巴拉著作的經典，但有志探索生命實相的朋友也萬不可用任一本書來做為靈修的全部。每一本書都有不足，因為文字本身就是不足的。傳統宗教的種種戒律及規範雖然使人束縛重重，但那也是為了確保人在個體化的路上不致走火入魔、認同黑暗，也就是深陷於潛意識的多變象徵，自滿於豐沛的原型能量而不可自拔，一如上面提到的克洛利那樣。依附一個正派的靈修或學習團體依舊有其必要，至少對初學者而言是如此，只是我們要明白，邁向完整之路最終還是個人的旅程，我們對自身的完整負有最後的責任。

僅以此文獻給這條路上的所有朋友，以及即將打開這本書的你。

——愛智者書窩版主、諮商心理師／鐘穎

作者序

生命之樹形塑出西方奧祕傳統的基底藍圖，也是敝人的「內明社」（the Society of the Inner Light）用於訓練學生的系統。

這本書及其他書冊是敝社教導體系的基礎，想要了解敝社詳情者，請寫信到以下地址：Society of the Inner Light, 38 Steele's Road, London, NW3 4RG。

將希伯來文字轉成英文的音譯方式有多種說法，而每位學者看來都有屬於自己的系統。我在本書所用的字母表，係取自麥克葛瑞格・馬瑟斯（MacGregor Mathers）的《卡巴拉揭密》（The Kabbalah Unveiled）一書，因為它是修習西方奧祕傳統的學生常用的書籍。然而，馬瑟斯並不會有系統地依循自己所建立的字母表，甚至還會出現同一個字拼法不一的情況，這對於想要使用希伯來字母代碼闡釋法（the Gematric method of elucidation）將文字轉換成數字的人們來說會有相當程度的混淆。因此馬瑟斯也有給予替代的音譯方式，不過我仍依循跟他的字母表一致的音譯方式。

此外，文章中使用的大寫文字也許看似不太尋常，然而這是西方奧祕傳統的學生常用的書寫方式。在這系統中，一般文字的字首若予以大寫，像是地（Earth）或路徑（Path），代表這是在技術層面用於指稱它們在靈性原則的意思。在使用時，字首大寫的文字是用來指稱特定的事實，而字首沒有大寫的一般文字則照平常一般意義來理解即可。雖然我在神祕主義方面中常援引麥克葛瑞格·馬瑟斯以及阿列斯特·克勞利（Aleister Crowley），不過我還是要把自己的位置跟這兩位作者之間的關係解釋清楚。

我曾是馬瑟斯創立的組織成員之一，然而從未跟克勞利有任何關聯。我個人跟這兩位男士並無私交，馬瑟斯在我加入他的組織之前已經過世，而克勞利跟那個組織的關係在那時候也已經中止。

第一部

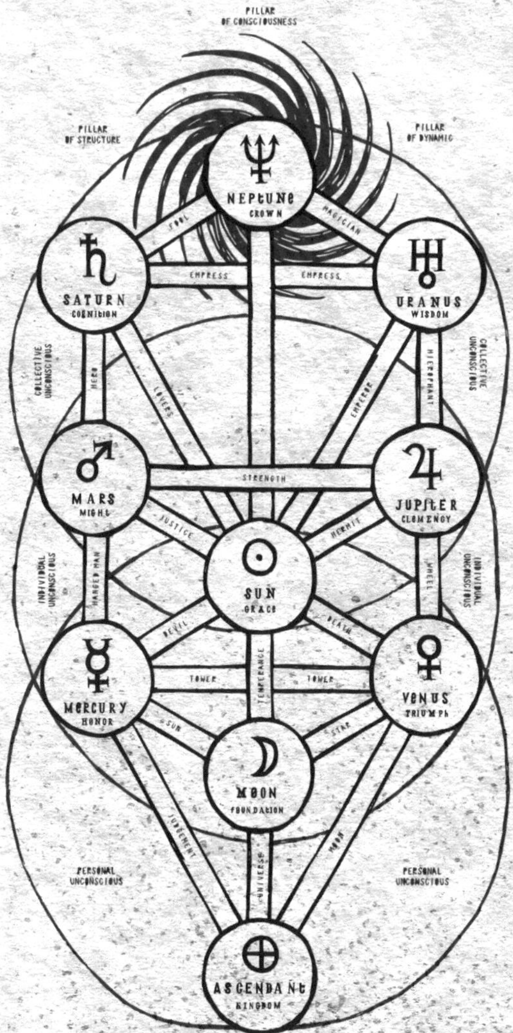
PILLAR OF CONSCIOUSNESS
PILLAR OF STRUCTURE
PILLAR OF DYNAMIC
NEPTUNE
CROWN
FOOL
MAGICIAN
SATURN
COGNITION
URANUS
WISDOM
EMPRESS
EMPRESS
COLLECTIVE UNCONSCIOUS
HERO
LOVERS
EMPEROR
HIEROPHANT
COLLECTIVE UNCONSCIOUS
MARS
MIGHT
STRENGTH
JUPITER
CLEMENCY
JUSTICE
HERMIT
INDIVIDUAL UNCONSCIOUS
HANGED MAN
SUN
GRACE
WHEEL
INDIVIDUAL UNCONSCIOUS
DEVIL
DEATH
MERCURY
HONOR
TOWER
TEMPERANCE
TOWER
VENUS
TRIUMPH
SUN
STAR
MOON
FOUNDATION
JUDGEMENT
MOON
UNIVERSE
PERSONAL UNCONSCIOUS
PERSONAL UNCONSCIOUS
ASCENDANT
KINGDOM

第一章
西方的身心修煉之道

一、在習修祕術（occultism）的學生當中，多少知曉自己的傳統源自何處的人其實很少，許多學生甚至不知道「西方祕術傳統」的存在。從古到今的入門者（initiates），都會刻意為自己裹上掩飾與防護，使得研究學者大感困惑，並認為那些流傳至今的少數殘篇斷章是中世紀的偽造物品。如果他們知道這些殘篇斷章，在佐以僅限入門者流傳的手稿，並以口述的傳統補足之後，竟能成為「西方身心修煉之道」的實務運作之根基，應該會感到相當驚訝。

二、（人是）進化命運係為征服現實層面的物種，其箇中老手已進化出屬於自己的身心修煉之道的技藝，並套用到自己獨有的問題及特定的需求。而這技藝的依據即是頗負盛名的以色列智慧——卡巴拉（Qabalah），然而真正理解的人很少。

三、有人會問，為何西方國家得要從希伯來文化那裡找尋自己的祕法傳統？對於熟悉關於民族與民族分支的奧祕理論的人們來說，他們已經了解這問題的答案。每事每物都必定有其源頭，文化並不是從空無直接冒出來的，文化的各個階段之播種者也必定源自更早之前的文化。在考慮到耶穌基督與使徒保羅均是猶太人的事實時，人們就無法否認猶太思想是西方靈性文化的基礎。除了猶太人之外，其他民族都沒有發展出一神論，所以只有猶太文化在新的時代能像烹飪的高湯供人移植嫁接。泛神論與多神論在過去有其輝煌的時候，而現正來臨的是寬闊的新靈性文化。信奉基督教的民族當因自己的宗教而感謝猶太文化，如同信奉佛教的東方民族當因自己的宗教而感謝印度文化。

四、以色列的神祕主義（mysticism）為現代西方祕術提供基礎，形成理論方面的根基，使一切儀式都能依此發展出來。它的著名代表圖像就是「生命之樹」（the Tree of Life），是我們已有的諸多象徵當中最適合用於冥想的符號，因為它最具全面性。

五、我並不想撰寫關於卡巴拉諸起源的歷史研究，而是想藉此顯示祕法（the Mysteries）的現代學生從卡巴拉發展出來的運用方式。這是因為，即使我們的系統根源的確在傳統裡面，但我們並沒有理由讓傳統束縛自己的視野。真正有在實行的技藝能夠繼續成長下去，因為這技藝會從每個實行者的經驗得到滋養，而這些經驗都會成為共同傳承的一部分。

六、雖然生活在耶穌基督之前的猶太拉比（the Rabbis）具有特定的觀點，我們並沒有義務要執行特定的事情或抱持特定的想法。這世界從那時以來已改變許多，我們也已處在新的時代，然而那時在法則當中屬於真實的事物，它們在現在的法則裡面也是真實不虛，而且對我們來說很有價值。現代的卡巴拉修習者雖是古代卡巴拉修習者的後輩，然而處於現代的他們若認為自己的傳承的確有其實用價值的話，就得要重新闡釋教義及重新制定修習方式。

七、我並不會宣稱自己所學習的現代卡巴拉教導，跟那些處於基督教發展之前的拉比們之教導一模一樣，然而我會鄭重表示這些教導的確是他們傳下的真實事物及其後續的自然發展。

八、如同越靠近源頭的溪水就越純淨，為了要找出最為原初的法則，我們就得要追溯源頭。雖然河流在流動的過程會納入許多支流，不過那些原則也不一定會被汙染。如果我們想要知道這些原則是否仍然保持純粹，就要把它們拿來與最純淨的溪流做比較，如果它們通過這項測試的話，也許就能容許它們與眾水的主體相混而使其力量大為增漲。這樣的作法是合乎以下的傳統：只要不是對立的事物，都會被整合進來。我們應當總是用原初的法則來分辨某項傳統的生命力。保持不受當代思維影響的信仰只不過是死去的信仰而已。

九、最初由希伯來神祕主義流出的這道溪流已經吸納許多支流。我們看到這道溪流是從在迦勒底（Chaldea）游牧民族的拜星者湧出，也就是亞伯拉罕（Abraham）當年在被牲畜圍繞的帳篷中聽到神的聲音的地方。然而亞伯拉罕有著令人難以捉摸的背景，相關描述大多半遮半掩。「出生時無父、無母、亦無世系，也無壽命之始與生命之終」——某位具有如此神祕形象的祭司王在亞伯拉罕與當時位於國王谷地的以東（Edom）邪惡諸王戰鬥之後授予他最初使用餅與酒的聖餐儀式[1]，至於當時以東諸王的武力是這樣的——「在以色列的王來統治之前，以東的眾國具有失衡的力量。」[2]。

十、我們一代又一代地追尋以色列王子與埃及祭司王之間的交流，較遠的有亞伯拉罕與雅各（Jacob），而約瑟夫（Joseph）與摩西（Moses）則是跟皇宮裡面的王室專家有著密切的關聯。當我們讀到所羅門將人與材料送到推羅王希蘭（Hiram, King of Tyre）幫助興建神殿時，就知道那時著名的推羅祕法（Tyrian Mysteries）必定對希伯來的奧祕主義（esotericism）有著深遠的影響。當我們讀到但以理（Daniel）在巴比倫受教育時，就知道希伯來的開悟者必定能夠接觸到祆教術士們（Magi）的智慧。

十一、希伯來人的古老祕法傳統有三部經典：《律法與先知之書》（the Books of the Law and the Prophets），也就是我們所知道的《舊約聖經》（the Old Testament）；《塔木德經》（Talmud），也就是對於律法書的學術評註；《卡巴拉》，也就是律法書在祕法層面的解釋。對於這三部經典，古時候的拉比曾經說過，第一本是傳統的身體，第二本是傳統的理性精神，而第三本則是傳統的永恆靈魂。若要有所獲益，無知的人也許要閱讀第一本，博學的人則是研究第二本，而智者則以第三本進行冥想。奇怪的是，基督教的解經學從未在卡巴拉尋找解讀《舊約聖經》的關鍵。

十二、巴勒斯坦在耶穌基督的時代有三個宗教思想門派，法利賽人（the Pharisees）及撒都該人（the Sadducees）是我們常在福音書看到的門派，然而第三個門派艾賽尼派（the Essenes）從沒被提過。奧祕傳統證實，約瑟之子耶穌於十二歲時在聖殿講話，在旁聽見的律法博士認出這孩子的素質，他們就將這孩子送去死海附近的艾賽尼社群，接受以色列祕法傳統的訓練，而耶穌一直待在那裡，直到三十歲時去找約翰，並於約旦河接受洗禮，然後才開始他的事工。儘管如此，耶穌的主禱文（the Lord' s Prayer）結尾具有純粹的卡巴拉特徵。「國度」即是「瑪互特」（Malkuth）、「榮耀」即是「候德」（Hod）、「權柄」即是「聶札賀」（Netzach），這三者形成生命之樹的基底三角形，而其中心有「易首德」（Yesod），其名為「根基」或是「接受眾影響的容器」（Receptacle of Influences）。無論是誰構思出這段祈禱文，這個人必定熟知卡巴拉。

十三、基督教教義之奧祕主義係源自靈知派（the Gnosis），而它受到希臘與埃及思想的影響很大。在畢得哥拉斯（Pythagoras）的系統中，我們可以看到希臘的神祕主義有採用卡巴拉的法則。

十四、基督教教會當中，其對外公開、屬於國家組織的部分對於奧祕理論的部分進行迫害及撲滅，把這部分的經典之相關線索盡量破壞，為的是要從人類歷史抹除關於靈知派的記憶。紀錄顯示，亞歷山大王國的澡堂與麵包廠被用來焚毀偉大圖書館裡面的手抄本，足足燒了六個月。我們在古老智慧的靈性傳承，只有一點點殘留下來。當時所有地上事物都被清除，我們只有在那些被沙吞噬的古老紀念碑被挖掘出來時，才能開始重新發現靈性傳承的片段。

十五、直到十五世紀，教會的權威開始出現衰退的徵兆，人們才敢致力於出版以色列的傳統智慧。學者宣稱卡巴拉是中世紀的偽造品，因為他們無法追查到能夠接續起來的早期手抄本，然而那些了解奧祕學界運作方式的人們，他們知道整套宇宙進化論以及心理學能被轉換成對未入門者而言毫無意義的圖像。這些奇怪的老舊圖表能被代代相傳下去，而其解釋係以口述來傳達，以保障真正的解釋絕對不會失傳。對於某些深奧之處的解釋若有懷疑時，就要參考那幅神聖圖像並進行冥想，這過程將會揭露世世代代的靜心冥想為其賦予的內在精髓。祕法家都清楚知道，如果某個符號在過去曾於靜心冥想時被賦予特定的意思，那麼現在若有人對該符號進行冥想，就能得到連結這些意思的機會，即便這個人未從已接受「口耳相傳」的口傳之人們那裡得到說明。

十六、教會的那股已組織化的世俗武力也在幫忙逐出同一領域的競爭者，並消滅它們的存在痕跡。到底有多少祕法傳統的種子在興起之後於黑暗世紀（the Dark Ages）期間被砍除，我們對此所知甚微，不過神祕主義總是會藉著人類傳遞下去，即使教會已經破壞自身群體精神的傳統之所有根源，它的羊圈裡面總會有虔誠的靈魂重新發現以靈魂連結神的技藝，並自行發展出具有個人特色的身心修煉之道，類似東方的奉愛瑜伽（the Bhakti Yoga）。天主教的經典含有大量以祕法神學寫就的契約，這些公開的實際作法是藉由稍微簡單一點的心理學概念而達到較高的意識狀態，但也顯露出不去運用傳統經驗的系統其實相當單薄。

十七、然而屬於天主教教會的奉愛瑜伽也只會適合那些一貫表現出富有愛心的自我犧牲、天生具有奉獻精神的人們。但這種性格並不是每個人都適合，而且不幸的是，基督教並沒有為求道者提供多種可供任意選擇的系統。頗具包容力的東方宗教是睿智的，而且已經發展出各種不同的身心修煉之道，東方的求道者雖然也是擇一而行並撇除其他法門，然而他們都不否認其他法門對於適合的人來說也會是通往神的道路。

十八、我們的神學因這可嘆的限制所導致的結果，就是許多的西方求道者會採用東方的法門。那些能生活在東方的情境、接受某位師父的直接指導進行修行的人們也許會得到滿意的成果，然而如果僅僅單靠某一本書來引導，且自己的西方生活情境沒有任何改變的話，那麼即使可以修習各種不同法門，也很少會有好的成果。

十九、因此，我會向西方人士推薦傳統的西式系統，因為它相當適合他們的心靈素質。除了給予立即的成果之外，如果還能搭配適當的指導，它不僅不會干擾心智與身體的平衡——這是運用不適合的系統時常發生的不幸景況——還會產生出一股獨特的生命力。而熟悉此道者所具有的這股獨特的生命力，使人能夠聯想到長生不老藥的傳統。我有幸能在這個時代認識幾位大師，他們身上獨特且不朽的生命力總是讓我印象深刻。

二十、不過在另一方面，我不得不說的是，任何心靈——靈性發展系統，只有在富有經驗的老師親自指導之下才能安全且恰當地運作，這也是東方傳統的師父們一直在講的事情。因此，雖然我會藉由本書給予祕法卡巴拉的法則，而且這作法並不違背我個人在入門時所承擔的責任及義務，但我不認為就這樣給出修習卡巴拉的關鍵會對任何人有益。但是話說回來，我也不認為刻意掩飾或給予錯誤資訊會是對讀者公平的作法，因此即使資訊有所不完整之處，我還是會盡自己的一切知識與信仰來給予正確的資訊。

二一、「隱密榮光的三十二條祕法路徑」（the Thirty-two Mystical Paths of the Concealed Glory）是生命的諸多道路，人們若想揭露它們的祕密，只得行走其上。我自己是這樣訓練出來的，因此任何願意接受修行的人們也能夠完成這樣的訓練，所以我很樂意為真摯的求道者指明道路。

---

1 譯註：請參閱《舊約聖經》〈創世紀〉第十四章

2 譯註：請參閱〈創世紀〉第三十四章

第二章
道路的選擇

一、學生若是不斷更換系統，靈性方面不會有什麼進展，例如先進行一些新思潮的肯定語句練習，再來練一些瑜伽呼吸法及冥想姿勢，後面再嘗試進行祕法的祈禱方式。前面提到的每個系統都有自己的價值，然而唯有將個別系統各自完全實行，才能了解其價值。它們是意識的體操，為的是把心智的力量逐漸發展起來，其價值與最終目的並不在於那些指定的練習，而是在於持續進行那些練習之後發展出來的力量。如果我們想要認真看待自己的祕術研究，使這些研究不再只是散漫的瀏覽，我們必得決定自己的系統，並在達到該系統的最終目標，或是至少在得到明確的修行成果、穩固的意識強化之前，憑著信心去實踐之。在達到這樣的程度之後，我們也許會為了有所獲益而實驗其他法門已經發展出來的方法，並發展出兼容並蓄的技術與理論，不過，學生若在本身還未成為專家之前就往兼容之路發展的話，到最後頂多是個業餘人士而已。

二、任何對於不同靈性發展方法有實際經驗的人，都會知道靈性發展的方法除了得要契合學生的質地，而且也要能被調整到適合學生的發展程度。就東方的師父來看，西方人士——特別是那些比較偏好祕術（occult）之道、不喜祕法（mystic）之路的人們——時常會在靈性發展還非常不成熟的階段就已開始尋求入門。任何要給予西方人士使用的方法都得要調整成較為低階的技術，讓這些在靈性方面還未成熟的學生當成墊腳石來用。就絕大多數這類學生而言，要求他們得立即成長到符合玄學哲理的高度並沒有任何好處，只會使他們連第一步都發展不了。

三、靈性發展系統若要能在西方使用，得有符合一些定義明確的特定需求。首先，它的基礎技術必得能被那些從未知曉祕法的心智迅速領會。其二，為了刺激較高意識層面的發展，它所帶來的力量應當足夠強烈與集中，以穿透一般西方人士的沉重意識載具，因為他們並不了解精微細緻的振動。其三，少數歐洲人在依循某民族在物質發展上的律法時，其生活有可能會變成隱遁避世或有此傾向，因此那些要拿來使用的力量得要能夠予以管控，讓現代男女在走上某條道路時，能在日常工作中切出短暫時間來進行修習。換句話說，那些能量得要使用技術予以管控，使它們的聚集與退散都能一樣迅速，因為對於每天都要為自己的生活奮鬥的歐洲城市居民來說，要持續維持這類高度的心靈張力是不可能的事情。那些需在遁世情境下才能有所成效的心靈發展方法，對於得要承受現代生活壓力的人們來說，只會造成神經症狀以及精神崩潰而已——這樣的經驗法則屢試不爽。

四、有些人會認為現代的生活就是這麼糟糕，並把它當成是無可否認的事情，並爭論我們的西式生活是否需要有所改變。我個人完全不認為我們的文明是完美的，但也不認為那些來自過去的智慧會跟著我們一起凋零死去，只不過我是這麼看的：如果我們的業（或是命運）使得自己轉世到特定人種或心靈素質，那麼我們可以說這一切是業力諸王（the Lords of Karma）認為我們在這次轉世需要得到的訓練與經驗，以及我們不應當藉由避免或逃脫的方式來推進自己的進化目標。我已經見識過許多人努力發展靈性，然而他們僅是在逃避人生問題而已，使得我對於那些會違背人類族群精神的系統抱持懷疑的態度。我也覺得那些藉由奇特衣飾或舉止、藉由剪髮或不剪髮來彰顯自己對較高層次生命體的奉獻並沒有什麼值得注意之處，因為真實的靈性永遠不會宣傳自己。

五、西方人種的法則就是征服厚重物質。如果能理解這一點，就能為西方與東方的關係當中諸多問題提供解釋。為了征服厚重物質並發展出專注於現實的心智，我們會因著種族的傳承而得到特定的物質身體以及神經系統，如同黃種人與黑種人也會得到不同種類的身體及神經系統。

六、將適合某種身心組合類型的發展方法套用至另一種身心組合類型，是相當不明智的作法，這樣做的人們若不是沒有得到滿意的結果，就是產生出意外或討厭的結果。之所以這麼說，並不是在譴責東方的方式或責難西方的心靈素質，畢竟那是神造的事物，而是再度強調那句格言：甲之食、乙之毒。

七、西方的法則與東方的法則不一樣，那麼嘗試給西方人植下東方的理念會得到令人滿意的效果嗎？對西方人來說，從現實層面退縮並不是他們的進步路線，他們的動力是征服現實層面，使其具有秩序與和諧。因此對於「要求生命越多越好」的一般西方心靈素質而言，期望自己「在半夜裡無痛而終」、「自生死輪迴中解脫」的心態只會是病態的類型。

八、因此，西方的祕術家會在自己的操作過程尋求生命力的濃縮集聚。他不會嘗試從物質層面逃脫到精神層面，而留下某個沒被征服的國家，使其還有繼續發展的可能性。他想把神性往下帶到人性，並使神聖律法遍及各地，連死靈國度（the Kingdom of the Shades）也不例外。這就是以右手途徑（the Right-hand Path）獲取祕術力量的根本動機，也解釋該途徑的入門者在尋求神祕的神聖合一經驗時，之所以不走「棄絕一切」的方法，而是選擇發展某種白魔法（White Magic）的原因。

九、西方祕術家所執行的此種白魔法，係由祕術力量的應用方式所組成，為的是達成靈性方面的目的，其過程有很大的部分來自西方求道者的努力與發展。我多少算是見識過許多不同的系統，就我看來，企圖省略儀式的人在運作系統時會處在非常不利的狀況。對於西方來說，純粹使用靜心冥想來發展會是緩慢的過程，因為它所要處理的心智質地，以及處理過程中得要應付的心智氛圍，都有相當大的阻抗力量。西方的身心修煉之道當中走純粹靜心冥想者只有貴格會（the Quakers），而我認為他們也會同意自己的道路只有少數人能走，因為那算是結合咒音瑜伽（Mantra Yoga）以及自身奉愛瑜伽的天主教教會。

十、西方祕術家是用方程式的方式來選擇並集聚他想要運作的力量，而這些方程式的依據都是卡巴拉的生命之樹。祕術家無論運作何種系統，無論正在呈顯埃及的眾神型態，或是以吟唱及舞蹈來呼喚希臘神祇伊阿科斯（Iacchus）的靈感，他的心智背景總有著生命之樹的示意圖。西方的入門者在生命之樹的象徵意義當中接受訓練，而生命之樹所給予他們的是分類時必需用到的基礎構造圖，使他們能夠用來連結一切其他系統。西方求道者所要努力達到的洞見（the Ray），會藉由眾多不同的文化自行呈現，並在各文化當中發展出獨特的技術。現代的入門者運用的是合成的系統，有時會用埃及的方法，有時則是希臘或德魯伊的方式，那是因為目的與情況若有不同，適用的方法也會不一樣。然而，入門者所設計的一切操作，都會緊密關聯自己熟稔的生命之樹裡面的路徑。如果某位入門者持有相應於聶札賀輝耀的次第，那麼他就能夠著手具現神性——卡巴拉神祕家係用至高上主（Tetragrammaton Elohim）予以區別——在那輝耀的力量，無論選擇用哪種系統都可以。在埃及系統，這就是掌管自然（Nature）的伊西絲女神（Isis）；在希臘系統，這就是阿芙柔黛蒂女神（Aphrodite）；在北歐系統，這就是芙蕾雅女神（Freya）；在德魯伊系統，這就是凱莉敦女神（Keridwen）。換句話說，無論他運用何種傳統體系，他都掌握該系統在金星領域的力量。當入門者達到某系統的次第時，也就能夠連結到一切其他屬於自身傳統的系統之對等次第。

十一、雖然入門者看情況也許會使用其他系統，然而諸多經驗證明，在學生開始實驗異教系統之前，卡巴拉能為學生的訓練提供最好的基礎架構以及最好的系統。卡巴拉基本上是一神論，它所分類的權能都會被當成神的信使予以敬重，而不是當成神的同僚來看。這原則強化宇宙及神聖律法對於一切表現形式的掌握之中央集權體制概念，對於習修神祕力量的學生來說，這是一定要內化的原則。生命之樹的方程式則要囊括卡巴拉概念所具有的純粹、明智與清晰，能夠成為用於冥想提升意識的美妙圖案，也使我們能夠名正言順地稱卡巴拉為西方身心修煉之道。

第三章
卡巴拉的方法

一、在提及卡巴拉的方法時，有位很久以前的拉比曾經說過，來到地球上的天使若要與人溝通，就得要採用人類的形象。我們所知道的生命之樹——這個令人好奇的象徵系統之目的，在於把已經具現的宇宙及人類靈魂的每一股力量、面向約化為示意圖的形式、畫出它們之間的關聯，以及將它們像地圖那樣地展開，使人們能夠看出每個單元的相關位置並能追蹤它們之間的關係。簡要地說，生命之樹是科學、心理學、哲學與神學的使用手冊。

二、卡巴拉的學生之修習過程跟自然科學的學生完全相反，後者是在構築人造的概念，而前者是在分析抽象的概念。自不用說，某概念在能被分析之前，得先被組合出來才行。這個被卡巴拉神祕家用來冥想的象徵，其擇要囊括的原則需要有人把它們想出來。那麼構建出這整個藍圖的第一位卡巴拉神祕家到底是誰呢？那就是天使，而拉比們也一致同意這個答案。換句話說，這是由跟人類不一樣、屬於世界另一階層的存在將祂們的卡巴拉給予被選上的人們。

三、教典裡面若有像是嬰孩是在醋栗樹下找到這樣的表示，就現代的心智來看也許會覺得荒謬可笑。不過我們若去研究比較性宗教裡面的許多祕法系統，就會發現所有啟悟之人、曾經實際經驗靈性生活的所有男女都會同意並告訴我們，神聖存在們曾過來教導他們。如果我們——特別是從未有過任何較高意識狀態經驗的人——完全漠視如此眾多的親身經驗者，那會是非常愚昧無知的態度。

四、有些心理學家會跟我們說，卡巴拉神祕家的天使以及其他系統的神與摩奴（Manu），是我們自己在壓抑的情結；還有一些觀點比較沒那麼侷限的人們會跟我們說，這些神聖存在們是我們自身高我的潛在能力。對於虔誠的祕法家來說，這都不是重點，他只關心自己有得到結果就好。然而通達哲理的祕法家，也就是祕術家，會深思熟慮這一切並得出特定的結論。不過，唯有在祕術家知道自己要表達的真實意思，且能清楚區分主觀與客觀時，人們才能了解他所得到的結論。任何有受過哲學訓練的人，都會知道這樣的要求其實很高。

五、印度形上學的眾派別具有最詳盡、最複雜的哲學系統，它們企圖去定義這些概念並將它們轉譯成可以思考的事物。許多世代的智者一生奉獻在這目的，然而那些概念仍是如此抽象，唯有經歷漫長的身心修煉之道——這在東方稱為「瑜伽」——心智才能夠完全理解那一切概念。

六、卡巴拉神祕家則是走另一條路。他不使心智乘上形上學的翅膀以進入抽象世界的深奧空間，而是構建出一個可以看得到的具體象徵，並用它代表那未經訓練的人類心智無法理解的抽象世界。

七、這方法的原則完全跟代數一樣。令X代表某未知數量、令Y代表X的一半、令Z代表我們已知的某事物。如果我們開始去經驗Y以找出它與Z的關係及比例時，它馬上不再是完全未知的事物，因為我們多少知道它的相關事情，如果技術熟練的話，甚至到最後能用Z來表示之，所以我們到那時應當能夠開始了解X。

八、目前用來當成冥想目標的象徵符號非常多，像是基督教領域的十字架、埃及系統的神之形象，以及其他信仰的陽具象徵。這些象徵是由未入門者用來專注心智，並為心智導入特定想法、引發特定感覺。然而，入門者是以不一樣的方式運用象徵系統，他將這系統當成代數來讀取未知力量裡面的祕密，也就是將象徵當成航行在看不見且無法理解的領域之想法引導方式。

九、那麼他是如何做到的呢？他是藉由運用複合象徵而做到的，沒有任何關聯的象徵無法符合他的目的。在冥思像是生命之樹此類的複合象徵時，他觀察到它的各部分之間有著明確的關係，而他對於有些部分已是有所了解，對於某些部分則有著直覺，或是根據已知部分而推理出大致的猜測。若用比喻的說法，心智會從某一已知事物跳躍至另一已知事物，就像沙漠中的旅行者知道兩個綠洲的位置，而他會在這兩個綠洲之間疾行。如果不知道另一個綠洲的位置，他斷然不敢如此魯莽地從自己所在的綠洲進入沙漠。然而當他到了旅程終點時，他不僅更加認識另一個綠洲，而且也觀察到兩個綠洲之間的區域。於是，他藉由綠洲與綠洲之間的疾行、來回反覆橫越沙漠，逐漸去探索那片沙漠，畢竟那片沙漠無法支持生命。

十、所以卡巴拉的標記系統亦是如此。它所轉譯的是難以想像的事物，然而心智藉由象徵與象徵之間的追蹤而能去思考它們。雖然我們得要接受這種類似透過玻璃的模糊觀看方式，然而我們有充分的理由相信自己終究能夠直接面對那些事物，甚至能以完全知曉的狀態面對之——這是因為人類的心智會藉由練習而成長，那些原本對我們來說難以想像的事物，就像還不會加法的孩童所看到的數學那樣，然而我們的理解力終究能把這些事物包括進來。藉由對某事物的思考，我們建構出屬於該事物的概念。

十一、有人說思想是從語言成長出來，而不是語言從思想成長出來。文字之於思想的關聯，也就是象徵之於直覺的關聯。也許讓人覺得好奇的是，象徵會走在闡釋之前，而這就是我們之所以宣稱卡巴拉是不斷在成長的系統，而不是歷史遺跡的原因。跟過去古老時代相較，今日的卡巴拉象徵還有更多可以探索的地方，因為我們的心智內涵具有更加豐富的概念。例如裡面有生長與繁衍的力量在運作的易首德輝耀（the Sephirah Yesod），它對於生物學家的意義，會比對於古代拉比的意義多出多少呢？任何與生長及繁衍有關的事物都統括在「月亮領域」（the Sphere of the Moon），然而這個顯現在生命之樹上的領域，具有數條引領到其他輝耀的預設「路徑」，所以具有生物學知識的卡巴拉神祕學家就會知道那些統括在「根基」的力量，跟代表那些「路徑」的象徵之間，必定存在特定的明確關係。在沉思這些象徵時，他瞥見那些會在現實層面隱藏自身的關係，而當他在自己的研究材料中演練這些關係時，就會發現那裡面藏有重要的線索。所以，生命之樹上的每一事物都會引領到另一事物，而對於那些隱藏的動機所作的解釋，就會從這個強大的合成圖像所含各種不同的獨立象徵之比例與關係當中浮現出來。

十二、更甚的是，每個象徵在不同的層面會有不同的解讀，並藉由各自在占星學方面的關聯，每個象徵都夠連結到任何宗教裡面的眾神，因而開展出寬闊的新含意，使得心智能夠無盡馳騁其上。而在完整連繫的關聯性之中，象徵彼此引領、彼此證實，如此繁多的分支會再度自行集聚成那個合成圖像，其上的每個象徵都能在心智可以處理的層面進行解讀。

十三、這個屬於人類靈魂、屬於宇宙的強大且全面含括的合成圖像，能藉由它與象徵之間的邏輯關聯，在心智中喚出影像，但這些影像並不是隨機進化，而是依循宇宙心智裡面定義清楚的關聯性軌道而行。生命之樹的象徵對於宇宙心智的關係，就像是夢對於個人自我的關係，那是潛意識為了代表那些隱藏的力量而合成的圖像。

十四、說實在的，這宇宙是從神的心智投射出來的有形思想。卡巴拉的生命之樹也許可以比擬成從神的潛意識升起的夢，生動表達出神性的潛意識內涵。換句話說，如果這宇宙是宇宙法則（the Logos）心智活動的意識最終產物，那麼生命之樹就是象徵性地代表神性意識及宇宙具現過程的原料。

十五、然而生命之樹不僅能夠應用在巨觀宇宙，也能同樣應用在微觀宇宙，根據所有祕術家的了解，那就像是縮到極小的複製品，也因此才有可能進行占卜。這項很少為人了解且承受大量汙名的技藝其實有其哲學基礎，那就是由眾象徵呈現的對應系統。人的靈魂與宇宙之間的對應並非無常多變，而是浮現在不斷發展的本體資訊當中。為了回應進化的特定階段，意識會發展出特定的面向，所以這些面向也因此含有同樣的法則，而其結果就是它們會對同樣的影響起反應。人類個體的靈魂就像一座潟湖，湖底有著跟海洋相連的管道，雖然它從外面看全被陸地圍住，不過它的水面起落會因著那隱藏的管道而仍然跟著海洋的潮汐走。人類意識也是如此，個體靈魂之間以及個體靈魂與世界靈魂之間都會有潛意識的連結，它就藏在潛意識最為原始的深處，而我們也因此與宇宙共享它的起起落落。

十六、生命之樹上面的每個象徵都代表某股宇宙力量或某個要素。當心智聚焦在某一象徵時，心智會觸及那股力量；換句話說，個體靈魂的意識心智跟世界靈魂的特定要素之間已經形成一條表面的管道、處在意識的管道，而海洋的水就藉由這條管道灌入潟湖之中。將生命之樹當成冥想象徵的求道者，會以一個點接著一個點的方式建立起自己的靈魂與世界靈魂之間的合一，而其結果就是個體的靈魂對於能量的取用變得非常寬闊，而這樣的狀況為個體靈魂賦予魔法力量。

十七、不過，如同宇宙得由神來治理，人的多面靈魂也得要由它的神——人的本質精神（spirit）——來予以管理。高我必須掌理它的宇宙，不然會出現不平衡的力量，每個要素各據一方並相互傾軋，就像持有失衡力量之以東諸王那樣。

十八、因此我們在生命之樹看到人的靈魂與宇宙的圖像，並在與它關聯的傳說故事中看到靈魂的進化歷史以及入門之道。

第四章
無字卡巴拉

一、就我所知，我在本書對於神聖卡巴拉（the Holy Qabalah）所採取的觀點，跟其他撰寫該主題的作者都不一樣，那是因為它對我來說是個有生命力的靈性發展系統，而不是歷史悠久的古玩。即使在祕術圈裡，也沒幾個人能了解我們西方自己就擁有一套靠著手抄本及口耳相傳不斷傳遞下來、本身仍具生命力的玄學傳統，然而知道這玄學傳統的基礎是由以色列的祕法系統「神聖卡巴拉」構成的人還更少。不過，若要尋找祕術的靈感，最適合尋找的地方不就是那一套為我們帶來基督的傳統嗎？

二、然而，卡巴拉的解釋並不是要往形於外的以色列拉比——也就是屬肉體的希伯來人——那裡尋找，而是要向屬靈的受揀選者尋找，換句話說就是入門者。就我所知，卡巴拉也不是純粹的希伯來系統，因為它在中世紀時期納入煉金術知識以及與煉金術有著緊密關聯的絕妙象徵系統——塔羅牌（the Tarot）。

三、因此在表達這方面的主題時，對於把卡巴拉當成祕術技法使用的人們之現代修習方式，我其實不怎麼想用傳統來支持自己的觀點。也許有人會質疑古時候的拉比們並不知曉後來發展的一些概念，而我的回答是，很難期望他們應當知曉這些概念，因為那時的他們不會知道，但這些概念卻是他們的屬靈以色列後繼者的努力成果。就我的立場來說，雖然我不想因古時候的教導，還有在那必定會被比我更清楚的人（多到不計其數）糾正的歷史正確性方面刻意誤導任何人，但如果傳統的權威阻礙系統的自由發展——這是神聖卡巴拉的實用價值所在——那麼我將完全不會顧念傳統，而是從前輩的工作成果當中挖掘出可供構築的材料，就像從採石場得到可供建造城市的石材那樣。然而我也不會被自己所知的任何規定限制自己只能從採石場取得材料，只要符合目的，就連黎巴嫩的雪松、俄斐（Ophir）的黃金都會取用。

四、因此請清楚了解，我並沒有說「這是古代拉比的教導」，反倒是這樣說的——「這是現代卡巴拉神祕家的修習方式」，而且它對我們來說具有旺盛許多的生命力，因為它是靈性開展的實修系統，是西方的身心修煉之道。

五、為了盡量遠離針對自己沒做過且從未承諾要做的事情可能會有的責難，請讓我在此說明自己的學術地位以及對於要做之事的一般資格。若就貨真價實的學問而論，我跟威廉・莎士比亞（William Shakespeare）是同一掛的，會一點拉丁文，希臘文的程度則更少一點，希伯來文的程度只有祕術家發展出來的那部分，亦即將無母音的希伯來文字轉換成可供代碼闡釋法計算的能力。至於將希伯來文當成語言來用的知識，則是一張白紙。

六、我並不知道如此光明正大承認自己的不足之處是否能讓自己免除批評，不過毫無疑問會有以下這樣的批評，即如此能力不足的人從一開始就不應當做這件事。對此，我的回應是這樣的——當某個人看到有人受傷倒地時，「本人沒有醫療資格」的事實能夠阻止他協助傷者，並在等待合格醫護人員到來時給予身為一個人能夠做到的幫助嗎？我在卡巴拉的事工，其本質就是急救手段。我發現一個無價的系統，它躺在路邊沒人關注它，所以儘管能力也許不足，我還是要努力使人們注意到它的可能性，讓它能恢復到適合它的地位，也就是成為連結西方祕術的關鍵。我真心盼望這樣的作法能夠吸引到學者們的注意力，而解讀與探討卡巴拉手抄本的任務將由他們接續下去，因為它就像一條到現在只有開採出土部分的礦脈。

七、然而，我會正當承認自己擁有進行此事的某項資格，那就是過去十年來，我活出實修卡巴拉（the Practical Qabalah），與之交流並沉浸其中。我以主客觀都有的態度運用它的方法，直到這些方法成為我的一部分，而且我也從經驗中知道它們會在心靈與靈性產生哪種結果，也知道它們在被當成運用心智的方法時的價值真的大到無法估算。

八、想把卡巴拉當成身心鍛鍊之道的人們並不需要具備對於希伯來文的廣泛知識，他們只需要能夠閱讀及書寫希伯來文字。現代卡巴拉已經得到英語的充分滋養，然而它的力量文字（Words of Power）仍然——而且必定如此——保留在希伯來語，因它是西方的神聖語言，就像梵文是東方的神聖語言那樣。有些人已反對在任何祕術文章裡自由使用梵文名詞，那麼對於希伯來文字的使用，他們想必會更加強烈反對，然而希伯來文字的運用是無法避免的，因為希伯來語的每個文字也是某個數字，而數個文字加總的數字不僅是那些文字的重要性之重要線索，也能用來表達那存在於不同的概念與影響力之間的關係。

九、根據麥克葛瑞格・馬瑟斯為他的書所寫的精采短篇引言，卡巴拉通常會被分成四派：

實修卡巴拉：處理護符魔法與儀式魔法。

教條卡巴拉（the Dogmatic Qabalah）**：**其內涵是卡巴拉文獻資料。

文字卡巴拉（the Literal Qabalah）**：**處理文字與數字的使用。

無字卡巴拉（the Unwritten Qabalah）**：**其內涵是關於象徵系統在生命之樹上面的排列方式之正確知識，也跟麥克葛瑞格・馬瑟斯的下列說法有關——「無論我自己在這方面是否已有所得，我也許話說到這裡就好。」然而如同已故的麥克葛瑞格・馬瑟斯之妻子在他的書之新版序言裡，用白話來闡釋他如此裝模作樣的說法——「在一九八七年出版《卡巴拉》這本書的同時，他收到祕術導師的指示要去準備那終將成為自己的神祕學派之事宜。」——所以我們也許有充分理由這麼說，如果他真的得到無字卡巴拉，它也已經有數年不再是「不落文字」（unwritten）的狀態，那是因為身為著名作者兼學者的阿列斯特・克勞利，在某次與麥克葛瑞格・馬瑟斯爭論之後，將其全部出版。他的書現在已稀有到很難取得，許多偏重學術的玄學家非常珍視那些書，所以它們的價格現已經高到看不見頂，而且很少流入二手書市場。

十、違背入門誓約是很嚴重的事情，我自己也不會想這麼做，但我得承認，關於任何主題的已出版資訊，我並沒有被約束不得對其蒐集及綜整，並以自己所知的一切盡量予以詮釋。這本書所提到的系統是源自克勞利，而我會予以補充麥克葛瑞格・馬瑟斯、溫・威斯喀特（Wynn Westcott）以及亞瑟・愛德華・偉特（A. E. Waite）這些重量級的現代卡巴拉權威人士保持緘默的重點。

十一、至於我是否有得到屬於無字卡巴拉的任何知識，就像當年麥克葛瑞格・馬瑟斯面對的狀況，亦即若把這部分講清楚的話，看起來後果堪慮，所以我也跟隨他的榜樣，不去面對那現實，而是把注意力拉回到手邊要做的事情。

十二、無字卡巴拉的本質藏在生命之樹上特定象徵組合的安排順序之知識當中。生命之樹的希伯來語是 Ets Chayyim[1]，它是由具有特定排列模式的十道神聖輝耀（the Ten Holy Sephiroth）所構成，而這些輝耀之間係由《形塑之書》（the Sepher Yetzirah，或稱神聖光輝 Divine Emanations）的三十二條路徑予以連結（請參考溫・威斯喀特所著的《形塑之書》）。這裡有個針對未入門者的盲點或陷阱——那是古代拉比們愛做的事——即我們在數算它們時會發現生命之樹上面的路徑只有二十二條，而不是三十二條，不過古代拉比們是刻意把十道輝耀本身也當成路徑來看，從而誤導未入門者。所以形塑之書的前十條路徑分發給十輝耀，而剩下的二十二條路徑則分發給那些真正的路徑。然後我們就可以看到希伯來語的二十二個字母能與這些路徑作出關聯，而不會有不一致或重疊的狀況。藉由它們也可以連結到塔羅牌的二十二張大牌（the Atus），即托特神（Thoth）的居所（Abodes）。在塔羅牌方面，目前有三個重要的依據：法國作家昂柯斯醫生（Dr. Encausse），即「帕浦斯」（Pappus）；亞瑟・愛德華・偉特；以及麥克葛瑞格・馬瑟斯之妻的金色黎明會（Order of the Golden Down），是由克勞利憑一己之力發表出來的系統。三方資訊來源各自不同。偉特先生在說到自己所給出的系統時曾表示，「入門者會知道另一種方法。」根據一些原因來推測，那應該是馬瑟斯用的系統。帕浦斯則是在自己的方法當中表示不認同其他兩位作者，不過由於他的系統在套用到生命之樹時——所有系統都要進行這個最終測試——的確違背許多關聯性，而馬瑟斯—克勞利的系統則是跟生命之樹的關聯性相當契合，所以我認為，我們也許可以公平地說後者才是正確的傳統次序，而我也打算在本書堅持使用該系統。

十三、卡巴拉神祕家進而把占星的黃道（the Zodiac）星座、行星與元素放到生命之樹的路徑上，所以十二個星座、七個行星與四個元素共湊成二十三個象徵。那麼它們要如何與二十二條路徑契合呢？這裡面有著另一個「盲點」，但其解決方法很簡單。我們本身是在物質層面（the physical plane），也就是在「地元素」裡面，因此地元素的象徵不會出現在這些通往「不落文字」

之處的路徑上。將它去掉之後，就剩下能夠適切契合的二十二個象徵，而且如果擺置正確的話，就會發現它們完美對應塔羅牌的大牌，能以絕妙的方式相互闡釋，並給出了解神祕占星學及塔羅牌占卜的關鍵。

十四、每一條路徑的本質在於各自都與兩道輝耀連結的事實，所以如要真正了解生命之樹上某一條路徑的重要性，只有將與該路徑連結的輝耀之本質納入考量才行。然而我們無法僅就單一層面來了解某一輝耀，因為每一道輝耀都有四種本質。卡巴拉神祕家是用四界來表達這個概念：

- 原型界（**Atziluth**，又名光輝界、神聖界）；
- 創造界（**Briah**，又名為王座界 **Kursiya**）；
- 形塑界（**Yetzirah**，也是天使界）；
- 行動界（**Assiah**，即物質界）。

（請參考麥克葛瑞格・馬瑟斯所著的《卡巴拉揭密》（The Kabalah Unveiled）。）

十五、在卡巴拉神祕家的四界中，十道神聖輝耀都有各自接觸各界的地方。它們在原型界藉由神的十個聖名具現，換句話說，那偉大的無具現（the Great Unmanifest），藉由那掛在「王冠」（the Crown）後方「負向存在的三道帷幕」（the Three Negative Veils of Existence）遮掩自身，以十道不同的輝耀——係以希伯來語表示神性的十個不同名字作為代表——之形成宣告自己的存在。以上這些在欽定版《聖經》（the Authorized Version）多少有表達出來，而關於它們的真正重要性及所屬的層面之知識，能使我們讀懂《舊約》裡面的許多謎語。

十六、在創造界，神聖光輝係藉由十位具有大能的大天使具現，而這些大天使的名字在儀式魔法具有非常重要的角色。而那些名字是「力量文字」業經消磨、抹滅之後的殘留事物，是中世紀魔法「用於召請的野名（barbaous names of evocation）」，且「一字都不得變更」。如果我們能夠想到希伯來語的每個字母都是某個數字，而各個名字的加總數字都有其重要性的話，也許就能清楚看見為何有這種指示的原因。

十七、在形塑界，神聖光輝並不是藉由單一存在個體具現，而是藉由許多不同的存在個體類型具現，名為天使眾或天使團（the Angelic Hosts or Choirs）。

十八、若從眾輝耀來看，行動界嚴格來說並不能算是物質界，而是低頻星光層與以太層（the Lower Astral and Etheric Planes），這兩層一起成為物質的背景。神聖光輝在物質層面上藉由十個塵世能量中心（the Ten Mundane Chakras）——這樣的稱呼應該不會不恰當——具現，這些具現中心與存在於人體裡面的數個中心很相似，可說是完全相同的類比。這些能量中心是原動（the Primum Mobile）或是最初旋（the First Swirlings）、黃道天球（the Sphere of the Zodiac）、七個行星及元素，加起來總共十個。

十九、綜前觀之，就會看到每道輝耀都有其組成部分，首先是它的塵世能量中心；其次是某個天使團，根據使用的術語，這裡也可以改成神靈（Devas）或主宰（Archons），權天使（Principalities）或力量（Powers）；第三部分則是某位大天使意識或某個王座；第四部分則是神性的某個特別面向。而神的本身，則是完全隱藏在「負向存在的帷幕」之後，是未啟悟的人類意識無法理解的狀態。

二十、我們也許可以這麼說，輝耀有巨觀宇宙的性質，而路徑有微觀宇宙的性質，因為輝耀在古老的圖畫中有時以雷電閃光呈現，這閃光常以火劍般的有柄形象表示，所以輝耀象徵那連續不斷、被視為創造性進化的神聖光輝；至於路徑，則是象徵人類意識的無限領悟在展開過程的連續階段；而在古老的圖畫中，蛇常以盤繞在生命之樹的形象表示。這就是以色列的銅蛇（**Nechushran**[2]），即「銜尾之蛇」（**who holdeth his tail in his mouth**），是智慧與入門的象徵。這條蛇在生命之樹上的盤繞位置若排得正確的話，就能一一經過每條路徑，所以能夠用於指明這些路徑應有的編號順序。藉由這圖像的幫助，只要各象徵在各自列表中的次序是正確的，那麼將所有的象徵列表安排到生命之樹上面的正確位置就會變得相當簡單。某些在該主題被視為權威的現代書籍並沒有給予正確的次序，看來它們的作者認為不該向未入門者揭露這知識。不過，既然某些更加久遠的書，也就是指《聖經》本身與卡巴拉的文獻，都有給出正確的次序，那麼就我看來，使用假資訊刻意誤導學生是無意義的作為。拒絕洩漏任何事情也許有其合理之處，然而給予誤導的資訊怎可能說得通呢？現在的人們已經不會因鑽研非傳統的學問而被處死，所以隱藏那只跟宇宙觀及相應而生的哲學有關、且完全不涉魔法實修方式的教導之目的只剩一個，那就是獨占能夠獲取某事物的知識，而那事物不是權就是名。

二一、就我而言，我相信這樣的自私與排外不會保護祕術的發展，只會造成阻礙而已。將屬神的知識扣在祭司階級的手中，使那些不在神聖團體裡面的外人無法知曉——這是舊時的罪過，在人心尚未開化時還算合理，然而對於現代的學生若還這麼做，那是不合理的。因為說到底，人如果不怕麻煩，他們是可以從現存的文獻挖掘出自己需要的資訊，而口袋深到可以買下那些現已稀有的昂貴書籍的人可以直接購買那些資訊。當然，擁有充裕的時間及充裕的金錢應該都不是神聖智慧最適者的考驗條件吧？

二二、我無疑會受到許多責難，因為那些自認是此項知識的守護者會覺得自己珍視的祕密被出賣了。而我對此的回應就是，我僅是蒐集那些業已公布、廣為皆知的簡單事物而已，沒有出賣任何祕密。在首度接觸到某些的手抄本時，當時的我會認為它們是神聖的，且人們幾乎不知道它們的存在，然而在熟悉多方面的祕術文獻之後，我領悟到的是這資訊其實明顯散見於諸文獻中。說實在的，入門者宣誓守密的事物已經由馬瑟斯與溫・威斯喀特自己出版，而馬瑟斯的遺孀——人們會認為她應該知曉他的遺願——在一九二六年出版他的卡巴拉著作之最新版本，而你們會發現我在本書所給的列表清單，絕大多數都能在那作品中看到。由於這些對於存在們的分類當初是由以賽亞（Isaiah）、以西結（Ezekiel）及中世紀的其他拉比們所提出的，所以平心而論，這些分類的著作權已隨著時間流逝而失效。如果真要論及所有權，亦即誰是提出這些概念的最初作者而非後續評論者的話，根據卡巴拉本身的敘述，那就是大天使梅特昶（Metatron）。

二三、絕大多數原是一般知識的事物被收攏起來，並由入門者的守密誓約加以限制。克勞利嘲笑他的那些老師，說他們用可怕的誓言約束他守密，「要他把希伯來字母表妥慎藏好。」

二四、卡巴拉的哲學是西方的奧祕主義。我們會發現，它的宇宙觀也能在布拉瓦茨基夫人（Mme. Blavatsky）的研究之基礎《德基安詩集》（the Stanzas of Dyzan）當中看到。她在那裡發現傳統教義的架構，並在她那偉大著作《神祕教義》（The Secret Doctrine）詳細闡述。卡巴拉的這種宇宙觀屬於基督信仰的靈知，沒有靈知的話，我們的宗教就不是完整的系統，而不完整的系統一直以來都是基督信仰的弱點。若用粗俗的比喻來說，就是天主教早期教父們（the Early Fathers）把嬰兒跟用過的洗澡水一起倒掉了。[3] 僅是對卡巴拉有著粗淺的認識，就能看出我們的確擁有解開絕大部分《聖經》及特定預言書的謎語之鑰匙。

1 譯註：發音接近〈入次哈印〉

2 譯註：沒有找到對應的名詞，疑應為《舊約》〈民數記〉中由摩西製作、掛在杆子上的銅蛇，該銅蛇在〈列王記下〉稱為Nehushtan

3 譯註：意指把有用的東西跟已經沒有用處的東西一起丟掉

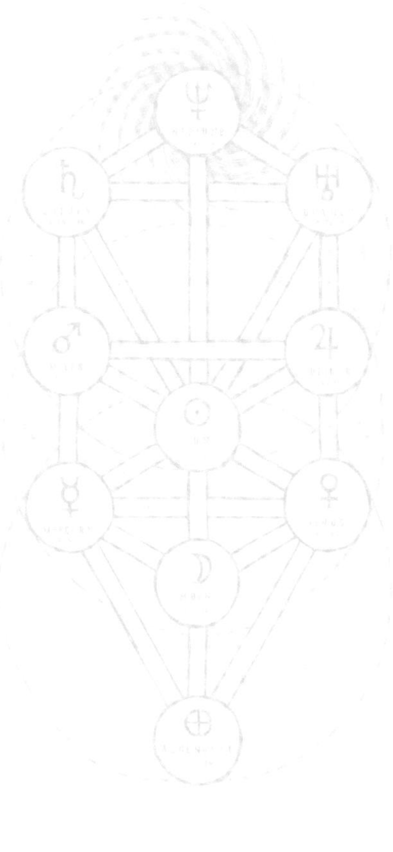

第五章
負向的存在

一、神祕家在致力於形塑自身哲學以用於跟他人溝通時，必會面對一項事實，那就是關於自己較高存在形式的知識之獲得過程，並非透過思想，而且這過程只能在放下思想之後才能進行。其結果就是，最高形式的玄奧概念唯有在超越思想的意識範疇才能被人們知曉與了解，也唯有能夠運用這意識面向的人們，才能以自身概念的原初模樣表述之。當他想要向其他對這種意識狀態毫無經驗的人們溝通自己的概念時，他得將這些概念結晶具現，不然無法表達任何恰當的感想。祕法家運用每個能夠想像得到的明喻以表達出他們的感想，哲學家則是在文字迷宮裡面走不出來，然而這一切努力對未啟悟的靈魂而言沒有意義。不過，卡巴拉神祕家使用另一種方式，他們並不企圖向心智解釋它並沒有能力處理的事物，而是給予一系列的象徵供其冥想，使心智能砌出了解的階梯以登上它原本無法飛上去的地方。心智對於玄奧哲學，就如同眼睛想要觀看音樂那樣無法掌握。

二、再強調多次都不為過的是，生命之樹並不算是當成方法來用的系統，只是將它構想出來的人們了解到一項重要的真理，即為了使得到的洞見清楚明晰，就得在視覺的範疇加以約束。絕大多數的哲學家將他們的系統建構在「絕對者」（the Absolute）之上，另有一些哲學家則企圖使用否定當成他們的基礎，宣稱絕對者係自有存在，必定永遠無法讓人知道。這兩種方式，卡巴拉神祕家都不做，而是完全接受「人類個體的一般意識狀態無法知道絕對者」的說法。

三、所以，為了他們的系統之目的，他們在事物具現當中某個特定的點畫下一道帷幕，然而這並不代表那裡沒有東西，只是因為心智按其本質只能走到那裡而已。當心智被帶到它最高階段的發展，而意識在那裡解除對自己的執著，如同站在自己的肩膀上時，也許我們就有可能穿透那所謂的「負向存在的帷幕」。然而就實際面而言，如果我們能夠願意接受「帷幕」的哲學用法，並了解它們對應的是人類的限制，而不是宇宙的情況，那麼我們就能了解宇宙的本質。我們的哲學所具有的術語，無法說明事物的起源。無論我們將事物具現的世界之起源往前調查得多遠，總會發現還有更早之前的存在。只有當我們接受那橫畫在路上之負向存在的帷幕時，我們才能有一幅能夠看見最初因（a First Cause）的背景。這裡的初因並不是無因之因，而是在具現層面的最初具現（a First Appearance）。心智最多只能到這裡，無法再繼續往前追溯，不過我們必須一直記得的是，不同的心智能夠往前追溯的距離也不一樣，所以對於某些人來說，帷幕是畫在某個地方，但對於另外一些人來說，帷幕是畫在別的地方。某位留有白色長鬍的老人，坐在金色王座對一切造物發號施令——無知的人不會走出這種對於神的概念。科學家則是更往前走一點，直到他不得不畫出一道名為「以太」的帷幕。然而往前走得最遠者是入門者，因為他已學會用象徵來做自己的思考，而象徵之於心智，就如同工具之於手，是心智將自身能力延伸出去的應用方式。

四、卡巴拉神祕家將他的起點「科帖爾」（Kether），即「王冠」，當成第一輝耀，並以「１」的圖像、合一，以及「圓裡面的那一點」（the Point within the Circle）作為象徵。他從這裡向前追溯三道負向存在的帷幕。這跟那從「絕對者」開始，企圖往進化推進的作法完全不同。卡巴拉神祕家的作法也許無法立即給予關於一切事物的起源之正確、完整的知識，然而它使心智能夠有個開始，我們除非有個開始，不然究盡是不可能的。

五、所以，卡巴拉神祕家就從第一點開始，它處在有限的意識能夠搆得到的範圍之內。科帖爾等同於我們能夠構思的神之超凡卓越的形式，而祂的名字是 Ehyeh，在欽定本《聖經》就是「我是」（I am），更精確地說就是「自有存在者」（the Self-Existing One）、「純然存在」（Pure Being）。

六、不過，除非這些文字能夠將某種印象傳給心智，不然它們就只是文字而已，單靠它們自己是做不來這個動作。它們必得跟其他想法有所關聯，才能具有任何程度的重要意義。如果我們想要開始了解科帖爾，唯一的辦法就是研究它所放射的事物，也就是第二輝耀「侯克瑪」（Chokmah），所以我們只有在看見十輝耀完全展開的時候，才算是做好了解科帖爾的準備，而我們就能藉著那些指出其本質關鍵的資訊去了解它。在用生命之樹修習時，最睿智的方式就是持續地來來回回，而不是專注在某一點直到通透才換下一點，因為這一點能解釋另一點，而領悟就在觀察不同象徵之間的關係當中浮現出來。這裡還是要再度提醒，生命之樹是運用心智的方法，而不是知識的系統。

七、然而，只要人類的心智仍想通透事物的起源，我們就會致力於研究這些起源，而不是它們的放射。不過看似矛盾的是，當我們在黑暗外面畫出帷幕而不是企圖去通透黑暗時，反倒應會更加透入。然後我們會用一句話來概括科帖爾的位置，雖然那一句話對於首次接觸這主題的學生來說並沒有什麼意義，然而這就是心智必須一直想著的事物，因為它的重要性將會開始在當下逐漸浮現出來。藉這樣的作法，我們就在依循古老的神祕傳統，亦即給予學生一個象徵去孵，直到它在學生的心智中孵化，而不是給予對學生來說毫無意義的明確指示。我們要放進讀者的無意識心智之種子語句是：「科帖爾是無具現事物的瑪互特。」以下文字引述自馬瑟斯：「負向之光的無垠海洋並不是從某個中心發出的，因為它並沒有中心，然而它會聚成一個中心，那就是具現的輝耀當中排名第一者，即科帖爾、王冠、第一輝耀。」

八、這些文字本身含有矛盾且無從思考。負向之光僅是用來說明它所要描述的事物，雖具有常見於光的某些特質，但它不是我們所知道的光。我們很難從這個詞知道它被用來描述的事物。我們被告知不要把它誤會成光，然而我們並沒被告知如何去用它的真貌思考，之所以如此其實出自很好的理由——心智並不具備任何可以代表它的影像，所以得要讓它保持那樣，直到萌芽發生。儘管如此，雖然這些文字並沒告訴我們一切應當知道的事情，它們仍然傳達特定的影像到我們的想像之中。而這些影像沉入潛意識，並在相關的概念進入意識心智時被喚出來。因此，當卡巴拉的方法被當成西方身心修鍊之道來實際應用時，知識會越來越有所增長。

九、卡巴拉神祕家認出四個具現層面，以及三個「無具現」的層面。而這三層當中的第一層被稱作「否在」（AYIN, Negativity）、第二層則是「無限」（EN SOPH, the Limitless），而第三層是「無限之光」（OR EN SOPH, the Limitless Light），而科帖爾就是從無限之光那裡聚集而成。這三個術語依著科帖爾而被稱作「負向存在的三道帷幕」，換句話說，它們是代數象徵，使我們能夠思索那些超越想法的事物，同時這些象徵將自己所表示的事物隱藏起來，亦即它們就是玄奧實相的面具。如果將這些負向存在狀態想成是任何已知事物，我們就會出錯，因為無論那是什麼事物，都不會是那個無具現的存在狀態。因此，「帷幕」的表達方式教導我們把它當成反制的工具來用，帷幕本身並無任何價值，然而在我們的計算過程很好用。這就是象徵的真正用法，所有的象徵都是如此，亦即直到我們能把它們降成自己可以了解的術語之前，它們會遮掩自己所代表的事物，不過無論如何，它們使我們能夠把那原是無法想像的事物帶進計算的概念之中。而當生命之樹的本質，就在於它使它的那些象徵藉由各自的相對位置來彼此解釋之事實的時候，這些帷幕的作用就像是想法的鷹架，使我們在那尚未探索的領域裡掌握自己的方向。然而，像這樣的帷幕，或說是非實體的象徵，除非它們的一端與已知領域相鄰，不然對我們是無用的。事實上，當這些帷幕遮掩它們所代表的事物時，卻能使我們清楚看見它們當成背景時所襯托的事物。這就是它們的功能，也是唯一提及它們的時候。我們也是因為自己的不足，才需要在自己的面前擺上這些無法被理解的象徵，那麼經過玄奧哲學訓練的心智會很快學會在這些限制當中運作，並把某道畫出來的帷幕當成意指那位在它的可見範圍之後的事物之象徵。而智慧就在這過程當中展開，因為心智若得到滋養，就會成長，那麼總有一天，當我們攀上科帖爾時，也許就有伸手降下帷幕、直面無限之光的希望。神祕家並不藉由宣告「那永遠未知者就是永遠不可知」來限制自己，因為對他來說，身為進化家才是最重要的事情，而他知道我們今日無法達成的了解，也許會在宇宙時程的明日完成。他也知道進化時程屬於內在層面的個人事情，而且會由地球的自轉予以測量，而不是調節。

十、這三道帷幕——AYIN（否在）、EN SOPH（無限）以及OR EN SOPH（無限之光）

——雖然我們無法希求自己能夠了解它們，然而它們為我們的心智提供特定的概念。「否在」意指我們無法理解其本質的存在或存在狀態。我們無法設想某個存在但又不存在的事物，所以我們得要構思出我們從未有意識地經驗過的某種存在形式——也許可以這麼說，根據我們對於存在的概念而言，它不存在，然而根據它本身的存在概念來說，它存在。有位非常睿智的人曾經說過：「天地的事物比人的哲理能夠想像的數量還要多。」

十一、不過，雖然我們說「負向存在」是在我們的理解範圍之外，但這不代表我們不在它的影響範圍之內。如果它不影響我們的話，就我們來看是可以把它當成不存在，就此停止對它的興趣。反過來說，雖然我們無法直接連結到它的存在，我們所知的一切存在之根源都在負向存在裡面，所以即使我們無法直接知道它，我們會在它移開時經驗到它。也就是說，如同我們雖然不知道電的本質，但仍能在生活中大量運用電力那樣，雖然我們無法經驗它的本質，但我們能夠知道它的效應，而從對其效應的經驗，我們就能得出至少一些關於它必定具有的性質之推論。藉由一些使我們的心智轉而朝向絕對者的方法，那些朝向不明領域探得更深的人們已經給予我們象徵性的敘述，即使我們無法達到那個高度。他們用光來表示負向存在——即無限之光，並用聲音來表示最初具現——即「太初有道」(In the beginning was the Word)。我記得有次聽某位在這方面算是無出其右的行家這麼說過：「如果你想要知道神是什麼，我可以用一個詞彙來表示——神就是壓力(pressure)。」我的心智馬上跳出一幅影像，後面跟著出現一項了解。我能夠想像生命是在存在的各個渠道中奔流而出，而我在當時感受到，那向我傳達的是關於神之本質的真實了解。不過話說回來，如果把這些話拿來分析，裡面並沒有任何東西，儘管如此，即使那項領悟在實質想法的領域當中只能降階成一道影像，這些話語仍具有力量向心智傳達一道影像、一個象徵，使心智能在超越邏輯範圍的直覺領域中運作之，從而達到了解。

十二、我們必須清楚了解的是，在這些高度概念性的範疇當中，心智只有象徵可以使用，即使我們無法將象徵本身擴展成實質的了解，這些象徵仍具有力量，能向知道如何運用象徵的心智傳達那些了解，它們是思想的種子，而了解就從那裡升起。

十三、就像逐漸上漲的潮水，了解會一點一滴地使概念具現，並以屬於其他層面的自身本質事物來予以整合並表達之。因此，如果我們企圖證實赫伯特・斯賓塞（Herbert Spencer）的說法——某事物若完全無法被我們現有的心智能力知道，它必將永遠不可知——那麼我們應會犯下很大的錯誤。時間不僅增長我們的知識，進化也在增長我們的能力，而入門就是進化的促成栽培溫室，使我們的能力可以在適當的季節萌芽，也讓大師的意識能被尚未達到人類心智應有水平的眾多人們所領會。對大師來說，他在另一種意識狀態時可以清楚了解這些概念，然而他無法將這些概念傳達給那些無法跟他同樣處在那種意識狀態的人們。他唯一能做的，就是將這些概念納入象徵的形式，任何對這種較為寬闊的運作模式多少有經驗的人，就能在各自的層面掌握這些概念，即便這些概念無法轉譯到意識想法的層面。所以，也就是出於這個理由，神祕學問的文獻裡面才會到處都有種子概念，像是「神就是壓力」，以及「科帖爾是負向存在的瑪互特」。這些影像所含的事物完全不屬於我們所在的層次，然而它們就像思想的精子，使那實質了解的卵子能夠受孕。它們本身在意識當中能夠維持的暫時存在，無法比了解的一瞬更久，然而若是沒有它們的話，哲學思想的卵子無法受孕。不過，藉由它們的授孕，藉由它們在過程中被吸收、消失無蹤，生長就從無形的思想之精當中發生，最後在意識門檻底下經過相應的懷孕，心智生出了某個概念。

十四、如果我們想要善加運用自己的心智，就必須學著容許這段潛藏的時期、容許我們的心智因來自自身存在層面之外的事物而受孕，以及那段低於意識門檻之下的懷孕。入門儀式的祈禱，是被設計成用來呼請這道授孕的影響能夠降在接受者的意識。所以這就是生命之樹的路徑，即靈魂啟悟的眾階段，之所以會跟入門儀式的象徵緊密關聯的緣故。

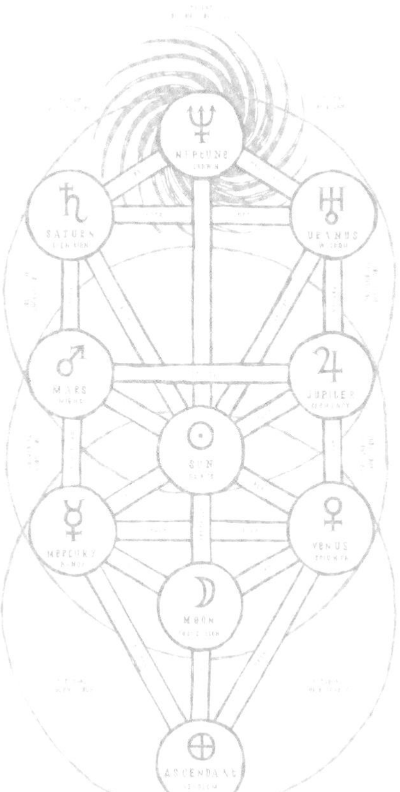
NEPTUNE
SATURN
URANUS
MARS
JUPITER
SUN
MERCURY
VENUS
MOON
ASCENDANT

第六章
ETS CHAYYIM 生命之樹

一、在了解個別輝耀的重要性之前，我們得要掌握 ETS CHAYYIM ——即生命之樹——的全貌輪廓。

二、它是一個圖像，換句話說是個合成的象徵，其目的是用其整體來代表與宇宙的關聯以及人的靈魂。而當我們越去研究它，越會發現它的確是個相當合適的代表事物。我們在使用它時，就像工程師或數學家使用滑尺那樣地掃視並計算存在的複雜細節，無論存在是否可見、是否處於外在某處或是位於靈魂深處，均是如此。

三、而它的呈現方式就如同你們在圖三所看到的樣子，是按照特定形式排列的十個圓圈，而這些圓圈以直線相互連接。這些圓圈就是十道神聖輝耀，而連結它們的直線就是路徑（the Paths），計有二十二條。

四、每道輝耀（Sephirah，其複數為 Sephiroth）都是進化的某一階段，而拉比們會稱呼它們為十道神聖光輝（the Ten Holy Emanations）。它們之間的路徑則是主觀意識的各個階段，即靈魂在展開自身對宇宙的了解要走的路徑或次第（grades，即拉丁語 gradus）。輝耀是客觀的，路徑是主觀的。

五、再次提醒，我並不是要把拉比的傳統卡巴拉當成古董珍玩來講，而是當成無數世代的學生、所有的入門者及一些大師所構築而成的系統來加以闡述，他們使生命之樹成為發展靈性及修習道法的工具。這就是現代的卡巴拉，有時被稱作煉金卡巴拉（the Alchemical Qabalah），而除了傳統的拉比知識以外，以下的課程還會看到它所含括的一切事物。

六、現在讓我們來思量生命之樹的一般排列方式及其重要性。你們可以看到那些代表輝耀的圓圈排成三條直行（參考圖一），而位在中央直行頂端最高者就是我們在前面章節提到的科帖爾輝耀，它是生命之樹裡面最高的三角形之頂點。這裡再次引述麥克葛瑞格・馬瑟斯的話：「負向之光的無垠海洋並不是從某個中心發出的，因為它並沒有中心，然而它會聚成一個中心，那就是具現的輝耀當中排名第一者，即科帖爾、王冠、第一輝耀。」

七、布拉瓦茨基夫人從東方的資源取用這個術語「圓圈裡面的一點」來表達具現的最初形成（the First Becoming），而這概念已經含括在拉比用來表示科帖爾的詞彙當中，即原始點（Nequdah Rashunah, the Primal Point）。

八、然而科帖爾並不代表空間裡的某個位置。無限之光（the Ain Soph Aur）係被稱作「到處都是中心、看不到邊緣的圓」，如同祕術裡面的許多詞彙，這種表示令人無從想起，不過它向心智展現某個影像，這樣就算是達到它的目的了。因此，科帖爾是存在的某個狀態或是條件（就這一點而言，其他輝耀也是如此）。我們必須隨時謹記的是，這些層面並不會像建築物的樓層那樣一層接一層地疊到天堂的最高處，但它們其實是存在的條件、不同類型的存在狀態，而且雖然它們在時間是接續發展，它們在空間卻是同時發生，即單一存在個體會呈現出存在的所有類型——如果我們想起人的存在是由身體、情緒、心智與靈魂組合而成，而這一切都在同一時間裡占據同一空間，那麼就會明白前面所說的意思。

九、如果有人觀察過加熱的飽和溶液，會看到它會隨著冷卻過程開始形成結晶，那麼這結晶會是科帖爾的有用象徵。裝一杯沸水，再把大量的糖溶於其中，直到它能溶解的最大值，那麼當這混合物冷卻下來時，請留意糖結晶的出現。當你有實際操作過，而不僅是讀過時，你就會有一個讓你可以思索「『最初具現』從『原始無具現』（the Primordial Unmanifest）躍入存在」的概念。水溶液是透明無形，然而它裡面發生變化，那些實質可見、具有固定形狀的結晶開始一一出現。同理，我們也能想像無限之光的裡面發生某個改變，而科帖爾就此結晶出來。

十、我並不提議現在就去深入探究任一道輝耀的本質，而是先鋪陳生命之樹的一般資訊就好。我們應當在本書的課程中反覆溫習基礎，直到建立起全面性的概念。這過程只能慢慢來，因為我們若在學生還沒有大致概念之前，就在某個點上耗費大量時間的話，將會浪費絕大部分所用的時間，因為學生並不了解這概念如何成為整體鋪陳的組成部分。拉比們自己是用「密中之密」（the Concealed of the Concealed）與「神祕莫測的山頂」（the Inscrutable Height）的頭銜以指涉科帖爾，暗示科帖爾那裡並沒有很多可供人類心智了解的部分。

十一、值得注意的是，顯信猶太主義（Exoteric Judaism）所衍生的基督信仰並沒有很幸運，它不含任何關於神聖光輝的概念，也沒有輝耀到輝耀之間的滿溢流動。它宣稱神創造海洋、山脈及田野裡的動物，而當我們用觀想的方式看這整個過程時，就會像在看著某位天界工匠在雕琢事物具現的各個新階段，並把完成的作品放到這世界中相應的位置。而這概念使得西歐的科學停滯數百年，到最後，維護科學的人為了要達到進化的概念，得要破除宗教，並承擔被視為異教徒的指控，然而其實在以色列祕法傳統裡面就有明確教導進化的概念，而撰寫《舊約》的作者無疑對這份祕法傳統非常熟悉，因為他們的作品充滿卡巴拉的引述與比喻。

十二、卡巴拉神祕家並不把神想成是在一階一階地持續捏造作品，而是把不同的具現階段視為前後接續的進化，就像把每一道輝耀視為一座池塘，當某座池塘的水滿時，就會溢流到較低的池塘。這裡再次借用麥克葛瑞格·馬瑟斯的話：「一顆橡實裡面藏有能產眾多橡實的橡樹，而這棵橡樹所產的每一顆橡實裡面都藏有能產眾多橡實的橡樹。」因此在向下流動的具現過程中，每一道輝耀都含有一切後繼者的可能性。科帖爾含有其他所有輝耀，其數為九。排序第二的侯克瑪則含有一切後繼者的可能性，其數為八。然而每個輝耀只會展現出具現的某一面向，後繼的眾面向在它裡面保持蟄伏，而前導的眾面向則會收到它的反射。所以，每道輝耀之本質都是存在的某個純粹形式，對各輝耀而言，來自前導進化階段的影響是外來的事物，它會予以反射。這些面向就本身而言，是從前導階段結晶而成，不再處於那道持續從無具現經過科帖爾的渠道朝外溢流的具現之流的溶液裡面。因此，當我們想要尋找具現、特定存在狀態的本質與基礎時，會從某個能夠對應的輝耀當中藉由冥想該輝耀的原始形式而找到。而根據卡巴拉神祕家對於生命之樹的看法，那裡有四個形式或四界，所以我們也會適時將它們考慮進來。現在之所以會在這裡提到它們，是為了讓也許有足夠背景知識的學生用這樣的觀點來看自己的圖。

十三、這樣的學生會發現安妮・貝贊特（Annie Besant）的《古老智慧》（the Ancient Wisdom）一書中關於進化階段的幾個章節很值得參考。藉由不同的分類系統，那些章節為我們正在講述的主題提供相當明白的解釋。

十四、就讓我們把科帖爾想像成一座噴泉，那噴泉一直在灌入自己的池子，而那裡的溢流會灌入另一個池子，並在灌滿之後又繼續溢流出去。處在壓力之中「無具現」持續灌進科帖爾，於是進化終究會有「最初具現」之非常簡約的存在形式。所有可能的組合都已形成，而它們也已進行所有可能的組合方式。行為與反應都已定形，除了它們相互組合而形成的組合之外不會有任何新的發展。「力」（Force）已經形成所有可能的單元，而下一階段的發展即是讓這些單元組合成更加複雜的構造。而當這情形發生時，即開始某種更具高度組織化的嶄新存在狀態——所有已進化完成的事物都會止步不前，只有當各部分的組合大於各部分的總和時，因為出現新的能力，才會持續進化下去。

十五、新的階段象徵存在模式的改變。如同科帖爾是從無限之光結晶出來那樣，第二輝耀侯克瑪也是如此從科帖爾結晶出新的存在模式，而這種行動與反應的新系統不再單純、直接，而是變成複雜、迂迴。我們到此已經有兩種存在模式，即科帖爾的單純性以及侯克瑪的相對複雜性，而這兩種存在模式如此簡單，我們所知的任何生命都無法靠它們維持下去，但無論如何，它們仍是有機生命的先鋒。我們也許可以說科帖爾是具現的最初活動，也就是移動，那是純然進入存在的條件，即原動天（Reshith ha-Gilgulim）、最初旋——這是卡巴拉神祕家對於旋動之起始的稱呼，而煉金術師則稱之為原動。至於第二輝耀、侯克瑪，則被拉比稱作黃道天球（Mazzaloth）。我們講過圓及其各部分的概念，如同布拉瓦茨基夫人在其含有大量古代象徵手法的著作《神祕教義》以及《伊西絲揭祕》（Isis Unveiled）所言，創造一直向前移動，而從最初的蛋發展出那條銜尾蛇。

十六、就像科帖爾滿溢出來而流入侯克瑪，侯克瑪滿溢出來而流入第三輝耀、庇納（Binah）也是類似的過程。在生命之樹上，輝耀們一一接續的溢流所走的路徑會以一道閃電作為象徵，有些圖畫則是以火劍作為表示。從圖一可以看到，那道閃電必得從科帖爾出發並向下、向右移動到侯克瑪，然後轉為水平橫向，往左前進到科帖爾左下方，其與科帖爾之間的距離也跟第

一、第二輝耀之間的距離一樣的位置，在那裡建立庇納。而其結果就是在生命之樹圖像上方形成三角圖案，它被稱為上位三輝耀的三角形（the Triangle of the Three Supernals）或是原初三位一體（the First Trinity），它與其他輝耀之間有一道深淵（the Abyss）隔著，一般的人類意識無法跨越那深淵。而這一切就是人眼無法得見的存在之根。

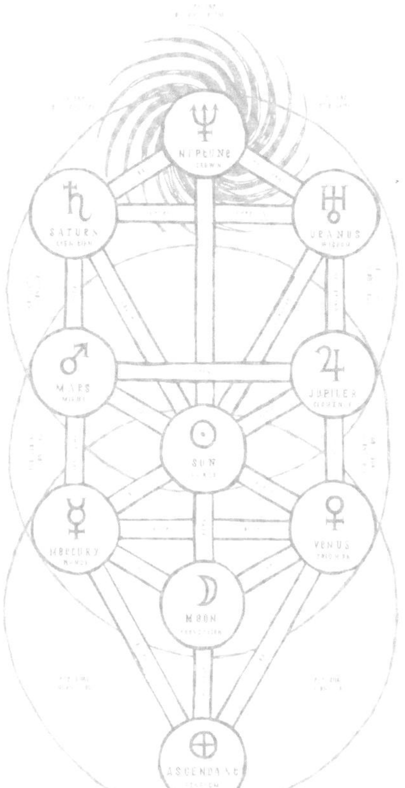
NEPTUNE
SATURN
URANUS
MARS
JUPITER
SUN
MERCURY
VENUS
MOON
ASCENDANT

第七章 上位三輝耀

一、在思索最初幾道神聖光輝的發展概觀之後，關於它們的本質與重要性，我們現在來到能夠獲得這方面的更深洞見之位置，因為我們能夠研究它們之間的關係。這是研究眾輝耀的唯一方式，因為單一輝耀就其本身而言並不具有重要性。生命之樹基本上就是關係、重要性與映照的圖表（參見圖二）。

二、在拉比的書中，有許多令人感到好奇的稱號會賦予給眾輝耀，而我們可以在思索這些稱號時獲益良多，因為這些書所使用的每一個字都有相當大的重要性，不是出於隨意亂用，也不是為了符合漫無目的的詩意想像，一切用字都像科學術語那樣精確，事實上它們就是科學術語。

三、我們之前提過科帖爾的字意是「王冠」。而侯克瑪的字意是「智慧」（Wisdom）、庇納則是「領會」（Understanding）。然而在後兩道輝耀的後面另掛著一個從不會顯現在生命之樹圖像上面的神祕輝耀，如此古怪的它就是所謂的隱形輝耀達阿思（Daath），其意為「知識」，據說是侯克瑪與庇納結合而形成的，其位置就跨在深淵之上。克勞利告訴我們，達阿思是在另一次元連結另一套眾輝耀，並與科帖爾、侯克瑪及庇納形成一座金字塔，這三道輝耀形成金字塔的三角形底部，達阿思則位於金字塔的頂端。對我來說，達阿思代表的概念是了解及意識。

四、就讓我們現在來依照祕法卡巴拉的方法詳細闡述上位三輝耀，而這方法就是將所有的對應及象徵填入心智，讓冥想在其中運作。

五、我們將會看到的是，這三道輝耀以及神祕的第四道輝耀都含有跟頭部有關的象徵，而頭部在原型人類中即象徵最高層級的意識。當我們從拉比的文獻中探求賦予給它們的其他稱號時，就會發現科帖爾還會有許多跟頭部有關的象徵，因此即使沒有特別提到後面兩道輝耀，也許可以想見它們亦是如此，因為它們是科帖爾在較低層面的面向。

六、在拉比對科帖爾所列出的稱號當中，我們此刻需要思考的是下列幾個：長臉（Arik Anpin, The Vast Countenance）、白頭（The White Head）、非首之首（The Head Which Is Not）。根據克勞利所言，科帖爾的魔法象徵是古代蓄鬍國王的側面圖像。而麥克葛瑞格‧馬瑟斯則說，巨臉的象徵意義即是只有一側的臉龐可以看得到，或是就如同卡巴拉所言：「在它裡面都是右側。」左側那一面則是朝向無具現，對我們來說那就像是月亮的永暗面。

七、然而科帖爾的主要意義是王冠，而王冠並不是頭部，而是放置在頭部的上面。因此科帖爾不會是意識，而是——當我們思索微觀宇宙的層面時，它是意識的原料；而在思索巨觀宇宙的層面時，它是存在的原料。這是因為，就如同我們已經注意到的，對於生命之樹的思索其實有兩個方向，可以把它當成宇宙或是當成人的靈魂，而這兩個層面彼此相互映照。若用赫密士的翠綠石版（the Emerald Tablet of Hermes）上面文字來說，那就是「如其上、同其下」（As above, so below）。

八、科帖爾在達至明顯的存在之前就會區分出侯克瑪與庇納，而卡巴拉神祕家將這兩者稱作「上位父」（Abba, the Supernal Father）與「上位母」（Ama, the Supernal Mother），並將庇納稱作大海（the Great Sea）以及土星領域（Shabbathai, the Sphere of Saturn）。當我們繼續看下去時，應會發現後續的輝耀亦被稱作眾行星的層面，只是庇納是第一道被賦予行星對應的輝耀，而科帖爾被稱作原動天，侯克瑪被稱作黃道天球。

九、而薩圖恩（Saturn，土星之名，相當於希臘神話的克羅諾斯）是眾神之父，是朱彼得（Jupiter，木星之名，相當於希臘神話的宙斯）統治的奧林匹亞眾神之前代古神當中最偉大者。在對應塔羅牌大牌的祕密名稱當中，根據克勞利所言，土星路徑被稱為黑暗時代的偉大神祇。

十、所以我們看到科帖爾區分出一道主動的男性力量——侯克瑪，以及另一道被動的女性能量——庇納，而在眾輝耀於生命之樹的垂直排列當中，這兩者被放置兩側直行的頂端，靠左手一側以庇納為首的直行稱作「嚴」（Severity），靠右手一側以侯克瑪為首的直行稱作「慈」

（Mercy）。而由科帖爾為首的中間直行稱作「中」（Mildness），據說還有「均衡之柱」（the Column of Equilibrium）的名稱。這兩側的直行就是所羅門王聖殿大門入口的兩側石柱，而它們在所有神祕團體當中的象徵，就是當入選者站在這兩者之間時，他本身即為「均衡的中柱」（the Middle Pillar of Equilibrium）。

十一、我們現在來看布拉瓦茨基夫人對此所提出的意見——如果沒有分別成「相對的配對」（the Pairs of Opposites），就不會有具現。科帖爾分別成侯克瑪及庇納這兩個面向，使具現得以成形。我們的宇宙進化論之根本概念就在非首之首、上位父及上位母所構成的上位三角形當中，我們應當在無數面向中反覆回顧之，並在每次的回顧中得到啟蒙。這些排在前面的章節並不會去深入探究任何要點，其原因已在前面講過，那是因為還不熟悉該主題的學生（對此熟悉的學生非常少），他們的心智之屋還沒把一些必要的事實家具擺進來，所以他們無法認知到更加細緻的研究所具有的重要性。所以我們現在要做的就是組裝家具，同時把它擺進生命之屋裡面予以仔細研究。

十二、庇納，即上位母，與第十輝耀瑪互特——下位母、小臉的新娘（the Bride of Microprosopos）、自然的伊西絲女神——有所分別。它具有雙面性，而這兩個面向分為黑暗不孕之母（Ama）以及明亮能孕之母（Aima）。我們已經看到它被稱作大海，即Marah，而這個字不只意謂「苦」（Bitter），也是聖母瑪利亞（Mary）的字根，所以我們又再次遇到「母」的概念，原先是處女的她因著聖靈感孕生子。

十三、藉由庇納與海的關聯，我們能聯想到的是生命的最初開始是在水裡，而從海中升起維納斯，即原型的女人。而它與薩圖恩的關聯則暗示著「原初時代」的概念：「在眾神成為眾神之前，他們總在傍晚喝得痛快……」[1]這暗示著那些最為古老的岩石：「在那山谷的陰暗寂靜裡面……灰髮的薩圖恩坐在那裡，如同岩石般地安靜。」[2]麥克斯・韓德爾（Max Heindel）在論及「形之諸王」（the Lords of Form），認為它們是處在進化的最早階段，而某一本頗具啟發性的著作《宇宙信條》（The Cosmic Doctrine）在提到「形之諸王」時，是用「地質學諸律法」（the Laws of Geology）來描述。

十四、在回頭思索生命之樹兩側直行的象徵意義時，我們會把侯克瑪與庇納視為「力」（Force）與「形」（Form），它們是具現的兩個單位。

十五、對我們來說，此刻若再深入探索這象徵無盡延伸出去的意義是沒有任何好處，因為這會超過我們已研究的三個輝耀。所以就讓我們深入思索那永不出現在生命之樹上的神祕達阿思，它沒有對應的神祇名稱或天使團，也沒有樹上其他停留點所具有的行星或元素俗世象徵。

十六、如前所述，達阿思係由侯克瑪與庇納的結合而生。上位父與上位母結婚，而產出達阿思。卡巴拉神祕家用一些令人好奇的描述來稱呼達阿思，之後我們將會提及當中幾個。

十七、《隱祕之書》（the Book of Concealed Mystery）第三十八節（這裡引用的是馬瑟斯就克諾爾・馮・羅森羅斯（Knorr von Rosenroth）的拉丁文譯本所做的英文翻譯）是這麼說的：「因為父與母於易首德，也就是『根基』（第九輝耀）永遠結合在一起，然而這結合隱藏在達阿思，也就是『知識』的神祕之下。」而我們會在第四十節讀到關於達阿思的敘述：「那人會說：『我屬於主。』而他降生世間……『上帝之手』（Yod，希伯來文第十個字[3]）是上位父的知識基礎，然而一切事物都被稱為BYODO[4]之意（參考《隱祕之書》第三十九節），也就是說，就本文章所要表達的本質而言，所有事物都被應用於『上帝之手』。而所有事物在上位母隱藏的言語裡面相互結合成整體。也就是說，藉由達阿思或『知識』，智慧與領會得以在那裡結合，也是美之路徑（the Beautiful Path，即第六輝耀『梯孚瑞特』（Tiphareth）與其新娘『王后』（the Queen，第十輝耀瑪互特）結合的地方，而這個隱藏的概念或靈魂，遍布在整個光輝之中。由於達阿思對於經過自己的事物保持開放，所以它本身除了就是一條美好之路之外，而且還是摩西有提到的那條內在之路，那條路藏在上位母裡面，是它在進行結合時的媒介。」我們可以注意到「上帝之手」完全肖似印度教系統的「林伽」（the Lingam），以及科帖爾、達阿思與美之路徑，即第六輝耀梯孚瑞特，一起在三柱的中柱——在微觀宇宙、即人類層面等同脊柱——排成直線，還有拙火（Kundalini）蜷曲在同樣排於中柱的易首德，所以我們應當看得出來，這裡有著重要的關鍵可供具有能力者加以運用。

十八、在《大神聖結合》（Greater Holy Assembly）第五六六節（馬瑟斯的翻譯），我們會讀到小臉（其整體係為整個宇宙的圖像）之頭的敘述：「從第三穴開始，就會有許許多多的內室與機構，其數是一千乘以一千，而那就是裝載達阿思，也就是『知識』的地方，也是它的久居之地。而這空穴的空間就在其他兩穴之間，而這些內室滿載從這兩邊來的事物。這就是〈箴言〉裡面所寫的：『藉由知識（達阿思），那些內室得以裝滿。』[5]而這三者會擴展到整個身體，從這一側到另一側都有。而整個身體藉著它們結合成一體，而身體無論在哪個方向都被它們包圍著，而它們也藉由身體更加擴張及瀰漫出去。」

十九、在想起達阿思就位於深淵將中柱一分為二的點上，而中柱上面有著箭之道路（the Path of Arrow），也就是意識在其心靈敏銳度及拙火從眾層面升起時所走的道路時，我們就會看到達阿思在人的產生與重生都是關鍵，也就是藉由分別成二極的配對以及兩者結合形成三位一體而通往一切事物之具現的關鍵。

二十、於是，生命之樹向卡巴拉神祕家展開自己的祕密。

二一、生命之樹上面的第二個三角形，係由黑系德（Chesed）、葛夫拉（Gevura）及梯孚瑞特（Tiphareth）組成。庇納的溢流形成黑系德，它位於右手的慈柱（the Right-hand Pillar of Mercy），就在侯克瑪的正下方，而生命之樹上那道閃電的彎折，是用來指出諸光輝在生命之樹上的流動方向，於是它從位於嚴柱之首的庇納往右下移動、橫跨生命之樹而抵達位於慈柱中段的黑系德。然後這道閃電轉而水平橫行，再度跨過生命之樹而到位於嚴柱中段的葛夫拉。它接著再次往右下移動而到達光輝之力的下一個象徵，也就是梯孚瑞特輝耀，位在中柱或均衡之柱，是在生命之樹正中央的位置。這三道輝耀構成我們接下來要思索的三角形，雖然我們直到完成整個系統的大致調查之前，並不想在它們的象徵意義上耗費過多心思，但至少需要給予一些關於其重要性的線索，使它們能夠被安排到我們所要建立的概念之相應位置上。這概念在詳述細節時如此浩瀚、如此無限，所以若要從頭到尾全部都教的話，最後必定只會造成混淆而已。只有採取漸進的步調，讓各面向相互解釋彼此，學生才能看見這概念的重要性。我教導生命之樹的方式也許就系統性思考而言並不是最理想的方式，然而我相信這是唯一能讓初學者「學會」這主題的方式。我在祕法方面是以生命之樹來訓練自己，而在個人生活經營方面至今已與它相伴好幾年，所以我覺得自己有資格以實修神祕主義的角度來談論之，因為我從自己的經驗知道掌握卡巴拉系統的困難，它是如此細緻、抽象及長篇大論，然而一旦掌握之後，就會變得相當容易理解且令人感到滿意。

二二、在把生命之樹的第二個三角形當成一個單元來思索之前，我們必得知道組成它的輝耀所具有的意義。黑系德意謂仁慈（Mercy）或愛（Love），又稱作「高尚中的偉大」（Gedula, Greatness of Magnificence），對應木星領域。葛夫拉意謂力量（Strength），又稱作「敬畏」（Pachad, Fear），對應火星領域。梯孚瑞特意謂美（Beauty），對應太陽領域。在將各式各樣的異教眾神祇對應到生命之樹時，會發現梯孚瑞特所對應到的都是具有被犧牲之特質的神祇，因此它也在基督信仰的卡巴拉（the Christian Qabalah）被稱作「基督中心」（Christ-centre）。

二三、我們現在有足夠的材料來調查第二個三角形。木星是善意的統治者及賦予律法者，由猛烈的破壞力量、身為戰士的火星來平衡，而這兩者在救贖者梯孚瑞特得到均衡。我們在上位三角（the Supernal Triangle）看到最初的輝耀發射出組成一對的二個極性，以表達它的本質所具有的兩面性，也就是侯克瑪、力，以及庇納、形，而這兩個輝耀也分成男性面與女性面。在第二個三角形中，也有組成一對的兩個極性，而它們會在位於生命之樹的中柱之第三個輝耀找到自己的均衡。我們由此可以推論，第一個三角形是從藏在它們的背後事物得出自身意義，而第二個三角形是從它所要發展出去的方向得出自身意義。我們在第一個三角形中看到的是宇宙眾物質的創造力之象徵，而在第二個三角形看到的是使生命持續進化的掌管力量的象徵。黑系德那裡是睿智、仁慈的國王，身為人民之父的他治理自己的王國、建造產業、培育人才，並帶來文明的益處。而葛夫拉那裡則是戰士之王，帶領人民投入戰事以防禦敵人的侵略，藉由征服來擴展領土，並懲罰犯罪、消滅惡人。我們會在梯孚瑞特那裡看到救世主，在十字架上犧牲自己以使自己的人民得到救贖，藉此把葛夫拉與「高尚中的偉大」——也就是黑系德——帶入均衡。我們會發現所有良善的太陽神祇及治療神祇都在梯孚瑞特的層面，所以就能看到，黑系德的仁慈德政與葛夫拉的鐵腕厲行共同合作，好使世上眾國得以恢復。

二四、而在梯孚瑞特的後方會畫上橫貫生命之樹的「聖殿帷幕」（Paroketh, the Veil of the Temple），那是將上位三輝耀與生命之樹其他部分隔開的深淵在較低層面的對應。就像深淵那樣，這道帷幕標示出意識裡面的一道裂隙，裂隙兩側是不同種類的心理活動模式。梯孚瑞特是一般人類的意識能夠攀上的最高層面。當腓力對我們的救主說：「請將父顯給我們看。」而耶穌回答：「人看見了我，就是看見了父。」[6] 人類心智對於科帖爾能夠知道的一切，全都反應在梯孚瑞特裡面。而這道聖殿帷幕會在十字架架上受難時被撕成碎片。

二五、我們現在來粗淺認識一下第三個三角形，係由聶札賀、候德及易首德這三道輝耀所組成。聶札賀是慈柱底部的輝耀、候德則是嚴柱底部的輝耀，而易首德則是位於中柱或均衡之柱，跟科帖爾與梯孚瑞特排成一直線。所以位在更下方的電光軌跡之第三個三角形，是完全肖似第二個三角形的複製品。

二六、聶札賀的意義是勝利，對應金星領域；候德的意義是光榮，對應水星領域；易首德的意義是根基，而它對應的是月亮領域。

二七、由於第二個三角形被稱為「倫理三角」（the Ethical Triangle）並不算不恰當，所以第三個三角形也許可稱作「魔法三角」（the Magical Triangle）。如果我們將科帖爾，對應到三位一體的層面，也就是無分別的「一」（Unity），並把梯孚瑞特對應到救贖者或聖子的層面，那麼我們應能把易首德對應到聖靈、啟蒙者的層面。這種對於基督信仰三位一體在生命之樹的分配方式，會比它們原先在上位三角的對應方式——即聖子在上位父的位置、聖靈則在上位母的位置——更加適切，因為後者的對應方式明顯毫無意義，而且容易在對應與象徵意義方面出現多到數不完的不一致之處。從這個例子，我們可以看到生命之樹在當成異象或冥想的覆核方法來用時所具有的價值，即藉由象徵意義的無數延伸，正確的屬性會在生命之樹上找到適切的位置，如同我們把庇納當成上位母來思索時，不正確的象徵意義就會崩壞，並顯現那在一開始按照對應順序來安排時為其指定對應的古怪之處。當對應正確的時候，對應順序可以延伸出去的程度真的會讓人感到驚奇，對應順序的合理連結延伸長度看似只會受限於我們在知識方面的廣度，它可以藉由科學、藝術、數學及歷史時代來延伸，可以藉由倫理、心理學與生理學來延伸。先人以這種特殊方法來運用心智，使他們能在所有的可能性當中找出自然科學的粗淺知識，就是那些得要等待未來發明的精確儀器才能確認的知識。我們會在分析心理學的夢境分析中看到與這方法有關的線索。我們也許會將它描述成潛意識心智的象徵化力量。將一大堆不相關的象徵意義丟入心智，並在冥想生命之樹時，觀看心智就像在分析夢境那樣地自行整理它們，並把做出來的長條關聯順序推入意識——這樣的實驗真是頗具教育意義。

二八、聶札賀是自然女神維納斯（Venus，即金星）的層面、候德是希臘神祇墨丘利（Mercury，即水星）的層面，祂近似掌管書籍與學習的埃及托特神。在觀察它們的極性時，我們應會找到它們兩個所代表的相異面向，而這兩個輝耀會在第三個輝耀——即身為月亮領域的易首德——找到均衡。因此我們就會看到自然之女（the Lady of Nature）、書之君主（the Lord of

Books）及巫術女主人（the Mistress of Witchcraft）形成三角形，也就是說，潛意識與超意識在心靈（psychism）相互關聯。

二九、熟悉實修神祕主義的人知道通往超意識的道路共有三條——其一是與梯孚瑞特有關聯的奉獻神祕主義；其二是自然神祕主義，屬於陶醉的方式，就像酒神信徒那樣，等同聶札賀的金星領域；其三則是屬於祕術類型的智性神祕主義，等同候德，即托特神、魔法之神的層面。我們可以看到，梯孚瑞特在生命之樹上的位置並不在第三個三角形裡面，而是在更高的層面，反觀易首德則是被畫在非常靠近地球層面的地方。

三十、自身象徵中具有月亮的一切神祇，都歸在易首德：例如月亮女神露娜（Luna）、掌管黑魔法領域的黑卡蒂（Hecate）女神，以及保佑分娩的黛安娜（Diana）女神。現實的月亮——卡巴拉神祕家會稱之為位於行動界的易首德——其週期為二十八天，關聯到女人的生殖週期。如果我們以露娜女神的弦月象徵來調查其他神祇，就會發現跟這象徵有關的神祇明顯多為女神。讓人感興趣的是，馬瑟斯也說聖靈是一股女性力量，使我們將聖靈關聯到易首德的觀點又多了一項確認。他說：「我們通常被告知聖靈是男的。然而靈這個字（Ruach）是女性的，如同在《形塑之書》所提到的下列語句：『「她」，即掌管生命的上主之靈。』（Achath, Ruach Elohim chiim）」（Achath 意謂女性，不同於意謂男性的 Achade。請參考《卡巴拉揭密》第二十二頁）。當我們把中柱當成用於意識諸層次之參考來思索時，應能更進一步確認這個觀點。

三一、最後就剩下瑪互特這道輝耀，亦即地之王國，等著我們思索。這道輝耀在某些部分跟其他輝耀不一樣。首先，它不屬於任何一個達到均衡的三角形，然而據說它是接受來自其他輝耀的影響之容器。第二，這是一顆墜落的輝耀，因人的墜落（the Fall[7]）而與生命之樹的其他部分隔開，而死亡之龍（the Stooping Dragon）的尾巴從死骸界（the World of Shells）——即具有失衡力量的諸王國——當中升起，將瑪互特與其他輝耀分開。在小臉的新娘、王后（指瑪互特）的肩膀上，那蛇（the Serpent）高舉其頭，而這裡就是所謂會以最為嚴厲的審判處置的地方。瑪互特層面緊靠著屬於反輝耀（the Qliphoth，或稱惡魔）的眾地獄。而上主創造蒼穹將庇納的上位之水從曲行之蛇（Leviathan[8]）的煉獄之水分別出來。

三二、針對反輝耀的重要性進行全盤的思考是終究要做的事情，不過，這裡為了解釋瑪互特的位置而提及它們，那麼我們必得多做說明，好使這裡的解釋可以讓人理解。[9]

三三、反輝耀（單數為 Qliphah，指蕩女或娼婦）就是邪惡或倒反的輝耀，是從神聖之樹上面各自對應的輝耀所發散出來的失衡力量，這樣的發散會出現在輝耀還未達到均衡時的進化關鍵時刻。因此，它們就被視為那些持有失衡力量的以東諸王，如同《聖經》所言，「以色列的王來臨之前，是由他們治理諸國。」另在《隱祕之書》（馬瑟斯的翻譯）有提到：「在均衡出現之前，原本應有的面貌無法繼續維持下去，古代諸王已死，其王冠不復存在，且大地荒蕪。」

三四、我們現在完成對於生命之樹以及其上十輝耀排列位置的初步調查，也具有關於它們的重要性之些許線索，並且也得到關於心智會如何在冥想中使用這些宇宙象徵之一點暗示。所以我們接著要藉由對於整幅圖的輪廓之知識，把一些新資訊放入這架構裡面的正確位置而逐漸構築起來，就像拼圖那樣。克勞利曾將生命之樹巧妙比喻為一套卡片索引檔案櫃，而每個象徵都是裡面的某個檔案盒。想要擬出比這更好的明喻還真是難。在我們的學習課程中，我們應當開始把這些檔案盒填進資料，並在過程中從它們之間找到相互參照的部分，而那就是當同樣的象徵在其他關聯事物出現的時候。

---

1 譯註：也許是摘自 Gilbert Keith Chesterton 的 *The Ballad of the White Horse*。
2 譯註：摘自 John Keats 的 *Hyperion*
3 譯註：字意是「手」
4 譯註：即「以祂的手」(with his hand)
5 譯註：請參考〈箴言〉2：4
6 譯註：請參考〈約翰福音〉第十四章
7 譯註：在參考第四部對其解釋之後，此詞使用中性詞彙取代舊時的「墮落」會比較貼近原本所指涉的過程
8 譯註：譯名係參考〈以賽亞書〉27：1
9 譯註：請參考第二十六章

第八章
生命之樹的模組

一、生命之樹十輝耀的分組方式可分成幾種，很難說哪個對、哪個錯。每種分組方式都有其不同目的，並且可以藉由揭露眾輝耀的關聯與均衡，讓我們對於個別輝耀的意義有著更深的洞悉。

二、這些分類也很有用，因為它們使得生命之樹的十進位系統能與基數為三、四及七的系統相容。

三、生命之樹的原初型態是由三柱構成。我們可以在那幾張附圖看到眾輝耀已自行排成以三為基數的垂直分組，因為它們是被安排成三條直行。而這三條直行就被稱作右手的慈柱、左手的嚴柱（the Left-hand Pillar of Severity），以及均衡的中柱（參見圖一）。

四、在進行下一步之前，我們得要講清楚生命之樹的左右兩側所具有的重要性。我們可從圖一那裡看到庇納、葛夫拉與候德排在左側，侯克瑪、黑系德與聶札賀排在右邊，這是我們將生命之樹當成巨觀宇宙的象徵來用的觀看方式。然而當我們用它來代表微觀宇宙，也就是我們的自身存在時，我們的形象是背朝下地躺在生命之樹上，所以中柱就等同我們的脊柱，庇納、葛夫拉與候德的那一柱就在我們的右側，而侯克瑪、黑系德與聶札賀那一排則是在我們的左側。而這三柱也可當成瑜伽系統的中脈（Sushumna）、左脈（Ida）與右脈（Pingala）來看。這裡有個相當重要、需要記住的重點，就是在將生命之樹用來當成主觀的象徵時，記得要左右相反，不然會造成混淆。偉特先生關於卡巴拉的著作《神聖卡巴拉》（the Holy Qabalah），相當具有價值，他出於某些個人理由，而在書本封面放上跟常見的生命之樹左右相反的圖，因為一般來說通常用於呈現生命之樹的象徵是客觀的版本，而非主觀的版本。在將生命之樹用於指示個人氣場的力量路線時，一定要用主觀的生命之樹，所以葛夫拉等同我們的右臂。至於中柱，自然在任何情況下都保持不變。

五、嚴柱被認為具有負向或是女性特質，慈柱則是具有正向或男性特質。就表面而言，這樣的分類在象徵意義上似不相容，然而在具備各輝耀的知識之後，我們對於這三柱的研究將會揭露這樣的不相容只是表面，而在更加深層的象徵意義，其重要性是完全相合的。

六、我們會看到眾輝耀的接續發展途徑，是從生命之樹圖像的這一側到另一側的反覆折線，因此這條折線的適切名稱就是「閃電」（the Lightening Flash）。它以圖像指出眾輝耀是以正向、負向、均衡的順序接續下去。對於事物創造過程而言，這樣的象徵會比輝耀們僅上下排成一直線更好許多，因為它指出眾神聖光輝在本質方面有其不同之處，以及它們彼此的關係，而在觀看生命之樹的圖像時，我們能確實看到存在於不同輝耀之間的關係，並看出它們如何相互聚集、反射與反應。

七、在嚴柱，即負向、女性之柱的頂端，是庇納、偉大母親（the Great Mother），對應到土星領域，而土星是「賦形者」（the Giver of Form）。在慈柱的頂端則是侯克瑪、上位父，是男性的力量。所以我們可以看到「形」與「力」並列於此。

八、在第二個三位一體當中，我們觀察到黑系德（木星）與葛夫拉（火星）並列於此，所以我們能夠看到這裡也有一對相反的極性，即身為立法者及良善統治者的木星所擁有的建設，與身為戰士及破除邪惡者的火星所持有的破壞。請一定要記住，火星是破壞的力量，是占星學的凶星之一。正向的木星予以建設，負向的火星予以破壞；正向的木星是動態的力量，負向的火星是靜態的力量。[1]

九、這樣的相對極性再次出現於聶札賀及候德，它們分別位於慈柱與嚴柱的底端。聶札賀是金星，是自然綠光（the Green Nature Ray）、元素之力，以及情緒的啟蒙。候德則是水星、希臘神祇赫密士（Hermes），是知識的啟蒙。聶札賀是直覺與情緒，是動態的力量；而候德是智性、具體的想法，將直覺性知識約化成形。

十、然而我們要記住的是，在神聖影響力（the Divine Influence）的傳遞順序中，每道輝耀相對於前導的輝耀，都是負向、女性的，它因此得以接受、得以放射神聖影響力，而相對於後繼的輝耀，都是正向、男性或刺激的，因它會向後續的輝耀傳送神聖影響力。因此每道輝耀都是雙性的，就像磁鐵那樣，其中一端必得是指南極，另一端則是指北極。我們也許可用占星學的比喻作進一步解釋，即那些位於女性之柱的輝耀是在發揮負的面向時呈現廟旺，並在發揮正的面向時呈現落陷，至於位在男性之柱的輝耀的情況剛好相反。所以，庇納、土星會在提供穩定性與耐力時呈現廟旺，然而在過多的抵抗使其變得好鬥時呈現落陷，所以我們會受到阻礙，且無效失能的事物逐漸累積起來。另一方面，黑系德，也就是仁慈，會在和諧安排及保存一切事物時呈現廟旺，但是當仁慈變得多愁善感而篡奪土星領域時，它就呈現落陷，使得與它相對的輝耀，即具有激烈火星能量的葛夫拉，能有進場清理門戶的機會。

十一、所以這兩柱代表自然的正向與負向、主動與被動、破壞與建造、結聚成形與自由移動的力量。

十二、位於中柱的輝耀也許可以當成它們所作用的意識層次與行星。瑪互特是感官意識、易首德是星光體的心靈意識（psychic consciousness），而梯孚瑞特是啟悟的意識，即人格的最高面向與個體性的結合，這才是真正構成入門的條件，即高我的意識被帶入人格之中。那是對於來自聖殿帷幕之後的高層意識之瞥見，因此若以生命之樹的象徵來看這世上的彌賽亞與救世主，他們都會被分到梯孚瑞特，因為他們是為全人類「帶來光明之人」（Light-Bringers），而他們就像那些從天堂偷火的故事主角那樣，為了人類而犧牲自己的性命。而我們也是在這個位置讓較低層次的自我死去，為的是使較高層次的自我得以甦醒——所謂的「在基督裡面死去」（In Jesu moromur.）。

十三、中柱繼續向上升起而穿過隱形輝耀，也就是達阿思，根據拉比所言，我們已知它是知識，而根據心理學家的術語，它也是指有意識的覺醒或領悟。在中柱的頂端是科帖爾、王冠，即一切存在之根。然後，意識再從科帖爾的靈性本質出發，穿過達阿思的了解——達阿思帶著它渡過深淵——而進入梯孚瑞特的解讀意識，而那使聖殿帷幕裂開的基督之犧牲會帶著它繼續前行，然後會進入易首德、月亮領域的心靈意識，再到瑪互特的感官腦意識。

十四、於是，意識是以退化（involution）的路線下降，而退化這個詞是用來描述從最初具現以來，穿過存在的諸精微層面而到厚重物質的進化階段。而嚴格來說，神祕家應當只有在描述物質上升、回歸到靈的時候才能用進化這個詞，因為那進化的事物是之前通過發展的各精微階段而下降的過程當中退化的事物。所以這裡可以清楚看到，事物若沒有先前的退化、內縮，就不會有後續的進化、展開。進化的真正路線是沿著閃電——又稱為火劍——的軌跡，從科帖爾往瑪互特而行，而眾輝耀的發展順序已在前面說過。然而意識是按著各層面下降的，只有當具有極性的輝耀處於均衡的時候才會開始具現，因此意識的諸模式會被分派給位於中柱的均衡輝耀，然而魔法力量則是被分派給具有極性的輝耀，兩極配對的輝耀都會各自處在平衡的橫束之一端。

十五、入門之路（the Way of Initiation）則是依智慧之蛇在生命之樹上面的彎曲身體而行，然而啟悟之路（the Way of Illumination）則是依箭之道路而行，那支箭是從應許之弓（Qesheth, the Bow of Promise）射出的，而那把弓就是那道在易首德背後像光環般地展開、具有非實質色彩的彩虹。這就是祕法家的道路之所以與祕術家不一樣的地方，它既快速又直接，而且免除那在左右兩柱會遇到失衡力量的誘惑之危險，然而這條路除了梯孚瑞特的犧牲以及易首德的心靈力量之外並沒有給予其他魔法力量。

十六、在之前對於十輝耀的概略討論中，應有注意到生命之樹的三個三位一體，就讓我們再次扼要講述，以得到更加清楚的認識。那由科帖爾、侯克瑪與庇納形成的第一個三位一體，馬瑟斯稱之為「智性界」(the Intellectual World)，由黑系德、葛夫拉及梯孚瑞特構成的第二個三位一體則稱為「道德界」(the Moral World)，由聶札賀、候德與易首德形成的第三個三位一體則稱為「物質界」。就我所見，這樣的術語容易造成誤導，因為這些字詞在我們的心智無法帶出這些界所要象徵的意思。智性就本質而言是直覺與領悟的結合產物，因此這個術語並不適合用來描述上位三輝耀的領域。至於使用「道德界」一詞以描述黑系德、葛夫拉及梯孚瑞特，我贊同這個詞，因為這跟我用的術語「倫理三角」是一樣的意思。然而用「物質界」來描述聶札賀、候德與易首德形成的三位一體，我非常反對這個名稱，因為它應是只留給瑪互特的術語。這三道輝耀並不屬於物質層面，而是屬於星光層面，所以對於這個三位一體，我會建議用「星光界」或「魔法界」。然而把別人意有所指的詞彙搶來用的作法並不妥當，即便重新賦予自己的定義也是如此，不過馬瑟斯在這方面倒是沒什麼顧忌。

十七、智性領域並沒有大到像三柱之一的層級，因為智性是意識的內容物，所以基本上是合成的事物。卡巴拉神祕家用四個層次分別具現過程並賦予名稱，而這些術語明顯取自對於這四個希伯來語名稱稍微粗劣的翻譯。

十八、這四個層次又可以發展出另一種為十輝耀分組的方式。這當中最高的層次是原型界，係由科帖爾構成；第二高的是創造界，係由侯克瑪與庇納，也就是上位父與上位母、父與母所構成；第三個層次是形塑界，也就是成形界（the Formative World），係由位於中間的六道輝耀，也就是黑系德、葛夫拉、梯孚瑞特、聶札賀、候德及易首德所構成；第四個層次則是行動界，即物質界，係由瑪互特作為代表。

十九、十輝耀也可分成七殿（Seven Palaces）。第一殿是上位三輝耀，第七殿是易首德與瑪互特，其餘五輝耀則各屬一殿。之所以提出這種分組方式，除了它可以顯示易首德與瑪互特的緊密關係之外，也使得十進位的卡巴拉能夠相容於神智學（theosophy）以七為基數的系統。

二十、十輝耀還有另一種三分方式，這在卡巴拉象徵當中非常重要。在這系統中，科帖爾被稱作長臉，而它具現成父、上位父，即侯克瑪，以及母、上位母，即庇納。這兩者象徵著三位一體裡面的正負面向，而當這兩個不同面向結合在一起時，就是「上主」（Elohim），而根據馬瑟斯的說法，這個詞是陰性名詞配上陽性的複數形式。而這樣的結合發生在達阿思，也就是隱形的輝耀。

二一、後續六道輝耀則構成小臉（Zeir Anpin, the Lesser Countenance），其中的特別輝耀是梯孚瑞特。剩下的瑪互特則被稱為小臉的新娘。

二二、小臉有時被稱為「國王」，而此時的瑪互特就被稱作「王后」。她也被稱為下位母或塵世夏娃（Terrestrial Eve），以與上位母庇納區別。

二三、這些對於十輝耀的不同分類方式都不是完整的系統，其設計目的是要使卡巴拉神祕家的十進位系統能與其他系統相容，像是以三為基數的系統，例如基督信仰，或是如同前述以七為基數的系統，例如神智學。而這些分類在指出十輝耀各自功能性關聯的方面也很有價值。

二四、我們必須注意這在最後要講的分類系統，該系統係由希伯來語字母表的三母字（Three Mother Letters）主導，分別為：阿力夫（Aleph, A[2]）、妹姆（Mem, M[3]），以及信（Shin, Sh[4]）。根據《形塑之書》對於希伯來字母表的說法，這三字關聯到三項元素，即風、水與火。阿力夫所管的是科帖爾的風之三合一，科帖爾是風之根，它向下折射，經過太陽之火（梯孚瑞特），進入月之光芒（易首德）。而庇納（大海）是水之根，它向下映照，經過黑系德而進入候德，係由妹姆、水之母親所統管。火的根則在侯克瑪裡面，它向下映照，經過葛夫拉而進入聶札賀，係由信、火之母親所統管。

二五、這些分類方式必須謹記在心，因為它們能在了解個別輝耀的重要性時給予很大的協助，那是因為，如同前面已經多有述及，使用關聯事物來解讀單一輝耀是最好的作法。

1 譯註：至於火星為何是靜態，個人淺見是「沒有建設，就沒有破壞」。所以在能夠出手破壞之前，火星只能「等待」

2 譯註：א

3 譯註：מ

4 譯註：ש

第九章
四界之中的十輝耀

一、我們已經看到卡巴拉神祕家把十輝耀分成四界，這是卡巴拉思維中很常應用的分類方式，而且應用於研究進化時很有價值。然而，我們必須記得，生命之樹的分類並不是獨斷的，某事物被分到某系統的某一類，並不代表它不可以被另一系統分到另一類去。在不同的層面若重複出現同樣的象徵，通常能夠提供頗具價值的線索。

二、在另一種分類方式中，十神聖輝耀被認為會出現在每個以弧線或具現程度劃分的卡巴拉眾界，所以如同無具現的無限之光集聚成一點，也就是科帖爾，而其光輝會藉由逐漸增加的密度往下運行到瑪互特之過程那樣，原型界的瑪互特也會受孕而生下創造界的科帖爾，然後繼續依此方式往下經過各層面，創造界的瑪互特生下形塑界的科帖爾，而形塑界的瑪互特生下行動界的科帖爾，行動界的瑪互特則緊靠在反輝耀之上。

三、然而，原型界被認為是眾輝耀的自然層面，所以它被稱為光輝界（the World of Emanations）。神只有在這個界能夠直接行動，不用透過祂的執行者。在創造界，神是透過大天使的居中斡旋來行動，在形塑界則是透過天使團來行動，而在行動界則是透過行星、元素及黃道星座這些中心來行動，我是用「塵世能量中心」稱呼它們。

四、於是在這四套象徵當中，浮現出一套完整的標記系統，以表達某一股力量在某一層次的功能模式。這套標記系統具有力量之名而成為儀式魔法的基礎，而它也是護符魔法及塔羅占卜系統的基礎。基於上述的理由，據說這些「用於召請的野名」連一個字都不得變更，因為這些字都是根據希伯來文字母表做出來的，而希伯來文是西方的神聖語言，如同梵文是東方的神聖語言那樣。更甚的是，希伯來文的每個字母都可當成數字來看，所以那些力量之名是具有數字的方程式，而那種相當繁複、名為代碼闡釋法的形而上數學運算系統即奠基於此項原則。若就我目前的知識程度來看代碼闡釋法的某些面向，會認為它們是迷信的增生事物，只會貶低這方法的價值或是視為毫無根據，但其關於宇宙數學系統的基本理念無疑藏有偉大的真理，並含有龐大的可能性。在運用這系統時，如果知曉力量之名的正確希伯來文拼法，就有可能揭露各式各樣的宇宙因素之關係，因為這些名字是根據代碼闡釋法的規則做出來的，所以代碼闡釋法具有可以連結這些名字的鑰匙。不過，這面向在我們要講的主題當中雖然顯得非常有趣，然而現在還不能講述這部分。

五、十輝耀在原型界中被分配到十個神聖之名。任何讀過《聖經》的人應該都會看到神有各式各樣的稱呼，像是主、主神、父等等。然而它們並不是為了避免累贅重複而使用文學詞彙，而是貨真價實的形上學術語。我們可以根據使用的名稱而知道神聖之力的相應面向以及它在運作的層面。

六、在創造界執行、表達神的命令者，一般認為是強而有力的大天使，於是十位大天使之名被分派給此界生命之樹的輝耀層次。

七、在形塑界執行神聖命令者，則是天使團，那是數量多到無法計算的群體，而它們也被分派到相應的輝耀層次，使我們能夠知道它們的模式及功能層級。

八、在行動界，如同我們之前提到的，特定的自然力量中心會被授予類似的對應。我們會在詳細研究十輝耀時將這些關聯全部納入考量。

九、在對處於四界的十輝耀進行象徵的解讀時，還需要將另一套重要因素納入考量，而那就是克勞利所分成的四色階級（the four colour scales），即指派給原型界的國王階級（the King scale）、指派給創造界的王后階級（the Queen scale）、指派給形塑界的皇帝階級（the Emperor scale），以及指派給行動界的女帝階級（the Empress scale）。

十、在所有與卡巴拉有關的事物中，這種以四為基數的分類方式有著深厚的重要性，而其根基多為卡巴拉的西方魔法也是如此。據説它是由四字聖名（Tetragrammaton）所管，而這神聖之名普遍被轉成耶和華（Jehovah，即上主、雅威）。希伯來語的字母表並沒有母音，所以這個神之聖名會拼成Ｙ Ｈ Ｖ Ｈ，換成希伯來語字母名稱則是Yod、He、Vav、He。在經文中，希伯來文的方塊字是從右到左書寫，而其母音是用寫在方塊字的裡面或底下的點作為標示。這些代表母音的點是在比較近期的時代導入，所以更為古老的希伯來經文並沒有這些點，因此讀者無法自行看出任何特定名稱的發音，只能請曉得發音的人講給他聽。至於四字聖名的真正祕密發音，據說是祕法的奧義之一。

十一、任何以四為基數的祕法分類，都歸在四字聖名之下。而藉由它們的對應，我們可以追蹤所有的關係類型，而這部分在實修祕術相當重要，後面會提到這部分。

十二、在它們之下有四個重要的四分法，使我們能夠看到它們之間的關係。它們就是卡巴拉神祕家的四界、煉金術師的四元素、占星家使用的四元素守護（triplicity，結合黃道星座四分法與行星的用法），以及用於占卜的塔羅牌四元素牌組。這種四倍數的分類方式就如同那塊羅塞塔石碑（Rosetta Stone），它為埃及象形文字提供解讀的關鍵，因為它上面刻的是埃及象形文字與希臘文的對應，既然希臘文是已知的，那就有可能找出對應的埃及象形文字所具有的意義。而將這幾套要素安排到生命之樹也是同樣的作法，它將為這些實修祕術系統提供真正的神祕線索。少了這關鍵，這些系統就沒有哲學方面的根基，而淪為純靠概略原則與迷信的事物。基於這個理由，入門的祕術家不會想跟沒有入門的算命師來往，因為他知道系統若沒有這個關鍵，就會變得毫無價值。這就是生命之樹在西方祕術之所以十分重要的緣故，它是我們的基礎、我們用於測量的標準，也是我們的教科書。

十三、那麼為了了解單一的輝耀，我們首先必需知道它在四界的原初對應、在上述四個實修祕術系統的對應，還有以任何方式蒐得的其他對應，並將它們聚集起來，為的是讓許多親身經驗者提出的聲明能有產出真理的機會。關於對應事物的蒐集工作，應該永遠不會結束，因為宇宙的所有層次都有著無限的對應順序，而持續增添自己的知識，才能算得上是祕術學問的優秀學生。就此觀之，再也沒有比前述的卡片索引檔案櫃更好的明喻。

十四、然而我們得再次提醒讀者，在這樣的關聯中，卡巴拉雖是知識的系統，同樣也是運用心智的方式。如果我們擁有知識，卻不曉得卡巴拉的精神運用技術的話，那知識對我們來說沒有什麼用處。事實上，我們甚至也許會說，除非熟悉這項心智技術，不然是不可能獲得任何很高層次的知識，那是因為生命之樹並不吸引有意識的心智，它吸引的是潛意識，因卡巴拉的推理方法就是夢境關聯的推理方法，然而就卡巴拉而論，夢者本身是群體潛意識、眾人的超靈（Oversoul）或是地球靈魂。大師會藉由針對設定的符號進行冥想而與這個地球靈魂進行溝通。這就是生命之樹及其對應事物的真正重要性。

十五、卡巴拉神祕家將四界中最高者稱為原型界，屬於純粹神性的層面。它也被稱作智性界，這是源自馬瑟斯稍微拙劣的翻譯。這個詞彙會造成誤導，因為對我們的一般理解來說，智性是跟心智、理性智能有關聯的字詞，所以會把這個充滿原型想法的領域想成是我們所了解的聰明才智。然而這些想法全是概念性的，而且是由超出我們所知的心智範疇甚多的意識功能所想出來的。因此，稱之為智性界會誤導讀者，除非我們同時還加上一句話，說這裡所說的智性跟字典所指的意思有著很大的差別，但這樣的表達方式真是不佳。若與使用容易誤導的舊詞彙相較，直接組合出一個新術語並賦予明確的意義會好許多，特別是現在已有非常精確的詞彙出現的話更是如此，例如 Atziluth 這個術語，就使用「原型的」（Archetypal）一詞，因為它能予以精確描述。

十六、據卡巴拉神祕家所言，原型界是歸神聖四字聖名當中的 Yod 所管。我們也許可以依理認為，所有在其他四分系統中被認為歸 Yod 管轄的部分，也都跟原型界有關，或說是跟某力量或某主題的純粹靈性層面有關。而在不同的資訊來源所給予的其他關聯當中，塔羅牌的權杖牌組或是火元素牌組算是其中之一。而對於具有祕術相關知識的人來說，這是相當明顯的關聯，一旦我們曉得某象徵被指派的元素，我們就會知道很多，因為它會為我們開啟占星學的一切延伸。而我們能夠藉由黃道星座的四元素守護及行星的親和性追尋它在占星學上的親和性。一旦我們知道黃道星座與行星存在何種關聯，我們就能探索任何神祇的相關象徵意義，因為人類心智發明的一切系統裡面之所有男神與女神都會與占星有關聯。祂們的冒險故事其實就是宇宙力量運作方式的寓言。在沒有外援的情況下，陷在象徵迷宮的我們沒有找到出路的希望，然而我們若將每條關聯鏈的末端接上對應的輝耀，就會有需要的線索。

十七、所有關於神祕思想的系統，以及一切受歡迎的神學，都將有形宇宙各種不同部分的構建與管理歸功於具有智性與目的、依照神的指示運作的存在們所進行的居中斡旋。現代思維則企圖逃離這種概念的含意，而把具現縮減為機械化的過程，然而到目前為止都沒成功，而且有些徵兆已顯示，現代思維不久將會把心智當成是事物成形之初的存在狀態。

十八、就現代哲學的觀點而言，古老智慧也許顯得粗糙，然而我們得要承認，具現過程背後的因果力量，其本質比較接近心智，而不是物質。進一步把不同種類的力量予以個人化是合理的類推作法，只要我們了解該存在，也就是該力量的靈魂，也許跟我們的心智有著種類與程度方面的巨大差別，其幅度就像我們的身體與行星本體在類型與尺寸方面的巨大差異那樣。如果我們在背景中尋找心智，而不是拒絕承認有形宇宙具有無形架構的話，那麼我們對於自然應會有更加接近的了解。物理學家的以太比較接近心智，而不是物質，至於現代哲學家所了解的時間與空間，也比較像是意識的各種模式而不是線性的測量數值。

十九、古老智慧的入門者毫不猶疑地接受自己的哲學，他們會從自然撿拾各個因子，予以個人化及命名，並建構象徵的形象作為代表，就像英國的藝術家們群策群力做出布列塔尼亞女神（Britannia）的標準形象那樣，即一位持著繪有英國國旗的盾牌之女性形象，腳邊有一隻獅子、手上拿著三叉戟、頭戴頭盔，而背景是海洋。我們若用檢視卡巴拉象徵的方式來檢視這個人像，就會了解這幅複雜圖像裡面的每個象徵都有其重要之處。形成英國國旗的數個十字架象徵四個民族聯合在聯合王國（the United Kingdom，即英國）之中。其頭盔屬於米娜瓦女神（Minerva）、三叉戟屬於涅普頓海神（Neptune），至於獅子的象徵意義，可能要用到一整章才能詳細說明。事實上，祕術的圖像是最接近紋章圖案之事物，建造圖像的人使用它的方式就跟傳令官設計紋章圖案來用的方式一樣。在紋章學（heraldry）中，每個象徵都有明確的意義，而這些象徵會結合成紋章的圖案，以代表配戴紋章者的家族及隸屬關係。而魔法形象即是它所代表的力量之紋章圖案。

二十、之所以創造這些魔法形象，是為了代表宇宙之力在其不同種類、不同層面的不同具現模式。它們會被命名，而入門者會把它們當成人來思考，不會對它們在形而上的基礎自尋煩惱。於是基於實際的理由，無論它們事實上是什麼事物，他們就是人，已被賦予個性，而象徵他們的思想型態也在星光層面被塑造出來。這些被填入力量的魔法形象，其本質是人造元素，然而用來充填他們的是宇宙的力量，所以他們比我們一般在講人造元素時所意指的事物還要龐大許多。我們將他們分配到天使國度，並依其階級而稱他們為天使或大天使。那麼，天使存在也許能被定義為某一股運用由人的想像力打造的外觀載具、從中具現出心靈意識的宇宙力量。在實修祕術中，這些形體會經過細心打造，並且會在象徵的細節上放入縝密心思，然後被用在呼請需要的力量。任何對他們的運用有經驗的人，都會同意他們在用於原先設計時所定的目的時特別有效。藉由心智維持魔法形象並說出賦予該形象的傳統名稱，就會得到明顯的效果。

二一、如同之前所述，為了要從卡巴拉獲取任何意義，就得要運用卡巴拉神祕家的心智技術。而形象的形成與名稱的表述，是設計來使學生接觸那些在生命之樹上眾輝耀背後的力量。當學生以這方式進行接觸時，其意識得到啟發，其本質則被接觸的力量灌注能量，而他會從對於象徵的冥想中獲得明顯的啟示。這些啟示並不像基督信仰的祕法家一般描述的光之滿溢，而是依據開啟的層面所得到的特定能量灌注及啟示。候德給予對於科學的了解，而易首德給的是對於生命力及其潮汐般的功能模式之了解。在接觸候德時，我們會變得對研究滿懷熱心與活力；而在接觸易首德時，我們會深入心靈意識並碰觸那藏在地球及我們自身本質裡面的生命力量。這些都是經驗，那些已經使用這方法的人們知道這方法會在自己身上產生何種效果。無論這系統的理性基礎是什麼，這種以經驗為根據的方法總會產生效果。

二二、如果我們想要研究某道輝耀，也就是說，我們想要探究它所指涉的自然面向時，那麼我們不僅要冥想它、以智性的態度研究它，還要嘗試以心靈及直覺去觸及它的影響力及其領域（Sphere）。為了能夠做到這樣的地步，我們總是會從最高者開始，並嘗試在靈性方面觸及那將其領域表現出來並於其中具現的神之面向。如果不這麼做，從屬該領域的元素層級力量也許會不受控制而造成問題。不過，若從神之聖名的照應下開始進行的話，一切邪惡都無法進入。

二三、在以想要探究的領域所具有的神之聖名讚美萬物的創造及支持者之後，我們接下來會呼請對應該領域的大天使——那是建構對應的進化層次並持續在對應的自然面向發揮作用的力量，在我們予以人格化之後，就成為那些偉大的靈性存在。我們會祈求這位大天使的祝福，並懇請祂指示對應該領域的天使團，使它們在其作用的自然領域能對我們友善並予以協助。在完成這一步之後，我們應轉而全神貫注在自己所要探究的領域之主題，並準備好循線追查該輝耀及相應的象徵之延伸對應到底。

二四、若以這方式來探究的話，我們應會發現象徵意義的關聯鏈比我們一直以為的程度還要豐富許多，因為潛意識已被攪動起來，使它裡面眾多的意象空間之一得以敞開，而其他空間仍保持關閉。因此，那些在意識中浮現的關聯鏈應當是純正的，而不是外來無關想法的混合物。

二五、我們首先在腦海中複習所有能夠想得起來的象徵，而當這些象徵出現在意識時，我們會嘗試去看出它們在要探究的領域之祕密中所具有的意義與關係。然而我們在嘗試時不會太過用力，因為若是聚精會神在某個象徵，但就某程度來說變得用力使勁的話，就會塞住那遮掩潛意識心智的纖細面紗上面的網孔。在進行這類探究時，半是冥想、半是遐想，其目的是要在意識與潛意識的邊界運作，促使潛意識跨過門檻，來到我們可以接觸的地方。

二六、在循線追查關聯鏈的延伸當中，我們應會發現這過程會伴隨一股持續進行的直覺解釋，而在重複這實驗兩到三次之後，我們應會感受到自己是以某種獨特的親密方式來認識那道輝耀，會有回到家裡、自由不拘的感覺，亦即在那裡的感覺跟其他尚未探索的輝耀很不一樣。我們應當也會發現有些輝耀先天上就與我們親近，以它們來運作所得到的成果，會比那些先天上不親近的輝耀來得好，因為在那些較不親近的輝耀所進行的運作，關聯鏈會一直斷掉，而且無論我們怎麼敲，潛意識的門就是堅決不開。我有個門徒在進行庇納（土星）以及梯孚瑞特（救贖者）的冥想時都得到非常好的結果，然而對於葛夫拉（嚴厲、火星）的進展完全不順利。

二七、我永遠忘不了自己首次使用這方法的經驗。當時的我正在運作的是第三十二條路徑，也就是連接瑪互特與易首德的「土星路徑」（the Path of Saturn），那是非常困難且變化莫測的路徑。我的出生星盤中的土星並沒有很好的相位，而我也常在自己的事情上經驗到他那與我對抗的影響力。然而在成功沿著土星路徑走入無形領域的靛藍黑暗之後，在看到紫銀色的易首德之月從地平線升起之前，我感覺自己接收到土星的首肯，他不再對我不利，而是一位值得信任的朋友，雖然嚴肅且直言不諱，卻能保護我不去犯錯或是做出草率的判斷。我領悟到他的功能等同考試官，而不是反對者或復仇者。我還領悟到拿著鐮刀的他等同「時間」的意思，也了解他的希伯來名稱之所以是「休息」（Shabbathai）的原因——「他使他所愛的人得以安眠。」[1]在那之後，第三十二條路徑向我敞開，不僅在生命之樹是如此，連在我的生命也是如此，因為那條路徑及其對應所象徵的力量與問題已在我的靈魂中得到和諧。我們可以從上述兩個簡例看到，對於生命之樹的各式冥想會形成一套最為務實及精確的祕法發展系統，而當某面向在被均衡的過程中會特別有價值，因為具現的不同面向，就某程度而言，都會被拿出來分析研究並予以處理，不會有遺漏的部分。當我們踩過生命之樹上面的所有路徑之後，應當就已學會死亡與惡魔的課題，以及天使與大祭司的課題。

1 譯註：語出〈詩篇〉127：2

第十章
生命之樹的路徑

一、《形塑之書》將十輝耀本身及連接它們的線條都稱作路徑，這樣的說法是合理的，因為它們同樣都是神聖影響力的管道。不過在實務上，通常只會把眾輝耀之間的線條當成路徑來看，而眾輝耀們就是生命之樹上面的領域。在卡巴拉裡面可以找到許多蒙蔽的把戲，這是其中之一，亦即如果我們依《形塑之書》所言而認為路徑有三十二條，就無法把它們與具有二十二個字母的希伯來字母表相配，然而這些字母所具有的數值及對應卻是連結到路徑的關鍵。

二、每條路徑據說都象徵自身連結的兩道輝耀之均衡，而我們在研究它時得要具備關於那兩道輝耀的知識，才能夠了解該路徑的重要性。這些路徑也會被分派到特定的象徵，而那就是我們已經知道的二十二個希伯來字母，黃道星座、行星以及元素。那麼目前的星座有十二個、行星有七個，而元素有四個，所以總共有二十三個象徵，那麼它們如何被安排到二十二條路徑呢？這是另一個讓非入門者感到疑惑的卡巴拉障眼法，而其答案在知道時其實相當簡單。我們的意識就已處在地元素中，因此在與無形事物打交道的時候，我們都不需考慮到地元素，因此在把它排除在外之後，我們就有正確的對應套組。在實際使用時，我們唯一需要的大地就是瑪互特。

三、第三套放在路徑上的象徵則是塔羅牌的二十二張大牌或大阿爾克那（major arcana）。藉由這三套象徵以及四色階級的顏色，我們的主要象徵就已完備，而次要象徵則是藉由各系統與層面的無數延伸對應所構成。

四、生命之樹、占星學及塔羅牌並不是三門祕法系統，而是同一系統的三個面向，只要缺少其中一個，其餘兩個都會變得晦澀難懂。只有當我們以生命之樹為基礎來研究占星學時，它才是一套哲學系統，而用於占卜的塔羅牌系統也是如此。至於塔羅牌本身，則是因為具備可以理解的解釋，就成為解讀生命之樹的關鍵，如同用在解讀人生那樣。

五、占星學之所以如此難以捉摸，是因為未入門的占星師只在一個層面運作，然而入門的占星師會把生命之樹當成平面圖，而去詮釋四界的四個層面，例如身為神聖母親的土星，也就是庇納，它在原型界與在行動界的效應會非常不同。

六、所有占卜系統及實修魔法系統都能根據生命之樹而找出它們的規則與哲學，而企圖不使用此關鍵來運作這些系統的人就像個魯莽無謀的人，雖然擁有處方藥物的藥典，然而他卻依照藥典裡面的廣告——只要前面不痛的病都叫做背痛——買藥給自己跟朋友吃。知道生命之樹的入門者，就像個具有科學精神的醫生，了解生理學原則及藥物化學作用的他能夠開出相應的處方。

七、至於塔羅牌的分配對應，已有多種依據傳統而建立的方式。亞瑟·愛德華·偉特在他那本小書《通往塔羅的關鍵》（The Key to the Tarot）有給出這當中的主要方式，然而他克制不去指出哪個對他來說才是正確的方式。而克勞利並沒有保持那樣的緘默，而在他那本頗具價值的神祕象徵列表書籍《777》公開入門者彼此心知肚明的系統。而這也是我決意要在這些篇章中依循的方式，因為這些對應在運用時沒有出現任何矛盾，這是其他系統都沒有的情形，所以我相信這是正確的系統。

八、根據該系統，塔羅牌的四個牌組是被分派給卡巴拉神祕學家的四界以及煉金術師的四元素。權杖牌組被分派到原型界及火元素、聖杯牌組則被分派到創造界與水元素、寶劍牌組被分派到形塑界與風元素，而星盤或錢幣牌組則被分派到行動界與地元素。

九、四個牌組各自的王牌（Aces，即數字一）被分派給第一輝耀科帖爾、各自數字二的牌則被分給第二輝耀侯克瑪，後續依此類推，而各自數字十的牌被分給瑪互特。因此就可看出塔羅牌的四個牌組代表神聖之力在各領域及自然的各個層級之行動。同樣地，如果我們知道塔羅牌的重要性，就能對於相應的眾路徑與諸輝耀之本質有更多的認識。塔羅牌與生命之樹，這兩者都是久遠到不可考的古物，其來源已隨著時間過去而被遺忘，然而它們各自都已在周邊累積出非常大量的象徵對應。每位實事求是、總是運用生命之樹的祕術家，都會對這一大堆關聯貢獻一己之力，藉由自己的操作而使這些象徵在星光層面保持活力。生命之樹與其連結關鍵的適應能力是無限的。

十、塔羅牌的四張宮廷牌在現代套牌的稱呼是：國王、王后、騎士及侍從，然而根據克勞利所言，它們在傳統套牌有不同的排序與象徵。國王是騎馬的形象，象徵著四字聖名的 Yod 在位於相應牌組的領域中的快速行動，所以等同現代套牌的騎士。至於王后則跟現代套牌一樣，其形象是坐姿，代表四字聖名的 He 所具有的堅定力量。而奧祕塔羅牌的王子則是坐姿，對應四字聖名的 Vav，公主，也就是現代套牌的侍從，對應的是這個神聖之名當中的 He。

十一、至於二十二張大牌的對應，許多資訊來源都有不同的排法，偉特有提出幾個可選擇的方式，然而我們的系統會依循克勞利所給予的順序，其理由已在前面述及。

十二、我們計畫在這些篇章中分享哲學的生命之樹，並給予足夠的實際指示，使它能用於冥想的目的，然而我們不計畫給出用於魔法用途的實修卡巴拉，因為只有在修習祕法的聖殿當中，才能予以適當學習及安全演練。然而，這裡還會提到關於實修卡巴拉的一些參考，那是為了使一些概念能被理解，不過，持有相關祕鑰的人們請不用擔心，這本書不會洩漏這些祕鑰給未入門者知道，因為我相當清楚這樣做的後果。

十三、不過，如果根據這本書所給的資訊，任何依循這裡所述方式的人都能自行找到實修卡巴拉的祕鑰——而且真的有此可能——的話，我們還要跟這樣的人爭嗎？

十四、生命之樹在當成冥想圖像時具有極大的價值，跟它在魔法的運用很不一樣。就像我之前所描述關於第三十二條路徑的自身經驗，藉由那樣的冥想方式，的確能為個人自然本質當中的敵對元素予以均衡，並把它們帶到和諧的平衡之中。在運用到巨觀宇宙時，也有可能跟自然的不同面向產生心意相通的融洽關係，即便這些力量並沒在護符魔法中予以明確的形象。對於研究個人出生星盤所得到的資料，我們並不是要把它當成無法上訴的命運安排來消極接受。我們應當了解的是，護符魔法，或說是以較少的注意力來進行生命之樹冥想的方法，應當用來平衡個人出生星盤中所有不平衡的力量，並把一切帶入均衡。護符魔法之於占星學就像是醫療方式與醫療診斷那樣的關係。

十五、我不可能在這裡給予實修魔法的任何配套作法，人們在能夠使用這類配套作法之前，得先接受相應的入門次第才行。沒有這些次第，學生就如同某個只讀過醫學教科書就想要來診斷及治療自身病痛的人。那位讓人感到高興的幽默作家傑羅姆・克拉普卡・傑羅姆（Jerome K. Jerome）就有描述過這樣的情況會有什麼後果——到最後，除了清潔女僕才會有的膝蓋痛之外，這個不幸的男士認為自己罹患所有病痛，而且他沒辦法定出適當的治療方式，因為每一個想要用的事物都有使用禁忌。

十六、西方奧祕傳統的大祕法（the Greater Mysteries），係以生命之樹為其基礎。每個次第都對應到某道輝耀，並為運作能力配稱的階級賦予——或說是應會賦予——相應領域的力量。而那次第同樣會開啟連結該輝耀的路徑，入門者也是如此，例如當他接受相應於易首德的入門，他就是第三十二條路徑之君王，而當他接受相應於梯孚瑞特的入門，也就是入門至此已然完全時，那麼他就是第二十四、二十五、二十六條路徑之君王。在此之後，就有屬於大師資質的更高次第。

十七、大祕法的每個入門次第都是在為等候入門者輪流引介每個輝耀的領域，其順序是從瑪互特開始往樹上走。每個次第所給予的指示是關乎該領域所指涉的象徵意義與力量，以及能為該領域帶來均衡的路徑。該次第的象徵與文字係於異象狀態行走那些路徑的時候使用，或是將其投射在星光層面。因此，入門者就能準確、堅定地走在無形之中，進入自己想要參透的任何領域，並重複確認自己所遇到的存在與看見的異象，那是因為他知道這些路徑在四色階級上的顏色，所以就能用這知識來確認自己的異象。如果他正在運作的是屬於土星的第三十二條路徑，其顏色都是屬於靛藍、藍黑與黑的肅穆色調，那麼當面前出現某個穿著猩紅外袍的形象時，他就會知道應該有哪裡出錯——這形象如果不是出自虛幻想像，那麼就是自己偏離了路徑。

十八、投射星光體並沿著路徑移動——這樣的操練是需要持有相應的入門等級才行，而其理由不只一個。其中的主要理由就是，除非當事者已經接受相應的次第，不然這些路徑的守護者不會認識他，因此它們不會成為助力，反倒變得具有敵意並盡其所能使閒逛到那裡的人回頭。而次要的理由則是，如果當事者成功闖過路徑的守護者，他仍然沒有辦法反覆檢驗自己所看到的異象或知道自己是否偏離路徑，而較低的領域裡面真的有打定要海削自大無知之徒的存在，且數量還真不少。

十九、然而，任何想要以我所描述的方式來對眾路徑與諸領域進行冥想的人，不用因為上述的考量而感到氣餒。因為在這樣的冥想過程中，他也許會進入相應路徑的精神，從而使該路徑的守護者逐漸認識他、歡迎他。那麼這樣的人就等同自己為自己入門，無人可以否定他待在那裡的權利。

二十、從入門者的角度來看，生命之樹是微觀宇宙（也就是人）與巨觀宇宙（也就是具現在自然的神）之間的連結。而入門儀式是將微觀宇宙的眾輝耀（也就是脈輪）跟巨觀宇宙的輝耀連結的動作，亦是已在那領域的人向眾領域介紹新來者的動作。他們會在實體層面建構眾領域的象徵物，擺在聖殿的家具上，還會藉由集中精神的想像而創造出位於星光層面的複製版本，並藉由召請而呼喚他們正在運作的輝耀之領域的力量降臨在那棟「不是出自人手」的聖殿。

二一、這些力量刺激入門者的對應脈輪，將之喚醒，使其在入門者的氣場變得活躍。藉由我所講述的冥想而進行的自我入門過程，會比儀式性的入門過程來得緩慢，然而對於適合的人來說，只要堅持下去就已足夠，不過，只是把金絲雀吃的鳥食餵給水母吃，是無法教會牠鳴叫的。

SATURN
MARS

第十一章
主觀視野的眾輝耀

一、如其上、同其下，人是巨觀宇宙的縮小版本。所有用在已具現的宇宙之構成因素，都會呈現在人的本質。所以臻至完美的人類個體，據說位階會比天使還要高。然而，就目前來說，天使已是進化完全的存在個體，而人類還沒未進化完全，於是人跟天使相比的巨大落後差距，就像是三歲小孩的發展低於三歲的狗之情況。

二、到目前為止，我們都是把生命之樹看作是巨觀宇宙，也就是宇宙的縮影，以及運用它的種種象徵來使我們接觸到客觀自然的不同領域。現在我們將開始探究它在個體本性的主觀領域之關聯。

三、那些為人們所接受的對應，是由克勞利所提出的（不幸的是，他從未說明自己的依據來源，所以我們並不清楚他從何時開始使用麥克葛瑞格・馬瑟斯的系統，並從何時開始倚靠自己的獨立研究），而這些對應的根據，部分來自指派給不同輝耀的行星所具有的占星屬性，部分來自人體形象在背靠生命之樹站立時的粗略解剖位置。然而這對於我們來說實在過於粗糙，也許那是比較後期的書記所寫的作品。當卡巴拉在中世紀被歐洲哲學家重新發現時，他們把占星學與煉金術的象徵移植到這個系統。更甚的是，拉比們自己使用一套非常詳細的解剖比喻，詳細討論神的頭上每根頭髮之重要性，甚至還討論到祂的解剖構造當中比較私密的部位。然而像這樣的參考資料不能只看字面的意思而套用到人的形體上。

四、眾輝耀本身以及它們之間的關係模式在巨觀宇宙是象徵不斷接續的進化諸階段，在微觀宇宙則是不同的意識層次及性格因素。據稱這些意識層次跟肉體的心靈能量中心有些關聯，這種說法雖是合理的猜測，然而我們在做出個人的推論時絕對不能守舊及不加思索。關於祕術方面的解剖學與生理學知識，印度教的瑜伽已有詳細發展，而我們能從他們的教導之中獲益良多，而生理學的最新發展所指出的推論，則是心智與物質之間的連結應要先從無管腺體的內分泌系統著手，其次才是腦部及中央神經系統。我們也可從這方面的知識學到不少，然後將從每個來源盡量蒐集的所有資訊拼湊起來，那麼我們終究也許會歸納出跟古人同樣的結論，而古人是靠著直覺與演繹的方法，在所屬神祕學派達至相當高的完美程度時才學到那樣的知識。

五、一般認為，脈輪或是瑜伽經典所描述的心靈能量中心，並不位於它們關聯的器官裡面，而是位於籠罩在器官附近概略位置的氣場裡。所以我們並不用把眾輝耀各自關聯到自己的肢體及其他解剖部位，而是把這些關聯當成比喻來看，並尋找這些比喻能夠用來代表的心靈原則。

六、在開始以這觀點仔細探究每道輝耀之前，先對生命之樹進行整體的概略審視會有很好的益處，因為對於象徵的闡述，有許多都要依靠生命之樹各象徵之間的關係。這一章必會講得相當零散且沒有定論，然而這會使得後續對於各輝耀的詳細研究能夠更加有效地進行。

七、在生命之樹的分法當中，最先講的分法就是最一目了然的三柱，而這會馬上讓我們想到瑜伽士描述的氣（Prana）之管道，即左脈、右脈與中脈，還有道家的陰陽哲學，而「道」就是陰與陽之間的均衡。真理是藉著親身經驗者的認同而建立起來的，所以當我們看見這世界的偉大形上哲學系統當中有三套是完全同意彼此時，也許就可以認定我們所使用的是已經建立妥當的原則，因此應當如實接受它們。

八、就我看來，中柱應被用來象徵意識，而兩側的柱則是象徵具現的正向與負向因素。值得注意的是，在瑜伽系統中，當拙火沿著中脈向上升起時，意識就被擴展，而在西方魔法中，沿著生命之樹的中柱往上通過各層面的操作方式也有同樣的效果。換句話說，用於引發意識擴展的象徵之使用並不會從瑪互特開始按照眾輝耀的數字排序而行，而是從瑪互特到易首德、易首德到梯孚瑞特，也就是所謂的箭之道路。

九、瑪互特，即地之領域，被祕術家用來象徵腦意識（brain-consciousness），而這部分已有可以證實的事實，就是在任何星光體投射之後的回返儀式都要走到瑪互特，而正常的意識會在那裡重新建構起來。

十、易首德，即月亮（Levanah）領域，則是用來象徵心靈意識，也是生殖中心。梯孚瑞特被當成心靈的極致表現、真實的啟蒙視野，而它跟個人最高次第的入門有關，其證據就是，若依照克勞利從馬瑟斯那裡拿到的系統來看，它被分配到的是大師次第的初級。

十一、達阿思，生命之樹上面從來都不會註記這道神祕且隱形的輝耀，而它在西方系統中是關聯到頭頸交界處，即顱骨與脊柱會合的地方，也就是我們的腦部從太古祖先的脊索開始發展的地方。達阿思通常用來代表另一次元的意識，或是另一層次或層面的意識，它基本上象徵「轉調」（change of key）的概念。

十二、科帖爾被稱為王冠。王冠是戴在頭上的，而科帖爾一般會被用來象徵那在轉世時不會達到的意識形式，就眾有形層面而言，它基本上已經超出事物的結構。關聯到科帖爾的靈性經驗是「與神合一」，而達到那經驗的人據說會進入光中不再回來。

十三、這些輝耀無疑會對應到印度教系統的脈輪，然而每個資訊來源所給的對應都不一樣。由於分類的方式不一樣，西方是用基數為四的系統，東方則是基數為七的系統，所以很難找到對應。就我來看，最好還是從首要原則來找比較好，不是為了要配得漂亮反倒違背對應。

十四、就我所知，只有兩位作者嘗試進行這樣的對應，即克勞利與約翰・弗雷德里克・查爾斯・富勒將軍（General J. F. C. Fuller）。富勒將軍把海底輪（the Muladhara Lotus）對應瑪互特，指出基底輪的四片花瓣對應四元素。有趣的是，在克勞利所提的王后色階中，瑪互特的領域是以分成四等分並各自著上檸檬色、橄欖色、赤褐色及黑色來代表，也因此最為近似常見的四瓣蓮花象徵。

十五、在以圖像顯示時，這朵蓮花會被放在會陰的位置作為象徵，而它關聯到肛門與排泄功能。在克勞利的《777》所給予的對應表單第二十一欄（column XXI）中，他把完美之人的屁股與肛門歸給瑪互特。從各角度來看，我認為我比較能夠接受富勒將軍用基底輪對應瑪互特的作法，因為克勞利在第一一八欄（column CXVIII）又將基底輪對應易首德，而造成自己的矛盾。根據佛洛伊德的說法，在嬰兒的心智中，生殖與排泄的功能是混淆的，不過我不認為這種歸屬原因的說法能為眾人所接受，而且這情形也不會永遠如此。

十六、如果我們接受把瑪互特當成基底輪來看的作法，那麼它象徵生命過程的最終產物、最終的具體形式，以及對於死亡的分解影響力之順從態度，而之所以如此順從，是為了使它們的物質能被再次運用。它們經過緩慢的進化過程而組織起來的形體已經完成使命，所以那股力量必得釋放出去，使其恢復自由，而這就是排泄、淨化與分解腐朽過程的靈性含意。

十七、生殖輪（the Svadhishthana Chakra），形象是六瓣蓮花，位在生殖器官的底部，而富勒將軍把它配給易首德。這作法跟西方傳統相符，因為西方傳統把易首德分配到神聖之人的生殖器官，而它在占星學的對應是月亮，也符合這樣的分法。克勞利雖然在《777》第二十一欄把易首德分配給陽具，但是他把生殖輪歸到候德，也就是水星那裡。這樣的分配方式難以理解，再加上他沒有透露自己的依據，我認為這裡最好還是維持將意識的層次用來對應中柱的作法。

十八、梯孚瑞特，則是普遍被用來象徵太陽神經叢與胸部，因此將它分在太陽神經叢輪（Manipura）與心輪（Anahata）是合理的，這也是克勞利的分法。富勒將軍則把這兩個脈輪分給葛夫拉與黑系德，不過既然這兩道輝耀是在梯孚瑞特找到均衡，因此前述梯孚瑞特的分法並沒有難以理解之處，也沒有矛盾。

十九、同樣地，印度教系統用來對應喉部的喉輪（the Visuddhi Chakra），克勞利則是用庇納對應。而位於鼻根、印度教系統用來對應松果體的第三眼輪（the Ajna Chakra），克勞利則是用侯克瑪對應。而我們也許能把這兩個脈輪在頭骨底部的結合當成是為了提供屬於達阿思的功能。

二十、位於頭頂、以千瓣蓮花為象徵的頂輪（the Sahasrara Chakra），克勞利則是用科帖爾對應，而這樣的分法應該沒什麼值得爭辯的理由，因為它呼應第一條路徑科帖爾的「王冠」之名——王冠會被人戴在頭上。

二一、兩側的嚴柱與慈柱可以順理成章地視為正向與負向原則的象徵，而它們的相關輝耀則是象徵這些力量在不同層次的功能模式。

二二、嚴柱包含庇納、葛夫拉與侯德，也就是土星、火星與水星。慈柱則包含侯克瑪、黑系德及聶札賀，也就是黃道、木星與金星。在卡巴拉的象徵意義中，侯克瑪與庇納分別代表男性形象與女性形象，是上位父與上位母，若用比較哲學的說法，就是宇宙的正負原則、陰陽，也是男性特質與女性特質。

二三、在卡巴拉象徵意義上，黑系德（木星）與葛夫拉（火星）都是以戴著王冠的人像作為象徵，前者是坐在王位上的立法者，而後者則是位在戰車上的戰士王，所以它們象徵創造與破壞的原則。有趣的是，上位母庇納也是鞏固者農神薩圖恩，祂的鐮刀可以關聯到死神（Death）的大鐮，而祂的沙漏則是關聯到時間。我們會在庇納看到「形」之根源。根據《形塑之書》所言，瑪互特是坐在庇納的寶座上——物質的根就在庇納／土星（薩圖恩）／死亡裡面，「形」是「力」的破壞者。既然有被動的破壞者，也就會有主動的破壞者，於是我們可以在嚴柱上看到葛夫拉就在庇納正下方近處，而被「形」鎖住的「力」就會因為火星的破壞影響力——也就是神格中的濕婆（Siva）面向——而重獲自由。以黃道為象徵的侯克瑪，代表動態的「力」，而黑系德、木星，即仁慈的君王，則代表經過組織的「力」。葛夫拉與黑系德會在梯孚瑞特——基督中心、救贖者、均衡者——裡面合在一起。

二四、下一組三位一體，即聶札賀、候德及易首德，象徵事物的魔法及星光面向。聶札賀（金星）象徵元素力量的較高面向，即綠光（the Green Ray），而候德象徵魔法的心智面向。一個是祕法，另一個是祕術，而它們會結合在元素的易首德之中。絕對不要認為這一對輝耀是各自分開的，上一對的葛夫拉與名為「高尚中的偉大」的黑系德也是如此，而這狀況可以從卡巴拉給予它們的對應看到，那就是右臂與左臂、右腿與左腿。

二五、所以我們可以看到屬於「形」的三個輝耀在嚴柱那裡，屬於「力」的三個輝耀在慈柱那裡，而在它們的中間、即均衡之柱，則是意識的不同層級。以庇納為首的嚴柱是女性原則、印度教的右脈及道家的陰，而以侯克瑪為首的慈柱是男性原則、印度教的左脈以及道家的陽，至於均衡之柱則是印度教的中脈與道家的道。

第十二章
生命之樹上面的眾神

一、所有修習比較宗教學及有點相關的民俗故事之學生，都會同意原始時代的人在觀察並開始分析自身周遭的自然現象時，會將它們歸因於與自己本質、種類相似、只是力量比自己高等的存在之作為。由於他看不見那些存在，自然將它們稱為無形。由於看不見自己的心智，也看不見朋友死亡時的靈魂，於是他認為產生自然現象的存在們也有同樣的無形本質，只是它們是主動的心智與靈魂。

二、人類學家所作的這些論述，聽起來非常單薄，然而那只是因為他們在轉譯原始時代的想法時所選的是意境單薄的關聯文字。例如，在對於中國主要經典之一的標準翻譯裡面，有使用「老男孩」（the Old Boy）一詞來指稱那位受人尊敬的哲學家老子。歐洲人會覺得這聽起來頗為古怪，然而這個詞若跟另一本經典（幸好這本經典是由尊敬它的人來翻譯）的某句話放在一起，就會覺得兩者的意境也許沒有離得太遠，那句話就是「你若沒有變成小孩那樣[1]」。我不是漢學家，然而我比較傾向以「永恆之子」（Ethernal Child）作為譯名的想法，除了同樣正確之外，也能有更好的意境。

三、在祕典裡面有這樣的格言：「你要留意不去褻瀆別人所信仰的神之名，因為如果你對阿拉（Allah）作這等事，你也將對上主（Adonai）作同樣的事情。」

四、說到底，當原始時代的人將引起自然現象的因素歸於同樣具有人類心智的思想過程、只是層次較高之存在本質的活動時，他們有錯得離譜嗎？這樣的方向不就是物理學與形上學逐漸融合的境界嗎？假設我們重新校訂原始時代的哲學家的說法並改成這樣——就自然本質而言，人與他的創造者是相似的類型——我們還會說那些不敬或取笑的話嗎？

五、我們也許會用人類意識的術語將自然力量人格化，或者用自然力量的詞彙將人類意識概念化，這在祕術形上學都是正當的處理方式，而其過程會產生一些非常有趣的線索以及一些非常重要的實際應用。然而在表示甲跟乙都有同樣本質的意思時，卻說成甲等於乙，這是我們不能犯的無知錯誤。不過我們也能同樣堂而皇之套用赫密士思想（Hermeticism）的格言「如其上、同其下」，那是因為如果甲與乙的本質是一樣的話，那麼掌管甲的因素也應能影響到乙。對一滴水而言是真實的事物，對海洋也是如此。所以，如果我們知道任何關於甲的本質之事情，我們也許能夠認定這事情也能適用於乙，僅是規模有所不同而已。這是古代的歸納技術中使用的類推方法，如果再配以藉由觀察與實驗的重複驗證，就能產生一些非常有意義的結果，而省下許多在黑暗中疲倦摸索的漫長過程。

六、將自然力量予以人格化及神格化是人類在進化宇宙一元論時的初步嘗試，是自然且聰明的作法，這使自己不再受到無解的二元論帶來的破壞及失能的影響。隨著時代更迭，人的知識有所擴展，其智性思考也更加複雜，人就會讀得更多，而更多的重要意義就會轉成最初的簡單分類。而且他無論如何都不會把最初的分類方式丟掉，因為這些方式在根本上是完整的，並且能夠代表現實，所以人只是把這些方式變得更加複雜並予以擴展，而後在經歷艱苦的時期時，則以迷信掩飾之。

七、因此，我們不應當把異教眾神當成是人類心智的眾多異常現象，也不應該從沒經過教導的未入門者之觀點來試圖了解祂們。我們應當努力找到這些教派在全盛時的上位祭司對於眾神的看法，畢竟他們算是當時相當聰明且有文化素養的人。大衛・尼爾女士（Mme. David Neel）與威廉・西布魯克（W. B. Seebrook）都有在研究一般傳教士報告的異教儀式之主題，在比較之後，可以看到西布魯克為我們展現巫毒信仰（voodoo）的靈性意義，而大衛・尼爾女士讓我們看到西藏術法的形上面向。這些資料顯示出兩種面向，其一是具有同理心的觀察者——願意去贏取某宗教系統倡導者的信任，以朋友的身分順利參加對方的至聖儀式，且願意去學習而不是只在旁邊觀看竊笑；其二是「只長肉、不長腦袋的狂熱者」，穿著泥濘的鞋子大步踏進別人的聖所，然後被憤怒的信徒扔石驅離。

八、在審視這些事情時，不妨思考若用同樣的方式來觀察已有組織的基督信仰，究竟會看到什麼。沒有同理心的觀察者應該會認為我們在拜的是一隻羊，而所謂的聖靈會有一些特別的演出。所以如果我們不希望自己的信仰被完全按照字面來看的話，那麼當別人使用比喻時也請相信那是有其道理。古老異教信仰之外在形式並不會比位於發展較慢的幾個拉丁國家中的基督信仰——那裡的基督是以穿戴大禮帽及燕尾服的形象呈現，而聖母瑪利亞的形象則是穿著邊緣綴有蕾絲的褲裝——來得粗糙，而其內在形式可能還會贏過比我們現代最好的形上學家，畢竟它們孕育出柏拉圖（Plato）與普羅提諾（Plotinus）。人的心智不會改變，我們認為屬實的事物，大概對異教徒而言也是如此。會將世界的罪帶走的神之羔羊，僅是做同樣事情的「密特拉之公牛」（the Bull of Mithra）的另一版本而已，唯一的不同在於古代的入門者是真正的「浴血」，而現代的入門者則是用比喻的方式進行——時代不同、習俗也會不同（Autres temps, autres moeurs.）。

九、如果我們是以尊敬及同理的精神來接觸我們視為異教徒的古人或現代人，並知曉阿拉、梵天（Brahma）及阿蒙太陽神（Amen Ra）是我們當成神來信仰的那一位的別名，那麼我們應當能學習到歐洲在靈知派被撲滅、其經典被摧毀之後許多已遺忘的部分。

十、然而，我們應會發現歐洲人的心智並沒有為異教信仰的教導呈現形式做足整合的準備，因此如要論述異教信仰的重要性，（身為同是歐洲人的）我們必得使用（歐洲人）自己的術語。我們必得將形上學的概念關聯到異教的象徵，然後再把關於後者的無數神祕經驗——那是經過世世代代的沉思與實驗性心理學家的梳理——套用到前者。而當我們提到實驗性心理學家時，請別把它誤會是某個只在現代出現的名詞，因為古老祕法團體的祭司，就他們所用的聖殿之眠（temple sleep）以及刻意激發的入眠異象（hypnogogic visions）而言，也算得上是實驗性心理學家，只是他們的技藝已經失傳，如同其他許多古老技藝那樣，所以目前只有非常先進的科學團體在努力把它一片一片地重新找回來。

十一、現代的入門者對於古老神話所用的語言之解讀方法相當簡單有效。他在卡巴拉的生命之樹發現高技術層次的異教系統與自身更為理性的方法之間有著一道連結。猶太人的血緣屬於亞洲，而其宗教屬於一神論，所以他同時跨在兩者。現代的祕術家則以生命之樹及十輝耀作為形上學及魔法的基礎，運用生命之樹的哲學概念來解釋它在自己的意識心智呈現的事物，並用生命之樹的象徵應用在魔法與儀式，將它與自己的潛意識連結起來。於是入門者善加利用古老與現代這兩個世界，因為現代世界全是表面意識，已因自身巨大的傷痛而遺忘潛意識並壓抑之，而古老世界主要是潛意識，也就是那一直以來維持原樣，直到最近才進化的意識。當這兩者連在一起並帶入極性化功能時，它們就會產生超意識（superconsciousness），這就是入門者的目標。

十二、現在，讓我們懷著前述的概念，試圖用生命之樹的十輝耀為古老眾神定出位置。那裡總共有十個領域，也就是神聖十輝耀，而我們要根據種類來分配我們想要研究的眾男神與眾女神。於是我們現在要做的事情，就是用我們已知的生命之樹所象徵的原則來解讀祂們的意義，同時也把古代諸神的意義添入我們對於生命之樹的知識。

十三、很明顯地，這作法會帶來龐大的智性價值，然而一般沒有經驗過祕法工作的人並不容易覺察到這作法還另有一項價值，那就是在進行象徵性地代表某股已人格化為神的力量之運作的儀式時，這樣的執行會對任何容易接受心靈影響力的人之潛意識產生非常明顯、甚至是戲劇化的效果。古人已經把這些儀式推高到近乎完美的程度，而當我們現代人在試圖重建實修魔法的佚失技藝時，可以善用這些儀式而得到極大的好處。歐洲的魔法哲理全都根據生命之樹，所以沒有接受卡巴拉方法訓練的人，就會無法了解或善用歐洲的魔法。也就是因為缺乏這種訓練，使得現在的祕術風潮很容易淪落成最為粗陋的迷信。當我們了解數學卡巴拉（the mathematical Qabalah）時，原本的「名字數字占測」會成為不一樣的事物，而當我們了解魔法形象的意義，以及將其當成穿透無意識的面罩之心理學儀器來解讀時，原本的茶杯占卜就會變成另一種境界。

十四、因此，廣義來說，我們就是用神聖十輝耀當成文件架上的十個空格，來為所有異教信仰的諸男神及眾女神進行分類，並以祂們在占星的關聯作為主要引導分類依據，因為占星學是一體通用的語言，所有人看到的行星都是一樣的。宇宙是由科帖爾代表、黃道是由侯克瑪代表，後續七道輝耀代表七顆行星，而地球就由瑪互特代表。因此，任何有與土星比擬的神祇，以及具有原始母親名稱「上位夏娃」（the Superior Eve）的女神，就會分給庇納，這跟瑪互特的下位夏娃（the Inferior Eve）、小臉的新娘之名稱不一樣。上位三角的科帖爾、侯克瑪與庇納一直都是指「古神」（the Old Ones），那是多神信仰視為現正崇拜之神格形式的前任存在。所以時光女神瑞亞

（Rhea）以及時間之神克羅諾斯（Kronos）就會分在庇納與侯克瑪，而朱彼得則分在黑系德。所有玉米女神都歸在瑪互特，所有月之女神都歸在易首德。諸戰神與破壞神、邪神，都歸在葛夫拉，所有愛之女神都分到聶札賀。開啟智慧的眾神祇分到候德，被獻祭的神祇與救贖者則歸在梯孚瑞特。連頗具權威的理察・佩恩・奈特（Richard Payne Knight）在其有價值的著作《古老藝術與神話的象徵性語言》（The Symbolic Language of Ancient Art and Mythology）提到：「古代神話的比喻、象徵與名稱，在符合神聖光輝的祕法系統方面有非常高的一致性。」我們藉這線索為諸神分類，使我們有能力去為相似的神祇作比較，使祂們能夠彼此相互闡明。

十五、在那本關於眾多對應的著作《777》當中給予的系統中，克勞利除了把眾神歸在眾輝耀之外，也會分給路徑。就我看來，這是個會引起混淆的錯誤。輝耀本身象徵自然力量，路徑則象徵意識的狀態。輝耀是客觀的，路徑是主觀的。也是因為這個理由，在入門者刻正使用的生命之樹的圖像上，其輝耀會是以某一顏色階級作為表示，路徑會用另一顏色階級表示。持有這種圖像的人會知道我所指的意思。

十六、就我看來，路徑本身應當被視為直接由相關輝耀的神聖名字統轄，不應跟其他諸神混淆。這是因為，我們雖然也許能夠涉獵其他系統以啟發我們的智性，但我們若將實際運作的方式與意識的開展混為一談的話，會是非常不智的作法。

十七、例如位在梯孚瑞特與庇納的第十七條道路，《形塑之書》將其歸在風元素，那麼使用風元素的儀式以及配賦給它的神聖名字來運作這條道路，才是最為睿智的作法，並由適當的實相面向（Tattva）接近之，而不是迷失在一大堆關聯的神祇裡面，例如雙子神卡斯托爾與波魯克斯（Castor and Pollux）、雙面神雅努斯（Janus）、阿波羅（Apollo）及荷魯斯（Hor Merti），而且克勞利還把不相符的神祇分配過來，使得他所給的對應表呈現出糾纏在一起的關聯性。

十八、眾輝耀應當用巨觀宇宙的觀點來解釋，諸路徑則是用微觀宇宙的觀點來解釋，那麼我們應能發現人與自然兩者均藏有連結生命之樹的線索。

1 譯註：〈馬太福音〉18：3

第十三章
以生命之樹為基礎的實際運用

一、跟著前述的卡巴拉研究而一路讀到這裡的讀者裡面，如果有人是西方祕術的資深學生，他們無疑已經發現前述一切對自己而言算是熟悉，而不是新鮮或原創的事物。在為這棟古老知識的倉庫下功夫時，我們的立場比較像是挖掘工人，正在挖出一棟被埋在土裡的神殿，亦即我們正把那些碎片挖掘出，而不太像在研究一套連貫的系統，因為那系統雖然在全盛時期是連貫的，然而它已被二十世紀的盲目偏執及靈性忌妒給摧毀、分散及汙損。

二、不過，對於這些分散的碎片已做的努力，其實比大眾以為的程度還要多。布拉瓦茨基夫人蒐集非常大量的資料並向大眾公開，而大眾的理解程度，只比觀看博物館展覽櫃並對裡面的奇異事物感到驚訝的孩童好上一點而已。喬治・羅伯特・司竇・密德（G. R. S. Mead）已經給予我們許多關於靈知派的資訊，而靈知派比我們早數百年，是那時的西方世界奧祕傳統。而艾特沃德女士（Mrs. Atwood）的重量級著作則為我們揭露煉金學符號意義的重要性。這一切對於西方傳統的解釋都不會像該傳統的入門者那樣講得詳細，反倒是由外圍著手，將碎片集結起來，或是如同布拉瓦茨基夫人那樣，在類推時使用較熟悉的另一傳統的系統來解釋。

三、那些從圈內——也就是持有入門者知道的關鍵——來進行主題研究，並將其當成意識提升的實修系統來用的人，絕大多數都仍然藏有某種祕密，雖然這樣的態度在以前會用火刑柱伺候這類研究者的宗教審判法庭時代的確合理，甚至有其必要，但現在是我們的自由時代，這樣的藏私除了想要創造及維護名望之外，還真是很難找到其他更令人信服的動機。近二十五年以來，使用英語的人們對於祕術修習——不然就是祕術知識——已建立起一種非常有效的「壟斷」並予以維護，這樣的作法已成功抵銷那股原是可以推動祕法復興的靈性衝動。其結果就是，土地已經準備好可以播種，然而本來要種的小麥卻沒被種進去，而到處吹送的風帶來奇怪的種子，落在這片已經準備好的土地，並長出熱帶的植物，但因沒有種族文化的根，所以它們不是枯萎，就是發展出奇怪的模樣。

四、那屬於我們本有的傳統，就像被埋在土裡的神殿，人們事實上已經挖掘出一些部分，然而挖出來的碎片，卻因為尊貴的歐洲學術傳統不讓學生們接觸，反倒變成私人收藏，而那些可以開放收藏的鑰匙，就收在那些全憑己意開放或關閉收藏的人們口袋裡面。我寫的這本書無疑會使某些特定人士感到焦心，因為這會使他們的私人收藏貶值。但我也相信，鑽研西方之道但沒有成果的無數學生，也許能在這本書找到原先在方法訣竅上——講得更精確些，教導者完全沒交代方法訣竅——無法理解的關鍵。就拿我來說，我在黑暗中摸索十年之後才拿到祕鑰，而我之所以終究拿到祕鑰的原因，只是因為我有足夠的心靈感應力量以接收內在層面傳來的訊號。我實在很難相信，刻意給予暗昧不明的建議，或是不把個人修習的必要關鍵與解釋告訴學生，這樣的作法到底能夠達成哪種有用目的。如果學生沒有訓練的價值，就別訓練他，然而如果學生無論如何就是要接受訓練的話，那麼我們就要給予適當的訓練。

五、我會在接下來的幾頁盡量闡述運用魔法象徵時的主導原則。若要嘗試實際操作某儀式的方法，最好要有已對此項操作有經驗的人來指導，獨自一人或是跟一群同樣無經驗的同伴一起進行，就是在冒不必要的風險。然而任何人都可以用冥想的方法進行實驗，沒有不應該這樣做的理由。

六、為了要有效運用魔法象徵，就得要去連繫各個象徵，如果只是做出一份象徵清單就開始構築儀式的話，那是沒有什麼用的。修習魔法就像演奏小提琴那樣，得要能夠「奏出自己的音符」才行，因為小提琴並不像鋼琴那樣已將音符內建妥當。小提琴的學生得先學習如何奏出個別的音符，之後才能演奏一整首樂曲。祕術的操作也是如此，我們必須要知道如何建立並連繫魔法形象，之後才能把它們運用進來。

七、入門者在構建魔法形象時，會使用到一整套關於三十二條路徑的各自象徵，而他必須知道的是，對於這些象徵不能只以理論了解，而是還要以實修來認識，換句話說，他不僅要使這些形象深植在自己的記憶裡，而且必得還要針對個別形象進行冥想，直到能夠參透其意義及經驗到其所代表的力量。每條路徑的象徵數量都非常龐大，要去認識它們自然是窮盡一生的工作，不過學生必須學會每條路徑的關鍵象徵，將之視為自身修習的必要條件，這樣的話，他就能夠在遇到其他象徵形象時予以辨認並分配到適合的類別。而他的知識會在兩個面向發展：其一，關於某象徵意義在其無限延伸方面的知識；其二，對於該象徵意義的解讀哲學。學生一旦掌握宇宙進化的奧祕概念之有用知識，且其記憶中深深刻著分配給各輝耀的一般象徵組合時，他就等同裝備一套卡片檢索系統，能從任何想像得到的來源——像是考古學、民俗故事、祕傳宗教、奇談趣聞，還有古今哲學與前衛科學所做出的猜測——進行資料的分類，並蒐集到自己的檔案盒裡面。

八、未入門的調查者也許會懷疑如此大量的資料怎能在記憶裡保持井然有序。首先，使用生命之樹當成冥想方式的認真學生經常每天都做。更甚的是，他們會由經驗而發現那些分給各輝耀的象徵，其分配有著深藏在潛意識的特定邏輯依據。此外，象徵的關聯鏈並沒像想像中那樣難記，如果它們已被用在冥想中的話，更是如此。在那些象徵當中，有些指涉奧祕哲學的概念、有些指出以影像投射意識的方法，還有一些則是與儀式的構建有關。然而學生需要記得的是，只靠有意識的冥想，這些象徵還是不會給予各自的意義。無論對於象徵的了解有多正確與周全，它們的運用得要依照入門者設定的用法來做，才能從潛意識心智將影像喚出，成為意識的內容。

九、十輝耀本身會有一套象徵，連結眾輝耀的二十二條路徑則用另一套象徵。有些象徵在這兩套都有出現，而這些象徵會藉由各自的占星及數字關聯而相互連結。這聽起來非常複雜，然而真正在做的時候會比聽到的感覺還要簡單許多，因為這工作並不是意識心智在做，而是潛意識在做。至於象徵是怎麼被弄進潛意識都無關緊要，在那股壓抑潛意識的力量後面有個奇怪的精靈就坐在那裡整理象徵，把潛意識需要的部分撿起來，其他部分則予以拒絕，直到最後有一套前後一致的模式重新在意識裡面浮現，僅需要經過分析而產出它的意義，就像在分析夢境那樣。

十、事實上，運用生命之樹所喚出的影像是一種人工打造、具有刻意動機的白日夢，它有意識地連結到一些選定的主題，而在過程中，不僅有潛意識給予內容，連超意識也被喚來分享它的觀點並轉成意識能夠理解的形式。在自發性的夢裡，象徵是從經驗中隨機取出，然而在卡巴拉的異象，意識藉由熟練的精神集中之習慣將自己嚴格限制在某套象徵，而異象的圖像就從那套有限的象徵中產生出來。這股使心智在已經設下的範圍中遊走之特別力量，構成祕術冥想的技術，而且只需要長時間持續練習就能得到這股力量。這股力量就是有經過訓練的祕術家與沒經過訓練的祕術家之間的差別，沒經過訓練的人也許能夠將意識脫離發號施令的人格之掌控，而讓那些影像得以升起，然而他沒有力量去限制並選擇應當出現的影像，而其結果就是任何影像都有可能出現，包括或多或少的潛意識內容。然而，有經過訓練的祕術家，由於已經習慣在冥想中使用這種方式，就能馬上清空一般潛意識的內容，除非被情緒干擾，那麼就變得容易糾結在潛意識的網裡；即使如此，他的修習方法也是他的保護罩，因為他能馬上從影像中認出混淆的象徵，因為他擁有用來對照的明確比較標準。

十一、在學習生命之樹的過程中，學生應要持續想到前述每個輝耀所具有的哲學、心靈與魔法三個面向。他應當一直要先想到它是象徵著宇宙在宇宙時間的久遠過去裡，其進化過程中的某個特定因素，無論它到現在是否仍在具現、或是已經過去，或是還沒形成沉重的物質，都是如此。

十二、關於生命之樹的另一面向，就要參照《形塑之書》對於每一條路徑的謎樣描述文字。這些令人感到困惑的表達方式，會以某種有趣的方式在冥想時閃現靈光，因此，即便它們在一開始可能難以理解，絕對不要把它們視為胡言亂語而拒絕。

十三、另一個能夠有所啟發的來源，就在於眾輝耀各自的額外稱號，少則一、兩個，多則三十幾個。這些稱號是由古時候的拉比用在不同輝耀上的圖像描述名稱，散見於卡巴拉的文獻中。而它們能夠告訴我們許多事情，例如「密中之密」（the Concealed of the Concealed）、「原始點」是用在科帖爾的稱號，而它們知道要去哪裡找對的人傳達很多訊息。

十四、一旦熟悉象徵之後，我們也能把其他系統相對應的神祇關聯到不同的輝耀，而當我們查看這些神祇的象徵、作用、宇宙概念及崇拜方式時，我們就會得到大量的嶄新啟發。藉由運用優良的神祕學字典與百科全書，像是弗雷澤（Frazer）的《金枝》（Golden Bough）、布拉瓦茨基夫人的《神祕教義》及《伊西絲揭祕》，只要運用些許的勤勉，我們就能讀到許多從表面上看來像是無法解決的謎題，而且這樣的練習相當令人著迷。在做這練習時，生命之樹會顯得特別有價值，因為它的繪圖架構會使事物能以彼此相關的方式來看，使它們能夠彼此相互闡述。

十五、為了操作生命之樹及其路徑的心靈面向，祕術家會使用影像，因為異象是由影像與召請它們的名字之方法所構成。他會為每道輝耀連結一個原始象徵，名為「魔法形象」。其次，他會在自己的心智中以多方面能夠含括其特徵的幾何圖形跟它關聯，然後在組合象徵時，他就會把那個幾何圖形當成根基來用。例如，葛夫拉，即火星、第五輝耀，關聯的是五邊形或是具有五個邊的形象。葛夫拉的任何象徵，無論那是護符、獻給火星的祭壇，還是某象徵的心智圖像，都會以五邊形構成，並繪上火星的顏色階級當中的某一顏色。

十六、然而，生命之樹上面最為重要的形式，則是連結各個輝耀的四個力量之名，而這四個名字被觀察到的四個顏色也會形成關聯，並個別在卡巴拉神祕家的四界之一形成具有象徵性的形象。這四個力量之名當中，最高者為神之聖名，它具現在原型界，即靈之層面，而且就是該輝耀領域的至高力量之名。它象徵那位在那個領域具現發展背後的概念，這概念會流經所有後續的進化，並在所有後續的效應與具現中表現自己。

十七、第二個力量之名是個別領域所屬的大天使之名，代表某種具備有序意識的存在，其活動使某進化階段得以開始並且有所指引。雖然這些存在在圖畫中是以人的形象呈現，卻讓人感覺更加虛無縹緲，但是我們一定不能認為自己在它們身上看到的生命與意識必定會對應它們的本性。它們在本質上比較像自然力量，不過如果我們把它們當成毫無智性的力量的話，仍是對它們的本性沒有充分的了解，因為它們在本質上具有個體性、智性以及目的。這些想法都要進入我們的概念裡面彼此調整，直到達成某項理解，然而這項理解應會跟西方思想習慣看到的概念差別非常大。

十八、第三個力量名字並不是單一存在的名稱，而是某等級的所有存在之總稱，拉比稱它們為天使團，而它們代表具有智性的自然力量。

十九、第四個力量名字則是我們稱為塵世能量中心的名字，這些星體被視為是在各輝耀管轄下發生的特定進化階段之產物，而它們也是各輝耀的代表。

二十、我們對於眾輝耀的第三個思考面向則是魔法面向，這部分基本上相當實際。為了得到這方面的了解，我們要思考的是，在神聖具現的不同面向管轄之下可能會有什麼樣的經驗，以及當魔法師精熟那些課題時，他能夠施展什麼力量。

二一、每個輝耀都有配賦一項美德，代表它的理想面向、為進化帶來的禮物；還有配賦一項罪咎，代表它的品質在過剩時的結果。例如葛夫拉、火星，它的美德能量是勇氣，而其罪咎是殘酷與破壞。占星學的學生會馬上認出各輝耀所配賦的美德與罪咎是從關聯的行星之特性取用的，而他們也將因這樣的對應而在占星學開啟一條可以切入的全新路線。

二二、對於宇宙科學的某些面向之深邃領悟或洞見，我比較傾向稱呼它為「靈性經驗」，而克勞利稱之為「祕術力量」。它構成配賦給每個輝耀的入門級次之核心，因為在西方的大祕法中，入門等級是與眾輝耀有關聯的。

二三、中世紀的卡巴拉神祕家也將身體的某一部分關聯到個別輝耀，然而這部分請不要太過按照字面來看。這裡的真正關鍵在於領悟到不同的輝耀代表意識的各種因素，例如把葛夫拉當作是強壯的右臂，我們必須了解這其實是指動態的意志、執行的能力，以及對於軟弱、失衡的摧毀。

二四、每道輝耀及每條路徑都有配賦象徵的動物、植物及寶石，而學生應需知道這些資訊，其原因有二：第一，在將不同宗教系統的諸神關聯到眾輝耀時，它們能夠給予一些非常重要的關鍵；第二，它們形成星光層面路徑（the Astral Paths）的部分象徵，並在運用異象走上這些路徑時，它們能夠當成指標。例如，如果某人在聶札賀（金星）的領域看到一匹馬（火星）或一隻胡狼（月亮），那麼他就會知道這裡的層面出現混淆，所以這趟異象並不可靠。他預期會在聶札賀的領域看到的動物是鴿子以及具有斑點花紋的野獸，像是山貓或豹。

二五、有人也許會認為，將古老神話的諸男神與眾女神關聯到象徵動物的作法實在是太過任性，這應是出於如同恣意吹送的風兒那樣的詩意想像。而祕術家對此觀點的回應會是，詩意想像絕對不是恣意任性的事物，而且會請懷疑者去參考位於蘇黎世的榮格醫師之作品，還有愛爾蘭詩人喬治・威廉・羅素（George William Russell，筆名 A.E.）的文章，特別是那篇〈歌及其泉源〉（Song and its Fountains），他在文中分析自身靈感泉源的本質。從他的詩呈現的內在本質，以及許多在詩中不經意提到的關聯，我認為我們也許可以認定 A.E. 也是得到祕法卡巴拉滋養的眾多學生之一。至少，他所要表達的內容就是完整的卡巴拉經典，這能為我們現在的爭執提供非常多的啟發。

二六、對於人類心智形塑神話的能力，榮格醫師有很多可以分享的資訊，而祕術家知道他說得沒錯。不過，他也知道這份暗喻的能力能夠延伸出去的範圍會比心理學的推測還要廣闊許多。與科學家的心智相比，詩人或祕法家的心智原是專注在具現世界的龐大自然力量及影響因素，卻可藉由創意的想像而更加深入探究它們的祕密緣起及存在躍動。所以對於生物物種的想像並不是無意義的，藉由上述的作法，到最後就會將特定動物關聯到特定的神祇。為了表現這關聯性的基礎，我們可以簡短檢視剛才的例子：金星的鴿子是在表現她較為溫柔的面向，而相關的貓科動物則是表現她那邪邪邪的美感。

二七、植物與不同路徑的對應則是基於兩方面。其一，有些植物在傳統上有關聯到相關神祇的傳說，像是穀神色列斯（Ceres）的玉米或是酒神狄奧尼索斯（Dionysos）的葡萄藤，那麼我們就會以相關神祇的功能而找到關聯的輝耀，例如玉米關聯到瑪互特，而葡萄藤則關聯到梯孚瑞特、基督中心，因為那裡是對應所有被獻祭的神祇以及啟蒙的給予者。

二八、植物也有另一種與眾輝耀關聯的方式，也就是古老的處方文獻會將各種不同的植物分別隸屬各個行星，只是這樣的分法有點古怪，有些關聯是真實的，有些則是出於一意孤行與迷信。我們的前輩尼古拉斯・庫爾佩珀（Nicholas Culpeper）及其他古代藥草師對於這方面有很多可以講的東西，而目前生物動力農法的實驗農場（the Anthroposophical experimental farm）刻正進行一些非常有趣的研究。

二九、同理，某些特定藥物也會關聯到不同的輝耀，然而我們得要把祕法與迷信分辨清楚。獨斷的藥物歸屬不一定跟實際的實驗結果一致，然而我們可以有把握地把藥物的功能分類視為各輝耀的特定管轄範圍，因為它們所具有的特定活動模式本質能用眾輝耀予以歸類。例如，所有的春藥按理可以歸於聶札賀（金星），而所有的墮胎藥則是屬於易首德的黑卡蒂女神面向，止痛藥則是歸於黑系德，而刺激物與腐蝕劑則屬於葛夫拉（嚴厲）。

三十、這為醫療物質的研究開啟一道非常有趣的面向，也就是藥物作用的心靈與心理面向。在過去，兼具入門者身分的醫師，例如帕拉塞爾蘇斯（Paracelsus）曾特別研究這個面向，然而未入門的醫師以無知且迷信的態度濫用此面向，使得民俗醫學明顯脫離正軌。

三一、祕術家知道每個生理行為與功能的後面都有某個心理面向，也知道藉由合適的心智活動，是有可能大幅強化所有藥物的作用。他也知道特定的化學惰性物質能使它們自己在傳導及儲存心智活動方面變得很有效率，就像某些物質適合傳導電力，某些物質適合當電力的絕緣體那樣。

三二、而這樣的思考，會將我們帶到特定寶石及金屬在以占星及煉金兩者關聯到不同輝耀時的問題。晶態物質、金屬與特定液體是傳遞或儲存精微能量的最佳媒介，而靈媒們對這方面相當清楚。在對於個別輝耀進行冥想的時候，顏色會在這過程產生的異象扮演重要的角色，而根據經驗，具有適當顏色的水晶會是製作護符的最佳物質，像是血紅色的紅寶石對應葛夫拉的猛烈火星力量，而綠寶石則對應聶札賀的綠光自然力量。

三三、香氛，特別是香，也能對應到不同的輝耀。就像前面所言，特定靈性經驗與特定意識模式會配賦到生命之樹上面的各個輝耀，而大家都知道氣味在引發心智狀態或刺激心靈意識的效率無出其右。詩人對此最客觀的說法是：「跟影像或聲響相比，氣味更能確實打動心弦。」而實修祕術家的經驗能夠證實這個觀點。有些芳香物質在傳統上已有對應到不同的男神與女神，它們會在激發與對應神祇的功能符合的心情方面特別有效。

三四、魔法武器也在那一長串對應各路徑的象徵及事物清單當中。魔法武器適用於召請特定力量的某種器具，像是魔法師的棍杖，或是預視者（seer）的一碗清水或水晶球。我們可從魔法武器對於特定路徑的關聯知道許多關於該路徑的本質，因為可以從那裡推斷出相應領域裡面所操作的是哪種力量。

三五、如前所述，各式各樣的占卜系統也能關聯到生命之樹，並在其中找到最為微妙的線索。而占星的關聯則可從行星、元素、四元素守護、宮位及守護星明確找出。幾何學則是藉由占星而與生命之樹關聯。而塔羅牌身為滿意度最高的占卜系統，只能從生命之樹找到屬於它的解釋。學術派的歷史學家會覺得這樣的說法過於武斷，因為他們是很認真在找尋這些神祕卡片的起源線索，不過我們還是得說，絕大多數的這類嘗試都以失敗告終。「入門者是要將塔羅牌與生命之樹一起運用，而它們會以各種想得到的方式彼此對準吻合」——當這概念被理解時，就會知道這樣的對應陣列並不是獨斷或偶然。

三六、生命之樹的實務運用有個最為有趣且重要的面向，那就是利用儀式魔法與護符魔法以代償占卜術所得出的結果。每個精挑細選的幾何象徵、每張塔羅牌卡以及每個占星因素都能在生命之樹的路徑上找到對應的位置，而具有必需知識的祕術家就能做出某道儀式或設計一個護符以代償或強化這些系統所得到的結果。

三七、因此，未入門者的占卜到後來會有招致不幸的傾向，因為當心智專注在占卜時，占卜會去擾動那些精微的力量，但是對於失衡的事物卻沒有使用適當的魔法作為予以代償。

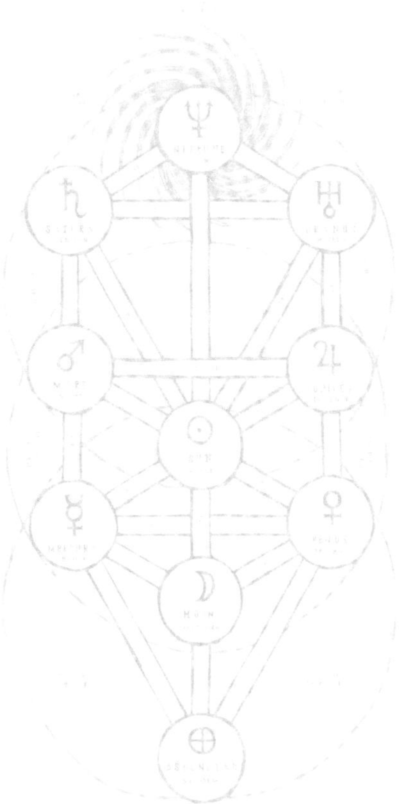
MOON

第二部

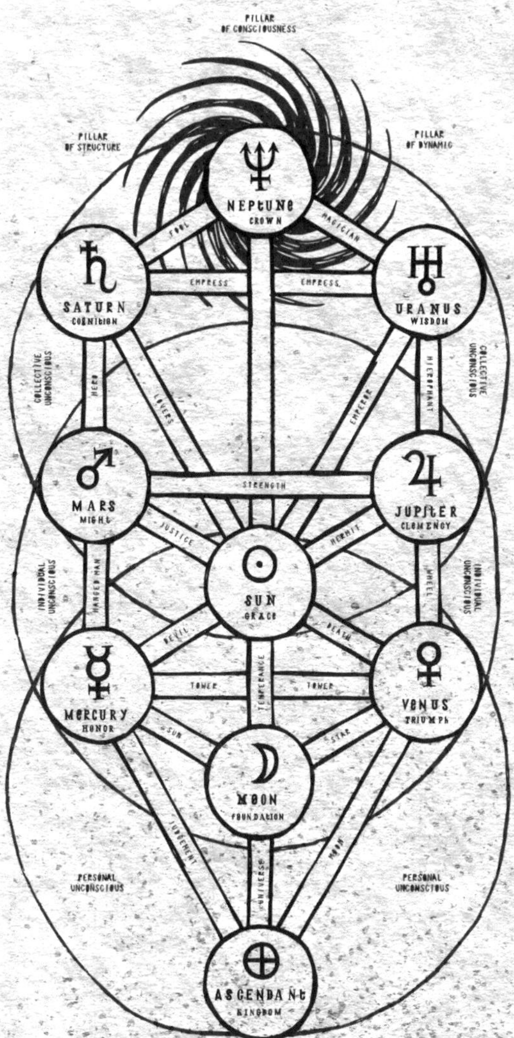
PILLAR OF CONSCIOUSNESS
PILLAR OF STRUCTURE
PILLAR OF DYNAMIC
NEPTUNE
CROWN
FOOL
MAGICIAN
SATURN
COGNITION
EMPRESS
EMPRESS
URANUS
WISDOM
COLLECTIVE UNCONSCIOUS
HERO
LOVERS
EMPEROR
HIEROPHANT
COLLECTIVE UNCONSCIOUS
MARS
MIGHT
STRENGTH
JUPITER
CLEMENCY
JUSTICE
HERMIT
INDIVIDUAL UNCONSCIOUS
HANGED MAN
SUN
GRACE
WHEEL
INDIVIDUAL UNCONSCIOUS
DEVIL
DEATH
MERCURY
HONOR
TOWER
TEMPERANCE
TOWER
VENUS
TRIUMPH
SUN
STAR
MOON
FOUNDATION
JUDGEMENT
MOON
UNIVERSE
PERSONAL UNCONSCIOUS
PERSONAL UNCONSCIOUS
ASCENDANT
KINGDOM

第十四章
概述

一、我們在第一部所講的是運用卡巴拉生命之樹的大致架構與方法，而現在要詳細研究個別的輝耀。這研究必得是暫時的，因為如果要認真研究每道輝耀的每個象徵之無限延伸所具有的對應重要性的話，可要花上一輩子的時間。不過，總是要有一個開始，所以才有這些暫時的速記，因為我不認為下列關於個別輝耀的篇章值得比「暫時的速記」更好的稱呼，即便那是對於這個令人驚嘆的合成象徵進行十年的冥想所得到的成果。

二、在每一章開頭的對應表包含一套跟每個輝耀對應的首要象徵與概念，它們都經過挑選，不需多作說明就能理解，裡面都是比較重要的象徵，足以使學生在哲學方面完全掌握主題，並能在將生命之樹當成冥想象徵來用的過程中自行實驗。

三、這裡的參考來源主要取自阿列斯特・克勞利的《777》，而他是從麥克葛瑞格・馬瑟斯手抄本（the MacGregor Mathers MSS.）取得。至於馬瑟斯，由於他沒有給出資料來源，所以就我所能追蹤到的參考資料來看，他應是取自約翰・迪伊先生（Dr. Dee[1]）與愛德華・凱利爵士（Sir Edward Kelly）的著作，還有早期的作者如寇尼利爾斯・阿格里帕（Cornelius Agrippa）、拉蒙・柳利（Raymond Lully[2]）及皮耶卓・答巴諾（Pietro de Abana[3]）。而同樣的資料也散見於現在的作者，克諾爾・馮・羅森羅斯、溫・威斯喀特、埃里法斯・列維（Eliphas Levi）、艾特沃德女士、布拉瓦茨基夫人、安娜・欽斯弗德（Anna Kingsford）、梅貝爾・柯林斯（Mabel Collins）、帕浦斯（昂柯斯）（Papus Encausse）、聖馬丁（St. Martin）、吉拉德・梅西（Gerald Massey）、喬治・羅伯特・司竇・密德及其他許多人。就上述這些人而言，克勞利也許受惠於其中一些人，而另一些人則受惠於克勞利，其中有些人還是他所創立的金色黎明會之會員。

四、其他的資訊來源還有弗雷澤的《金枝》、（Wallis Budge）的作品、榮格準博士（Drs. Jung）與佛洛伊德（Freud）的著作、（Dr. Jowett）從希臘翻譯的作品、洛布古典叢書（Loeb Classical Library）的《東方神聖之書系列》（the Sacred Books of the East Series）、（Stephen MacKenna）對於普羅提諾的譯作、（the Soncino Press）出版的《光輝之書》（the Zohar）譯作，而列在最後但同樣重要的資訊來源，就是《聖經》，裡面有屬於神祕學的大量祕密呢！

五、我們將會看到，那些配賦到各輝耀的象徵都是在特定的標題下以一般順序分類。為了了解祕術家對於這些不同項目賦予的重要性以及他對它們的運用，詳細解釋這裡的分類方法的確有其必要。

六、第一項——賦予個別輝耀的稱號：這裡會先列出各輝耀所配賦的希伯來文名稱[4]、後續是英文名稱[5]，最後再附上希伯來字母拼法。卡巴拉所用的名字之正確拼法非常重要，因為卡巴拉神祕家會為這些名字賦予數值，而使用數字學的人能夠運用這些數值所具有的重要性。我既不是數字學家也不是數學家，所以對於那不在自己的知識領域當中的事物，我不會提出自己的看法，僅會給予相應的資料好讓知道其重要性的人方便運用。

七、第二項——關聯到各輝耀的魔法形象及象徵：魔法形象是心智的圖像，卡巴拉神祕家建構這些圖像以代表眾輝耀，而圖像的細節會產生許多可以用於冥想的重要象徵。這些圖像存在的時間已經很久，而且是以魔法方面的大量操作所構建而成，使得它們會在冥想輝耀時能夠自行建構成形。當我在進行自己的卡巴拉修習時，在還沒找到具有這方面資訊的對應表之前就已老早看到絕大部分的圖像。在實修方面，入門的大師會以精細複雜的象徵來構建這些圖像，而練習觀想這些魔法形象的所有細節，會是非常有價值的魔法經驗。在我對於各輝耀的說明中，應可瞥見絕大部分的這類細節，然而本身若對東方或典型的眾神有專門知識的讀者，可以把這些影像多做延伸，在這些影像的周圍放上生命之樹各領域關聯之眾神的一切有關事物，這都可以由祂們在占星方面的關聯辨認出相應的輝耀。

八、第三項——在樹上的位置：在冥想時，這資訊能夠幫助理解，因為它會顯示出靈性力量在自然運作時的均衡。例如，葛夫拉（火星）及黑系德（木星，又名高貴當中的偉大）在生命之樹上是彼此對抗。戰士王與睿智仁慈的和平立法者彼此平衡，而葛夫拉在不平衡時會變成殘酷與壓迫，而「高尚中的偉大」在不平衡時，會使邪惡倍長。

九、第四項——《形塑之書》的敘述：這裡列出《形塑之書》對於各輝耀或路徑的描述。此處是使用溫．威斯喀特的翻譯。

十、這些描述都非常神祕難解，但無疑含有卡巴拉哲學的本質，它們將會三不五時地閃現一些靈光。

十一、第五項——用於描述的稱號：這是在拉比的文獻當中用於特定輝耀的一群名稱。它們對於對應的輝耀會有相當清楚的說明，而且在追蹤與特定輝耀關聯的概念時能有參考的效用。

十二、第六項——配賦給各輝耀的力量之名：神之聖名代表該力量最為純粹的靈性形式，並且被認為那是象徵該力量在卡巴拉神祕家的四界中最高者原型界的運作。

十三、大天使的名字代表同樣的力量在形塑界、高等心智領域的運作，那裡面是原型的概念。

十四、天使團則對應到形塑界，也就是星光層面。而塵世能量中心則是各股力量在行動界，也就是物質界的代表。

十五、我在自己的對應表上使用的靈性經驗一詞，克勞利則稱之為魔法力量。雖然克勞利的稱呼方式若配賦於二十二條路徑也許是正確的，但是在配賦眾輝耀時會造成誤導，所以我更動該術語在對應各輝耀的部分，但對應各路徑的部分則予以保留，其原因等一下就會看到。

十六、第七項——配賦給生命之樹上各輝耀的美德與罪愆：這裡指出為了接受相應級次的入門所需要的品質，以及該領域的任何失衡力量會採取的形式。而在最高的級次，亦即形式還沒發展完成之前，是不會有對應的罪愆。

十七、第八項——微觀宇宙的對應：微觀宇宙，也就是人，會對應到巨觀宇宙，就許多實務的觀點而言有其重要性，特別是靈性療癒及占星方面。

十八、第九項——塔羅牌的四元素牌組：塔羅牌對應生命之樹的分配方式開啟許多實用重要性的範圍，並形成這項占卜技藝的哲學基礎。

十九、如果讀者能夠將這些解釋牢記在心，將能在詳細解釋各輝耀所配賦的象徵時跟得上推理與暗示的文字敍述。

二十、將不同的多神信仰之眾神與基督信仰、希伯來信仰與回教信仰的天使學對應到生命之樹的分類是個浩大的工程。克勞利已進行試驗性的分類，而我個人猜想他在這方面是自己獨創的，而不是從馬瑟斯取用。我對於克勞利的分類還沒有完全清楚他的意思，而我也懷疑自己是否能夠完全同意那一切分類。這個方向若要有滿意的成果，是需要非常廣泛的學術研究學問，而我的學識還沒有廣泛到那種程度，所以我應會滿足於只在我的知識範圍裡面提及這方面的事情就好，而不會在這本書裡面放入那些已經排好的分類方式。

二十二、**第十項——閃現的顏色：**這部分的資訊只對持有必要祕鑰的進階學生有用。

---

1 譯註：即 John Dee

2 譯註：應為 Ramon Llull

3 譯註：應為 Pietro d'Abano

4 譯註：此處為音譯，例如科帖爾

5 譯註：此處為意譯，例如王冠

第十五章
科帖爾
(KETHER)
第一輝耀

稱號：

科帖爾，王冠。

（希伯來文寫法：כתר，即 Kaph, Tau, Resh。）

魔法形象：

古老蓄鬍國王的側面像。

在生命之樹上的位置：

位於均衡之柱的頂部，上位三角之一。

《形塑之書》的敘述：

第一條路徑被稱作「絕妙或隱密智性」（the Admirable or Hidden Intelligence），因為這就是給予了解無始的第一原則之能力的那道光。它是原初榮耀，因為任何造物都無法達到它的本質。

賦予科帖爾的稱號：

眾在之在（Existence of Existences）、密中之密、眾祖之祖（Ancient of Ancients）、亙古常在者（Ancient of Days）、原始點、圓裡面的那一點、至高者、白頭、非首之首、Macroprosopos（長臉）、阿們（Amen）、隱密之光（Lux Occulta）、向內之光（Lux Interna）、祂、神祕莫測的山頂。

神之聖名：我是（Ehyeh）。

大天使：梅特昶、存在之天使。

天使團：神聖活物（Chayyoth ha Qodesh）。

塵世能量中心：原動天、原動、最初旋。

靈性經驗：與神合一。

美德：成道、完成偉業（the Great Work）。

罪咎：——

微觀宇宙的對應：

頭蓋骨、薩（the Sah[1]）。

神聖火花（the Yechidah, the Divine Spark）、千瓣蓮花。

象徵：點、王冠、卍（the swastika）。

塔羅牌：

四元素牌組的數字一（Aces）。

權杖——火之力的根源；

聖杯——水之力的根源；

寶劍——風之力的根源；

星盤——地之力的根源。

閃現的顏色：

原型界——輝光；

創造界——純粹的白色輝光；

形塑界——純粹的白色輝光；

行動界——綴有金色的白色。

一、科帖爾、王冠。位於均衡中柱的頂端，而在那裡的它背靠著存在的負向帷幕。我已經寫過關於將負向帷幕當思考背景的運用，所以不會在此贅述，只是要提醒讀者，科帖爾、最初具現，是代表那從我們無法知道的無具現躍入具現的原初結晶。科帖爾從哪個根源躍入具現，我們對此只能是一無所知，但對於科帖爾本身卻可以有一些了解。它也許就我們現在的發展而言算是巨大的未知（the Great Unknown），然而它並不是巨大的不可知（the Great Unknowable）。魔法師必得將它包含在自己的較高視野之中。在我自己經驗名為「從諸層面上升」(Rising on the Planes)的操作過程中——該操作是藉由專注在接續的象徵與路徑而帶著意識沿著中柱往上移動——有一次觸碰到科帖爾的邊緣，而它呈現出耀眼奪目的白光，所有的想法在那時變成一片空白。

二、科帖爾那裡並沒有形式，只有純然的存在而已，不論那是什麼。也許可以說，它是某種潛在因子，跟無存在的距離只有差個一點而已。這樣的概念必得是曖昧含糊，如果它們真有明確的說法，那麼我還真的沒法說到那樣的地步，不過我相當確定我們應當認出事物進入存在的各個級次，並知道存在與非存在的粗糙定義並不代表事實。藉著已具現的存在，就會出現與之成對的對立物，然而科帖爾那裡並沒有與之成對的對立物，對立物要等到放射出侯克瑪與庇納時才會具現。

三、因此，科帖爾就是一，在任何能為它提供意識影像並建立極性的反射映像出現之前老早就已存在。我們必須相信它那單獨、沒有反應的存在超越一切已知的具現法則。不過，當我們討論科帖爾的時候，必須要記住的是我們並不是在指稱某個人，而是一種存在狀態，而這種存在狀態必得是毫無動作、沒有活動的純然存在，直到活動開始而放射出侯克瑪。

四、由於人的心智只知道形與力這兩種存在模式而已，所以對於完全無形的被動狀態，雖然確定無論如何那都不是無存在，但還是非常難以獲得任何適當的概念。我們絕不能把負向存在的帷幕畫在科帖爾的前面，不然就會受制於永遠不會解決的二元實相——神與魔王將會在我們的宇宙一直爭戰，而它們的衝突永遠不會有最後的結束。我們必須訓練心智去構思出沒有活動的純然存在狀態，也許可以把它想成那道耀眼奪目的白光，它無分別地進入形式的稜鏡而轉變成光芒；或是把它想成星際空間的那片什麼都沒有但包含一切事物潛能的黑暗。比起任何明確的哲學定義，這些駐留在第三眼的象徵對於科帖爾的了解會有更大的幫助。我們無法定義科帖爾，我們只能指涉之。

五、從對應表裡面挖掘出特別重要的暗示，以及對應表引領心智持續從某概念連到另一概念的思索方式，會是一趟持續帶來驚喜與明悟的過程。第一輝耀被稱為王冠，這裡要注意一下，它並沒被稱為頭。王冠是戴在頭頂上的東西，所以它是在跟我們清楚暗示科帖爾等同於我們的宇宙，而不是宇宙裡面的事物。我們也會發現它的微觀宇宙對應是位於頭頂正上方的千瓣蓮花，也就是頂輪，而我認為它非常清楚教導我們一件事，即任何事物，無論是人還是世界，其最為內在的靈性本質從來不會真正具現出來，它一直都是藏在地下、立在幕後的基座或根，讓一切實際上屬於不同的次元、存在規則也不一樣的事物得以在它上面萌芽生長。不同類型的存在是奧祕哲學的基礎概念，而且是在思索魔法師或熟練的祕術家他們的隱形領域時需要一直謹記在心的概念。

六、在印度的吠檀多（Vedanta）哲學中，科帖爾無疑等同至尊梵（Parabrahma）、侯克瑪等同梵（Brahma），而庇納等同根本原質（Mulaprakriti）。在其他龐大的人類思想系統中，科帖爾等同他們對於初始的概念，也許會被認為是眾神之父。如果他們認為宇宙是從空間開始的，那麼科帖爾就是天空之父。如果他們認為宇宙是從水開始的，那麼科帖爾就是原始海洋。在跟科帖爾連結的時候，我們總會有無形、無時間的感受。關聯到科帖爾的諸神是那些會吃掉自己的孩子的可怕神祇，因為科帖爾雖然會生下一切事物，但是它會在一段進化時期結束時把宇宙重新吸收回到自己裡面。

七、科帖爾是一切事物從其躍出、並在自己的時間結束時落回其中的深淵。因此在那些跟科帖爾有關的通俗神話中，我們會發現「無存在」的暗喻。然而，在僅限圈內人知曉的概念當中，我們會學到上述的說法是錯誤的概念。科帖爾是存在最為強烈的形式，即未受形式或反應束縛的純然存在，然而這種存在類型跟我們習慣的存在類型並不一樣，所以它在我們看來像是「無存在」，因為它不符合我們在確立存在時習慣使用的所有考慮要件。這種關於存在的其他模式之概念是我們的哲學固有的概念，而且一定一直謹記在心，因為這是通往科帖爾的關鍵，而科帖爾是通往生命之樹的關鍵。

八、《形塑之書》對於科帖爾的文字描述，就跟那本書裡面的所有敘述一樣，是一種隱晦的表示。它稱科帖爾為隱密智性，而這樣的稱呼也可從卡巴拉文獻賦予科帖爾的其他數個稱號之中得到確認。它是密中之密、神祕莫測的山頂、非首之首。所以我們在這裡再次確認王冠是在神聖之人，即原初之人（Adam Kadmon）的頭上，它是站在具現背後、而且也不會被具現吸收進去的純然存在。如同我們在自己的作品中表現我們自己，科帖爾也是在具現中表現它自己。不過，人的作品並不會被視為是個人的人格，而是個人人格的自然活動表現，所以科帖爾也是如此，其存在模式不會具現出來，然而它是具現的起因。

九、我們到此所思索的是位於原型界的科帖爾，也就是說它的本質與原始要素。所以我們現在必得思索位於卡巴拉神祕家所分的其他三界的科帖爾。

十、每個具現的界或層面都有自己的原始形式，例如物質的原始形式非常有可能是電的形式，而神祕家是用藏於地、風、火、水四元素層面——換句話說就是厚重物質的四態，即固態、液態、氣態及以太態——底下的以太次層面作為象徵。

十一、卡巴拉神祕家在設想生命之樹時，會把它看作是存在於四界中的每一界，即純粹靈質的原型界、原型心智的創造界、星光圖像意識的形塑界，以及含括沉重與精微面向的物質界。每道輝耀的力量之操作係由神之聖名，即力量之名所控管，而這些名字則為實修祕術在各層面的操作提供關鍵。神之聖名代表眾輝耀在純粹靈質、原型界的行動，而當祕術家以神之聖名祈請某輝耀之力量時，代表他想要接觸該輝耀最抽象的本質，即代表他正在尋求那潛藏在特定具現模式底下並對其塑造的靈性原則。白祕術（White Occultism）有句格言，就是若要在某輝耀進行某操作，都應當從該輝耀的神之聖名的祈請開始。這樣的作法可以確保該操作能與宇宙法則和諧一致。自然力量的平衡不可小覷，所以魔法師的安全基礎就在於他應當依循宇宙法則來進行自己的操作，因此他必須尋求每個問題所牽涉到的靈性原則並依此做出處置。所以，每一項操作的最後統合或最終解決之道都會在「我是」裡面，也就是對應原型界科帖爾的神之聖名。

十二、以「我是」之名呼請神性的作法，也可以說是對於純然的存在——永恆、不變、無屬性或活動、潛藏在一切之下並予以維持及塑造——給予肯定的表示。對於這種永無止盡、永遠不變且是最濃縮、最強烈的存在之了解，得要牢記在心智當中，才有可能對無限的能量有所了解。科帖爾本身是所有能量的純粹源頭。而魔法師用於聚集能量的操作（有哪個操作不是這樣呢？）必定總是從科帖爾開始，因為我們在科帖爾這裡會接觸到那從偉大的無具現、即無限能量的儲存處泉湧而出的力量，那是藉由科帖爾從隱藏在負向存在的帷幕之後的偉大的無具現汲取出來的力量。如果我們從任何特化的輝耀汲取能量，等同把甲方的錢強奪過來付給乙方。這能量總有來處，也總有去處，所以在最後結算時也會有相應的責任需要背負。也是因為這項理由，才會看到使用魔法成功獲取某事物的魔法師卻為那事物付出極為慘痛的代價。他如果是在任何較低的自然領域進行操作的話，真的會發生這樣的狀況，不過他若是從原型界的科帖爾著手，汲取無具現的力量進入具現的話，等同為這個宇宙增添資源，因此只要他能使諸力保持均衡，就不會有不順遂的反應，也不用為運用魔法力量而付出代價。

十三、這是在實修方面非常重要的觀點。學生們被教以只要我們還處在轉世之中，上位三輝耀——科帖爾、侯克瑪及庇納——就不在實修操作的範圍之內。沒錯，它們的確超越腦意識的範疇，然而它們卻是所有魔法計算裡面的必要根基，如果我們不從這根基進行操作的話，就沒有宇宙的基礎，只能懸在天地之間，找不到可以休息或覺得安全的地方，而且得要一直維持住魔法壓力使相應的以太形式不斷出現。

十四、基督科學與較為粗糙的新思想及自動暗示之形式的巨大差異，在於它係從神聖生命開始它的一切運作，儘管它在為自己的系統賦予哲學的作法顯得十分不理性，但它的方法在實踐上是完整的。祕術者，特別是儀式魔法的實修者，如果在這原則上沒能得到指導，就會傾向在沒有參考宇宙法則或靈性法則的情況下開始自己的操作，所以他後續建立的星光形象就會像是在神聖之人的有機體或巨觀宇宙裡面出現的外來異物，因此自然的一切力量就會自動導向去消滅外來異物以恢復正常的壓力均衡。人若運用非神聖的魔法，自然會對魔法師拚命抵抗，而其結果就是只能一直武裝自己不得鬆懈，只能一直採取防禦以維持他所贏取的事物。然而那從位於原型界的科帖爾，也就是在靈性原則中開始進行操作的大師，等同將該操作依順那法則運作到它於有形層面的表現，而在過程中汲取無具現的能量以用在這個目的，使他的操作成為宇宙過程的一部分，那麼自然就會站在他這一邊而不是抵抗他。

十五、我們無法期望了解位於原型界的科帖爾之本質，然而我們能將自己的意識向它的影響開放。而它的影響如此有力，給人一種永恆、永生的奇異感受。我們也許會知道自己在那純然的白光中、以「我是」（Eheieh）之名的呼請何時生效，因為我們應會發現自己正以完全的確信，領悟到諸有形層面的徹底短暫及無意義，以及「唯一生命」（the One Life）的至高重要性，它對於一切有形的塑造，就如同陶藝家將手上黏土進行塑造那樣。

十六、對於科帖爾的冥想會給予我們直覺的了解，亦即至少了解到操作的結果是無關緊要的。「如果塵土喜歡玩耍的話，就讓它們玩在一起吧！」（Let the dirt play with the dirt if it pleases the dirt.）一旦達到這樣的領悟，我們對於相應的星光影像就擁有支配權，能以它們喜歡的方式改換它們，因為這也會是我們喜歡的方式。只有當操作者不再介意自己的操作在現實層面的呈現時，才會獲得完整支配相應星光影像的權力。他唯一在乎的是對於諸力量的處理，以及如何將它們帶入具現的形式，然而他並不在乎這些力量最後會以什麼形式呈現，他讓那些力量自己決定，因為它們保證會採取跟自己的本質最為符合的形式，所以，若與依照自己的有限知識所做的任何設定相較，這樣的作法反倒能夠更加如實依循宇宙律法。這是一切魔法操作的真正關鍵，也是他們唯一的正當理由，因為我們也許無法牽著宇宙到處走以實現自己的一時興起或方便，我們唯一能夠名正言順這麼做的時候，是我們順隨持續進化的生命巨潮將我們自己帶至生命完全展現的時候，至於那經驗或具現會採取何種形式並不重要。我們的主有說過：「我來，是要讓他們得生命，並且得的更豐盛許多[2]。」而這也是魔法師應該要說的話。生命，而且是只有生命本身，應當成為自己的表達，而不是諸如智慧、力量等任何特化的自身具現，甚至連愛也不是。

十七、那些逐字逐句地跟隨先前討論的讀者，現在也許能夠看出《形塑之書》對於科帖爾的謎般描述中的一些重要意義。「隱藏的智性」一詞暗喻科帖爾的存在所具有的無具現之本性，而這樣的推論在後續的語句「任何造物都無法達到它的本質」得到證實，換句話說，諸有形層面的任何有機體、任何被創造出來的存在都不會被當成它的意識載具來使用。不過，當意識提升到自己轉換成光的程度時，它就會從「原始榮耀」那裡接受「了解無始的第一原則之能力」，或是換個方式來講，「到那時我就全都知道，如同主知道我一樣[3]。」

十八、我是、自有存在者、純然存在——這是科帖爾的神之聖名，而它的魔法形象是古老蓄鬍國王的側面像。《光輝之書》提到這個古老蓄鬍國王都是以右側面顯現。對於科帖爾的魔法形象，我們不會看到它的全臉，也就是整個臉部，只能看見部分而已。總是會有一部分永遠不會讓我們看到，就像月亮的黑暗面，而這一面就是科帖爾朝向無具現的那一面，而我們的具現意識之本質會阻擋我們對它的了解，它對我們來說必定永遠像是被封印起來的書本。但是在接受這樣的限制中，我們也許能在冥想中望向科帖爾呈現的某面向——古老蓄鬍國王的側面像——並藉由深思使之成形。

十九、這位國王如此古老，他是眾祖之祖、亙古常在者，因為他從一開始就在了，那是在「臉看起來沒有臉」（countenance beheld not countenance）的時候。他是國王，因為他根據自己的至高且無從質疑的意識來統治所有事物。換句話說，科帖爾的本質就是塑造一切事物，因為所有事物都是從它進化出來的。他也有蓄鬍，因為在拉比的有趣象徵意義當中，他的每根鬍鬚都具有意義。

二十、科帖爾的力量在創造界、原型心智之界的具現，據說是透過大天使梅特昶進行的，而梅特昶是眾面之王子（the Prince of Countenances），傳統認為祂是摩西的老師。《形塑之書》對於第十條路徑瑪互特的說法是：「它引發的影響，會由眾面之王子、科帖爾之天使（the Angel of Kether）放射出來，那是宇宙眾光的明亮之源。」所以我們直接學到的是，不僅靈會流入具現而成為物質，物質藉由本身的能量也會吸引靈進入具現，這是魔法的實修者需要知道的重要概念，因為這會教導他，他在自己的操作中是無罪的，因為他無需等待神的話語降臨，而是能夠呼求神來傾聽他。

二一、科帖爾在形塑界進行操作的天使們是神聖活物，而它們的名字會讓心智想起以西結的戰車異象以及王座前方的四個神聖活物。關聯到科帖爾的塔羅牌是四張數字一的牌，它們象徵四個元素，即地、風、火及水的根源，又進一步深化這道關聯。於是，我們可以把科帖爾看作是元素的噴泉口。這概念清除許多祕術與形上學方面的難題，而這些難題之所以發生，是因為我們把元素的活動限制在以太層面，並把它們視為只比惡魔們（devils）稍微好一點的存在所致，有些超驗思想學派看來也是這種想法。

二二、在祕術中，關於天使團、眾主宰或元素們的問題是非常具有爭議又非常重要的問題，因為它直接用於魔法的實際運用。基督信仰可以盡力容忍大天使的概念，然而那些執行命令的靈、那些本身是火之焰光的信使，以及天界建造者對於基督信仰的神學來說格格不入。神靠祂自己在一瞬間創造出天堂與大地，那位偉大的宇宙建築師也是砌磚工人——但奧祕科學不這麼想。入門者知道那些數量很多的靈性存在，是神的意志之代表，也是創意活動的載具。入門者的操作係藉由它們推展，並蒙掌管它們的大天使之恩典。然而他無法用任何法術召出大天使，無論那法術多強大都一樣。其實當我們在某特定輝耀的某個領域實行一項操作時，相應的大天使會透過我們運作以完成祂的任務。所以魔法師的技藝就在於將自己跟宇宙力量對準，那是為了讓他想要進行的操作能夠成為宇宙活動運作過程的一部分。如果他真的做好淨化而且全心奉獻，那麼他對於自己的所有慾望都會這樣做；然而如果他沒做好淨化也沒有全心奉獻，他就不是大師，而他的話語不會是力量文字。

二三、有趣的是，科帖爾的領域在行動界中的名稱是原動天或最初旋，這意謂古代拉比在科學熟悉望遠鏡的使用之前就已經熟悉星雲理論（the Nebular Theory），而古人之所以能夠演繹出宇宙進化論的基本事實，係藉由純粹直覺的方法以及運用對應的方式，其時間是比那些能讓現代人從另一方面做出同樣觀察結果的精準儀器之發明與優化還要早數個世紀，這情況對於任何對傳統哲學沒有偏見的人們而言，總是讓他們一直感到驚訝。

二四、如其上、同其下。微觀宇宙對應著巨觀宇宙，因此我們在人身上尋找科帖爾時，它應會在頭部上方，並在原初之人、神聖之人裡面以純粹的白色輝光照耀出來。古代拉比稱它為神聖火花、埃及人稱之為薩、印度人則稱之為千瓣蓮花，然而在這些名稱底下都有相同的概念——綻放光明的純粹靈質核心，而它的眾多具現不會存在於諸有形層面之中。

二五、據說當我們還處在轉世時，永遠無法在上升至原型界的科帖爾之意識時還能保有完整的肉身載具。得見科帖爾的人，如同以諾（Enoch）與神同行而消失不見[4]，其轉世載具會被瓦解。如果我們能夠想到以下的原則，就能清楚知道為何必得如此：除非我們能於內在產生某個意識模式，不然我們無法進入那個意識模式，就像音樂，如果我們的心沒有與之唱和，它對我們毫無意義。所以，如果我們在自身內在產生非形體、非活動的存在模式，其結果就是我們得要從形體與活動中解脫出來。如果我們真的做到這一點，那麼一切原是由意識的形體模式所維繫在一起的事物，就會碎散開來並回歸成它的基本元素。一旦碎散開來，它無法藉由回歸的意識而重新構建。所以當我們渴望看見原型界的科帖爾時，得要有進入光中無法回返的心理準備。

二六、然而這不是在暗示涅槃等於完全毀滅，那是歐洲思想家所習得的對於東方哲學的無知詮釋，而是暗喻模式或次元的全面改變。我們並不知道當我們發現自己與神聖活物在同一級次時，我們應該會是什麼，而那些有看到原型界的科帖爾的人也都沒有回來告訴我們。不過根據傳說，已經有人做過這樣的事情，因此這樣的人會被認為跟人類的進化十分有關，也是那些具有這類傳說的民族所關注的超人原型。然而不幸的是，這樣的傳說近年來已經被虛假的祕術教導予以劣化、貶低。無論這些存有是否存在，我們還是可以肯定地說他們沒有星光形體，也沒有人類人格，他們應是如同那名為神的火焰裡面的焰光。達到涅槃的靈魂，其狀態應可比擬為一個車輪失去輪框、且所有的輻條都轉變成穿透及相互穿透整個宇宙的光線，它成為輻射的中心，並保持作為能量核的身分，除了自身活力之外，其影響力沒有限制。

二七、配賦給科帖爾的靈性經驗據說是與神合一。這是所有魔法經驗的終點與目標，如果我們尋求其他目標，等同在幻象世界搭建房屋那樣。對於那些使自己不去走上通往這目標的直路之事物，祕法家都覺得那是應當要打破的束縛連結。對他來說，除了那一個慾望之外的所有慾望、所有使意識束縛在形體的事物，都是邪惡，而就他的哲學觀點來看確實如此，所以如果採取不符合的行動，都會使他的技術失效。

二八、然而祕法家得要面對的考驗不只這一個，在得以自由進行退離、脫離形式之前，他還得去完成諸有形層面的要件。其實還有一條通往科帖爾的左手道路，不過那是混沌領域、反輝耀的科帖爾。如果祕法家過早走上祕法之路，就會走到對面去，而不是走到光之領域。對於本質傾向祕法之路的人而言，有形層面的規範並不合他意，然而在他能夠圓滿完成最低下的部分、習得有形層面的諸多課題之前，總會有一股直接放棄面對有形生命的奮鬥、退回到較高層面的微妙誘惑，因為有形生命總會抵抗他的掌握。形體是基質，它將流動的意識裝於其中，並等候意識獲得抵抗分散的組織證明——即成為那從無定形的純然存在之海中分別出來的個體性核心。如果這副基質太早打破，即流動的意識還沒藉著不斷的重複而鑄成具有意義的組織化系統之前，意識就會再度退回到無形，就像黏土在還未固定之前離開支持的模具，只會回歸成一團爛泥那樣。如果某位祕法家的祕法修行使自己沒有能力應付俗世生活，或是出現任何分離意識的形式，我們就會知道對他而言那模具太早打破，而他必得回歸到有形層面的規範，直到學會它的課題、直到他的意識黏合、凝聚成連涅槃也無法毀壞的組織。如果他願意的話，就讓他為服務聖殿去砍柴扛水，但是不要讓他用自己的不健全與不成熟玷汙聖殿的神聖處所。

二九、配賦給科帖爾的美德是成道[5]、完成偉業，這個詞是借自煉金術師。沒有完成，就不會有達成，而沒有達成，就不會有完成。在與宇宙的公義相較之下，良善意圖顯得微不足道，我們只有藉由自己完成的偉業來彰顯自己。說真的，我們擁有無限的時間來完成偉業，然而我們必得要完成它，連最為枝微末節的部分都不放過。在完美的公義中，唯一的仁慈就是讓我們離開，然後再度嘗試。

三十、若從有形的觀點來看，科帖爾就是無意識世界的王冠。除非我們了解到純然白光的生命本質，不然是不會想要去追尋王冠，畢竟它完全不屬於這裡的存在秩序。如果我們有這份了解，那麼我們就能從具現的枷鎖解脫出來，能以持有權柄的存在身分向一切有形說話。

1 譯註：埃及神祇

2 譯註：〈約翰福音〉10：10

3 譯註：〈哥林多前書〉13：12

4 譯註：見〈創世紀〉5：24

5 譯註：原文 Attainment 的字面有達成之意

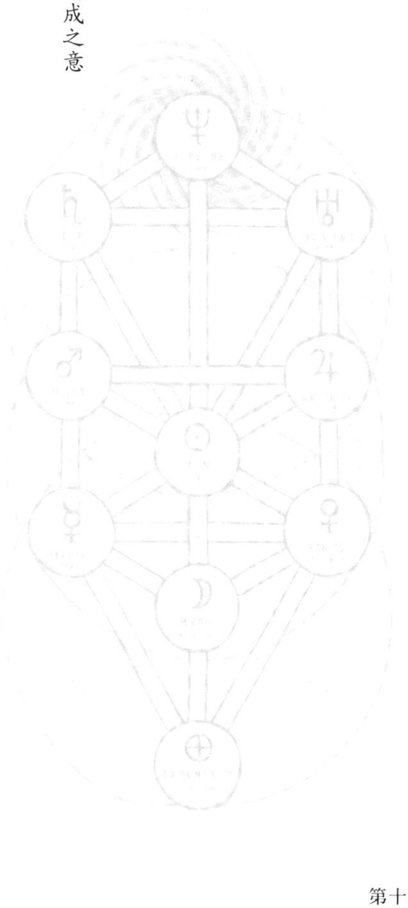

第十六章
侯克瑪 (CHOKMAH) 第二輝耀

稱號：

侯克瑪，智慧。

（希伯來文寫法：חכמה，即 Cheth, Kaph, Mem, He。）

魔法形象：

蓄鬍的男人形象。

在生命之樹上的位置：

位於慈柱之首，上位三角之一。

《形塑之書》的敘述：

第二條路徑稱為「光明智性」（the Illuminating Intelligence）。它等同於宇宙的王冠、合一的輝煌。高過每個頭的它被卡巴拉神祕家命名為第二榮耀。

賦予侯克瑪的稱號：

創世之力、父、上位父、上主、上主之手。

神之聖名：上主（Jehovah[1]）。

大天使：拉吉爾（Raziel）、神之祕密或神之傳令。

天使團：輪天使（Ophannim, wheels）。

塵世能量中心：黃道眾星座。

靈性經驗：與神相見的異象。

美德：奉獻。

罪咎：——

微觀宇宙的對應：臉的左側。

象徵：

林伽、陽具、上主之手、榮光內袍（Inner Robe of Glory）、立石、塔、高舉的力量之棒、直線。

塔羅牌：

四元素牌組的數字二。

權杖二——統治；

聖杯二——愛；

寶劍二——恢復和平；

星盤二——和諧改變。

閃現的顏色：

原型界——純然的柔和藍色；

創造界——灰色；

形塑界——彩虹光澤的珍珠灰色；

行動界——綴有紅、藍及黃色的白色。

1. 譯註：即雅威、耶和華

一、每個進化的階段都會從處在力量不穩定的狀態開始，然後經過組織化而到均衡。一旦達至均衡，如果沒有再次推翻穩定並通過力量相互競爭的階段，就再也不可能有更進一步的發展。如同我們之前所看到的，科帖爾是虛空中形成的一個點，而根據歐幾里得（Euclid）的定義，一個點具有位置，但沒有維度。然而，如果某一個點看起來像是在空間中延伸的話，它就會成為一條線。上位三輝耀的組織化與進化跟我們的經驗之間的距離實在過於遙遠，所以我們只能用象徵性的方式觀想它們。不過，如果我們將原始點，也就是科帖爾，想成它正在延長成一條線，也就是侯克瑪，那麼這樣的符號象徵應能滿足我們目前期望要達到的了解。

二、這股向前流動的能量，是以直線或高舉的力量之棒作為象徵，它基本上是動態的。事實上，它是最初的動態，因為我們無法把科帖爾在虛空中的結晶化看作是動態——無論那形式在我們眼中有多麼稀薄，它的特徵比較像是靜力（a staticism），將無形予以限制、卻又不受有形的束縛。

三、這種形式的組織到這樣已達到其限制，而持續湧入的無具現之力量改變它的限制、要求嶄新的發展模式、建立嶄新的關係與意義。這道未組織化、未代償的力量向外推動的表現即是侯克瑪，而且由於它是動態的輝耀，以無盡的能量持續溢流出去，所以我們最好把它看作是讓能量經過的渠道，而不是用來儲存能量的容器。

四、侯克瑪並不是組織化的輝耀，它可是宇宙的偉大激發者。而侯克瑪的放射流動，則由第三輝耀庇納接受，而庇納是第一個組織化、穩定化的輝耀。這一對輝耀當中，若想了解任一輝耀而不去考量配對的另一輝耀的話，那是不可能了解的。因此，為了了解侯克瑪，我們還是會提到關於庇納的一些資訊。請記得，庇納分到土星，並稱為上位母。

五、我們在侯克瑪與庇納當中看到原型的正與負，也就是原初的男性質地與女性質地，而它們是在「臉看起來沒有臉」、具現開始的時候建立的。而宇宙諸柱就從最初的對立配對開始萌芽生長，而具現之網則織在諸柱之間。

六、如同我們已經提過，生命之樹是宇宙的圖解象徵，而其正與負、男性與女性面向是由位在兩旁的兩根柱子來代表，也就是慈柱與嚴柱。就未經指導的心智來看會覺得奇怪的是，慈的稱號居然放在男性或正向之柱，而嚴的稱號則放在女性或負向之柱。然而在了解到動態、男性類別的力量是建構與進化的促進者，而女性類別的力量是形體的建造者之後，我們就會看出這樣的命名是恰當的，因為就形體而言，雖然它是建造者與組織者，然而它也是限制者，而建立起來的每一形體到後來都會增長過度而失去自己的用處，因此變成進化的阻礙，繼而帶來分解與腐敗，最後走到死亡。父是生命的給予者，而母是死亡的給予者，因為她的子宮是通往物質的入口，而生命藉由她而成為具有靈魂的形體，然而形體無法永遠、永恆——因此死亡暗含於出生之中。

七、在這兩個對立的具現面向之間，也就是上位父與上位母之間，織就著生命之網（the Web of Life），而靈魂會在這兩者之間來來去去，就像紡織工人使用的梭子。在我們各自的人生中、在我們的生理韻律中、在國家興衰的歷史中，我們都會觀察到同樣的韻律週期性。

八、在第一對輝耀中，我們看到跟性有關的連結，亦即男性質地與女性質地的生物性對立配對。然而對立的配對不只發生在類別，也會發生在時間裡，我們自己的人生歷程、生理反應會有交替起伏，而國家歷史則輪番上演主動與被動、建造與破壞。對於這些循環的週期性之知識，是入門者守護的古老祕密智慧之一部分，而且被運用在占星學與卡巴拉方面。

九、侯克瑪的魔法形象以及關聯的象徵都含有這概念。它的魔法形象是蓄鬍的男人形象，其中的鬍鬚象徵成熟，是業已證實自身男子氣概的父親，而不是未嘗雲雨的處男。而其象徵的語言表現相當直接，印度的 lingam（林伽）與希臘的 phallus（陽具）都是以自己的語言指涉男性生殖器官的用詞。立石、塔、高舉的力量之棒都是在指處於最為亢奮狀態的陽剛部位。

十、然而，我們不能認為侯克瑪只象徵陽具或性而已，沒其他象徵。它主要是動態或正向的象徵，因為男性質地是動態力量的一種形式，如同女性質地是靜止的、潛伏的或具有勢能的力，在給予刺激之前都保持不動。整體大於組成整體的各部分，而侯克瑪與庇納就是整體，性只是其中的一部分。在了解若性在關係中得要以一個整體來極化力量，那麼在了解這樣的關係時，我們就會找到正確了解性的關鍵，也能用宇宙的標準來衡量關於心理學及相關道德觀念的教導。我們也可以看到人的潛意識如何藉由如此大量且多樣的象徵來代表性，如同佛洛伊德所宣稱的那樣；以及性的本能是有昇華的可能，如同道德家所宣稱的那樣。所以就某種程度而言，具現是性的，因為它總是在所謂的對立配對中發生，而性是宇宙的、靈性的，因為它的根就處在上位三輝耀裡面。我們必得學習不去把輕盈的花朵與地裡的根分開來看，因為花朵與根之間的連結一旦被切除，花朵就會凋萎，其種子也無法延續物種；然而深藏在大地母親的根能夠長出一朵又一朵的花，並使結出的果實得以成熟。跟那些通常只會講禁忌戒律與圖騰信仰的傳統道德家相較，「自然」更加偉大、更加如實。其道德觀念中含有自然法則的人們是快樂的，因為他們應會擁有和諧的人生，並生養眾多、在地上昌盛繁茂。其道德觀念是為了取悅索求大量獻祭的空想神祇、含有許多禁忌的野蠻系統之人們是不快樂的，因為他們將沒有後代且充滿罪孽。其道德觀念違反自然過程的聖潔、不顧果實而強摘花朵的人們也同樣不會快樂，因為他們應會得到患疾的身體與墮落的人生[1]。

十一、那麼我們在侯克瑪那裡必會看到這兩者，即說出「要有光」的創造話語，還有酒神女信徒所愛慕的濕婆林伽與陽具。我們必須學習辨認動態力量，並在看到時尊敬之，因為它的神之聖名就是上主，即四字聖名。我們會在孔雀的開屏尾羽及鴿子頸部的彩虹光澤看到它，也會在雄貓的叫聲中聽見它、在公羊的騷味中聞到它。同樣地，我們也會在我們的國家歷史中最為剛健的時代——也就是伊莉莎白女王及維多利亞女王時代，都是女性的名字！——向外殖民的冒險家身上看到它。我們也能從努力耕耘、在專業中發憤圖強，好使家人能夠溫飽的人們身上看到它。這些都是侯克瑪的類別，而它的額外稱號就是Abba，父親的意思。在所有的具現當中，就讓我們檢視父親這個角色——他是生命的給予者，將生命給予未來的個體，同時也是對配偶有著性慾的男人——那麼我們應當能以更加真實的觀點來看待性的事情。在對於王政復辟時期（the Restoration）的粗俗下流所具有的反感當中，維多利亞女王時期人們的態度其實變得與最原始部落的標準相符，而根據旅行家的說法，那標準不會將兩性結合的行為與生育後代關聯在一起。

十二、侯克瑪的顏色據說是灰色，而在其較高的面向是彩虹光澤的珍珠灰色。我們從這裡可以看到，那道遮蔽科帖爾純粹白光的帷幕會在科帖爾向侯克瑪放射的過程中出現，它的顏色是黑色。

十三、侯克瑪的塵世能量中心，或說是直接實體的具現，據說就是黃道，希伯來語則是Mazzaloth。因此我們可以看到古代拉比對於我們的太陽系之進化過程有著正確的了解。

十四、《形塑之書》對侯克瑪的敍述，也還是跟平常一樣，文字用得相當隱晦，即便如此，我們還是能從它那裡得到特定的啟發線索。第二條路徑，也就是它對於侯克瑪的命名，被稱為光明智性。我們之前有提過那說出「要有光」的創造話語。而在《777》（克勞利的系統）裡配賦給侯克瑪的那些象徵中，則有「榮光內袍」，這是靈知派的用詞。這兩個概念若放在一起，就會把我們的想像帶到揚昇的生命、發光的靈魂之概念。在所有層面上，男性之力將受孕的火花移入到被動的卵子，並將它那不活動的蟄伏轉變成為生長與進化的主動建構。這是生命的動態力量，身為靈的它除了使得物質肉體具有靈魂，而且還形成所有存在所穿戴的「榮光內袍」，其裡面是生命的氣息。力因形而有了形體，形因力而有了靈魂，這是光明智性與榮光內袍所表示的意思。

十五、《形塑之書》還稱侯克瑪為宇宙的王冠，暗示它就像科帖爾那樣，是對外朝整個宇宙照耀，而不是就近向內吸收。事實上，那是侯克瑪的陽剛力量給予具現的衝動，所以它是在具現本身之前。宇宙法則的聲音喊出「要有光」，是在眾水分離及天空出現之前。這概念也出現在《形塑之書》的文字，說侯克瑪是「等同合一的輝煌」，因此明白指出它跟科帖爾、合一之間較為親近，而非二元形式的眾層面。這裡所用的輝煌一詞，明白指出某種放射或照耀，教導我們把侯克瑪想成是純然存在不斷放射出來的影響，而不是自成某個事物。這也再次讓我們對性有著更為真實的領會。然而，這裡要特別講清楚的是，侯克瑪的領域跟生育、豐產的崇拜（fertility cult）沒有關係，它僅是指出具有男性質地的動態力量，是主要的生命給予者及進入具現的呼喚者。雖然動態力量的較高與較低的具現當中的本質都一樣，然而它們是處在不同的層級，陽具跟上主是不一樣的，但無論如何，陽具的根源可以在上主那裡找到，而神的具現、父親，也會在陽具那裡找到，就如同拉比稱侯克瑪是四字聖名的 Yod，而這個字在他們的措詞中等同林伽。

十六、令人感到好奇的是，《形塑之書》提到有兩道輝耀高過每一個頭，這是矛盾的宣稱，然而事實上當我們去思量它的意思時，就會知道那是在講照耀我們的侯克瑪及瑪互特。侯克瑪是上位父、瑪互特是下位母，而宣稱瑪互特在眾人頭上的同一句文字，還稱瑪互特是坐在上位母庇納——侯克瑪的負向對應——的王位上。那麼，侯克瑪是力最為抽象的形式，而瑪互特是物質最為沉重的形式，所以我們在這宣告中所得到的暗示是，每一對的極端相對之事物當中的任何一個，都會是其所屬種類中的至高具現，並且它們以各自的方式表現出同樣的神聖。

十七、我們必須區分生殖儀式、生命力（vitality）儀式，還有啟蒙或靈感儀式——即祈求五旬節火舌方言（the Pentecostal tongues of flame）的祝福。生育、豐產崇拜的目的是顯而易見的繁衍，無論那是指家畜、田地或是妻子均是如此，係屬易首德的範圍，跟生命力崇拜沒有關係。而生命力崇拜係屬聶札賀的範圍，即金星（維納斯女神）——阿芙柔黛蒂女神的領域，那是關於提升生命力或磁性影響力主題之非常重要的特定奧祕教導，兩性在其中兩兩相對，但是兩者之間的距離比能夠實際交配的距離來得遠許多，而這部分會在講到聶札賀、金星領域時再說。

十八、侯克瑪的儀式——如果真的能這樣稱呼的話——會是關於宇宙能量的湧入。無形的它是純粹的動態創造衝動，也是因為無形，所以它所給予而湧現的創造會採取各式各樣的形式，因此它就會有從完全的陽具面向昇華為創造力的可能性。

十九、就我所知，目前並沒有對應上位三輝耀的正式魔法儀式。我們只能藉由參與它們的核心本質而接觸它們。科帖爾、純然存在跟我們的接觸，會發生在我們領悟到沒有部分、沒有屬性、沒有次元的存在本質的時候。這種經驗有個適切的名稱，即「寂滅」（the Trance of Annihilation），而經驗到寂滅的人會與神同行而不復存在，因為神帶走他們了。因此與神合一的靈性經驗是歸在科帖爾，據稱經驗到這境界的人就此走進光中不再回返。

二十、為了接觸侯克瑪，我們必須經驗動態宇宙能量奔流的純粹形式，那能量如此龐大，使得凡人會像保險絲那樣過載熔化直到瓦解。據記載，酒神的母親賽茉麗（Semele）在見識到她的神聖愛人宙斯身為雷神的本貌時，就被雷電擊打燒死，但也因此提早產下她的神聖兒子。歸在侯克瑪的靈性經驗是與神相見的異象，而神（上主）對摩西說：「你無法看見我的面而還活著。」

二一、不過，雖然對於聖父的看見會使凡人如同火燒般地斃命，但聖子能普普通通地行走在凡人之間，也能藉由適當的儀式祈請之，像是祈請宙斯之子的酒神節（Bacchanalia），以及紀念上主之子的聖餐禮（Eucharist）。於是我們看到那是具現的較低形式，也就是「求主將父顯給我們看」，然而這儀式之所以確實可行，僅是基於一項事實——該儀式從父親、侯克瑪那裡獲得它的光明智性、它的榮光內袍。

二二、對應到侯克瑪的入門，據說是屬於術士（Magus）級次，而那級次所配賦的魔法武器是陽具與榮光內袍。這讓我們知道，這些象徵具有微觀宇宙或心理學層面的意義，也有巨觀宇宙或奧祕層面的意義。榮光內袍必定意謂那道「照亮一切生在世上的人」的內在之光，那是祕術家用來衡量靈性事物的靈性視野，是《形塑之書》提到的光明智性之主觀形式。

二三、陽具或林伽會被當作是魔法武器，授予操作侯克瑪級次的入門者，這告訴我們，那級次所關注的是關於性的靈性意義以及極性的宇宙意義之知識。能夠看穿神祕與魔法事物表象的任何人，一定會察覺到這事實，亦即在對於龐大奧祕的力量之了解當中會有連結到非常重要之事的關鍵。從《雅歌》（Song of Songs）到《七寶樓台》（The Interior Castle），預視者的異象當中之所以充滿性的想像，並不是毫無意義的作法。

二四、然而請勿以為我在倡導把縱慾狂歡的儀式當成入門之路來用。但我應能直截了當地說，如果對於性的奧祕面向沒有正確的認識，那條路只會是一條死胡同而已。佛洛伊德向這一世代的人表示性是通往精神病理學的一個關鍵，他在這部分是正確的。然而他的錯誤，就我看來，在於他把性當成通往人的九室靈魂（the nine-chambered soul）之唯一關鍵。如果沒有和諧的性生活，就不會有健康的潛意識，所以除非極性的法則有被觀察到並予以了解，不然無法對潛意識層面做任何正面或動態的影響。有一句要對許多祕術家說的話：「請以屬靈的角度從物質中尋求庇護（seeking refuge from matter in spirit）。」這句話並不中聽，然而經驗會證明它的真實無誤，所以這句話還是得講，只是對於這作法會感謝的人應該不多。

二五、藉由四字聖名呼請的侯克瑪之力，從巨觀宇宙的 Yod 向下奔流到微觀宇宙的 Yod，然後被予以昇華。除非潛意識不再有分裂與壓抑，而人的多面向本質之所有部分達到合作與同步的境界，不然這股往下奔流的衝動只會造成各種反應與病理症狀。這並不是指呼求宙斯的人必得是陽具的崇拜者，然而這的確意謂沒有人能把某個分裂予以昇華。當管道暢通無阻時，這股往下奔流的力量就能在最低點轉向而變成向上衝的力量，而這股力量能被引導去任何領域，或轉變成任何需要的管道。不過無論如何，它在成為上升力量之前必得先是那股下衝的力量，除非我們能夠穩固札根在地元素，不然我們應該會像裝到漲破的酒袋。

二六、每個實修的祕術家都知道佛洛伊德講的是真理，即便那還不是真理的全貌，但是他們害怕自己這樣說的話會被指責為陽具崇拜以及淫亂修行。這些事物，雖然不會在聖靈的神殿裡面，但是仍有屬於它們的位置。否定它們的位置會是愚蠢的作法，如同維多利亞女王時代因大量精神病症的出現而付出巨大代價。

二七、每當我們在任何層面進行動態的運作時，就是在操作生命之樹的右手側柱，並從侯克瑪的 Yod 之力獲取主要的能量。而在這個關聯中，我們必得提及一項事實，即配賦給侯克瑪的微觀宇宙對應部位是臉的左側面。巨觀宇宙與微觀宇宙的對應會在實修操作時扮演重要的角色。巨觀宇宙，或是巨大的人（the Great Man），當然是指宇宙本身，而微觀宇宙是指個別的人類個體。據說只有人類擁有四層面的本性，才能夠完全對應到宇宙的諸層級。天使們沒有較低的層面，而動物們沒有較高的層面。

二八、對於微觀宇宙的對應，當然不能直白地視為肉身各部位的象徵。這對應應是針對氣場以及氣場裡面的磁流功能，而且這裡要一直記住的是，位於男性右邊的事物等於女性左邊的事物，而維韋卡南達尊者（Swami Vivekananda，辨喜尊者）也有同樣的表示。此外，還得要記得的是，實體層面的正向事物在星光層面是負向，而在心智層面又是正向，到了靈性層面再度是負向，就像羅馬神祇墨丘利所持的雙蛇杖（the caduceus）上面黑白二蛇互纏模樣。如果將雙蛇杖放在生命之樹上，且生命之樹有標示出卡巴拉神祕家的四界，那就會出現極性法則在依眾層面運作時的圖像。這是非常重要的圖像，在冥想時會有很多收穫。

二九、我們從這裡可以知道，當靈魂處在女性轉世時，它在行動界及創造界的功能表現是負向，但在形塑界與原型界的功能表現是正向。換句話說，女人在身體層面與心智層面呈現負向，但在心理層面與靈性層面呈現正向，而男人剛好相反。然而在入門者身上會有很大程度的代償，因為他們每個人都會學習正向與負向的心靈方法。每個生活在這世上的靈魂都有神聖火花作為核心，而那核心是雙性的，兩個面向的根源都在它裡面，如同它對應的科帖爾那樣。在較為高度進化的靈魂中，那些在有代償的面向多少會有所發展。按照文明的標準而言，純粹女人的女性以及純粹男人的男性明顯在性的面向過度表現，只有在原始社會中才能找到適合他們的位置，那樣的社會對於女性的要求主要是生育力，而狩獵與戰鬥總是男性的工作。

三十、然而，這不是說入門者在性方面的肉體功能會變得扭曲，也不是指肉身的配置會有所調整。奧祕科學的教導有指出，靈魂在每次轉世所採用的肉身形體及種族，係由命運或業力所決定，而每次轉世的人生都得在這基礎上努力發展及生活。就我們來說，在自己的性別、種族或肉身上面玩把戲是不智的作法，而我們應當總是把它當成是進行各種操作的基礎，並依此選擇我們要用的方法。在祕法社團中，有些特定的操作及特定的部門會比較適合男性的靈魂載具來做，雖然在實修的時候，儀式裡面的各部門負責人係依性別選定，然而在進行入門者的日常訓練時，一般會讓每個人輪流負責不同的部門，好讓他們學習處理不同類別的力量而變得均衡。

三一、班傑明・基德（Benjamin Kidd）在他那本激勵人心的著作《力量的科學》（the Science of Power）指出，最高境界的人類應會近似嬰兒。我們在觀察嬰兒時，會發現他的頭與其體重相比占有很大的比例，而且沒有出現第二性徵。我們也會在比較文明的成年人身上看到同樣的傾向，只是以經過調整的形式呈現。男人的最高境界不會是多毛的大猩猩，女人的最高境界也不會是長有誇張性徵的哺乳動物。就第二性徵而言，文明的進化會傾向於介於兩性之間的表現，例如住在都市裡面的男人有多少比例能夠留特具父權意味的鬍鬚呢？不過，第一性徵得要無損地維持下去，不然整個種族會迅速凋零。然而我們也不會相信目前最具兩性氣質的現代人會發生那樣的情況——因為他們會到法庭要求離婚，清楚表示他們已經生下太多小孩。

三二、當這些事情「被放置在生命之樹上面」的時候，我們就能夠多加了解它們。這兩根側柱，即以侯克瑪為首的正向之柱與以庇納為首的負向之柱，各自對應到瑜伽系統的左脈與右脈。這兩道磁性流動，會在氣場中沿著脊柱平行移動，而它們被稱作日脈與月脈。在男性的轉世中，我們主要是以日脈、授孕者來運作，而女性的轉世則主要是以月之力量來運作。如果我們想要運用那股由自然賦予我們的相對的力量，我們還是也得以自己的自然模式當成諸操作的基礎，就某程度來說就是當成撞球競技時「母球要以一顆星的方式撞到兩顆目標球」的過程會用到的球檯邊。想要使用月之力量的男性要應用某些手段，使他那自然的日之力量得以反射，而想要使用日之力量的女性，則要應用能讓日之力量聚集在她身上並予以反射的手段。若以物質層面的兩性交媾而言，男人藉由女人而生下孩子，等同男人利用了女人的月之力量。另一方面，女人想要創造，但無法獨力做到，於是利用男人的慾望引誘他，直到他在她身上施下他的日之力量，使她懷孕。

三三、而在魔法操作上，男人或是女人想要運作跟自己的肉身載具相反的力量——他們也應當在日常訓練時這麼做——就是要把意識層級提高到自己需要的極性所在的層面，並從那裡開始進行操作。埃及神祇歐西里斯（Osiris）的男祭司有時會運用元素精靈來支持他的極性，而伊西絲的女祭司會借助天使的影響力。

三四、由於具現是由對立的配對發生的，極性的原則不僅隱含在巨觀宇宙中，也藏在微觀宇宙裡面。藉由對它的了解，以及知道自己如何利用它所提供的可能性，我們就能把自身的自然力量提高到遠超過正常表現的程度。我們能把自己的環境當成反力座（thrust-block）來用。我們能從書籍、種族文化、宗教、朋友及工作同僚尋找強勢的侯克瑪之力，並從那裡得到刺激、使我們多產，能在心智、情緒與動力層面發揮創意，這就是讓我們的環境扮演侯克瑪來刺激我們的庇納。同樣的，我們也能扮演侯克瑪來刺激環境的庇納。在精微的層面，極性並不是固定的，而是相對的，即那些比我們自己更強勢的事物，對我們來說就是正向，而我們對它們來說就是負向；那些在任何面向比我們弱勢的事物，對我們來說就是負向，而我們能以正向的角色來對待它們。這種流動、不斷變動的精細極性，是實修操作中最為重要的關鍵之一，如果我們了解並利用它的話，我們能做出一些非常出色的事情，而我們的生命，以及自己與自身環境的關係，都能採用完全不同以往的準則。

三五、我們必須學會知道自己何時能以侯克瑪表現，而在世上做出不少事蹟，以及何時應該採取庇納之姿，讓環境在我們裡面播種，使我們變得很有生產力。我們絕對不要忘記，自體受精（self-fertilisation）的生物會在幾代之後變得不孕，還有我們得不時讓我們所運作的環境在我們裡面播種。在我們與我們要去做的任何事情之間會有極性的交互作用，所以我們必得總要保持警覺以找到極化的影響力，無論那是在傳統、書籍裡面，或是在同一領域的工作同僚那裡，又或是在敵人的對抗與敵意之中。如果我們打算要創造任何東西，即便是要創造一段過得精采、值得讚揚的人生，我們就得接受刺激。侯克瑪就是宇宙的刺激。在生命之樹的分類上，任何帶來刺激的事物都歸於侯克瑪，鎮定的事物則歸於庇納，而我們在探討第三輝耀庇納時，會對宇宙極性的原則有著更深入的了解，因為如果沒有提到那與侯克瑪對立且一直在作用的極性，要去了解侯克瑪的含意是很困難的。所以我們對於極性的討論先在這裡告一段落，並以對應的塔羅牌來總結對於侯克瑪的探討，等到後面庇納提供給我們更進一步的資料時，再重新接續研究這個非常重要的主題。

三六、如同我們在科帖爾那一章所言，塔羅牌的四牌組對應到四元素，而我們也看到四張數字一的牌象徵這些元素之力的根源。而數字二的四張牌則歸在侯克瑪，代表這些元素在和諧平衡中的極化功能表現，因此數字二的牌總是和諧的牌。

三七、分配到火元素的權杖二，被稱為統治之王（Lord of Dominion）。權杖基本上是男性陽具的象徵，被配賦到侯克瑪，所以我們也許用這張牌代表極化的意思，正向事物找到它的負向配對，並處在均衡中。在統治之王面前沒有敵意或反抗，有的只是一片心悅誠服接受它統治的土地，也就是庇納，而她在接受自己的配偶中感到滿足。

三八、（水元素的）聖杯二被稱為愛之王（Lord of Love），而我們在這裡再次看到和諧的極化。

三九、（風元素的）寶劍二被稱為恢復和平之王（Lord of Peace Restored），這指出那兩把劍所具有的破壞力正處在暫時的均衡中。

四十、（地元素的）星盤二被稱為和諧改變之王（Lord of Harmonious Change）。我們在這裡可以看到元素之力因著極性的對立而在本質有所更動，就像寶劍二那樣。寶劍的破壞力被恢復成和平的狀態，而總是不動與抵抗的地元素，藉由侯克瑪的影響而極化，變成平衡的韻律。

四一、這四張牌象徵處在極性的侯克瑪之力，換句話說就是當它在卡巴拉神祕家的四界中具現時必要的力量平衡。當它們出現在占卜之中時，是指處於均衡的力量。它們並不象徵動態的力量，這跟我們在思考侯克瑪時會有的印象不一樣，那是因為身為上位三輝耀之一的侯克瑪，它的力量在所有精微的層面都是正向，因此在所有沉重有形的層面都是負向，而動態力量的負向面向係由均衡、極性作為象徵，而負向力量的負向面向則以破壞為象徵，就像濕婆神的可怕配偶卡莉女神（Kali），身上穿戴頭骨串成的項鍊，並在她的丈夫身上跳舞。

四二、這個概念給了我們一把鑰匙去解開生命之樹的許多問題之一，也就是眾輝耀的相對極性。如同前面所解釋的，每道輝耀在跟它上面的輝耀們之間的關係中都會是負向，所以它會接受它們的放射流動，而它在跟它下面、從它而出的輝耀們之間的關係中都會是正向，因此它會對它們放射。然而，某些特定的成對輝耀，其本質比較偏明確的正向或明確的負向。例如，侯克瑪是正的正向，而庇納是正的負向。黑系德是負的正向，葛夫拉則是負的負向。聶札賀（金星）與侯德（水星）據說是兩性兼具，易首德（月亮）是正的負向，而瑪互特（地球）是負的負向。而科帖爾或梯孚瑞特都沒有固定分為男性或女性。對立配對在科帖爾是潛伏的，在梯孚瑞特則是達致完美均衡。

四三、生命之樹有兩種方式造成變化，而這兩種方式係由兩個疊在眾輝耀上的圖像作為代表，其一是三柱的圖像，另一個是閃電的圖像。前面已經描述過三柱，而閃電的圖像僅是指出眾輝耀的散射順序，從侯克瑪到庇納、從庇納到黑系德，曲折往返地橫跨生命之樹，如果變化的順序是依照閃電的圖像，那力量會改變它的種類。如果變化的順序是根據三柱，力量就會維持同樣的種類，只是看情況處在較高或較低層次

四四、這聽起來很複雜與抽象，然而如果了解後面所舉的範例，就會看出它的簡單與實用。例如關於性力昇華的問題，心理治療師對此說得頭頭是道但有講等於沒講，由此看來這是一直困擾他們的主題。瑪互特在微觀宇宙就是肉體，而性力在這裡就是卵子與精子；至於易首德那裡則是肉體的以太分身，就磁力而論，它是關乎正統心理學完全不知道、但是我們可以在它的章節講很多的事物。侯德及聶札賀則是位於星光層面，而性力在侯德那裡是以視覺影像表現，在聶札賀則是處在另一種更精微的磁性種類，大多用「它」來稱呼。在梯孚瑞特、基督中心，該力量成為靈性的靈感、啟蒙，是從較高意識流過來的事物。如果它的種類是正向的，就會成為酒神賜予的靈感、對於神聖的陶醉；如過它的種類是負向的，它就成為非個人的、和諧一切的基督之愛。

四五、當變化發生在三柱上面時，我們就會發現某句用於諷刺的法國話裡面的事實——「改變越多，就越保持原來的模樣」（Plus ca change, plus c'est la meme chose.）。侯克瑪沒有成形的表現，是純然的動、純然的刺激。到黑系德則變成進化的建立、組織面向，它是同化作用（anabolism），相較於葛夫拉的異化作用（katabolism）。科帖爾的力量在黑系德裡面變成特別精微的磁性形式，是崇高品質的根基，也賦予領導力。同樣地，在左手側柱上，束縛力量的庇納變成摧毀形式的葛夫拉，然後是魔法形象製作者的水星——赫密士——托特神。

四六、祕術學問的象徵三不五時會洩漏到大眾的知識之中，然而未入門的人不了解以生命之樹的模樣安排這些象徵的方式，也不曉得要去套用含有運用這些象徵的真正祕訣、屬於變化與蒸餾的煉金術原則。

1 譯註一：由於科學、醫學與心理學的進步，我們現在已經知道同性戀是自然的過程。而高靈對此現象的解釋是靈魂在反覆轉世時會有男女性別轉換的階段，而同性戀傾向會發生在適應新性別的前幾次轉世，所以數量都會在總人口數的十分之一左右。請參考阿卡莎層次、同性戀及轉世等主題。

譯註二：由於人心開明及生殖醫學、社會制度、家庭觀念、法律保障的進步與周全，本身無法生育的人們已經能夠透過代理孕母、人工授精、收養等等方式或制度而擁有「和諧的人生，並生養眾多、在地上昌盛繁茂」等可能性。

第十七章
庇納
(BINAH)
第三輝耀

稱號：

庇納，領會。

（希伯來文寫法：בינה，即 Beth, Yod, Nun, He。）

魔法形象：

成熟女人、已婚婦女。

在生命之樹上的位置：

位於嚴柱之首，上位三角之一。

《形塑之書》的敘述：

第三道智性被稱作「聖化智性」（the Sanctifying Intelligence）、「原始智慧的基礎」（the Foundation of Primordial Wisdom）。它也被稱為「信心的創造者」，而其根源是在阿們裡面。它是信心的母體，而信心從它放射出來。

賦予庇納的稱號：

母、黑暗不孕之母（Aima）、明亮能孕之母（Kursiya）、寶座、大海（Marah）。

神之聖名：至高上主（Jehovah Elohim）。

大天使：扎夫基爾（Tzaphkiel）、神的眺望者、神之眼。

天使團：座天使（Er'elim, Thrones）。

塵世能量中心：土星（Shabbathai）。

靈性經驗：悲苦之異象。

美德：靜默。

罪咎：貪婪。

微觀宇宙的對應：臉的右側。

象徵：

優尼（Yoni）、陰戶（Kteis）、半疊雙圓（Vesica Piscis）、聖杯或聖餐杯、隱匿外袍（the Outer Robe of Concealment）。

塔羅牌：

四元素牌組的數字三。

權杖三──建立起來的力量；

聖杯三──豐盛；

寶劍三──悲苦；

星盤三──物質成果。

閃現的顏色：

原型界──猩紅色；

創造界──黑色；

形塑界──深棕色；

行動界──綴有粉紅色的灰色。

一、庇納是上位三輝耀的第三個成員，而關於它的闡述工作會是廣泛及簡單的，因我們能以對於侯克瑪的知識來研究它，那是因為侯克瑪是位在生命之樹對側柱上平衡庇納的輝耀。如果我們不去研究輝耀在生命之樹的位置，那是不可能了解它的，因為輝耀的位置顯示它的宇宙關係，我們能藉由它的位置看出它從何而來及往哪裡去，還有什麼影響力會是它的組成成分，以及它對整體的貢獻。

二、如同侯克瑪象徵這宇宙的男性力量，庇納象徵這宇宙的女性力量。之前已經提過，它們是正與負、力與形，都是待在各自柱子的頂端，即侯克瑪在慈柱頂端，庇納在嚴柱頂端。人們也許會認為這樣的分配不自然，應該是上位母在眾慈之處，而宇宙的男性力量在眾嚴之處。然而我們必須別對它們感情用事，因為我們所面對的是宇宙原則，而不是人的個性，如果我們願意去看的話，它們底下的象徵也會使我們有所明白。佛洛伊德應不會反對庇納放在嚴柱之首，因為他對於「恐怖母親」（the Terrible Mother）的形象有好多可講。

三、科帖爾、Ehyeh、我是，是純然存在，具有完全的可能性，但是沒有活動，而當有一道向前流的活動從它那裡發生時，我們稱那活動為侯克瑪，那是一道向下流的純粹活動，是這宇宙的動態力量，而所有的動態力量都歸在侯克瑪那裡。

四、這裡務必要記住，眾輝耀是狀態，不是地方。無論哪裡有著純粹、無條件、沒有部分或活動的純在狀態，那就歸在科帖爾。因此，藉由我們形而上的檔案卡片索引系統的十個檔案盒，我們就能夠整理我們對於這個具現宇宙的所有概念，而不需將任何事物從它在我們的了解中原本就在的位置移走。換句話說，每當我們看到純粹的能量在運作時，就會知道潛藏在那裡的力量是屬於侯克瑪。這讓我們能夠看見表面上看似毫無相關的各種現象之內在特性歸屬。由於我們學著使用卡巴拉的方法依它們的類型而劃分到不同的輝耀，這使我們得以依照前面解釋過的對應系統，將具有同類概念者串聯起來。這是潛意識的方式，它會自動這樣做，而祕術家則訓練自己的意識心智使用同樣的方式。我們可能會馬上注意到，每當個人直接發洩潛意識時，無論那是藝術才華或精神失常，又或是在夢境或恍惚之中，都是在使用這種方法。

五、這些關於侯克瑪的離題敍述，也許會讓讀者感到奇怪，認為這為何會在庇納的章節裡面，不過若要了解庇納，就得要知道它與侯克瑪的極性。同理，由於我們現在把庇納拿進來比較，我們就能給予更多關於侯克瑪的解釋。每一對的對立配對都能彼此闡明，無法各自分離。

六、現在先回到庇納。卡巴拉神祕家宣稱它是被侯克瑪放射出來的，不過就讓我們用別的術語來轉譯這句話。那是祕術領域的某句格言——我認為它能被愛因斯坦的研究予以證實，雖然我缺乏將他的發現與奧祕文獻串聯起來的知識——就是「力量永遠不會以直線移動，然而它總是依著大如宇宙的弧線而行，因此它到最後會回到自己的出發地，不過是在更高的層次，那是因為宇宙從它出發之後也有在往上進步所致」。因此，順著這樣的思維，力量不斷前進，不斷分支、再分支，並持續以淺薄的角度移動，最後會到互扣的壓力狀態以及某種程度的穩定性，而這種穩定性會隨著時間傾向翻轉，屆時放射出嶄新力量進入具現，並引入新的因素及必須做出的調整。

七、這份穩定性，也就是互扣的力量在行動與反應的過程中形成的靜止，是形的基礎，就如同原子為我們展現的樣貌，它只不過是一套電子的配置，而每個電子都是一道渦流或漩渦。而就此形成的穩定性——提醒一下，這是一種狀態，而不是某個東西——就是卡巴拉神祕家所稱的庇納、第三輝耀。無論何時，在互扣的壓力狀態達到穩定的時候，卡巴拉神祕家就將這狀態關聯到庇納。就拿原子為例，由於它從各實際方面來說都是實體層面的穩定元件，因此它是庇納類別的力量之具現。所有的社會組織在走到被沉重的無進步感死命壓迫的程度時，例如在革命之前的中國文明，或是我們那些老牌大學，據說就是處在庇納的影響之下。希臘神祇克羅諾斯（也就是時間之父）與羅馬神祇薩圖恩被分到庇納這裡。因此可以看到「時間」在算是庇納的社會組織中被賦予意義，也就是年紀、輩分——唯有頭髮灰白者是值得尊敬的，能力本身並不是重點。也就是說，只有跟克羅諾斯意氣相投的人才能在這樣的環境中成功。

八、庇納、偉大的母親，有時亦被稱作「大海」，所以她也是「一切活物的母親」。她是生命藉其進入具現的原型子宮，任何能為生命提供形體當成載具的事物，都是歸於庇納。然而，這裡要記得的是，生命是以形體為限制，即使它能從形體中繼續組織並進化，仍不像在自身層面沒有限制（當然也沒有組織）時那樣的自由。進入形體會出現的牽連，即生命的死亡就此開始。形體是緊束、限制，是束縛、侷限。形體控制、阻撓生命，然而形體使生命能夠進行組織。從自由移動的力量來看，監禁在形體之中會是它的滅絕。形以無情的嚴來規範力。

九、沒有形體的靈是不朽的，它無法變老或死亡。然而進入形體的靈魂在其開始時，就會看到死亡出現在地平線上。所以我們可以看到，偉大的母親在將自由移動的力束縛到形的規範之中時，會看起來有多麼恐怖。她是侯克瑪動態活動的死亡，侯克瑪的力量在進入庇納時死亡。形是力的規範，因此庇納是嚴柱之首。

十、我們也可想像，當上位三輝耀在庇納的放射與組織中找到力的穩定與均衡時，第一個宇宙之夜、第一個眾神之夜或是具現過程沉進休息之現象，就出現了。在這之前，一切都是動態、一切都是向前衝刺與擴張，然而在來到庇納面向的具現時，就出現互扣及穩定的狀態，不再有原本的動態自由流動。

十一、若宇宙裡面的力線總是以弧線移動的話，不可避免會有上述的互扣及後續的穩定，自不在話下。而且我們可以看到的是，如果我們觀察庇納狀態如何會是處在弧線宇宙中的侯克瑪之力無可避免的結果，那麼整個觀察時間必會經過庇納或侯克瑪兩者之一主導的時期。在力線還沒完成它們的具現宇宙迴路並開始回返到它們本身並交錯之前，那一切都是侯克瑪，其動態是不受限的。然後等到庇納與侯克瑪、也就是第一對對立配對達到均衡時，一切都是庇納，那樣的穩定無法移動。然而科帖爾，偉大的放射者，會持續把「無具現」具現出來，力流入這宇宙而使力的總量提高。這股持續流入的力，把侯克瑪與庇納在動作與反應、最後達到停止的穩定狀態給推翻掉。於是動作與反應又再度開始進行，而侯克瑪階段，也就是動態之力的主導階段，會引發後續的庇納靜止狀況，於是又會開始新的循環，而這一對對立配對之間又再次抵達均衡，然而這均衡具有更為複雜的形式——若由進化的觀點來看就是較高的層次——然後又會被持續放射的科帖爾在平衡的天秤上加重動態原則的一方而翻覆。

十二、因此我們可以看到，如果身為一切存在之源頭的科帖爾被當成是最高的善——而它必然必是如此——而它的傾向一直都朝往侯克瑪的話，那麼無可避免地，庇納——永遠對抗動態衝動，侯克瑪的對立者——將會被視為神之敵、邪惡者。土星－撒旦（Satan）的概念很容易轉換，就像時間－死神－魔鬼那樣。崇尚苦行的宗教，例如基督信仰與佛教，隱含將女人視為諸惡之源的概念，因為女人是使男人因自己的慾望而束縛在有形生命的影響力。他們會將物質視為與靈相悖，並處在永遠無法解決的二元性裡面。在審視以唯信仰論（Antinomianism）為形式的信仰時，基督信仰早已準備好認定該信仰具有異端的本質，然而它並不了解它自己的教導與修行在將物質視為靈之敵、得要將之廢除與克服的時候，同樣也是唯信仰論。這種令人無法歡喜的信仰，已經使得基督信仰的國家中有非常多的人因戰爭與瘟疫受苦。

十三、卡巴拉則教導更加睿智的信條。對它來說，所有的輝耀都是神聖的，瑪互特跟科帖爾同樣神聖，破壞者葛夫拉與維持者黑系德也是如此。它承認韻律是生命的基礎，而不是持續向前的進展。試想，如果我們對此有著更好的了解，我們會為自己省下多少苦難——侯克瑪與庇納的階段都會出現在我們自己以及國家的生命之中，所以我們應會觀察這兩個階段輪流蓋過彼此，並了解到莎士比亞的文字——「眾人之事裡面有著潮汐。乘漲而起，就能把握機運。」（There is a tide in the affairs of men. Which, taken at the flood, leads on to fortune.）——裡面所含的深意。

十四、庇納是物質的原始根源，然而物質的完全發展要到瑪互特、物質宇宙才看得到。我們應會在研究的過程中反覆看到上位三輝耀各自在較低層次裡，以構成小臉的六輝耀當中的某個輝耀做出自己的特化表現。「這些輝耀的根源是在較高的三合一裡面」，或是「這些輝耀是較高的三合一之映射」是常反覆提到的概念，而這些概念有著深意。庇納與瑪互特的連結就像是根與果實的連結，而《形塑之書》有提到這部分：「她坐在庇納的寶座上。」基於這樣的理由，想要嚴格且迅速地將其他多神信仰的眾神分到不同輝耀的作法是行不通的。伊西絲女神的面向可以在庇納、聶札賀、易首德與瑪互特裡面看到，歐西里斯神的面向可以在侯克瑪、黑系德與梯孚瑞特裡面找到。這樣的情況在希臘神話中相當清楚，因為在希臘神話中不同的男神與女神會有描述性的稱號。例如月之女神黛安娜、貞潔的女獵人，在以弗所（Ephesus）被當成多乳女神（the Many-breasted）來崇拜；維納斯是女性美及愛之女神，然而過去有某間神廟是以「蓄鬍的維納斯」（the Bearded Venus）的形象來崇拜她。這些事物告訴我們一些重要的事實，它們教導我們要去尋找那在眾多形象的具現背後的原則，並了解它在不同層次會採取不同形象。生命並不像無知的人所相信的那樣簡單。

十五、第二與第三輝耀的希伯來文名字之意思是智慧與領會，而這兩者居然是以抵抗來平衡彼此，就好像這樣的分別具有莫大的重要性。智慧對於我們的心智來說，其概念就是累積的知識，以及位在記憶裡面的無數影像序列。然而領會傳達給我們的是直接透進事物的重要性、有能力看見事物的本質與交互關係之概念，而這種對於事物本質與交互關係的直接了解，並不一定包含在這裡所提到的智慧、也就是智性知識裡面。因此我們在這裡看到的是，大量的系列、成串的相關概念是與侯克瑪有關，而這也關聯到侯克瑪的直線象徵。然而在領會中，我們得到的是「合成」的概念，那是當進化序列中從沉重到精微的相關概念——就形上學的觀點而言——交疊在一起時所觀察到的意義。所以這讓我們再次想到「結合在一起」的庇納原則。

十六、這是細緻的心智運作方式，但對於不熟悉入門者心智運用方式的人們來說，他們可能會認為那是愚蠢的方式。然而，精神分析師了解這些方式，並能認同它們的真正價值。

十七、《形塑之書》的相關敍述中強調信心的概念，那是以領會為基礎的信心，而庇納是領會的母體。庇納也許是信心得以名正言順地依靠的唯一處所。好諷之輩會將信心定義為明知不是真實事物，但還是予以相信的能力，這樣的描述若用於許多未得到指導的心智——係遵從那些未經神祕意識啟蒙的教派之規範所導致的結果——所具現的信仰，也許還算正確。然而若以那樣的意識相比，我們也許會將信心定義為經由超意識的經驗所造成的意識，而這經驗未轉譯成腦意識的詞彙，當事人的正常人格也因此沒有直接的覺察，不過還是有所感受，甚至相當強烈，而其情緒反應從此在根本上永久改變。

十八、藉由這個定義，我們可以看到信心的根源如何深植在庇納、領會、意識的合成原則裡面。因為意識與物質都會有著形的面向，而這面向會在討論到侯德、也就是嚴柱之底的輝耀時再詳加研究。所以我們又再次看到輝耀之間相互連結的情形，並在觀察它們的交互關係時有所領會。

十九、庇納的根源是在阿們裡面的這句話跟科帖爾有關，因為阿們是科帖爾的稱號之一。這句話是在明示，即使侯克瑪放射出庇納，我們在追尋來源時可不能就此停住，而是一直回溯到一切的源頭，而它是從隱在負向存在的帷幕後面的無具現浮現出來。這概念在《形塑之書》對於黑系德的敍述中提及靈性力量時講得非常清楚，它說：「藉由最高的王冠、科帖爾、原初放射的美德，它們一個接著一個地放射著。」

二十、我們不能因為《形塑之書》在對於葛夫拉的敍述中表示庇納、領會是從侯克瑪、智慧的原始深處放射出來，「只是以另一種方式進行而已」，而對這面向有所誤解或混淆。庇納是在科帖爾裡面，侯克瑪也是如此。在純然的存在中，它雖是無形、無部分，然而它是力與形兩者的可能性，只要有正向的極性，也必定會有對應的負向極性面向。科帖爾持續處在「成為」之中。事實上，有位身為卡巴拉神祕家的猶太人跟我說，科帖爾的神之聖名 Ehyeh 的真正翻譯並不是「我是」（I am），而是「我將是」（I will be）。這股持續不斷的成為，不可能保持靜止，它必得溢流而成為行動，而行動的本身內部不可能永遠保持互不關聯，它必得組織、互扣的壓力必得達到某種調整形式，所以我們會看到科帖爾裡面潛藏著侯克瑪與庇納兩者的可能性，因為——這裡再說一次——神聖輝耀並不是東西，而是狀態，而所有具現的事物都是處在這些狀態的這個或是那個狀態之中，並在自己的組成中含有這些因素的混合物，使整個具現宇宙能在我們已建構出生命之樹的圖像的心智中，依照對應的檔案盒進行分類。說實在的，當生命之樹的圖像被清楚組合並完整建立起來時，心智會自動使用它，而客觀存在的複雜現象會在我們的了解中自行分類。因此，正在從事初級訓練的祕術學生會被要求學習十輝耀的對應原則並謹記於心，而不是直接依靠對應表。學習十輝耀的作法常被反對，認為那是在浪費時間與心力，難以接受，何況對應表的參考資料，例如克勞利的《777》，還算不錯。但就經驗來看，事實上並非如此，而自願認真採行這訓練並每日執行的神祕家，如同每天手持念珠誦唸《玫瑰經》的天主教徒那樣，會得到充分的酬報，那就是在自己的心智自動把日常生活的無數改變與機會放在生命之樹上進行分類過程時所獲得的啟示。這裡必須總是謹記在心的是，生命之樹的運用並不只是智性的練習，還是文字本義的創意藝術，而且心智也需要發展相應的使用機能，就像雕塑家或音樂家也要學習使用身體的技巧那樣。

二一、《形塑之書》特別將庇納稱為「聖化智性」。聖化一詞傳達出神聖事物的概念。聖母瑪利亞（the Virgin Mary）被認為跟庇納、偉大的母親有密切的關聯。而從這樣的分配，心智就被引領到一切保有純貞、純潔性質的事物之概念，換句話說是指這樣的事物：其創造性不會將自己涉入其創造物的生命，一直保持分別並藏在後面當成具現的基礎、物質所從出的根本實質。那是因為，雖然物質的根源是在庇納裡面，然而我們所知道的物質，其存在秩序與其根源所在的上位三輝耀完全不同。庇納、最初的成形影響力、一切形式的母體，一直處在不斷具現的物質之背後遠處，換句話說，永遠保持純潔。所有形式的形成過程，背後都有這一股成形影響力、這一道使力之弧線相互關聯並達到穩定的傾向，那就是庇納。

二二、在上位的三合一中，兩道底部輝耀特別會被歸類成父與母、上位父與上位母，而他們的魔法形象則是蓄鬍的男人與已婚婦女，所以它們並不代表聶札賀與易首德，也就是少女與青年所象徵的性吸引力，而是已經交合並有後代的成熟存在。我們必須總是要把磁性的性吸引力與生育力分清楚，它們完全不是同樣的東西，也不是只差在層次和面向的同樣事物。所以這裡有著一項祕術的真理，等一下會來討論。

二三、侯克瑪與庇納在其創造的面向中象徵根本的男性質地與女性質地，並不是陽具之類的象徵影像，而是一切生命力的根源都在它們裡面。除非了解陽具崇拜的真正意義，不然我們永遠不會了解奧祕主義的更深面向。明顯地，這幾乎絕對不是指在阿芙柔黛蒂女神的神殿裡面的縱慾儀式，這樣的作法使古老異教信仰蒙羞、墮落，終至沒落。陽具崇拜的真意，係指每一事物都依賴對於不活動但具有一切潛勢的事物進行刺激的原則，而那一切的潛勢所藉用的是從一切能量的源頭直接取出自身能量的動態原則。這概念中藏有大量的知識之鑰，是祕法裡面最重要的重點之一。性明顯是這要點的某一面向，而同樣明顯的是，這要點還有很多不屬於性的其他面向。我們必不能容許對於性的構成事物的任何成見概念，或是對這個如此重大且關鍵的主體採取墨守成規的態度，而把我們嚇到遠離那偉大的原則，即對於不活動且具有一切潛勢的事物進行刺激或授精的動態原則。在這方面受壓抑的人並不適合祕法，因為在祕法團體的入口處會有這樣的標語：「認識自己。」

二四、這樣的知識並不會導致淫穢（impurity），因為淫穢暗示失去控制而容許力量無視自然設下的約束。無法控制自身本能及熱情的人，就跟壓抑、拒絕承認自身本能及熱情的人一樣完全不適合祕法。然而，這裡請要清楚了解，祕法並不是教導把禁慾或獨身視為必要的成就，因為祕法並不把靈與物質當成矛盾相悖的事物，而是看成處在不同層級的同樣事物。所謂的純潔並不在於閹割去勢，而是在於將不同的力量維持在適合它們的層級、留在適合它們的地方，而不讓它們相互侵犯。而祕法的教導是，冷感與無能僅是缺陷而已，因此就跟無法控制要去破壞對象及貶低自己的慾望一樣也是性的病症。

二五、具現存在的每段關係都會有侯克瑪與庇納的原則，而因為性是兩者如此完美的象徵，古人就會依其本貌運用，他們沒有我們對這主題的膽小羞怯，並自由地運用生殖的主題來當作他們的比喻，就像我們從《聖經》任意取用自己要用的比喻那樣。對他們來說，生殖是神聖的過程，而他們是以尊敬的態度提及之，而非下流的態度。如果我們想要了解他們，就得要以跟他們在談述生命源與生命力主題的同樣態度來接觸這主題的教導，這樣一來，只要不被偏見蒙蔽、或是不被個人未解決的問題遮蔽的話，任何人都能夠無誤了解到我們現在對於生命的態度，若能加入一點異教徒的常識與洞察力，將會變得更加明智與甜美。

二六、具現在侯克瑪與庇納的男性質地與女性質地原則不只象徵正向與負向、活動與被動。侯克瑪、一切事物的促生者，是原始力量的載具、最接近科帖爾的具現。它事實上是正在行動的科帖爾，因為不同的輝耀並不是代表不同的東西，而是同一東西的不同狀態，所以也可以說它是從處在負向存在帷幕之後的偉大無具現湧入具現的純粹力量。侯克瑪是純粹的力量，就像汽油在引擎的燃燒室因爆炸而擴張，那樣的擴張也是純粹的力。這股擴張之力若沒有引擎去傳導它的力量，那麼它在擴張之後就會消失，而侯克瑪若沒有能夠接受它的衝動並予以應用的對象，也應會散射到宇宙裡面就此消失。侯克瑪會像汽油那樣爆炸，而庇納是引擎的燃燒室，「高尚中的偉大」與葛夫拉則是引擎活塞的前後推動。

二七、汽油所發出的擴張力量是純粹的能量，然而它無法駕駛車輛。庇納的限制性組織使得車輛駕駛成為可能，然而它得要靠汽油氣體所儲能量的擴張來催動。庇納是一切的潛能，然而它是不活動的。侯克瑪是純粹的能量，沒有限制也不疲累，不過如果只靠它自己的話，它除了往宇宙散射之外無法做任何事情。當庇納接受侯克瑪的衝動時，它所有的潛能都得到活化。簡單地說，侯克瑪供應能量，而庇納供應機器。

二八、現在來思索受精過程所反應的這一對上位對立配對所具有的男性質地與女性質地。男性的精細胞只能生存相當短暫的時間，是最簡單的能量單位，一旦能量耗盡就消失了。然而女性的生殖機制，即用於生的子宮以及用於養的乳房，能夠把交付給她的生命帶到成為獨立自主的生命。然而這一整套精緻細膩的機器只能一直處在不活動的狀態，直到侯克瑪的力量使它開始動起來。女性生殖單位具有一切的可能性，但不活動，男性生殖單位具有一切的力量，然而它無法把生命帶向出生。

二九、由於絕大多數人在物質層面所知道的男性質地與女性質地是由社會結構決定的固定原則，那麼他們會認為人的力量與可能性是跟其相關機制牢牢地綁在一起。然而這裡有著錯誤。除了物質層面以外的每個層面都一直會有極性的轉換，而且事實上有些較為原始的動物生命也能在物質層面變換極性。在較高等的動物生命，特別是脊椎動物，極性是在生命出現的那一剎那就固定下來，而雌雄同體是異常情況，除了應屬病態之外，通常只會有其中一性的功能持續活躍，無論另一面向的發展有多明顯。對於極性持續相互影響的知識，是祕法最為重要的祕密之一。當極性互換的律法沒被正確了解時，同性戀會被完全否定，並被當成性感覺錯亂的病態與變態表現。

三十、簡單地說，雖然每一個人在物質層面的真正生殖模式都已由身體的配置所決定，然而個人的靈性反應並沒有那麼固定，因為靈魂是雙性的。換句話說，在個人生活的每段關係之中，我們有時是正向、有時是負向，就看形勢比我們強，還是我們比形勢強。有句成語對此描述得很清楚——有的時候，唯有牝雞才能做好司晨的工作。而且我們可以從聶札賀（維納斯、阿芙柔黛蒂女神）是在侯克瑪所在的柱子底部之事實明顯看出這一點。因此我們可以在不同層級看到女性本質展現出不一樣的極性，例如她在聶札賀是正向且動態，而到庇納那裡則是靜態。

三一、這一切不只會在智性方面令人感到困惑，也會在道德方面造成混淆，甚至還有可能被控訴助長各種異常，所以我必須把這主題講清楚，因為它的實際運用是如此廣泛。

三二、拉比有說過，每道輝耀跟其發散位置上方的輝耀相比都是負向，跟其發散位置下方的輝耀相比都是正向。這是給予我們的了解關鍵，即在跟具有比我們更高的可能性之對象所形成的關係中，我們會是負向，而在跟具有較低可能性的對象所形成的關係中，我們是正向。在我們與環境的無數接觸中，那關係一直處在流動的狀態，並在每個不同的點上呈現不一樣的面貌。

三三、就絕大部分而言，男人與女人之間的關係對任一方來說都不會是完全滿意，而他們若不是因宗教或經濟理由而忍耐關係中不完整的滿意，就是會往其他方向為自己的不完整尋找能夠填補的事物，但等到新鮮感一過，通常會再度發生跟以前一樣的狀況。而新鮮感是一直需要更新的事物，而其悲慘的下場結果就是只能往性交易去找。

三四、這裡的問題在於，男性雖然是給予肉體層面的促生刺激，但他不了解的是，按照極性反轉的法則，他在內在層面是負向的，而他得仰賴女性給予的刺激而使自己的情緒層面達到完整。他仰賴她為自己的情緒層面授精，如同華格納（Wagner）與雪萊（Shelley），任何具有高度創意的人都明顯有這樣的仰賴。

三五、婚姻並不是兩個一半加起來的事情，而是四個四分之一在平衡和諧的交相授精中結合在一起的事情。庇納與侯克瑪會由候德與聶札賀予以平衡。男人所要信仰的神不會只有男神，還有女神。波阿斯（Boaz）與雅斤（Jakin）是所羅門王聖殿兩側的柱子，只有當它們同心協力時才能產生穩定性。沒有女神的宗教已經是在往無神論的路上。而在Elohim這個字上，我們找到真正的關鍵。Elohim在欽定版與修訂版《聖經》都譯成「上帝」（God，中文還有神、上主）。然而這個字應當譯為「男神與女神」，因為這個字是陰性名詞加上陽性的複數後綴修飾。無論如何，這在語言學的面向是無可爭議的事實，而且人們也猜測《聖經》眾書的許多作者也知道那是什麼意思，所以在運用這個獨特形式的字詞時一定有他們的理由。「而當男女結合的原則之靈移動到無形的表面時，具現就發生了。」如果我們想要的是均衡，而不是充滿不平等壓力的現況，那麼我們應當事奉Elohim（以羅欣），而不是Jehovah（耶和華）。

三六、事奉耶和華而不是以羅欣，其所帶來的強烈影響則是使我們無法「上升到諸層面」，也就是說無法獲得超意識來當成我們的日常配備，因為我們在切換層級時必須做好轉換極性的準備——在物質層面為正向的事物，會在星光層面變成負向，反之亦然。此外，如同實修的祕術操作總是會運用到不只一個層面，不論那是同時運用（例如祈請或召喚）或是接續運用（如同我們在心靈操作之後將意識諸層次連結起來時），負向因素在主、客觀層面都永遠在我們的操作中占有一席之地。

三七、這又再度開啟該主題的新面向。有多少人了解那在自己裡面的靈魂根本上是雙性的，還有不同層次的意識會有像男女彼此吸引那樣的表現呢？

三八、佛洛伊德宣稱性生活決定整個生命的類型。也許就基本而言，生命的整體決定性生活的種類，然而就實際目的而言，他那樣的說法是對的，因為從生命的整體進行操作，無法理順糾纏不清的性生活，例如再怎麼有錢或有名，都無法彌補這項基本本能的受挫。不過如果性生活不再糾纏不清，卻有可能理順整體的生命模式。實際經驗就是如此，不需要用演繹的方式予以解釋。從人類意識運作的實際經驗學習的古人，無疑也是出於這個理由而使陽具崇拜成為其儀式中相當重要的要素。事實上，它也是現代人的信仰在儀式面向中非常重要的因素，然而現代人已從意識壓抑對於相應象徵的重要性之傳統認知。

三九、佛洛伊德派心理學給出通往陽具崇拜的鑰匙而開啟通往祕法的至聖所（the Adytum of the Mysteries）之門。這是實修祕術無法躲避的事實，然而它也許會使很多人感到討厭，所以這就解釋許多魔法機構變得了無生氣、不結果實（sterile）的原因。

四十、這些事情是祕法中非常深奧的祕密，而我們現代人已經失去將之解開的鑰匙，然而新心理學的經驗及相伴的精神治療技術，為古人把對於創造原則及生產力的敬愛當成是自身信仰生活的重要環節而建構的事物，提供大量業已證實的完整基礎。根據已經建立起來的經驗，人若是將自己的性感受與意識分離的話，就無法在任何層級掌握生命。這項事實是現代心理治療的基礎。在祕術工作中，抑制、壓抑的個人會傾向心靈能力及通靈的不平衡形式，而且當力量得靠個人意志引導及處理時，魔法操作會變得完全無用。這並不是意謂魔法操作得需要完全的壓抑或完全的表露，而是在強調以下的意思：人若與自己的本能——也就是他在大地之母的根——分離的話，其結果就是他的意識會有裂隙，使得意識無法成為讓能量可以從相應的層面往下到物質層面具現的開放管道。

四一、我對這些事情的直言不諱，無疑會被拿去濫用或錯誤詮釋，然而如果沒有人上前承擔因說出事實而導致的惡評，那麼在祕法中獨自步行的人要如何找到路呢？我們真的要在與外界一切隔絕的祕法社團中維持維多利亞式的態度嗎？真的要有人來打破這些以拘泥禮節、心胸狹窄之人為形象而塑造的偽神。不過，我是這麼想的，我在這方面也許會承受的任何損失都算是小的，因為那種光是直接講述事實就會驚慌失措的人，是不可能予以訓練或要求配合的。請不要認為我是在邀請誰跟我一起參加跟陽具有關的放縱聚會，因為也許會有謠言這樣說我。我只是指出，無法從心理學觀點看到陽具崇拜之意義的人，是沒有足夠的腦容量能在祕法裡發揮極大用處的。

四二、我們用滿大的篇幅來詳細解釋庇納在與侯克瑪形成極性的原則之功能表現，因為不這樣說的話就無法了解，畢竟它基本上是極性原則。所以我們現在可以思索配賦給第三輝耀的象徵之意義。這會分成兩大類——偉大母親的面向及土星的面向——因為這兩類都歸在庇納。她是力量強大的一切活物之母，但她也是死之原則，因為那為生命給予形體者，也會是給予死亡者，因為形體在其用處消磨殆盡後就得死亡。在有形的層面上，死亡與出生是同一硬幣的正反兩面。

四三、庇納的母親面向是以配賦給她的「大海」（Marah）稱號為其表達。而有趣的是，維納斯—阿芙柔黛蒂據稱都是從海的泡沫中出生，而聖母瑪利亞（the Virgin Mary）則被天主教徒稱為海星聖母（Stella Maris），即海之星的意思。而 Marah 這個字除了是瑪利亞（Mary）的字根之外，也有「苦澀」的意思，而分配給庇納的靈性經驗就是悲苦的異象。這樣的異象會讓我們的心智聯想到聖母在十字架下哭泣，而她的心被七把寶劍穿刺的圖像。我們也能想到佛陀所教導的「生即是苦」。「對於悲苦與死亡的屈從」的概念隱含在「生命下降到有形層面」的概念裡面。

四四、之前有提過《形塑之書》對於瑪互特的描述，其中有提到庇納的寶座。賦予第三輝耀的稱號之一就是「寶座」（Khorsia），而配賦給這輝耀的天使團名為座天使（the Aralim），也有寶座的意思。而寶座的基本概念意謂穩定的基礎、堅固的根基，讓掌權者坐在其上不受動搖。事實上，它是反力座，用來吸收力量的反作用力，就像人用來福槍射擊時會用肩膀吸收後座力那樣。那些用於遠距離射擊的巨型槍枝得要嵌在堅固的水泥塊上，才能抵抗火藥在把子彈推送出時產生的後座力，畢竟槍膛在子彈擊發時所承受的壓力明顯等於從後推送子彈出去的壓力。這是我們那些抱持崇高理想的宗教傾向忽略的事實，而這樣的忽略使得他們的教導一再弱化及變得無用。庇納、大海、物質，是為動態的生命力提供穩固基礎的反力座。

四五、我們之前有提過，對於靈性力量的抵抗會被視為絕對的邪惡，然而這對庇納而言是非常不公平的概念。當我們思索那從薩圖恩－克羅諾斯的關聯中浮出的概念時，這方面會更清楚。薩圖恩（土星）有比較陰暗的部分，它對占星師來說是大惡之星，任何人的自身星盤上若有土星的四分相位，就代表有嚴重的苦惱或疾病。土星是抵抗者，然而身為抵抗者的它也是穩固者及考驗者，不容許我們把自己的重擔依賴在無法承載的事物上。而讓人有所啟發的是，靈魂要從瑪互特努力往上走到時會經過的第一條路徑，也就是瑪互特與易首德之間的第三十二條路徑，係分配給土星。它是最為古老的物質形式之神。希臘神話中的克羅諾斯——其實這只是對於同一原則的希臘名稱——被視為古神之一，也就是生下眾神的神。祂是朱彼得－宙斯的父親，由於有吃食自己的孩子之惡習，所以祂的妻子以妙計將朱彼得－宙斯救了下來。而在這段神話中，我們又看到「給予生命者同時也是給予死亡者」的概念。之前也有提過，拿著鐮刀的薩圖恩等同拿著大鐮的死神。在各輝耀的關聯概念連結中，若有注意到那些一再重複進入的曲折形狀，那真的讓人感到有趣，因我們無法忽視在追蹤每條概念的延伸路線時屢次出現的同樣影像，而且那還是從看起來完全不同的概念——母親、大海與時間——切入的呢。

四六、每個行星都會配賦一項美德與一項罪愆，換言之，若用占星家的用詞來說的話，每個行星也許會有好的相位或壞的相位，會處在廟旺或是落陷的時候。我們在生活當中必定會注意到每種特性都有著相應其美德的罪愆，也就是說當它的美德變得過度的時候，就成為罪愆。而七行星也是如此，依據它們象徵的事物所占的比例，就會有好的面向與壞的面向。當均衡因著特定輝耀的失衡力量而失去時，我們就會經驗到那個輝耀的邪惡影響，例如薩圖恩吃掉自己的孩子！死亡在生命還沒完成自己的功能之前就開始去破壞生命。因此，不會有全然專屬邪惡的輝耀，連以破壞為特質的葛夫拉也不是如此。它們在一切事物形成的整體中都是同樣不可或缺，而它們或好或壞的相對影響，取決於它們是否以適當比例不多不少地處在被需要的位置。某輝耀的影響力如果太少，就會使得跟它相對的事物失去平衡，而太多的話就變成正向的邪惡影響力——就像藥劑過量造成的毒性。

四七、庇納的美德據稱是靜默，而其罪愆為貪婪。這裡我們又再度看到人們對它的感受源自土星的影響。濟慈（Keats）曾說過「灰髮的薩圖恩坐在那裡，如同岩石般地安靜」，而詩人以這些文字召喚出一個屬於薩圖恩影響力的原始時代與靜默之魔法形象。薩圖恩的確是古老眾神之一，並認為與地的礦物面向有關。祂在寸草不生的古老岩石上展現權威。

四八、這樣的靜默一直以來都被視為女人應該要有的美德。儘管如此，以及理所當然的另一個原因——女人的舌是她最危險的武器，靜默還有象徵接受性。如果我們安靜下來，就能傾聽、繼而學習；如果我們一直說話，那道通往心智的大門就會關閉。庇納的抵抗與接受就是她的兩大主要力量。而從這些美德當中，罪愆就從這些品質的過度表現冒出來，即因為過度拒絕以及對事物的占有超過所需程度的貪婪。當這樣的狀況盛行時，我們就需要慷慨的「高尚中的偉大」——葛夫拉、即木星——火星的影響力來殺死那位吃食自己後代的舊神，取代祂的位置。

四九、庇納的魔法象徵據說是 **Yoni**（優尼）以及「隱匿外袍」，後者是靈知派的術語，前者則是源自印度的詞彙，意指女性的外生殖器，也就是男性陽具的負向對應。比較少人知道的 **Kteis** 則是歐洲指稱「陰戶」的名詞。在印度的宗教象徵，優尼與林伽出現的頻率最高，因為關於生命力與生育力的概念是推動其信仰的主要力量。

五十、生育力的概念是庇納在行動界、物質層級具現的眾面向中之主要基調。生命之所以進入物質不只是為了規範，它也藉此而成功傳下後代，並生養眾多、昌盛繁茂。用來平衡時間－死亡－限制等面向的生育力面向，是我們看待庇納的必要概念。時間－死神把祂的鐮刀放在穀神的小麥那裡，而這兩者都是庇納的象徵。

五一、「隱匿外袍」之概念則是清楚意指物質，而被它包裹起來的是屬於生命原則的「榮光內袍」。而這兩個概念放在一起時所給予我們的清楚概念，就是靈使身體有了靈魂，而覆在外面的厚重物質隱藏靈性榮光內袍不讓其他人看到。當我們對這些奧祕進行冥想時，常會在這些看似隨意蒐集來對應各輝耀的象徵中找到啟悟。我們已經在研究中看到沒有一個象徵是單獨成立的，而由直覺及想像進行的探究則會把象徵之間的相互關係長鏈給找出來。

五二、塔羅牌的四張數字三是屬於庇納的牌，而數字三的確是跟「物質的具現」之概念有緊密的關聯。兩股相對的力量在第三者、即在較低層面具現兩者之間的均衡中找到表達。三角形是配賦給身為厚重物質之神的薩圖恩的象徵之一，而它在魔法儀式中被稱為技之三角（the triangle of art），用於召請某個靈以可以看見的形象出現在物質層面的時候，而其他的具現方式則使用圓。

五三、權杖三被稱作「建立起來的力量之君王」（the Lord of Established Strength），我們在這裡又再次遇到力量處在均衡的概念，而這也是庇納的特色。要記得的是，權杖象徵動態的 Yod 之力，而這道力量在庇納的領域則停止動態並固化下來。

五四、聖杯基本上是女性力量，因為聖杯或聖餐杯是庇納的象徵之一，而在奧祕象徵意義中與優尼有密切的關聯。所以，聖杯三在庇納就像回到家一樣，因為這兩組象徵會彼此強化。聖杯三的名稱為「豐盛」（Abundance），象徵庇納在穀神面向的生育、豐產能力。

五五、然而，寶劍三則被稱為「悲苦」（Sorrow），而在塔羅牌的圖像是被三把寶劍刺穿的一顆心。我們的讀者應會想到天主教象徵中的聖母瑪利亞被劍穿刺的心，而瑪利亞等同 Marah，即苦澀、大海。聖哉，瑪利亞，海上之星！（Ave, Maria, stella maris!）

五六、當然，寶劍是葛夫拉的牌，所以它在這裡代表庇納以卡莉女神為象徵的破壞面向，身為濕婆之妻的祂是象徵破壞的印度女神。

五七、星盤則是地的牌卡，所以跟庇納、形是意氣相投的。因此星盤三是「物質成果之君王」(Lord of Material Works)，而物質成果也可看作是在形之層面的活動。

五八、這裡可以觀察到，如同行星在十二星座中處於屬於自己的星座時，其影響力會得到強化那樣，當塔羅牌所在的特定輝耀之意義與其牌組的精神相符時，它就會代表該影響力的主動面向；而當輝耀與牌組象徵的影響力是不一樣的時候，牌卡就會象徵有害的影響。例如猛烈的寶劍牌卡在庇納的影響領域出現時，會是一張代表惡兆的牌卡。

五九、總算來到總結的時候。我之所以在庇納這一章寫這麼多，是因為上位三合一以及第一對對立配對在它這裡完成。它不僅代表自己，也代表那些一起發揮作用的夥伴，因為生命之樹的任一個單位，都只有在參考它與其他單位的互動與均衡之中才能有所了解。侯克瑪若沒有庇納、庇納若沒有侯克瑪，都會變得無法了解，因為這個配對是一個運作單位，彼此是分不開的。

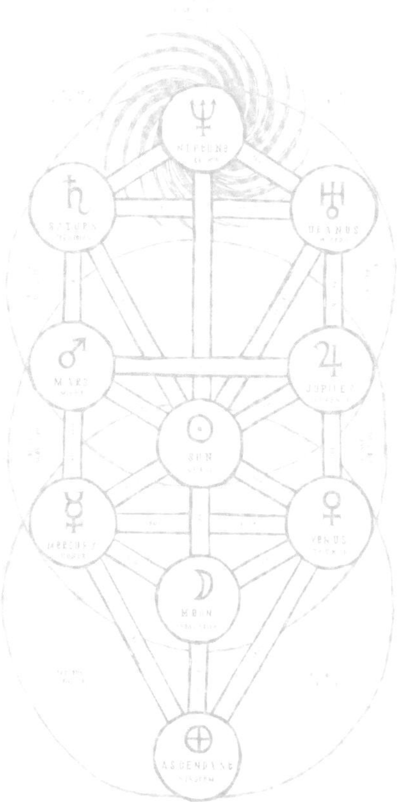

第十七章　庇納

第十八章
黑系德
(CHESED)
第四輝耀

稱號：

黑系德，仁慈。

（希伯來文寫法：חסד，即 Cheth, Samekh, Daleth。）

魔法形象：

孔武有力、頭戴王冠、坐在寶座上的國王。

在生命之樹上的位置：

在慈柱的中央。

《形塑之書》的敘述：

第四道智性被稱作「結合或接受智性」（the Cohesive or Receptive Intelligence），因為它含有全部的神聖力量，從它放射出一切具有至高本質的靈性美德。藉著至高的王冠、科帖爾，即「原始放射」（the Primordial Emanation）的美德，眾輝耀是一個接一個地放射下去。

賦予黑系德的稱號：

高貴當中的偉大、愛、高貴。

神之聖名：神（El）。

大天使：薩基爾（Tzadkiel）、神之美善。

天使團：明亮的存在們（Chashmallim, Brilliant Ones）。

塵世能量中心：木星（Tzedek）。

靈性經驗：愛之異象。

美德：服從。

罪咎：頑固、偽善、貪食、暴虐。

微觀宇宙的對應：左臂。

象徵：

立體形狀、四面體、金字塔、等臂十字架、寶珠、魔杖、權杖、牧杖。

塔羅牌：

四元素牌組的數字四。

權杖四——臻至完美的表現；

聖杯四——歡愉；

寶劍四——衝突後的休息；

星盤四——世俗權力。

閃現的顏色：

原型界——深紫羅蘭色；

創造界——藍色；

形塑界——深紫色；

行動界——綴有黃色的深蔚藍色。

一、在生命之樹的上位三輝耀及下一對相互平衡的輝耀之間，固定會有一個巨大的缺口，而祕法家稱之為「深淵」。而接續的六道輝耀，即黑系德、葛夫拉、梯孚瑞特、聶札賀、候德及易首德，則構成卡巴拉神祕家所稱的小臉、原初之人、國王。而王后、國王的新娘，就是瑪互特，即物質層面。所以我們這裡就有父親（科帖爾）、國王以及新娘，就哲學方面與魔法方面而言，生命之樹的這種配置都具有深奧的象徵意義及巨大的實質重要性。

二、安置在長臉與小臉之間的那道缺口，即深淵，標示出存在本質的區別界線，係依各自具有的存在種類而分成兩個層級。而達阿思、隱形的輝耀就位在深淵，它也許能被稱為「正在成為的輝耀」（the Sephirah of Becoming）。它也被稱為「了解」，也許能更進一步轉譯為感知、領悟、意識。

三、長臉與小臉，這兩種存在種類是指可能的事物與現實的事物。我們的心智能夠構想的現實具現，是從小臉開始，而小臉在進入存在的第一個面向是黑系德、第四輝耀，就在侯克瑪、父親的正下方，是慈柱的中央輝耀。它是由位在生命之樹另一側的葛夫拉，嚴厲予以平衡，而這一對——葛夫拉及「高尚中的偉大」——構成主禱文最後所說的「權柄與榮耀」，而「王國」自然是指瑪互特。

四、如同我們已經見識過的，各輝耀在生命之樹圖像的位置可以讓我們知道許多資訊。而從黑系德在慈柱上的位置，我們可以看到它算是較低層次的侯克瑪。而它接收屬於被動輝耀的庇納之散射，並散射到葛夫拉，而葛夫拉是主動輝耀，其物質能量中心是火星，象徵都跟戰爭有關，是土星在較低層次的表現。

五、我們可以從這些方面知道許多關於黑系德的資訊。它是慈愛的父親，是保護者及維持者，如同侯克瑪是一切的促生者那樣。它延續侯克瑪的事工，將一切事物之父所促生的萬物予以組織並維持下去。它以仁慈平衡葛夫拉的嚴厲。它是同化、建構，相反於葛夫拉的異化、崩解。

六、這兩道輝耀所配賦的魔法形象相當適切地表達這些面向。這兩個魔法形象都是國王，黑系德的國王坐在寶座上，而葛夫拉的國王則是在戰車中，換句話説，就是和平時代與戰爭時代的王國統治者，其一是立法者，另一個則是戰士。

七、我們可從生理學的比喻來清楚了解這兩個輝耀的重要性。新陳代謝（Metabolism）由兩種作用構成，其一是同化作用，亦即吸收、消化食物來建構身體的組織，其二則是異化作用，亦即身體活動的組織分解及提供能量。異化作用的副產品則是使人疲倦的毒素，需要靠休息才能將它自血液中清除。生命的過程就是持續不斷的建構與崩解的過程，而葛夫拉與「高尚中的偉大」（黑系德的另一個名字）則象徵巨觀宇宙裡面的這兩種過程。

八、黑系德是小臉或具現宇宙的第一道輝耀，象徵原型概念的組合、概念的具體化。當某些會形成新活動的根源概念原則在我們的心智裡面組成時，我們就是在黑系德的領域進行操作。讓我用舉例來對此解釋清楚。假設有一位探險家從某座山上望向一片新發現的土地，並看到沿岸地帶後面的陸地土壤十分肥沃，還有一條河流經過這些平原，並從山脈的某個缺口流入海洋。他想到那些平原具有的農業價值，還能用那條河來運輸，而河口那裡可以建一個港口，因為他知道河流會沖刷出一道可以讓船進來的水道。他在心智中觀想到碼頭與倉庫、商店與住家。他還思索這山脈是否有礦可採，並想像有一條鐵路沿著河道興建，而整個河谷都有鐵路的支線。他觀想拓荒者一直來到這裡，會需要一間教堂、一間醫院、一座交通運輸終點站以及一間各地都會有的酒館。他在想像中繪出這個城鎮的主街，並決定要用木樁圈出那些能因新殖民的繁榮而使自己跟著發財的土地。在他觀想這一切的同時，未經開發的森林仍遍布這片沿岸地帶並擋在山隘之處，不過因為他知道那裡的平原是肥沃的，以及河流的確來自山區，所以他會以這兩點當成一切後續發展的首要原則。當他的心智在這樣運作的同時，他就是在黑系德的領域進行操作，無論他是否知道。那些能夠預想自己要做之事的人們，就是在黑系德裡面操作，他們會在還沒繪成藍圖或開始砌磚之前，就老早看出因應特定目的而需要建立的事物，這使他們能夠盡早擁有以後必會興建碼頭與主街的珍貴土地。

九、這世上的一切創造工作都是這樣來的，憑藉在黑系德狀態運作的心智，坐在寶座上，手握權杖與寶珠的國王引領人民，治理國家。

十、我們來觀察與之相對的另一種人，也就是心智的運作無法超出國王的新娘、瑪互特層級的人們。這是無法從森林看到木材的人們，只會根據細節思考而缺乏任何綜合性原則。他們的邏輯思考雖然永遠無法追溯源頭，但總會基於現實利益考量。他們永遠無法辨別細微的原因，也會認為自己是運氣無常的受害者。他們永遠無法辨別細緻的狀況，而當這些狀況來到或被帶到需要具現的時候，他們也做不出能讓具有原始衝動本能的人們可以跟隨或被說服跟隨的規劃。

十一、祕術家若沒有黑系德的入門資格，他在易首德領域，即幻象（Maya）層面的操作會受到限制。對他來說，反應在潛意識魔法鏡的星光影像就是事實，不會想用更高層面的語言去詮釋它們而知道它們真正要表示的意思。他會使自己停留在幻象領域，並被自己的無意識所投射出來的幻影欺騙。如果他能在黑系德的狀態中操作，應能覺察到潛藏在那些魔法影像底下的原型概念，那麼他就能夠成為「影像寶庫」（the Treasure-house of Images）的主人，而不是被那些影像迷惑。他能像數學家運用代數象徵那樣運用那些影像，而在操作魔法時就像是已經入門的大師，而不是魔法師。

十二、祕法家是在梯孚瑞特的基督中心進行操作，若沒有黑系德的要訣，也會被幻象迷惑，然而那迷惑的方式並不一樣，而且還更加不明顯。他到這層級都應該已經知道魔法形象以及它們的象徵事物，也知道要把它們視為除了象徵功能的價值之外沒有其他價值，這也是聖女大德蘭（St. Teresa[1]）在《七寶樓台》明確表示的意思。不過，他會錯誤地以為自己觀想的影像與進行的經驗是神與他的靈魂之間專屬個人的直接協定，而不是把它們視為路徑上的各個階段。他將會在神人關係中找到一位個人化的救世主，而不是基督之力所具有的重生影響力。他將會把拿撒勒的耶穌當成天父來崇拜，而毀壞三位一體的眾位格（the Persons）。

十三、所以，黑系德是原型概念在組成時的領域，亦即意識對於某抽象概念的領會被帶到較低層面，並以經驗及凝聚相似的抽象概念而固定下來。同樣地，在其巨觀宇宙面向中，它象徵著創造過程的某個對應階段。唯物主義的科學相信抽象概念只能是由人的心智組合而成的那些概念。而奧祕科學的教導則是神聖心智組出原型概念，好使物質能夠成形，沒有那些原型概念，物質會是無形且虛無的，像是一團原始的黏液，等待生命的氣息來組織成晶體及細胞。物理學的最新研究已經揭露，每一種物質都毫無例外地具有晶質構造，而構造上的張力線——靈媒會視之為以太層面的壓力——已由X光顯現出來。

十四、對於祕法而言，那些通常被稱為上師（the Master）的個體是相當重要的部分，然而人們對他們的了解非常不完全。不同的學派對這一詞彙給予的定義都不一樣，有的還把高等級的大師列為上師，不過我們認為最好還是分清楚還會轉世（the incarnate）與不再轉世（the disincarnate）的長老（Elder Brethren）之間的差別，因為他們的任務及功能模式完全不一樣。因此，上師的稱號應當只給那些已經超脫輪迴的人們。在西方奧祕傳統中，免業大師（Adeptus Exemptus）的次第分配在黑系德，其中具有豁免之意的Exemptus，是在指脫離輪迴而自業中解脫的境界。我很清楚其他人也許會為這稱號賦予不同的意義，也有還在輪迴中的人們擁有這個級次。而我的回應會是，如果接受那級次的人是名副其實，而不只是虛飾的榮譽，那麼他們就是脫離業力、不再輪迴的人。像這樣的人也許直接稱為「上師」（Masters）會比較好，因為他們的意識已經到上師的次第。為了分別還會轉世與不再轉世的大師之需要，最好還是在這個微小的分別之處給予分類資格認定，而不是讓人們擁有自身本性還不適合承擔的名望。只要大師還處在輪迴之中，他必然容易有某程度的人性弱點，也會受到老化與身體健康的限制。只有等到他脫離輪迴、以純粹的意識來過人生，那麼他將脫離遺傳與環境對人的束縛，因此對於那些可以算在真正不再輪迴的上師行列的人們，我們對於他們的期望不能再跟以前一樣。

十五、上師的工作中有個非常重要的部分，就是將宇宙法則意識所構思的抽象概念予以固化。宇宙法則的冥想產出眾世界、其不斷展開的意識就是進化，並從無具現的本質中構思出抽象概念——這是用來講述無從定義的事物之比喻。這些概念會一直留在宇宙法則的宇宙意識裡面，就像花裡面的種子，因為那裡沒有可以讓它們發芽的土壤。身為純然存在的宇宙法則意識，無法在自己的層面上提供具現所需要的組合面向。而神祕傳統的教導則指出，上師——即原本受限於形體、但現在已是不被形體限制、不再輪迴的意識——在對神性的冥想中，能以心靈感應的方式得到這些位在神之心智的原型概念，而藉由了解這些概念在形之層面的實際應用以及後續應要發展的路線，他們會在自己的意識產生固化的影像，用來將抽象的原型概念往下帶至形之層面的第一層，也就是卡巴拉神祕家所稱的庇納。

十六、這就是上師在他們的特別領域所做的工作，而那領域就是位在慈柱上，具有組織、興建與構築性質的黑系德。黑上師（the Dark Masters）的工作跟黑大師（the Dark Adept）很不一樣，他們是在嚴柱上的葛夫拉對應領域工作，而我們在後面會講到這部分。上師與其人類門徒的接觸點是在候德，即屬於儀式魔法的輝耀，而《形塑之書》在描述候德時，有提到第四輝耀「高尚中的偉大」放射候德的本質。對於實修祕術來說，《形塑之書》所給予關於各輝耀之間的關係之提示相當重要，所以候德能在較低層次象徵侯克瑪與黑系德，如同聶札賀象徵庇納與葛夫拉那樣。這部分會在各輝耀的專章詳細解釋，然而這裡需要簡略提及，以使黑系德的功能可被了解。

十七、若以生命之樹的配置來看，我們現在已經來到屬於人類意識範圍的活動種類。在前幾道輝耀的研究中，我們都是在組合形上學的概念。雖然這些概念不太能夠立即應用在具有形體的生命，然而它們非常重要，因為如果沒有它們當成我們在奧祕科學上的根基，我們會落入迷信之中，只能以魔法師的姿態運用魔法，而不是以大師的姿態進行之；換句話說，我們將無法超越形之層面的束縛，而且會因受到迷惑而屈從於魔法想像力所召出的幻影領域，不再把它們視為我們用算盤進行計算——就像工程師用計算尺來測量長度的計算——時的算珠。

十八、因此，黑系德藉由梯孚瑞特的基督中心折射進入候德，如同葛夫拉折射進入聶札賀那樣。這給予我們許多教導，因為它指出為了要使意識能從形提升到力、使力下降至形，都需要經過均衡與救贖的中心，而這中心配賦耶穌於十字架上犧牲自己的奧祕。

十九、大師的超昇意識會在他對於黑系德領域的祕術冥想中浮現出來，他是在這裡獲得要去用在形之層面的靈感。他也在這裡以心電感應的靈性影響力之形式與上師們接觸，沒有人格的糾纏。就接觸上師而言，這是最真實、也是最高層次的模式，即在他們的超昇意識領域中以心智對心智的方式進行接觸。當上師們在異象中係以身穿長袍的形象呈現時，其衣袍顏色指出他們的光，而他們是藉由易首德、即幻影與幻象的領域的折射而被感知。當我們得要在易首德這裡與上師會面時，等同走在非常不穩固的地方。靈性的靈感會在這裡被賦予擬人的形象，然而這將大為誤導那些無法提升到黑系德的靈媒。因此關於某股靈性衝動正在流入這世界的宣告，才會被詮釋成某位世界導師（World Teacher）的來臨。

二十、若跟上位三輝耀相較，當我們來到生命之樹中比較在我們的理解範圍的輝耀時，會發現各輝耀在象徵方面的關聯會越來越流暢，因為它們會喚起我們的經驗，而不是使我們以類比的方式進行推理。

二一、象徵黑系德的魔法形象是孔武有力、頭戴王冠、坐在寶座上的國王，坐在寶座上的意思是他安然處在和平時期的國家所具有的穩定性，而不是像葛夫拉的魔法形象那樣到外面站在自己的戰車上。而黑系德的額外稱號——高貴、愛——則帶出仁慈的國王、人民的父親之概念。其位置在慈柱中央，更進一步強化穩定性、秩序、寬容法律、為良善順服的人民做好治理工作的概念。對應黑系德的天使團之稱號是「明亮的存在們」，強化「高尚中的偉大」——這是黑系德另一常見稱呼——屬於王室的輝煌之概念。配賦給黑系德的塵世能量中心則是木星，是占星學的大吉星，也從而證實這一整串的關聯性。

二二、在微觀宇宙或主觀的層面中，我們會發現配賦給這個經驗領域的美德是服從。唯有藉由服從，個人才能受惠於黑系德的睿智治理。我們得要犧牲很大程度的自主性與利己主義，才能分享具有秩序的社會生活所具有的舒適。而這樣的犧牲與限制沒有漏洞可鑽，不再有魚與熊掌兼得的可能性。如果自由的定義被解讀為完全不受限制的個人意志，那麼這世上沒有這樣的自由，別的不說，光是重力就一直在跟我們對抗。自由也許可以定義為選擇自己要去服從的君主，因為治理者本身必定處在一切都已組織化的團體生活，之外的一切都屬混沌無序。這個時代、這個世界亟需的是有效率又能提振人心的領導階級，每個國家都在尋求最近似各國理想的統治者，並在他的後面形成能夠支持他的整體。仁善、組織、秩序的木星影響力是對治世界之病的唯一藥物，當這樣的力量出現時，世上眾國的情緒面將會恢復鎮定，其物質面也會恢復健康。

二三、相反地，配賦給黑系德的罪愆——頑固、偽善、貪食、暴虐——都是社會性的罪愆。頑固是拒絕順應時勢或不願改換觀點，而這兩者在種族之間的關係中都算是致命的罪愆。偽善則是指不願全心全意支持團體的生活，而是如同聖經裡面的亞拿尼亞（Ananias），「私自留下部分價銀。」貪食則是指我們想要拿取比正當分配的量還要多的慾望，而它的另一個名稱就是自私。暴虐則是本性受到殘酷及虛榮的汙染所造成的權力誤用。

二四、其在微觀宇宙的對應則是左臂，也就是權力的運用模式比較沒有像葛夫拉魔法形象的右手持劍那麼動態。黑系德的魔法形象是左手握著象徵大地的寶珠，表現出一切都在統治者的掌握中安全無虞。事實上，黑系德所表示的意境比較接近堅實，比較不是動態的力量與能量。

二五、黑系德魔法數字據說是數字四，而具有四面的形象或是四面體常用來象徵它。木星的護符必會使用這樣的形象。黑系德的另一個象徵就是幾何學所了解的立體形狀，而其原因若是由眾輝耀的幾何象徵來看其實滿明顯：一個點歸在科帖爾、一條線歸在侯克瑪、二次元的平面則歸在庇納，因此三次元的立體形狀自然就歸在黑系德。

二六、然而這樣的連結並不是隨機的象徵序列，它還有指出更多的資訊。立體形狀基本上象徵我們的三次元意識所知的具現。除了靠數學或象徵之外，我們無法構思只有一次元或二次元的存在。如同我們之前所述，黑系德是已具現的眾輝耀當中的第一道，所以立體形狀的相關象徵自然會被列在黑系德的眾多象徵之中。通常用於象徵黑系德的立體形狀是四面的金字塔，包含上面三面及一個底面，從而表示出黑系德的數字學性質。

二七、身為重要祕法象徵之一的十字架有很多不同的面向，除了基督信仰祕法的三台階十字架（Calvary Cross，又稱骷髏地十字架）以及各自象徵靈性力量的不同作用模式的一些十字架之外，它也像神的聖名一樣具有不同的形式。與黑系德關聯的十字架是等臂十字架，代表四元素處在均衡之中，也暗喻藉由將一切事物帶進平衡的和諧的合成影響力而進行的自然治理。

二八、寶珠、魔杖、權杖、牧杖都分配在這道輝耀，完美表達出黑系德的仁善王家力量，因此無須贅述。

二九、歸在黑系德的四張塔羅牌若在占卜出現時，會代表相應的治理概念。權杖四象徵「臻至完美的表現」（Perfected Work），非常能夠代表國王在和平時期為他那治理良好的王國所做到的成果。聖杯四被稱作「歡愉之君王」（the Lord of Pleasure），符合另一個賦予黑系德的稱號「輝煌」，及其天使團的明亮特質。寶劍四則是象徵「衝突後的休息」（Rest from Strife），完全符合坐著的統治者之意義。星盤四則是「世俗權力之君王」（the Lord of Earthly Power），這象徵明顯到不用多加說明。

三十、《形塑之書》對於黑系德的敍述則放在最後來思考，為的是使那些象徵系列在有序展開關係的過程中不會被打斷。此外，這些文字含有的意義實在很多，最好等到我們已經盡量認識相關的象徵意義再來研究。然而絕大多數含在這些文字當中的教導，已在之前檢視它與後續即將討論的輝耀之間的關係時研究過。所以我在這裡不會長篇大論地重述，只是會提醒學生去看本書有詳細解說這些事情的地方就好，避免不必要的重複，畢竟這樣的重複在談及生命之樹一類的主題時必會發生，因為同一力量處在不同具現層級或不同面向會有不同的象徵作為代表。

三一、「第四道智性被稱作結合智性。」當我們學習到以這樣的國王形象——他坐在寶座上，為王國組織資源與財富，並使一切事物都能依公眾利益的目的集結成有序的整體——來看黑系德時，就會清楚看出這些文字所指的意思。

三二、《形塑之書》還稱它為「接受的智性」，而這是出自該輝耀在微觀宇宙對應到的左臂象徵。

三三、黑系德「含有全部的神聖力量，從它放射出一切具有至高本質的靈性美德」。這句話所隱含的教導已經在前面對於原型概念的解釋提過。

三四、「藉著至高的王冠、科帖爾，即『原始放射』的美德，眾輝耀是一個接一個地放射下去。」關於力量依輝耀的順序溢流的這部分，已在它與第二輝耀侯克瑪的關係中談及。

---

1 譯註：全名應為 St. Teresa of Avila

第十九章
葛夫拉
(GEBURAH)
第五輝耀

稱號：

葛夫拉，嚴厲。

（希伯來文寫法：גבורה，即 Gimel, Beth, Vau, Resh, He。）

魔法形象：

在戰車上的威武戰士。

在生命之樹上的位置：

位於嚴柱中央。

《形塑之書》的敘述：

第五條路徑被稱作「根本智性」，因它肖似合一，將自己與庇納、領會結合起來，而庇納是自侯克瑪、智慧的原始深處放射出來。

賦予葛夫拉的稱號：

正義（Din）、敬畏。

神之聖名：萬能的至高者（Elohim Gibbor）。

大天使：哈瑪耶爾（Khamael）、神之焚燒者。

天使團：焰蛇（Seraphim, Fiery Serpents）。

塵世能量中心：火星（Ma'adim）。

靈性經驗：權力的異象。

美德：活力、勇氣。

罪咎：殘酷、破壞。

微觀宇宙的對應：右臂。

象徵：

五芒星、五瓣都鐸玫瑰、劍、矛、鞭子、鎖鏈。

塔羅牌：

四元素牌組的數字五。

權杖五——爭鬥；

聖杯五——失去歡愉；

寶劍五——失敗；

星盤五——世俗的問題。

閃現的顏色：

原型界——橘色；

創造界——猩紅色；

形塑界——明亮的猩紅色；

行動界——綴有黑色的紅色。

一、在基督信仰的哲學中，邪惡的問題是最少了解的主題之一，而在基督信仰的道德準則中，相對於仁慈與寬容的強迫或嚴厲，則是最沒適當處理的主題之一。所以，第五輝耀葛夫拉雖然還有「正義」與「敬畏」的額外稱號，但它仍是最少被了解的輝耀之一，也因此是最具重要性的輝耀之一。如果卡巴拉的文獻沒有清楚表示十輝耀全是神聖的話，必然有許多人傾向把葛夫拉當成生命之樹的邪惡面向來看。事實上，葛夫拉的塵世能量中心火星在占星學上被視為凶星。

二、然而那些經過指導的人，在看穿關於願望實現的簡陋哲理之「好棒、好厲害喔」的表象之後，知道葛夫拉絕對不是經典所說的人之敵或是撒旦，而是站在戰車上參與戰事的國王，他那強壯的右臂所持的正義之劍是用來保護自己的人們，確保公義得以彰顯。黑系德、坐在寶座上的國王，是和平時期的人民之父，也許比較會得到我們的喜愛。然而，在戰車上前赴戰場的葛夫拉，會得到我們的尊敬。在愛的情緒中，感情用事的尊敬所造成的影響並沒有得到公正的評價。但如果有機會去注意的話，我們對於能把對神的敬畏放進我們心裡的人會有一種非常不同品質的愛，跟完全不摻有敬畏的愛相比，那樣的愛更加堅定、持久，而且有趣的是，使人在情緒方面更有滿足感。在對於上主、智慧源頭的敬畏之中，那一股「畏」與對那一切的尊敬是由葛夫拉所給的，而那樣的尊敬能夠幫助我們保持在既窄又直的正道上，表現出更好的自己，因為我們知道自己的罪終會找上門來。

三、就一般了解而言，基督信仰的道德準則對於上述的因素並沒有給予足夠的重視。由於基督信仰的社群基調並不喜好神聖的第五輝耀，所以對於葛夫拉有著錯誤的認識，然而現代生活中許多問題係因缺乏對這輝耀的了解而來，因此我們得要詳加思索它在生命之樹上面的位置，以及它在靈性及社會生活兩方面的影響。

四、葛夫拉處在嚴柱的中央位置，因此象徵力量的異化、分解面向。還記得異化作用吧，它是生命的新陳代謝過程將力量釋出到活動的面向。一般認為，良善是建設的、是建構事物的，而邪惡是破壞的、是分解事物的，然而當我們嘗試用這原則來判定癌症與拿酒精消毒這兩件事的善惡時，就會發現這樣的想法有多麼虛偽不實。在更深、更哲學的祕法教導中，我們了解到善與惡本身並不是某種東西，而是狀態。邪惡僅是誤置的力量，而時間的誤置，像是已經過時或是太早出現，會使事情變得難以應付；空間的誤置則是在錯誤的地方出現，像是燒得火紅的煤炭放在壁爐前面的地毯上，或是洗澡水在客廳天花板上溢流；還有比例的誤置，像是過多的愛使我們變得愚蠢及多愁善感，或是缺乏愛而使我們變得殘忍、無建設性。這些才是邪惡所在的地方，而不是某個表演撒旦角色的個人化惡魔。

五、因此，身為破壞者、敬畏與嚴厲之君王的葛夫拉也是生命之樹要達到均衡的一部分，如同身為愛之君王的黑系德及美之夫人聶札賀。葛夫拉是天界的外科醫生，是身披閃亮盔甲的屠龍騎士，他那強壯的身影對於得到拯救的受難處女來說就像是心目中的俊美新郎——當然啦，也許龍只是想要多一點愛而已。

六、土星及火星這兩個凶星的啟蒙，還有具欺騙性質的月亮易首德，對於靈魂的進化與平衡發展是必要的，其重要性如同配賦給梯孚瑞特的十字架受難祕法。基督信仰只重視單一面向，而這樣的態度就成為它的枷鎖，而且造成我們國家社會及個人生活兩方面許多不健全、病態的狀況。然而同樣地，我們也不能忘記基督信仰原本是當成對治已經被自己的毒素毒到病入膏肓的異教徒世界的矯正手段。我們需要基督信仰能給的事物，然而不幸的是，我們也得需要該信仰缺乏的事物才行。就讓我們來思索葛夫拉嚴峻、改正的影響力吧。

七、對於社會的福祉而言，動態能量就跟謙遜、慈善與耐心一樣重要。我們不要忘記，排除飲食法能夠恢復病患的健康，然而它會使健康的人生病。用來代償某種過度力量的必要品質，我們除了不能把那些品質用到完全終止那股力量，也不可以把它們視為救贖的法門。過多的慈善是只有傻子才做得出來的事情、過多的耐心則是懦夫的正字標記，而我們所需要的是恰到好處的睿智平衡，能夠支持健康、喜悅及全方位的明智，並且也明白若要達到這境界是需要有所犧牲的。靈性領域就跟其他領域一樣，無法兼得魚與熊掌。

八、葛夫拉是祕法裡面的獻祭祭司。然而這裡要注意的是，所謂的犧牲並不是指因為某個善嫉的神不容忍自己的信徒有對抗的想法，且因你的痛苦感到滿意，所以你得要犧牲自己所愛的事物。犧牲的真正意思，是指你刻意、有意識地選擇較大的善，而非較小的善，就像運動員選擇運動的疲勞，而非怠惰到使自己不在良好的狀態。在火爐焚燒的煤炭，是獻給蒸氣力量之神的祭品。事實上，犧牲是力量的轉換，蟄伏在煤炭裡面的力量在放上火爐的獻牲祭壇之後，藉由適當的機械裝置而被轉換成蒸氣的動態能量。

九、在心理及宇宙層面，都有能將每個犧牲的行為轉換成靈性能量的關聯機制。而這道靈性力量能被運用到其他機制，然後以跟一開始完全不一樣的力量類型再次出現在形之層面。

十、例如，某個男人為自己的職涯而犧牲自己的感情，或是某位女士為自己的感情而犧牲自己的職涯。如果犧牲是乾淨俐落地獻出，毫無怨尤，將會有一股龐大的心靈能量注入當事人所選擇的管道。然而如果那股慾望沒有很強烈，只不過是受到壓抑與否認的表達，而放在獻牲祭台上的祭品，也不是經過深思熟慮、出於個人自由意志的選擇，那麼這樣的人是不幸的，因為他在慾望跟獻祭的兩方面都只會得到最糟糕的結果。因此，我們在這裡需要葛夫拉以獻祭祭司的身分前來，從我們的手上接過祭品——即便那是我們的頭生子——並以乾淨俐落的慈悲一擊將它獻給神。

十一、在這個多愁善感且神經質的時代中，我們會多麼需要葛夫拉的斯巴達美德呀！如果我們讓這位天界外科醫師俐落下刀，使療癒能有機會發生，避免致命的妥協讓步與優柔寡斷像開放性傷口那樣常遭感染，那麼我們的人生將會省下多少次送急診的機會呀！

十二、此外，如果這世上沒有願為良善效力的強壯臂膀，邪惡將會成倍增生。雖然說油燈還在點亮提供照明時就把燈芯弄熄的動作並不好，但是在弄熄時不拿應該要用的火鉗來做也是同樣糟糕。耐心總會有變成缺點而虛擲人們力求上進的光陰之時候，仁慈也有變得愚昧而使無辜的人容易遇險的時候。「不抵抗惡行」的原則，只有在具備周全政策的社會裡才能順利執行，在蠻荒的邊疆地區是行不通的。因為自然的外衣顏色就是葛夫拉的血紅色——即殘酷無情的競爭，而相對於自然的文明是屬於仁慈的黑系德，會去緩和文明發展在葛夫拉的階段時會出現的不受控制的力量以及相互的破壞性。不過，我們也同樣要知道，文明之於自然，就像是在地基上構建的建築物，它將健康的必需衛生條件圍在裡面。

十三、每當任何事物已經不再有用時，葛夫拉就得揮下修整的短刀；每當自私出現時，葛夫拉的矛頭會刺穿之；每當力量被用在殘忍之處或是針對弱者的暴行出現時，最能予以有效反制者是葛夫拉的寶劍，而不是黑系德的寶珠；每當怠惰與虛假出現時，就需要葛夫拉的聖鞭予以嚴懲；而當我們鄰居的安全界線遭到踰越時，就需要葛夫拉的鎖鏈予以阻止。

十四、上述的一切，若是出於對治問題而不是復仇的話，它們對於社會與個人的健康而言都是必需的，就像人們之間的友愛一樣重要，然而在這個多愁善感的年代越來越少看到這些品質。總得要有人喝斥侵略者「住手！」也總要有人喝令擋路者「動起來！」第五輝耀的神聖領域也是總要有人來行使它的功能。

十五、如果我們去觀察生命的話，就應會看到韻律才是它的關鍵規則，而不是穩定性。在具現的存在中所達到的穩定，是如同某個人在騎腳踏車呈現的穩定，那是由朝左摔倒的力量與朝右摔倒的力量達到的對抗平衡，並由騎士以自身動量來維繫這樣的平衡。

十六、在個人的生命中、在任何業務的發展過程中、在任何具有規範或高度體制化的團體心智中，我們都會看到葛夫拉與「高尚中的偉大」輪流施展影響力，呈現具有韻律的擺動。任何負責具有體制的團體之規範的人，都知道那轡繩一直總有收緊或放鬆的時候，以因應團體對於活化或穩定的持續需求。當團體藉著興趣與專注的動力在衝刺時，總會感受到想要放鬆的需求，而當那動力消耗殆盡時，就會有收緊轡繩的需要。如果那轡繩沒被堅實有力的手腕收緊的話，該團體就會在原地打轉並越來越不服從。對於人事能睿智處理者知道那股反應何時消耗殆盡，屆時就需要葛夫拉來鞭策團隊使它動起來，並在新的動態衝勁湧現時重新套上馬軛；不過他也知道，當團隊在喘氣休息的時候，不能鞭得過早，不然裡面比較不穩定的幾個單位將會失控反彈。

十七、在國家的歷程中，我們能夠特別清楚看出葛夫拉與「高尚中的偉大」的互換韻律。對於這個國家[1]，我大膽預言它正在離開「高尚中的偉大」的階段、進入葛夫拉的階段。我們現在所看到的那些仁慈，都因人性的瑕疵而超出應有的程度，然而由於人心開始傾向能夠恢復公平的正義、避免罪惡的孳生之嚴明態度，這些瑕疵正在被廢除當中。警察的任務正進行重組、法官給予更加嚴厲的判決、刑罰改革予以延遲，而人道主義者不再有最終發言權。這民族的集體靈魂正在進入葛夫拉的階段，它對於不合格的單位已經失去耐性。

十八、接下來的階段將傾向丟棄不適合的事物，並專注於將適合的事物帶向最好的發展。在葛夫拉與「高尚中的偉大」的合作關係中，這階段會以葛夫拉為主，「高尚中的偉大」想要緩和嚴厲措施之任何提議，都得經過公義的仔細檢驗才行。這樣的改革非常必要，因為在階段將近結束時會有發展出極端狀況的傾向，亦即「高尚中的偉大」的人權主義被濫用到荒謬的程度，而它的高尚理念變得過分講究而不切實際。

十九、當新階段以集體心智的層級出現時，最受影響者會是那些最沒知識、最接近集體心智的人們，有知識的人們則總是傾向避免極端。我們可以從各種不同的新聞工作中清楚看到這狀況。流行新聞媒體正在疾呼將英國海軍體罰用的九尾鞭當成犯罪——像是否認債務及國際合同——的懲罰，而這就是正在揮舞的葛夫拉寶劍。每一個人都越來越不能忍受他人的無理行為，而這也使得談判的進行變得困難很多，因為葛夫拉是最糟糕的談判對手，它對於討論的唯一貢獻，就是像希臘武人拿劍把無法解開的繩結砍成兩半的故事那樣的解決方式。

二十、入門者知道各階段會有彼此交替的韻律，所以他不會對任何一個階段太過認真，也不會認為那就是世界末日或千禧年黃金時代的來臨。他知道那階段會把自己的歷程走完，從最初的有價值且必要的矯正，到最後則會走向極端。不過該民族的開明之士若有足夠的遠見，人民將不會遭受苦難，那是因為就像擺錘盪到最高點會自動轉向往中央穩定之處擺動，當各階段走到極端時其實也有這樣的傾向。但是人民的遠見若完全消失的話，就會像擺錘在盪到最高點時脫鉤飛出那樣往自毀的方向落去。羅馬如此、迦太基（Carthage）也是如此，而蘇俄不久前才發生這樣的情況。不過，即使當社會組織崩解、擺錘飛脫出去的時候，韻律的原則依然在所有已經具現的存在裡面，所以只要有任何形式的組織從破敗中開始興起時，社會組織將會自行重新建立起來。

二一、基督信仰的最大弱點在於它無視韻律。它是在惡魔與神之間求平衡，而不是在毗濕奴（Vishnu）與濕婆之間求平衡。它的二元極性是敵對的，而不是為了求取均衡，因此永遠不會產生具有效用、力量處在均衡的第三狀態。基督信仰的神在昨日、今日與來日都是一樣，不會因為萬物的進化而進化，它耽溺在某種特別的創造方式，緬懷過去的豐功偉業。若就人類的所有經驗、所有知識來看，都會認為這樣的概念不太可能是真的。

二二、基督信仰的概念是靜止的，不是動態的，它沒有看到的是，某一事物雖是良善，不代表它的相反事物必定邪惡。它對於比例沒有概念，因為它不了解空間的均衡與時間的韻律之原則。所以在基督信仰的理想中，太常出現部分比整體還要偉大許多的概念。謙遜、仁善、純真與愛構成基督徒的理想形象，然而就如同聶札賀所指出的意義，這些品質也是屬於奴隸的美德。在我們的理想中，應要包含屬於統治者與領導者的美德，例如勇氣、活力旺盛、公平與正直。基督信仰沒有跟我們提及動態的美德，而其結果就是那些著手處理世間難題的人無法跟從基督信仰的理念，因為它有其侷限，而且也無法應用在他們的問題上。基督信仰的人們只靠自己所相信的價值觀來分別對錯，完全不用其他標準。而其結果就是社會文明出現的某種荒謬現象，亦即致力於某個偏袒一方的理想，並被迫在許多不相干的地方都得維護這種偏頗的理想與榮譽。

二三、我們需要葛夫拉的現實主義來平衡「高尚中的偉大」的理想主義，其程度就如同我們需要用仁慈來緩和正義那樣。在對待孩童的經驗中可以知道，從未受到約束的孩子會是個寵壞的孩子，缺乏競爭刺激的青少年容易變成懶散的青少年。就連國家也是如此，資本由國家壟斷的國家，會因為缺乏競爭的刺激，而總是變得沒有效率，而非競爭性的專業領域常會因為智性方面的癡肥而受苦。

二四、葛夫拉是生命在穿透及跨越障礙的動態元素，缺乏火星面向的個體從來都不會去想盡辦法來解決生命的問題。負擔家計的人們如果沒有葛夫拉面向的話，那些依靠他們生活的人都會知道愛並不是對付生命問題的完整答案。神聖之愛會遞給我們一杯清水並說「凡勞苦擔重者可以到我這裡來」，而除了學習去愛及信任這樣的神聖之愛以外，我們也同樣要學習去愛及信任那位身穿盔甲、手持寶劍的戰士。

二五、當我們學會甘願受罰而了解到嚴厲的經驗所具有的價值時，我們就完成葛夫拉的第一道入門；而當我們學會失去生命以找到生命時，我們就通過它的第二道入門。有一種勇氣，它不害怕結束，因為它知道所有靈性原則都是無法摧毀的，而且任何事物只要原型還在，都可以重建。葛夫拉的破壞性只會針對那些暫時的事物，它其實是服侍永恆事物的僕人，因為當葛夫拉的酸液將一切無法持久的事物蝕去，那麼永恆不朽的實相將會鉅細靡遺地顯現自身所有榮耀。

二六、如果我們誠實的話，葛夫拉會是我們所能擁有的最佳朋友。真誠沒有害怕自身表現的需要，事實上那是我們在面對他人的不真不誠時的最佳保護，因為在「破解虛假」方面，無論針對個人或觀點，都沒有能夠媲美葛夫拉的事物。

二七、葛夫拉與「高尚中的偉大」必得一起合作，缺一不可。我們對於戰爭之神及愛之神必得給予同樣的敬重，讓宇宙中彼此相戰的元素都不會放棄它們對於唯一真神、自有永有者的擁護。那把寶劍不應被當成惡魔的工具而受詛咒，而是應當予以祝福並奉獻給神，使它在欲用於不義之事時永遠能夠出鞘。它不應出於不切實際的和平主義而被丟在一旁，而是用來從事神的事工。而當下達的命令是別讓邪惡事物繼續受苦時，強勢的哈瑪耶爾，即葛夫拉的大天使，會領導焰蛇們進入戰鬥，而大天使與天使團在進行時並沒有破壞性的狂怒，而是就事論事地暫時為神服務，使邪惡得以清除、良善得以獲勝。

二八、我們對於葛夫拉本質已經講了很多，還沒講到對於它所分配的象徵之分析。

二九、《形塑之書》說第五條路徑被稱作「根本智性」（the Radical Intelligence），因它肖似合一。而合一是配賦給科帖爾的稱號，因此我們也許可以說葛夫拉跟較低層次的科帖爾很像。《形塑之書》對於一些輝耀會有類似這樣的指稱，而這些指稱在了解各輝耀的本質時非常重要。像是對於侯克瑪的描述是「等同合一的輝煌」，而對於庇納的描述則是「其根源是在阿們裡面」，而阿們也是科帖爾的另一個稱號。

三十、葛夫拉是非常動態的輝耀，它的能量溢流到形之世界並活化之，這方面非常像科帖爾，它那不斷溢流的能量是一切具現的基礎。

三一、《形塑之書》對於葛夫拉的敘述還有提到它「將自己與庇納、領會結合起來」。當我們回想占星裡面的土星，即庇納的塵世能量中心，以及火星，即葛夫拉的塵世能量中心，分別被稱為大凶星與小凶星時，就會看到這兩者之間的關聯應該不只表面所呈現的那樣。

三二、庇納被稱為帶來死亡者，因為它為原始力量賦予形體，從而使它固定下來。葛夫拉則被稱為破壞者，因為猛烈的火星力量會去拆解、摧毀形體。所以我們會看到庇納不斷地將力量束縛到形體裡面，而葛夫拉則是用它的破壞力量一直拆解、摧毀形體。

三三、然而這裡也同樣需要看到的是，唯有暫時中止黑系德的保護、維護影響力，才能讓葛夫拉的破壞影響力作用在庇納建造的形體，因為庇納與葛夫拉的放射路徑會「經過」黑系德。葛夫拉是庇納必要的更正措施，沒有它的話，庇納會將宇宙的一切凝聚成僵固不動的狀態。《形塑之書》的敘述還有提到庇納「是自侯克瑪、智慧的原始深處放射出來」。我們從此可以看到，就連庇納也會有動態的面向。沒有一道輝耀是純粹專屬某一種能量，因為每一道輝耀都是由與它相反極性的輝耀放射而來，而輪到自己時，也會放射出相反極性的輝耀。在生命之樹的閃電圖像中，我們真正看到的是同一股能量在發展過程的各個接續階段，而且這些輝耀雖然是接連放射，但不會取代彼此，而是繼續維持為具現的諸層面以及組織化的諸種類。

三四、這些接續的階段與具現的諸層面也許能比喻成某條河的接續河段。它在一開始是一條山溪，然後接著一連串的急流與瀑布，然後水流變得平緩、也出現草澤地（water meadow），最後成為兩岸都有運輸碼頭的巨大水道。這條河的不同河段一直是一樣的，各河段裡面的水也是保持一樣，像是上游的水清澈晶瑩、草澤地的水雜有沖積土壤，而在碼頭下的水含有惡臭的汙物。然而同時間，水本身是一直在變化無停，因為它並不會停留在任一河段，因為這些河段是無縫地相互接連，若用卡巴拉的語言的話，那就是它們相互「放射」。然而水在流動的過程中改變了自己的本質，因為它在各河段的經驗為自己加入某些東西，像是草澤地的沖積土壤，還有碼頭的城市汙物。

三五、於是科帖爾的原始放射就在這條宇宙之河中的每個輝耀「河段」受到調整修改。這些「河段」，也就是眾輝耀，一直保持一樣，而那些放射能量持續流動，並在各輝耀裡面進行調整修改。

三六、力量、正義、嚴厲與敬畏，這些賦予葛夫拉的稱號可說是不言而喻，它們指出這輝耀所具有的雙重面向。現在我們已經走到生命之樹屬於形之層面的地方，將會越來越清楚看到每道輝耀都是雙面的，以及它的過度表現會傾向成為不平衡的力量。

三七、頭戴王冠、全副武裝的強勢國王站在自己的戰車上，這樣的魔法形象指出葛夫拉之力的動態本性，而其塵世能量中心火星甚至更加全然表現出同樣的概念。

三八、藉由葛夫拉領域的點化所傳達的靈性經驗是權力的異象，人只有在獲得這項異象時才能成為上級大師（Adeptus Major）。正確運用權力算是任何人都有可能面臨的艱鉅考驗之一。人若進展到這一次第及入門，應已學到紀律、控制與穩定性。事實上，他獲得的是聶札賀所謂的奴隸品行（slave-morality），這對於頑固不化、在自欺中洋洋得意的人性來說是必要的紀律。然而，在上級大師的級次中，他得要獲得屬於人上人的美德，學習施展力量，而不是服從力量。不過即使如此，他也不會依順自己的意思而行，因為他所服侍的是自己所施展的那股力量，因此他必得達成的是那力量的目的，而非他個人的目的。雖然他對於志同道合的自己人不再有任何責任，然而他仍對天地的創造者負有責任，因此仍需向他人解釋自己的管事職責。

三九、他擁有巨大的自由，然而也有巨大的壓力。他能說出將風解放的力量文字，然而他得要做好支配後續出現的龍捲風之心理準備。這是業餘魔法師不一定會了解的境況。

四十、活力與勇氣都是屬於火星的美德，而其罪愆：殘酷與破壞，則是這些美德品質太多的結果，這裡算是明顯到不需多做解釋。

四一、然而連結到火星－葛夫拉的象徵就得需要一些詳細說明，因為它們的意義並不全是顯而易見。

四二、不同的行星會配賦具有不同數目的邊之形狀，而儀式或護符魔法會應用相應行星力量的形狀輪廓。最老的行星——土星，是進化過程中最初的發展者，所配賦的形狀是三角形，是最簡單的二次元圖形。而具有平衡穩定性的黑系德所配賦的是具有四個邊的圖案，也就是正方形。而第三個具有行星對應的輝耀，也就是火星對應的葛夫拉，所配賦的是具有五邊的圖形，而數字五在卡巴拉的系統會被視為火星的數字。因此，由五個邊構成的五角形就被視為火星的象徵，因此獻給火星的祭壇以及護符都應當是五角形或五邊形。至於火星的另一象徵——五瓣都鐸玫瑰，則需要多加解釋。當我們聯想到火星與金星在神話中的緊密關聯，以及玫瑰是代表金星的花時，就有線索導出這個象徵的意義。而橫跨生命之樹的力量路線，從葛夫拉－火星到聶札賀－金星，中間經過救贖者的位置梯孚瑞特，而黑系德與候德也是以同樣的方式連在一起，就連《形塑之書》也有說到候德的根藏在屬於第四輝耀「高尚中的偉大」的隱密地方。

四三、在了解到生命之樹中央正方區段的對角線輝耀配對具有緊密的關係，我們就會了解具有五瓣的玫瑰所象徵的連結關係。

四四、劍、矛、鞭子、鎖鏈都是典型的火星武器，不需多加說明。

四五、塔羅牌的四張數字五都是對應相關類型的邪惡牌卡。事實上，由火星管轄的整個寶劍牌組象徵爭議，其最好的面向就是「衝突後的休息」以及「掙得的成功」，而當某輝耀的塵世能量中心是占星的凶星之一時，對應的寶劍牌卡就會相當慘烈，所以這裡就是寶劍牌組的「失敗與毀壞之君王」（the Lords of Defeat and Ruin）。

四六、對於葛夫拉的入門，我們的承受能力取決於我們對於火星力量的處理能力，而這是由我們在自身本性中達到的自我紀律及穩定性所決定。

四七、葛夫拉是所有輝耀當中最動態也是最強勢的輝耀，然而它也有最高的紀律。說實在的，軍事紀律應算是能夠用在個人身上最為嚴格的控制方式，而它係由戰爭之神掌管。葛夫拉的紀律必須完全吻合它的能量，換句話說，就像一輛車若要安全上路的話，它的煞車按理應要必得吻合它的馬力才行。強勢的葛夫拉紀律是祕法的考驗點之一。我們所指的是鐵的紀律，而鐵就是火星的金屬。

四八、葛夫拉的入門者是相當有活力且強勢的人，也是非常克己的人。他的招牌美德，是在受到挑釁時還能維持一樣的脾氣與耐性。「輸了脾氣就輸掉比賽」，這是運動界——也就是戰爭之神的競賽面向——非常著名的原則。每個拳擊手都知道，如果自己抓狂開始爭鬥而不是競賽，局勢會變得對自己非常不利。火星的入門者基本上會是「快樂的戰士」，因為他們已經先通過梯孚瑞特的級次而獲得均衡。

四九、葛夫拉的戰鬥不帶有惡意。他會饒過弱者與傷者。他不會致力於破壞律法，然而他會一直監督到底，使律法能得到適當的遵守。他是平衡的糾正者，因此他永遠會是弱者及受壓迫者的保護者。他永遠不會是站在優勢武力那邊的神，然而他會說：「剛愎之人，吾以剛愎待之。」他抓住反輝耀的雙頭巨人（Te'omiel），把巨人的兩顆頭互敲並說：「你們兩個都有大麻煩了！好好維持神的和平，不然會有最糟糕的狀況等著你們。」

五十、當靈魂已經處在只能靠經驗來學習的發展階段時，葛夫拉會確保靈魂想給自己找麻煩時不會願望落空，因為它是專治大頭症的偉大教導者。

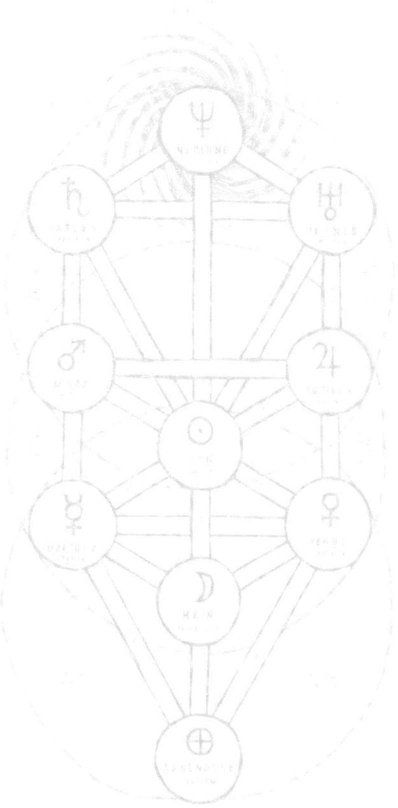

1 譯註：英國

第二十章
梯孚瑞特（TIPHARETH）第六輝耀

稱號：

梯孚瑞特，美。

（希伯來文寫法：תפארת，即 Tau, Pé, Aleph, Resh。）

魔法形象：

莊嚴的國王、孩童、犧牲自己的神。

在生命之樹上的位置：

位於均衡之柱的正中央。

《形塑之書》的敘述：

第六條路徑被稱作「斡旋智性」，那些放射的能量的湧流在它裡面會成倍增加，因為它會使影響力以自行結合的形式流入所有祝福的貯藏處。

賦予梯孚瑞特的稱號：

小臉、國王（Melekh）、亞當、聖子、人。

神之聖名：從知識與平衡具現的神（Tetragrammaton Eloah Va Daath）。

大天使：拉斐爾（Raphael）、神之療癒。

天使團：諸王（Melachim, Kings）。

塵世能量中心：太陽（Shemesh）。

靈性經驗：萬物和諧的異象、在十字架上犧牲自己的奧祕異象。

美德：對於偉業的奉獻。

罪咎：驕傲。

微觀宇宙的對應：胸部。

象徵：

拉曼（The Lamen）護符、玫瑰十字架（The Rose Cross）、骷髏地十字架、平頭金字塔、立方體。

塔羅牌：

四元素牌組的數字六。

權杖六——勝利；

聖杯六——喜樂；

寶劍六——掙得的成功；

星盤六——世俗的成功。

閃現的顏色：

原型界——透明淺玫瑰紅色；

創造界——黃色；

形塑界——飽滿的淺鮭紅色；

行動界——金琥珀色。

一、梯孚瑞特的本性有三個重要關鍵。第一，它是整個生命之樹的均衡中心，處在中柱的中間；第二，它是較低層次的科帖爾及較高層次的易首德；第三，它是力之層面與形之層面之間的變化點。在卡巴拉的術語中賦予它的稱號也提出證實，它對科帖爾來說是孩子、對瑪互特來說是國王，而它對變化的力量來說是被犧牲的神。

二、就巨觀宇宙而言，也就是從科帖爾來看的話，梯孚瑞特是黑系德與葛夫拉的均衡；就微觀宇宙而言，也就是從超驗心理學（transcendental psychology）來看的話，它就是具有科帖爾特質類型的意識與具有易首德特質的意識一起變得更加清晰的地方，而候德與聶札賀也都同樣會在梯孚瑞特找到它們的綜合體。

三、身為生命之樹中央的第六輝耀梯孚瑞特有時被稱作原初之人，即原型之人。事實上，如果不去思考它的位置是在這六道輝耀的中間，就像處在自己國家的國王，那麼是無法對它有正確的理解。事實上，這六道輝耀組成藏在位於瑪互特裡面形之王國背後的原型王國，完全掌控、決定物質的被動狀態。

四、當我們得要以某輝耀與其鄰居之間的關係以詮釋它在樹上位置的意義時，無法不藉由對於卡巴拉系統的全然系統化及有序的說明來進行，因為我們要先有一些解釋，才能了解這裡的論點。因此，我們得要稍微解釋那圍在梯孚瑞特下方的三道輝耀，即聶札賀、候德、易首德。

五、聶札賀關聯到的是自然力量以及元素方面的連繫、候德是跟儀式魔法及祕術知識有關，而易首德則是心靈力量及以太分身。梯孚瑞特本身有得到葛夫拉與「高尚中的偉大」的支持，它象徵預視者的資格（seership）或是人類個體較高層次的心靈能力。當然，每道輝耀都有屬於自己的主觀與客觀的面向，也就是心理學的對應影響因素以及宇宙的對應層面。

六、梯孚瑞特底下的四個輝耀象徵人格或是小我（the Lower Self），梯孚瑞特上方的四個輝耀象徵個體性或高我（the Higher Self），而科帖爾就是神聖火花，或說是具現之核。

七、因此，我們絕不能把梯孚瑞特當成孤立的影響因素來看，而是當成轉換或變化的連結、焦點或中心。中柱一直都與意識有關，兩側的側柱則跟力量在不同層級的不同操作模式有關。

八、在梯孚瑞特，我們會發現那些原型概念（the archetypal ideals）變得更加清晰，然後轉變成（非特定的）原型概念（archetypal ideas）。事實上，它是轉世之地，也因此被稱為「孩童」。因為神之概念的轉世也暗喻那經過犧牲的「脫離肉身」，因此十字架受難祕法歸在梯孚瑞特，若將生命之樹用於多神信仰的對應時，那些犧牲自己的神祇也都歸在梯孚瑞特。聖父是歸在科帖爾，但是聖子則因上述理由而歸在梯孚瑞特。

九、若用生命之樹來比喻，一般通俗的宗教只會到梯孚瑞特而已，不會再往上走，因為它不了解科帖爾、侯克瑪與庇納所象徵的創世奧祕，也不知道葛夫拉與「高尚中的偉大」所象徵的黑暗與明亮大天使的運作模式，也不曉得那不具象徵的隱形輝耀達阿思所象徵的意識奧祕及力之轉變。

十、神在梯孚瑞特具現成具有形體的樣貌，混在人群中生活，也就是說神進入人類意識的範圍。梯孚瑞特、聖子「將科帖爾、聖父顯給我們看」。

十一、為了使形體得以穩固下來，建造形體的各股力量得要達到均衡才行。因此我們會在看到梯孚瑞特還承襲斡旋者或救贖者的概念。當神的本身具現成形時，那形體必得予以完美的均衡。而前面的表達若倒過來說也一樣是真實的，亦即當眾力形成一個完美均衡的形體時，神的本身就會依自己的類型具現在那副形體中。如果具現的條件可以的話，神就具現出來並生活在我們當中。

十二、換句話說，神在梯孚瑞特的「孩童」面向裡面的形之層面具現出來，而轉世的神接著長大成人而成為救贖者。換句話說，之所以藉由保持處女狀態之物質——像是瑪利亞、大海、上位母庇納，這跟下位母瑪互特、不斷發展的神之具現是不一樣的——進行轉世，是為了要致力於將自己的中央六道輝耀之國度帶到均衡的狀態。

十三、有趣的是，當墜落的圖像在生命之樹上面呈現時，從混沌升起的多頭巨蛇最多只會到達阿思那裡，不會跨越過去。

十四、於是，救贖者具現在梯孚瑞特裡面，一直致力於救贖神的王國，而它的方式則是將六道輝耀的王國中各自不同的力量帶到均衡，並橫跨那把上位輝耀跟其他輝耀分隔、係因墜落形成的深淵，將王國與上位輝耀重新結合在一起。

十五、為了得到這結果，轉世的神犧牲自己、為人們而死，是要藉由這舉動釋放出來龐大的情緒能量代償王國的失衡力量，從而救贖整個王國或將它帶入均衡。

十六、這就是在生命之樹上名為基督中心的輝耀，而它就是基督信仰的焦點。像是希臘或埃及的多神信仰，其中心會在易首德。像是佛教或儒家的哲學信仰，則把目標放在科帖爾。然而所有名副其實的宗教，都會兼具玄妙、神祕的面向以及世俗或泛神化的面向，而基督信仰雖然基本上是屬於梯孚瑞特的宗教，有著以科帖爾為中心的神祕面向，而其在歐陸天主教常見的魔法面向，則是以易首德為中心。它的福音面向則專注在身為「孩童」與犧牲的神之梯孚瑞特，而忽略那處在自己的王國、身邊有五道神聖具現輝耀圍繞之國王的面向。

十七、我們到此已經以巨觀宇宙的觀點來思索生命之樹，看到不同原型的具現力量發揮作用並建立整個宇宙，並且也有稍微從微觀宇宙的觀點將它們的心理學面向當成意識的因素來看。然而在輪到梯孚瑞特時，我們要改變探討的模式，因為從它之後的原型力量都已被形體固定，只能由它們對於意識的影響來探究。換句話說，我們的探討模式現在得要直接透過感官來經驗，而這些感官也不會只有在物質層面，它們也能在梯孚瑞特與易首德發揮對應的功能。當我們在思索較高的層級時，我們得要從最初的原則運用形上學的類比與演繹的推理，而現在我們已在歸納性科學的正當範圍之內，必須接受科學的紀律並以科學術語表達我們的發現。不過，我們同時還要透過梯孚瑞特維持跟上面輝耀的連結，這方面是透過在神祕經驗中表達出梯孚瑞特的象徵意義而做到的。若以生命之樹來為神祕經驗歸類，那些最後為閃耀奪目的光芒之異象均歸在梯孚瑞特，因為那在壓倒性的能量流中形體逐漸褪去的過程，是這輝耀的意識轉換模式之特色。如果整段異象都一直維持著形體的清晰輪廓者是屬於易首德的特點。如果都是光亮而沒有形體，例如普羅提諾所描述的那些經驗，都是朝向科帖爾的異象。

十八、聶札賀的自然魔法及候德的赫密士魔法之操作，也會在梯孚瑞特集結並予以解讀。兩方的操作都是以形為主，雖然形在候德的操作所占的比例仍然遠大於聶札賀的操作。易首德的所有星光異象也都要「藉由」梯孚瑞特的神祕經驗來以形上學的術語進行轉譯。如果沒有做這項轉譯，我們就會受到幻象的迷惑，因為我們會認為那些投送到潛意識心智之鏡、並由腦意識的語言將之解讀的反射影像是真實的事物，然而它們只不過是象徵性的代表物而已。

十九、形而上屬於科帖爾，心靈能力屬於易首德，而神祕經驗則是屬於梯孚瑞特。這裡所說的神祕應當成某種心理活動來了解，在那種心理活動中，意識不再以象徵性的潛意識代表物來運作，而是透過情緒反應的方式得到領會。

二十、各輝耀所配賦的額外稱號與象徵，特別是神之聖名，能夠給予我們重要的線索以解讀《聖經》裡面的奧祕，因為《聖經》就本質來說就是卡巴拉的書。對於特定的具現，我們就能根據神被提到的方式而知道它應當歸屬在生命之樹上的哪道輝耀。提及聖子者必定歸於梯孚瑞特、提及聖父者必歸於科帖爾、提及聖靈者必歸於易首德，而這裡藏有非常深的奧祕，因為聖靈是祕術團體敬拜神性的面向，泛神信仰的自然力量及元素操作是在聖父的管轄進行，而宗教中具有靈魂重生性質的道德觀面向，係為現代大眾所了解的一般面向，歸屬於處在梯孚瑞特裡面的聖子。

二一、然而，入門者超越自己所處的時代，並致力於將三種敬愛的模式都納入自己對神——視為三位一體——的崇拜裡面。聖子救贖底層的泛神自然崇拜，並將超出人智可以理解的天父轉成人類意識可以了解的程度，即「人看見了我，就是看見了父」。

二二、然而，梯孚瑞特不只是犧牲自己之神的中心，也是酒醉之神、啟蒙給予者的中心。酒神狄奧尼索斯與埃及神歐西里斯都配賦在這個中心，那是因為，如同我們之前所知道的，中柱是跟意識的模式有關，而從易首德出發並走上箭之道路的人類意識，會在梯孚瑞特獲得啟蒙。因此泛神信仰中所有的啟蒙給予者都歸在梯孚瑞特。

二三、啟蒙本身包含向心智引介某種意識模式，比依照感官經驗建立的意識模式還要更為高等。在啟蒙之中，心智可說是在更換排檔。不過，除非新的意識模式能夠連結到舊有意識模式並能以具有框架的思想術語進行轉譯，不然它只會保持在靈光一閃，但看不出那是什麼的程度。我們並不是藉由照耀我們的光線來看見事物的，而是藉由光照耀在那些跟我們同一次元的物體上所反射的光量來看見事物。除非我們的心智中有著能被這道較高意識模式照亮、啟蒙的概念，不然我們的心智就只會覺得承受不了，並且在那高等意識模式令人目盲的經驗之後，那遮蔽我們眼睛的黑暗將會比之前更加漆黑。事實上，我們比較不像在換檔，而比較像是把心智裡面的引擎跟排檔一起扔掉。就絕大多數人來說，這就是所謂的啟蒙。那道閃光強烈到讓我們相信超越實質存在的實相，然而還沒有足夠到使我們曉得它的本質。

二四、在神祕經驗中，梯孚瑞特階段的重要性係基於「孩童」的轉世是在這裡發生之事實，換句話說，靈性經驗逐漸累積一整套的影像與概念，就等啟蒙發生而照亮它，使它能被看見。

二五、在祕法的實際操作中，若與啟蒙有關，那麼梯孚瑞特的「孩童」面向對我們來說也是相當重要的。因為我們必得接受「孩童」——基督並不像米娜瓦女神那樣直接身穿盔甲從她父神的頭冒出來，而是從微小事物開始，謙卑地與野獸共處，甚至也沒有跟人一起住在旅店。神祕經驗的最初幾次瞥見必定非常有限，因為我們還沒有時間藉由經驗建立起能夠用來代表神祕經驗的一整套影像與概念。這一切只能靠時間將它們結合在一起，每一次超凡的經驗都會增加它們的數量，而後續的理性冥想則會把它們組織起來。

二六、祕法家非常容易犯一項錯誤，即認為自己跟著星的指引就會走到耶穌講述登山寶訓的地方，而不是伯利恆的馬槽，即耶穌的出生地。就這狀況而言，運用生命之樹來檢視會非常有價值，因它能讓那些超昇經驗可以用象徵的語言來表達，而象徵又能轉譯成形上學的術語。因此心靈與靈性就「藉由」智性而連結起來，使我們的三位一體的意識之三個面向能一起變得更加清楚。

二七、上述的轉譯過程就發生在梯孚瑞特裡面，因為在它裡面有著那股啟發心靈象徵含意的直接意識所接收到的神祕經驗。

二八、生命之樹的中柱基本上是意識之柱，而兩側的柱子則是主動力量與被動力量之柱。在以微觀宇宙的觀點思索，也就是說從心理學而不是宇宙學來思索時，那個體化存在所藉以建構的神聖火花，即科帖爾，必被當作是意識的核心，而不是意識本身來看。隱形輝耀達阿思，雖然也在中柱上，但若嚴格來論，它總是屬於不在生命之樹所屬層面的層面，例如我們此刻若是以微觀宇宙的觀點來看生命之樹的話，達阿思就會是生命之樹與巨觀宇宙的接觸點。直到我們來到梯孚瑞特，我們才能有清晰、個體化的意識。

二九、梯孚瑞特是第二個三合一的功能性頂端，基底的兩個角則是葛夫拉與「高尚中的偉大」(也就是黑系德)。第二個三合一是從上位三合一投射而來，為持續在進化的個體性或是靈性靈魂賦予形體。而在整個進化過程中，這個靈性靈魂一直都在且會逐漸增長。因此，接續的人格、轉世的單位就被投射出來。在每次轉世結束、轉世單位分解成基本物質與以太之後，屬於經驗的主動要素就會被吸收進來。

三十、第二個三合一形成超靈、高我、神聖守護天使（the Holy Guardian Angel）、第一引發者（the First Initiator）。我們經常以內在聽覺感知到的是高我的話語，而不是未受傳統訓練的人們所以為的無形存在個體或是神自己的聲音。

三一、第三個三合一則受到第二個三合一掌管與指導，並藉由轉世的經驗建構起來，而瑪互特就成為它的肉身載具。腦意識屬於瑪互特，如果我們一直被關在瑪互特，那麼我們只能有腦意識而已。然而瑪互特的門並不是一直緊閉，許多人能夠窺見星光層面的繽紛幻象並經驗到易首德的心靈意識。在達到這一步時，就會開啟通往具有梯孚瑞特意識的特色之高階心靈能力、真正的預視者資格之路徑。

三二、因此我們對於高階心靈能力的最初經驗，通常會由低階心靈能力方面開始進行，因為我們才剛從瑪互特完全升入易首德的月亮領域，並在那裡觀望梯孚瑞特的太陽。因此我們會以內在聽覺聽到話語、以內在視覺看見異象，然而這些經驗跟一般心靈意識並不一樣，因為它們並不是星光形體的直接象徵，而是靈性事物在星光層面的象徵性代表。這是潛意識的正常功能之一，完整了解這功能是相當重要的，因為這部分的誤解會引起非常嚴重的問題，甚至導致精神方面的不平衡。

三三、熟悉卡巴拉術語的人們都知道，高階入門的最初級次會包括能夠取用我們的神聖守護天使的知識以及與之對話的能力，而這裡要記得的是，這位神聖守護天使其實就是我們的高我。它是高階心理模式的主要特色，所以它並沒有語音或影像，而是純粹的意識。它是經過增強的覺察，藉由這種心智加速狀態，就會出現洞見與通透的特別力量，而洞見與通透算是高速發展的直覺之本質。對於富有經驗的入門者來說，這種沒有感官影像的狀態是代表自己處在較高意識的層級。

三四、古人有認出這狀態，並分別出能夠連繫陰間或地府的預言方式，以及祕法的神聖陶醉方式。經過訓練的酒神女祭司（the Maenads）跟阿波羅神的預言女祭司（the pythonesses）是完全不同的入門級次。預言女祭司是心靈感應者與靈媒，然而酒神女祭司，即酒神祕法的入門者，則享有意識的提升以及生命力的甦醒，而後者使她們能夠表現出驚人的力量天分。

三五、所有動態的宗教都會有這種酒神面向，即使在基督信仰中，許多聖人都有留下紀錄，稱他們所獻身的那位被釘在十字架的基督，最後都會以神聖新郎的身分來到她們面前，而當她們談及這個來到自己面前、令自己深深陶醉的神聖形象時，都是用人類的愛作為比喻以給予適當的表達——「我的姊妹、我的妻子，妳怎麼這麼美啊」、「神的唇吻到我的時候，我就變得沒力氣了。……」具有了解的人會從這些描述看到非常多的資訊。

三六、宗教的酒神面向象徵人類心理學的一個基本要素，而對這要素的誤解，除了使更高的靈性經驗無法具現在我們的現代文明之外，也使那些脫離常軌的奇特宗教感受，三不五時地在更加積極的宗教運動之高層人士身上引發醜聞與悲劇。

三七、特定的情緒集中及提升狀態能夠接觸到較高階的意識，如果沒有這樣的狀態就達不到那種意識。熾烈的情緒就像正在燃燒的火堆，而星光層面的影像在投進這樣的情緒之後，屬於渣滓的部分就會被燃燒殆盡，化成輕煙飄散，而留下來的就是燒得白熾的純粹意識。雖然根據人類心智的本質以及作為載具的頭腦，這道白熾火焰無法長久維持下去，不過在它暫留的期間，人格的質地有了改變，而心智本身則接受新的概念並進行擴張，而這擴張到後來也永遠不會完全退縮回去。這道經驗的驚人提升感受終會消逝，然而我們的人格有了永久性的擴張，更有周全應對生命的能耐，並有能力去了解屬於自己的某些實相，那是我們若沒被一時狂喜強迫盪過那條意識的裂隙就無法擁有的實相。

三八、關於刻意產生狂喜的技術，現代的靈性領導人完全沒有相關的知識，而當狂喜自然出現時也不知道該如何引導它。信仰復興運動者（revivalists）藉由個人的磁性影響力成功地在思想單純的民眾身上造出輕微形式的狂喜，而他能使聽眾陶醉的力量決定了他的價值。然而這種陶醉的結果大多會像一般酒醉會有的結果，亦即當這個信仰復興運動者轉到其他地方舉辦活動時，原本感到陶醉的人們就會覺得生命是一攤死水，如此單調且無用。那是因為陶醉必會退去，然而信徒卻認為自己失去了神，而且沒有人了解狂喜是意識裡面那一道如同燃燒鎂粉產生的強烈閃光。如果這道強烈閃光維持下去的話，將會燒壞腦部以及神經系統。不過，雖然它無法維持下去而且也不應該如此，但我們能藉由它飛越意識的死亡中心而覺醒到更高層次的生命。

三九、生命之樹的技術為這些靈性經驗給予正確的定義，而對於這技術有受過訓練的人們不會把自身較高意識的感動跟神的聲音搞混。從瑪互特的感官意識，經過易首德的星光心靈，到梯孚瑞特的無形直覺與加速意識，他們能在其間有技巧地平順上下移動，絕對不會搞混這些層面或是出現某層面滲漏到其他層面的不舒服情況，而是將這些層面一同帶向意識正專注其上的焦點。

四十、卡巴拉神祕家稱梯孚瑞特為 Shemesh，即太陽領域。有趣的是，掌管療癒的神祇都是太陽之神，而這事實可以讓我們有所思考。

四一、太陽是我們的存在之中心點。沒有太陽，就不會有太陽系。陽光在生物的新陳代謝及生命過程扮演非常重要的角色，而綠色植物的營養完全仰賴它。它的影響力相當類似維生素的效果，事實上某些維生素也能用來增補陽光的功能。因此我們可以看到陽光是我們的身心安適非常重要的環節之一，甚至可以說它對我們的存在本身是必要的，還有我們跟太陽的關聯比我們所以為的程度還要親密許多。

四二、礦物界中純粹又珍貴的黃金象徵太陽，所有國家都一致將它稱為太陽的金屬，承認它是最珍貴的金屬，而且是交易的基本單位。黃金對於眾國政策的影響遠遠超過它身為金屬的固有用途。此外，它是地球上不會朽壞也不會失去光澤的物質。它也許會因為表面累積灰塵而顯得黯淡無光，然其質地並不會像銀或鐵那樣發生化學變化或分解。水也無法將它蝕去。

四三、對我們來說，太陽是一切存在的真正賜予生命者，所以只有它足以成為聖父——所謂「藏在太陽後面的太陽」——的象徵，而梯孚瑞特事實上是科帖爾的直接映射。藉由太陽的斡旋，生命得以來到地球，而藉由梯孚瑞特的意識，我們能夠接觸生命力的泉源並有意或無意地汲取之。

四四、跟其他一切事物相比，太陽是最能象徵「持續具現的能量」之事物。狂喜的神聖陶醉狀態，就是由太陽－靈性能量在當事人還未適應的瞬間噴發所致。它是身為金錢基礎的黃金，而金錢是外在生命力的客觀象徵物，因為說實在的，金錢就是生命、生命就是金錢，沒有錢就無法將我們的生命推向極致表現。生命力若具現在肉體層面就是活力，在心智層面就是智性與知識，而它們可以藉由適當的煉金術轉成金錢，所以金錢就是個人能力或能量的代幣。金錢是人類能量的象徵，我們可以一小時一小時地累積自己的工作表現，然後在一週結束時以薪資的形式得到工作的回報，再把它用來購買必需品或是儲存起來應付日後所需。支撐貨幣的黃金是人類能量的象徵之一，而且也只有在消耗那能量時才能掙得它。雖然它也許是透過女繼承人而傳遞下來的某位父親或丈夫的能量，但它仍是某個人曾在某領域活動的象徵，即便那領域也許只是公司行銷或竊盜搶劫。

四五、黃金在檯面下的隱密流通對於眾國政策的影響力，就像荷爾蒙對於身體的影響那樣，而它們的潮汐漲落是由宇宙律法掌管，但經濟學家完全沒有想到這一方面。

四六、科帖爾、空間，是一切存在的源頭，在梯孚瑞特裡面被反映出來，而後者的功能可說是原始靈性能量的轉變者與分發者。我們藉由日光直接接受這道能量，並從綠色植物藉以利用日光的葉綠素而間接接受這能量，也就是藉由吃食蔬菜而得到轉了一手的能量，並藉由吃食草食動物的身體組織而得到轉了兩手的能量。

四七、然而太陽－神不只是生命的源頭，它也是生命發生問題時的治療師。因為一切都是生命，無論正向、負向或是誤導的生命都是如此，其中誤導的生命是疾病過程的活動，而疾病本身並沒有能量，只能從有機體的生命借取而已。因此療癒是從生命能量的調整而來的，而太陽－神是喚起這項連結的自然神祇，因為生命與太陽是如此親密地連結在一起。

四八、古代的入門者－祭司是藉由操縱太陽影響力的知識來執行它們的療癒工作，而古希臘醫藥之神阿斯科里皮歐斯（Asclepius）的信仰根源即是太陽崇拜。

四九、我們現代人已經知道陽光與維生素對於身體的運作系統帶來的益處，然而我們還不了解太陽在個人心靈運作系統——也就是字面的意思——所造成的影響，於靈性面向所具有的重要性。據古老傳統所言，人的靈魂裡面有一個梯孚瑞特因素，它在身體的對應既不是腦也不是心，而是太陽神經叢輪，而這脈輪能捕捉陽光裡面的精細面向，就像植物葉子的葉綠素捕捉陽光較為實質的面向那樣。如果我們跟這股能量斷開連結，且不能將它吸收進來時，我們的心智與身體將會生病及虛弱無力，如同室內生長的植物在無法利用日光的實質面向時會有的狀況。

五十、這種與自然靈性面向的切斷是歸因於心智態度。如果我們拒絕承認自己是自然的一部分、自然是我們的一部分時，就阻止那股給予生命的磁性在部分與整體之間的自由流動，而靈性功能一旦缺乏特定的必須事物，即無法保持心靈的健康。

五一、心理分析師將壓抑視為心理疾病的原因之一而賦予很大的重要性，而他們之所以認為是壓抑，是因為它在性壓抑的極端形式中，所造成的負面效應非常明顯。然而他們並不了解，性壓抑若由環境造成是不會引發精神分裂，除此之外的性壓抑其實是某個比性還要更深的原因造成的結果，而這原因根植在虛假的靈性，那是一種偽造的教養與理想主義，使具有生命的生物不再同感、認知與感激生命的給予者，也就是自然的較高面向。這是靈性的傲慢所造成的結果，因它認為自然的較為原始面向係比它的尊貴還要低下。

五二、由於我們的那些偽造的理想所附有的虛假價值，所以我們當中才會有這麼多精神不健康的人們。那是因為生殖之神普里阿普斯（Priapus）與下水道女神克羅阿希娜（Cloacina）得不到神祇應有的公平對待，所以我們才被太陽－神詛咒而與祂那有益健康的影響力斷開連結，因為冒犯祂的次要面向，等同冒犯了祂。

五三、當生物體的狀況並不適合生殖繁衍時，對於性的表態與挑逗會感到排斥，這是自然的基礎節制保護機制，以避免高潮能量的浪費與虛耗。（另一方面，）處在分解過程的排泄物一旦累積起來容易導致疾病，而且人們的排泄物味道臭到連最低等的動物都不會靠近，所以人們也排斥它們、不會待在那些排泄物的附近。雖然上述兩種排斥反應在自然情況下是合情合理且有其價值，但是在文明生活的人工環境中卻形成各式各樣的無理禁忌。而這樣的排斥反應已經太超過，不再符合生物層面的目的。

五四、對於自然生命的這兩個重要部分[1]，我們對待它們的態度卻好像認為它們是不自然的、是敗壞名譽的有毒事物。而其結果就是我們親手把自己跟大地的連結砍斷，使得能量迴路中斷，連神聖領域的連結也跟著失效。宇宙能量的流動是從科帖爾開始，透過梯孚瑞特與易首德而進入瑪互特，如果這條能量迴路中斷在任何地方，它就無法發揮功能。說真的，在還有生命的時候，是無法把迴路完全中斷，因為生命過程深深地扎根在自然裡面，我們無法完全壓抑它們。然而那樣的心智態度就好像把那管道打結，將它隔絕與抑制到只有靠有機體的急切需要所產生的吸力去抵抗，才能出現一點流動。

五五、在梯孚瑞特、太陽中心裡面，靈性具現在自然之中，所以我們應當尊敬太陽－神，因它象徵靈性過程的自然化，而自然過程的靈性化則是造成人們長期受苦的主要因素。

五六、當我們憑著對於梯孚瑞特的重要性之認識來檢驗那些屬於第六輝耀的象徵時，就會發現這樣的研究很有啟發，因為我們現在非常清楚看到關於特定輝耀的配賦象徵所具有的表現範例，它們會在相互關聯的長鏈當中出出入入、出出入入，就像在綁鞋帶那樣。

五七、梯孚瑞特在希伯來文的字意就是「美」，而且在許多被提出的美之定義當中，最令人滿意的說法是，無論那是什麼美麗的事物，無論是否屬於凡俗或物質的事物，它的美總藏在合宜及恰當比例之中。所以有趣的是，美之輝耀就位在整個生命之樹的中央均衡位置，而配賦給梯孚瑞特的靈性經驗共有兩種，其中之一就是萬物和諧的異象。

五八、令人感到好奇的是，兩種乍看之下完全不相干的靈性經驗居然都配賦給梯孚瑞特，事實上，它是生命之樹唯一有這種情況的輝耀。其他的獨特之處，則是有數個魔法形象配賦給它。所以我們要捫心自問，為何這個位在中央的輝耀擁有這些多重的面向。而其答案就在《形塑之書》對於梯孚瑞特的描述中——第六條路徑被稱作「斡旋智性」(the Mediating Intelligence)。斡旋者基本上是個連繫的連結、媒介物，因此我們得要把位於中央位置的梯孚瑞特視為雙向開關，也要想到它同時接受「眾放射的湧入」以及使「影響力流入所有祝福的貯藏處」。所以我們也許可以把它當成是五個較精微的輝耀之向外具現，也是四個較沉重的輝耀背後的靈性原則。如果從形的那一邊來看，它就是力；如果從力的那一邊來看，它就是形。事實上，在這個原型輝耀裡面，由五道較高輝耀象徵的偉大原則被制定成概念，如同《形塑之書》所言「那些放射的能量的湧流在它裡面會成倍增加」。

五九、小臉跟科帖爾的稱號之一長臉之間的區隔，更進一步證實這概念。因為科帖爾的無形構成是在這個高層心智的領域有了形狀。如同之前所言，科帖爾是在梯孚瑞特裡面被反映出來。就像鏡子那樣，亙古常在者看到它自己的影像被反映出來，而長臉的反映影像就被稱作小臉及聖子。

六十、雖然梯孚瑞特如前所述是較小的具現以及較年輕的世代，然而若從下方來看，也就是從易首德與瑪互特來看，它也是原初之人、原型之人。身為國王的梯孚瑞特，是新娘——瑪互特的稱號之一——的丈夫。

六一、我們會在梯孚瑞特找到的原型概念，係形成具現宇宙整體的無形架構，為的是構成與表達那些較為精微的輝耀所放射的原始原則。就其本身而言，它可以算是「影像寶庫」的高階版本，然而星光層面所裝載的是反映形體的影像，梯孚瑞特所反映的是那些正以更高勢能的靈性放射構成的事物之影像，同時將其清晰呈現出來。

六二、梯孚瑞特在微觀宇宙與巨觀宇宙之間斡旋。「如其上、同其下」是太陽領域的主調，而位在太陽後面的那個太陽則是專注在具現中。

六三、神聖之人的解剖構造，是對一切組織與進化的詮釋，事實上具現宇宙等同這個神聖之人的身體器官與部位。藉由了解那由「眾放射的湧入」所構成原初之人的靈魂，我們就能以功能的術語來詮釋神聖之人的解剖構造，唯有運用功能的術語，才能使解剖學在智性方面對我們有所助益，這是因為科學樂意接受描述性的內容，但是不願意進行有目的性的解釋，所以它才會顯得極度缺乏哲學方面的意義。

六四、超驗心理學也就是對於微觀宇宙的解剖分析，而胸部是對應到梯孚瑞特的部位。胸部裡面有肺臟與心臟，而在這些器官的下方鄰近之處有著連結並控制這些器官的太陽神經叢，那是身體最大的神經網路，這名稱是古代解剖學家所給予的適當命名。肺臟維持微觀宇宙與巨觀宇宙的單一緊密關係，亦即專注在那永不間斷的氣之潮汐，晝夜無停地呼與吸、呼與吸，直到「金罐破裂、銀鍊折斷[2]」我們的呼吸才會就此終止。心臟則專注在血液的循環，而如同帕拉塞爾蘇斯所言是「奇特的液體」，而現代醫學已經知道陽光對血液的重要性。現在也已經發現植物位於葉部用來捕捉陽光當成自身能量來源的葉綠素，對於血壓有著非常強大的影響。

六五、讓人覺得好奇的是，梯孚瑞特的三個魔法形象乍看之下，彼此都徹底沒有關係到抵銷各自存在意義的程度。然而根據我們現在對於梯孚瑞特的了解，它們的意義與關係會透過符號的語言而表達得非常清楚，特別是以關於聖子耶穌基督的生命歷程之知識來研究的話更是如此。

六六、身為上位諸輝耀凝結出來的第一個事物，梯孚瑞特用在象徵降生在伯利恆馬槽中的「孩童」、以及在神與人中間斡旋而「犧牲自己的神」自是恰當不過，而當他從死亡復生時，他就像是回到自己國家的「國王」。梯孚瑞特是科帖爾的孩子、是瑪互特的國王，並在自己的領域中犧牲自己。

六七、除非對於犧牲的真正意義有一些概念，不然我們應該無法正確了解梯孚瑞特，然而它的真正意義跟一般人所認為的意思——自願失去珍貴的事物——非常不一樣。犧牲是從某一事物到另一事物的力量轉譯過程。力量決不會有完全破壞殆盡的時候，無論就我們來看它消失有多徹底，依據那維繫我們這個宇宙的存在之自然律法——能量守恆，它依然會以某些其他形式維持自己的存在。能量也許會固定在形體中而變得靜止，也許會解脫自己對於形體的束縛而繼續流通。在進行任何形式的犧牲時，我們拿取靜止形式的能量，並藉由分解那禁錮能量的形體，將它重新釋回宇宙的自由流通之中。我們犧牲掉以某形式呈現的某事物，而它將在自然的時機以另一形式重新出現。若將這概念應用在宗教與倫理方面的犧牲思想，就會得到一些非常有價值的線索。

六八、這個領域的神之聖名是「從知識與平衡具現的神」（Tetragrammaton Eloah Va Daath），顯示出它與位在它與科帖爾之間的隱形輝耀具有緊密的關聯。如同之前所言，這輝耀也許最好把它當成領悟、意識的頓悟來了解，而我們也許可以把「從知識與平衡具現的神」轉譯為「在心智領域具現的神」。

六九、在微觀宇宙中，梯孚瑞特象徵較高層次的心靈、屬於個體性的意識模式，或是高我。它基本上是屬於宗教神祕主義領域，跟易首德的魔法及心靈領域有所分別。這裡要記得的是，位在生命之樹中柱的眾輝耀代表意識的諸層級，而位在側柱的眾輝耀則象徵力量與功能模式。

七十、這裡要注意的是，我們對於某文字所賦予的重要性程度，是決定它是否為力量文字的關鍵。對於謀殺者來說，受害者的名字就成為他的力量文字，而這樣的影響能夠明顯辨認出來，所以有些國家會用儀器安置在嫌疑人士的手臂上，並在警方質詢時記錄血壓變化，當他不經意聽到死者的名字以及其他跟案件有關的字詞、而且那些字詞對他來說是「力量文字」時，儀器無疑都會記錄下來。

七一、一般認為力量文字的操作是直接影響靈體、天使、惡魔之類的存在，然而實情並非如此。力量文字操作的影響作用對象是魔法師，藉由提升、引導的意識而使他能夠接觸自己所選擇的靈性影響力類型。如果他對那類型的影響力已有經驗，力量文字會去攪動強力的潛意識記憶。如果他對於那類型的影響力沒有經驗，又以懷疑且缺乏想像力的學者態度來進行操作的話，那麼「用於召請的野名」對他來說也只會是騙人的戲法（hocus-pocus）而已。然而這裡要注意的是，新教徒用來描述欺騙與迷信的 hocus-pocus 一詞，係源自「惡作劇」（hoax），然而對信仰堅定的天主教徒來說該詞具有「這是我的身體」（Hoc est Corpus[3]）的意思，這就完全是另一回事了。對於這類事情的觀點本身就有很多故事可講。

七二、因此每道輝耀都有配賦的明確靈性經驗，直到當事人擁有某輝耀對應的靈性經驗之前，都不能算是某輝耀的入門者，即使知道它的力量名字也無法使用。如同傳統所言，光是知道力量名字是不夠的，當事人還得要知道它的唸法才行。一般認為力量名字在吟誦時的振動是正確的音調，然而魔法振動不只如此。當人深受感動，同時又專注在那股欣喜時，其聲調會比平常降低幾個音而變得具有共鳴與振動。情緒的震顫結合衷心的共鳴，構成那名字的振動，而這部分無法學也無法教，只能是自發的展現。就像經文所講的「風隨意思吹」，當它來的時候，是以一陣從頭到腳沖刷的熾烈熱浪撼動著人，而所有聽到那聲音的人們都會不由自主地轉頭注視。光是聽到力量文字的振動就已是非常不凡的經驗，發出那振動的親身經驗會更加非凡。

七三、梯孚瑞特的大天使是拉斐爾，即「站在太陽裡面的靈」，它也是療癒天使。

七四、當入門者在「運用生命之樹」時，也就是說在自己的氣場想像生命之樹的圖像時，他會把梯孚瑞特位置安置在位於胸部與腹部之間的太陽神經叢。如果他想要在第六輝耀的領域裡面進行操作，並將力量專注在這個中心時，將會發現自己突然成為站在太陽裡面的靈，被白熾的光球包圍。在個人的氣場構思出某道輝耀是一回事，然而發現自己處在某輝耀裡面又是另一回事。雖然藉由前者的操作就可以接收某輝耀的影響，而且也適合當成每日冥想的固定修習方式，不過要等到它完全外翻，使得相對位置倒反過來，從原來的輝耀處在人裡面，變成人處在輝耀裡面的時候，當事人才能運用該輝耀的力量。而這樣的經驗就是輝耀的入門結果。

七五、梯孚瑞特的天使團是「諸王」，它們是自然力量的靈性法則，除非擁有梯孚瑞特的入門，也就是次級大師（**minor adept**）的資格，不然是無法控制這些元素法則，甚至連安全接觸都不可能。那是因為他得要得到元素諸王的認可，也就是說他得先要了解自然力量的終極靈性本質，才能夠以它們的元素形式來處理它們。在其主觀元素形式中，處於微觀宇宙的它們會以戰鬥、生殖、自我貶抑、自我膨脹等強烈本能出現，而心理學家都曉得這些情緒因素。所以這明顯指出，如果一定要去擾動並刺激這些處在我們本性的情緒，將它們當成高我的助手予以運用的話，那麼這樣的動作必得由理性與靈性原則來引導才行。因此，當我們在操作元素力量時，除了透過元素諸王進行操作之外，還要請大天使予以統管，並以對應某輝耀的神之聖名做祈請。就巨觀宇宙層面而言，這意謂我們的本性所具有的強烈元素驅力會去配合高我，而不是被分離到屬於佛洛伊德學說的無意識之反輝耀的地下世界。

七六、當然，元素的操作並不是在梯孚瑞特的領域進行，然而若要使元素的操作維持在白魔法的話，那麼從梯孚瑞特的領域進行約束會是必要的措施。如果缺乏此類較高層次的約束，這些操作不久會傾向黑魔法。據說人在墜落的時候，四道較低的輝耀脫離梯孚瑞特，而連上反輝耀。在我們的觀念中，當元素力量不再連結自己的靈性原則時，它們會傾向結束自己，即使沒有邪惡涉入，僅是稍微進行實驗而已，就會發生墜落的情況，不久就會衰退。然而當我們清楚了解一切自然事物背後的靈性原則，它們就會處在無罪的狀態——這裡使用一個具有明確定義的神學術語——因此它們不會墜落，而我們能夠安全地運用它們，並在我們的本性裡面以有利的方式發展它們，於是就能帶來心智健康所必需的均衡及無壓抑。這種將自然事物與靈性事物相連而維持不墜落並處在無罪狀態的作法，是任何魔法形式的所有實際操作中非常重要的重點。

七七、前面已經提到，梯孚瑞特的入門係由兩種靈性經驗構成，即萬物和諧的異象與在十字架上犧牲自己的奧祕異象。我們已經從別的方面得知梯孚瑞特具有這兩個面向，因此它的入門也應當是兩種靈性經驗。

七八、在萬物和諧的異象裡面，我們會深入地探看自然的靈性面向，換句話說，我們與天使團的諸王相見。我們藉這經驗而了解自然其實就是靈性層面的厚重面向，即罩住「榮光內袍」的「隱匿外袍」。而今日之所以會有如此多的精神疾病、婚姻生活不快樂的情況，都要歸罪於現今宗教對於自然事物的靈性意義缺乏了解，這真是相當不幸的狀況。

七九、我們藉由萬物和諧的異象而與自然合一，不過這樣的合一並不是藉由接觸元素層級的方式而達成的。在高於原始生活的文明中成長的人類，無法從元素層級與自然合一，因為這樣的作法等同退化，人會變得野蠻且難以相處（beastly，即野蠻、令人討厭之意，而這裡同時用到這個字的兩種意義）。人對於自然的連結是藉由梯孚瑞特領域天使團元素諸王來進行的，換句話說，藉由了解自然事物背後的靈性原則，入門者才能以掌管元素存在的國王之名去到它們那裡。他是從較高的層級帶著自己的人性下降到元素王國，這才是元素的入門者。如果他僅是在它們自己的層級與它們接觸，就會廢除自己的人性而退回到較早的進化階段。元素力量並不會因動物頭腦的侷限而被限制或管控，所以當這股力量恣意流入人類智性的寬闊通道時，它必定是失衡的力量，而其結果就是混亂（chaos），也就是反輝耀的領域之一。

八十、在十字架上犧牲自己的奧祕則同時有巨觀宇宙與微觀宇宙的面向。在其巨觀宇宙的面向，我們會在人類的偉大救贖者之神話中看到它們，那樣的救贖者總是由神與處女母親所生，因此又再次強調梯孚瑞特的雙重本質，形與力在它裡面相會。然而我們也別忘了它們的微觀宇宙面向，可視為一種奧祕意識的經驗。藉由對於在十字架上犧牲自己的奧祕、也就是關乎犧牲的魔法力量之了解，我們就能超越腦意識的限制，也就是感官的限制與對於形體的習慣，而進入較高心靈層面更為寬闊的意識。如此一來，我們就變得能夠轉換形體並藉此釋放蟄伏的能量，將能量從靜態改變成動態，並使它能為我們的偉業所用，而那偉業就是靈魂的重生。

八一、梯孚瑞特領域的特有美德是對於偉業的奉獻。在入門之路上，奉獻是引領到更高意識的一個非常重要的因素，因此我們得要謹慎檢視它，並分析它的組成因素。奉獻也許會被定義為個人對於層次比自己更高、能夠引發自身理想的事物之愛，那樣的事物使我們認為自己永遠無法跟它並駕齊驅，然而又能夠激發我們向它看齊，「好像從鏡子裡返照，就變成主的形狀，榮上加榮[4]。」當情緒層面有更加強烈的滿足感受與奉獻結合時，它就變成傾慕，帶著我們跨越那固定格在有形與無形之間的巨大裂隙，使我們能夠領會眼睛從未見過、耳朵從未聽過的事物。也就是這樣的奉獻，它在偉業中昇華成傾慕，使我們得以進入在十字架上犧牲自己的奧祕之門。

八二、賦予梯孚瑞特的罪愆則是驕傲，而我們可從這樣的劃分當中看見一些非常真實的心理學。驕傲根源於利己主義，只要我們還是自私自利，就無法與萬物合一。在這道路的真正無私之中，靈魂從自己的範圍滿溢出來，並藉由無限的同理與完美的愛，將自己的界線往外推到萬物之中。然而在驕傲之中，靈魂是為了要占有一切事物而不斷擴張自己的界線。占有某事物與跟某事物合而為一、讓它跟我們在完美的互惠中互占彼此是非常不一樣的兩碼事。那種只顧一方的安排，就是大師的罪愆。大師必須給予，如同他的接受那樣，而且他如果想要參與奧祕層面的合一，就必須毫無保留地給出自己，而這樣的合一就是在十字架上犧牲所得到的成果，我們的主也說過：「你們中間誰願為大，就必作你們的用人[5]。」

八三、與梯孚瑞特有關聯的象徵物是拉曼護符、玫瑰十字架、骷髏地十字架、平頭金字塔、立方體。

八四、拉曼護符是大師配戴在胸前的象徵物，這指出他所代表的力量。例如，在太陽領域操作的大師，就會在胸前配戴象徵正在發出光輝的太陽之圖像。拉曼護符是梯孚瑞特的魔法武器，因此這裡必須略微講述魔法武器的一般特質，才有可能了解拉曼護符的功能。

八五、魔法武器是人們所發現的一些適合當成特定力量載具的物體。例如水元素的魔法武器是水杯或酒杯、火元素的魔法武器是點亮的油燈。之所以選擇這些物體，是因為它們的本質與所要召請的力量相合，若換用現代的說法，就是對於想像力而言，它們的形體藉由概念的關聯會具有對應力量的暗示。

八六、梯孚瑞特在傳統上是對應胸部，同時代表名為太陽神經叢的神經網路，以及當生命之樹在個人氣場建構時它的所在位置。因此大師所配戴的胸飾，無論進行什麼操作，都會被視為是梯孚瑞特力量的焦點。而在對應領域所操作的真正力量，就會由對應的魔法武器來代表。例如，進行水元素操作的大師會用聖杯當成他的魔法武器，並用聖杯畫出所有符號，並將祈請而來的能量濃縮在聖杯裡面。然而他的胸前應當配戴水元素的印記（sigil），以象徵該項操作的靈性因素，並且關聯對應領域的大天使。除非大師真的了解自己的拉曼護符所具有的重要性，知道它與自己所持用的魔法武器的分別，不然他不是大師，只是個巫師而已。

八七、玫瑰十字架與骷髏地十字架都是歸屬在梯孚瑞特的象徵。為了了解它們的意義，就得要略微講述關於一般十字架的資訊。雖然我們一般最為熟悉的是骷髏地十字架，因為它具有基督信仰的關聯，但是世上還有許多其他形式的十字架，都有各自的意義[6]。四臂等長的十字，例如在軍隊醫療部門的紅十字（the Red Cross）象徵，被入門者稱為自然十字（the Cross of Nature），象徵處在均衡的力量。有些凱爾特（Keltic）十字的頂端會有這樣的象徵，通常會有一個圓圈將它圈起來，因此凱爾特十字其實是這樣組成的，即一根桿子，一端逐漸變細，並在末端安上一個自然十字，而這樣的十字跟基督信仰十字架，即骷髏地十字架，完全沒有關係。凱爾特十字的那根一端逐漸變細的桿子，事實上是平頭金字塔，但無論怎麼說，這類凱爾特十字的存在例證是無庸置疑的。這方面的一些古老樣式指出具有圓圈的十字是安放在具有陽具意義的圓錐狀石頭上，而具有陽具意義的石頭是原始信仰中普遍會有的物品。

八八、卐和卍（the Swastika）也是自然十字，有時被稱作索爾十字（the Cross of Thor）或是索爾之錘，其形狀應是象徵雷神的閃電在旋動的模樣。

八九、骷髏地十字架是犧牲十字架，應當漆成黑色。它的直桿長度應為各臂的三倍，而各臂的長度應為寬度的三倍。以這種十字架進行冥想會帶來藉由受苦、犧牲及克己的入門。而「釘在十字架上」也就是骷髏地十字架所闡述的意思。

九十、在這十字架上的圓圈是入門的象徵，特別是當這個十字架下有三個台階將它升起——這是它應有的樣貌——更有這樣的意思。那圓圈是在比喻永恆的生命，還有智慧。而我們可以在神智學會（the Theosophical Society）以銜尾蛇圈成的標誌看到它的形狀。上方是圓圈的骷髏地十字架意指藉由十字之路（the Way of the Cross）的入門，而三台階等於三個啟蒙級次。它也形成所謂的玫瑰十字架，雖然是個圍有著荊棘突刺的漂亮象徵物，然而它完全不是入門使用的象徵。在西方象徵意義中，與十字架相連的玫瑰稱作「世界玫瑰」（the Rosa Mundi），是用來了解諸力量的本質的鑰匙。在它的花瓣上標示著象徵自然力量的三十二個符號，對應到希伯來文的二十二個字母及十道神聖輝耀，而它們轉而象徵生命之樹的三十二條道路，而這就是了解世界玫瑰的關鍵。而那些有趣的元素精靈印記，就是在這玫瑰上依其名字字母順序連線畫成的。

九一、藉由這樣的解釋，我們就不用怕自己不了解那些選用花朵象徵作為自身標誌的組織之主張的價值，它們其實就像那些跟男裝店要求他的貴族學校領帶要帶一點紅色的年輕人。

九二、通常立方體會被分到梯孚瑞特，因為它是具有六個面的形狀，而六就是梯孚瑞特的數字。然而立方體的象徵意義不僅如此，它還是立體事物的最簡形式，所以它才是適合代表梯孚瑞特的象徵，因為它的領域最先預告形體的出現。瑪互特的代表形狀是雙立方體，意謂「同其上、如其下」。

九三、金字塔象徵完美之人，寬廣的底部坐落在大地上，並且向上逐漸變細與諸天合而為一，換句話說，就是「擁有完全的自己」的人（the Ipsissimus[7]）。平頭金字塔象徵那些已經入門、通過帷幕但還沒有完成自身級次的大師，或是次級大師。這樣的金字塔，其六個面對應著六道處於生命之樹中間的輝耀，也就是組成原初之人或原型之人的輝耀，而它會因以科帖爾為頂點的上位三輝耀之加入而變得完整。

九四、塔羅牌的數字六也被劃分給梯孚瑞特，而梯孚瑞特所具有的和諧與平衡的本性在這些牌卡展現無遺。權杖六是「勝利的君王」（the Lord of Victory）；聖杯六則是「喜樂的君王」（the Lord of Joy）；而有害的寶劍牌組在這領域亦轉為和諧，其寶劍六就是「掙得的成功之君王」（the Lord of Earned Success）；星盤六則是「世俗的成功」（Material Success）。換句話說，它是處在均衡的力量之中。

---

1 譯註：即生殖與排泄

2 譯註：語出舊約〈傳道書〉12：6，似喻身體出現不可逆的損壞、靈魂不再維繫身體

3 譯註：應是神父在聖餐儀式時將餅酒祝聖為基督體血所唸的禱詞

4 譯註：〈哥林多後書〉3：18

5 譯註：〈馬太福音〉20：26

6 譯註：具有基督信仰關聯者會以「十字架」表示，非基督信仰關聯者則盡量以「十字」表示

7 譯註：這裡採用拉丁文的字面之意，而克勞利曾稱這級次的人等同到達佛教所謂滅盡定境界的完全解脫之人

第三部

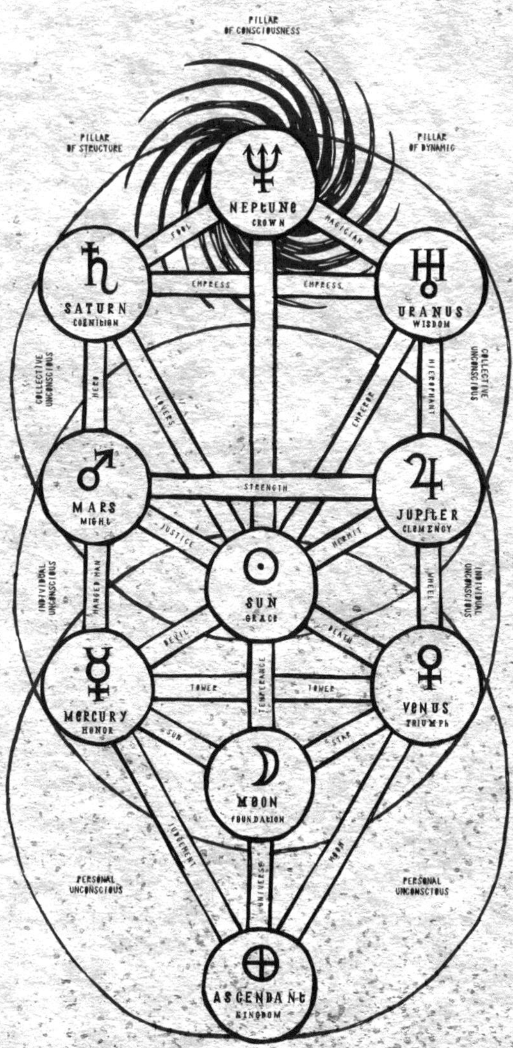
PILLAR OF CONSCIOUSNESS
PILLAR OF STRUCTURE
PILLAR OF DYNAMIC
NEPTUNE
CROWN
SATURN
COGNITION
URANUS
WISDOM
FOOL
MAGICIAN
EMPRESS
EMPRESS
COLLECTIVE UNCONSCIOUS
COLLECTIVE UNCONSCIOUS
LOVERS
EMPEROR
HIEROPHANT
MARS
MIGHT
JUPITER
CLEMENCY
STRENGTH
JUSTICE
HERMIT
SUN
GRACE
INDIVIDUAL UNCONSCIOUS
INDIVIDUAL UNCONSCIOUS
HANGED MAN
WHEEL
DEVIL
DEATH
MERCURY
HONOR
VENUS
TRIUMPH
TOWER
TOWER
TEMPERANCE
SUN
STAR
MOON
FOUNDATION
JUDGEMENT
UNIVERSE
MOON
PERSONAL UNCONSCIOUS
PERSONAL UNCONSCIOUS
ASCENDANT
KINGDOM

第二十一章
下位四輝耀

一、十輝耀在以傳統方式配置於生命之樹時，會橫向分成三個主要類別，如同三柱的直向分類那樣。在這些橫向的類別中，最高者為上位三輝耀，其各方面都已超出我們的理解範圍。我們把它們假設成那些必定存在、才能為後續具現提供解釋的基礎原則。它們代表純然存在及動與靜的對立原則，因此「上位三角」足以用來描述它們。

二、生命之樹的下一個功能性三角形是由黑系德、葛夫拉與梯孚瑞特構成。它們代表同化作用、異化作用以及均衡等主動原則，而「抽象三角」可能是對它們最好的稱呼。

三、我們已經詳細描述這六道較高輝耀，也看到上位三原則如何形成具現的基礎，以及抽象三原則如何為具現賦予表達。這六道輝耀當中，較高的三輝耀是蟄伏的，較低的三輝耀是強力的。如果我們了解這些事物的話，就會發現我們擁有一套系統，可以藉由將形的眾層面中無限多樣的具現，簡化成它們的初始原則而能為其提供解釋，使得它們之間的關係及其互動與發展模式變得能夠清楚理解。以前從沒出現這樣的理解，因為以前是將一切事物用形——而不是力——的解釋將其簡化，然而總是無法帶來理解。

四、生命之樹最底下的功能單位是由四輝耀所構成，不是三個。而據卡巴拉神祕家所言，因為那曲行之蛇從深淵探出名為「墜落」的頭擋在易首德與梯孚瑞特之間，所以這四道輝耀會受到墜落的影響。而那個頭不會再往上走，所以較高的六輝耀都能保持自身的純粹。也就是說，下位四輝耀屬於形的層面，力在那裡無法自由移動，而是「被封閉、被關住、被限制[1]」，只有藉由破壞的作用才能被釋放出來。

五、前面已經提過，梯孚瑞特是生命之樹的均衡中心。有均衡才能有穩定，有穩定才能有凝聚，所以在生命從這裡開始依退化的路徑往下走的過程中，我們會發現凝聚的原則會逐漸變成主要部分，而到達瑪互特時，那裡是它的最盛之處。

六、我們也許能夠想像，抽象三角的主動原則在生命經由聶札賀下降的過程中開始形成分支與特化，並在易首德那裡形成相當程度的模式，而瑪互特的諸形體就由這些模式所決定。一旦身為純粹形體的瑪互特開始發展時，進化之流開始轉往靈的方向移動，逐漸擺脫形的束縛，但仍保有那些藉由形的紀律而獲得的能力。

七、因此，我們也許可以想像，眾多屬於生命功能的概念原則，會因其在形的領域的向外具現之經驗的影響，而逐漸披上形體。若換用卡巴拉神祕家的語言來描述，就是那些原則感受到「墜落」的影響而失去它們的純粹。

八、這些考量讓我們得以一瞥形之層面的四輝耀之本質，使我們能在這個幻象領域中行走在輕信與懷疑之間的中道，因為這領域有時被認為有點不是那麼友善。

九、進化生命的巨浪係從梯孚瑞特以放射的能量出發，並在如同稜鏡的聶札賀那裡碎散成眾多的光之具現，這就是《形塑之書》之所以用「燦爛光輝」來描述該輝耀的原因。這些多樣的力量在候德那裡披上形體，並在易首德當成以太層面的模式以形塑瑪互特的最終放射。

十、瑪互特的具現就是向外退化運動之結束，而生命在此回返進化而走上相同的路徑。人的智性有所發展，並開始沉思因果且察覺到神。這裡要注意的是，原始人類無法只跨一步就達到一神論，他總是會將因果關係視為多種形式，而從多精簡到一，是需要文化中許多世代的努力。

十一、這會把我們帶到那個大哉問，它幾乎也許能被稱作祕術學問的「守門者」（Dweller on the Threshold），就是前往隱形領域冒險的旅人都會遇上的恐怖形象，而它本身有納入斯芬克斯（the Sphinx）的功能，提出關於靈魂的問題並以答案決定旅人的命運——是否應當受罰而只能在幻象諸界裡流浪？是否應該就此折返形的層面，或是應當得到允許而進入光中？而那個大哉問就是——你相信神嗎？如果旅人回答「相信」，他將是幻象諸界的流浪者，因為就我們所了解的人性，神並不是真實的人。如果他回答「不相信」，那麼他就會被迫折返而無法進門，因為神並不是幻象。那麼旅人應該要怎麼回答呢？

十二、某位詩人的直覺為我們給出答案：

「人的任何想法都不會使神去愛或榮耀，

因那首歌早已在寂靜的靈魂裡面開始。

在『道』被人口中的話語粉飾之前，

大地也不會夢想或約定要天堂蓋於其上[2]。」

十三、這裡面有著我們解開那謎題的線索。眾神是受造者的創造物，是由祂們的信奉者的敬愛所塑。祂們並不是真正在創造世界的神祇。這世界的創造是由龐大的自然力量根據各自本性相互合作而成，眾神則是在蒼天的天鵝（the Swan of the Empyrean）於宇宙之夜的黑暗中生下具現的蛋以後才依序進來。

十四、眾神是人類諸民族的團體心智之投射，祂們並不是「我是」、「唯一永恆者」（the One and Eternal）的投射。不過無論怎麼說，祂們都具有非常龐大的力量，因為藉由影響信奉者的想像力，祂們就把微觀宇宙連到巨觀宇宙，就像藉由冥想阿波羅的理想之美，人的靈魂就會對普遍存在的美敞開。

十五、在分析生命並將生命的原始動機之各個因素一一分辨的過程中，人會對這些因素尊奉為神。因為世上各處的人都有找到同樣的需求以及催動自己的動機，於是人逐步形成比較性的泛神信仰。因為質的不同，人們也逐漸形塑出各自不同的眾神，其多樣性可以到連墨西哥的嗜血惡魔與古希臘的光輝存在都包括在內的程度。

十六、那麼，我們也許要問自己，眾神是否為完全主觀的事物？祂們是否只活在其信徒的想像之中，還是祂們擁有屬於自己的獨立生命？而這問題的答案可以從關於祕術經驗的某項事實得知，亦即雖然我們所知道的自然科學無法解釋祕術經驗，然而每個實修的祕術家都得要先把祕術經驗視為理所當然，才能夠獲得操作的結果。事實上，也可以說祕術家所得到的成果會跟他的信心成正比，因為只要他一相信，就會成真。事實是這樣的，宇宙中現存的思想材質當中，無論那是什麼，只有一小部分組織成具有知性的個體之腦與神經系統。而其餘的龐大部分——由於找不到更適合的詞彙，我們姑且稱之為思想材質，因為那是已知事物中最為貼近的比喻——則是在祕術家所稱的星光層次中自由流動，而它會在自己裡面組織出形式，但不一定會形成物質。對於這種自由的思想材質，祕術家們對它的指稱則各自不同。布拉瓦茨基夫人用梵文的「空」（Akasha）稱呼它，埃里法斯・列維則稱之為反射的以太。聶札賀象徵「空」的力之面向，而候德象徵「空」的形之面向。

十七、而一切形體之模具就從這個思想材質中形成，而在這些模具裡面則會建立起那在易首德領域發揮功能的以太壓力之架構，而那領域裡面有著物質層面構成具現本體的物質分子。

十八、這些由宇宙意識構成的形式一般會表現成自然力量，會根據各自本性彼此作用。然而當意識在造物者的造物裡面發展出來時，它或多或少會在以太層面的思想材質上施展自己的功能，而這思想材質的本質就是會去順從意識的影響。所以其結果就是「人的想法使眾神去愛或榮耀」。這些形式一旦建立起來，就成為管道，以傳導它們原本被設計來象徵的特化能量，並將能量朝向它們的信奉者集中。而在這種受到啟發的感受中，入門者不僅相信眾神，而且還敬愛祂們。

1 譯註：引述《馬克白》原始版本第三幕第四景的台詞

2 譯註：Algernon Charles Swinburne, The Last Oracle

第二十二章
聶札賀
(NETZACH)

稱號：

聶札賀，勝利。

（希伯來文寫法：נצח，即 Nun, Tzaddi, Cheth。）

魔法形象：

美麗的裸女。

在生命之樹上的位置：

位於慈柱的底端。

《形塑之書》的敘述：

第七條路徑被稱作「祕術智性」，因為在才智非凡之士及深入研究信仰之人的眼中，它就是他們所看到的智性美德之燦爛光輝。

賦予聶札賀的稱號：堅毅。

神之聖名：萬軍之上主（Jehovah Tseva' oth, the Lord of Hosts）。

大天使：漢尼爾（Haniel）、神的恩典。

天使團：眾神（Elohim, the Gods）。

塵世能量中心：金星（Nogah）。

靈性經驗：美勝的異象。

美德：無私。

罪咎：不貞、淫慾。

微觀宇宙的對應：腰、臀與雙腿。

象徵：燈與腰帶、玫瑰。

塔羅牌：

四元素牌組的數字七。

權杖七——勇敢；

聖杯七——幻象般的勝利；

寶劍七——不穩的努力；

星盤七——沒有完成的勝利。

閃現的顏色：

原型界——琥珀色；

創造界——翡翠綠；

形塑界——亮黃綠色；

行動界——綴有金色的橄欖色。

一、聶札賀、金星領域，若要對它了解透徹的話，最好拿它與候德、水星領域相比，因這兩者如前所述是代表較低層次的力與形。聶札賀代表直覺本能，以及它們所引起的情緒，而候德象徵具體的心智。它們在巨觀宇宙中象徵力凝聚成形的兩階段過程。相對來說，力在聶札賀那裡還算是自由移動，只被約束成極度液態、不斷變換的形狀，而在候德那裡，力首度擁有明確且固定不變的形狀，不過本質仍是非常纖細。在聶札賀，有一特定力量形式係以某種存在種類作為表現，在具現的邊界來來回回地以難以理解的方式流動著。這樣的存在並沒有個體化的性格，而像是搖著旗幟的軍團，那旗幟即使趁著黃昏落霞也能看得清楚。然而在候德那裡，個體化轉變成單位，而且還有連貫的存在狀態。所有的心智在聶札賀都是集體心智，而人的心智則是從候德開始。

二、讓我們現在來思索聶札賀的巨觀宇宙與微觀宇宙的面向，請要一直記住我們現在來到幻象的領域，而接下來要以形來描述的事物，是智性呈顯自身的外貌，而它也會放射到星狀光（the astral light）而成為思想形式。這裡有非常重要的重點，應當要徹底了解以避免落入迷信之中。如同《形塑之書》所描述的，那由「才智非凡之士及深入研究信仰之人」所看到的每一事物，其形上的根基是在位於慈柱之首的上位輝耀侯克瑪。然而在聶札賀這裡，我們對於將不同存在模式賦予各領域的了解模式出現巨大的改變。在此之前，我們都是使用直覺來理解這一切，所得到的理解都是無形的，或至少用高度概念性的象徵來代表。而這一切在梯孚瑞特之後就不再如此，然而我們會有相當實質的象徵，例如配賦給金星的玫瑰以象徵聶札賀，配賦給水星的雙蛇杖以象徵候德。

三、之前有提到過，我們是以具現與功能的因素之面向來思索較高輝耀。我們在對於梯孚瑞特的研究有看到那由《形塑之書》所稱的「斡旋智性」，如何像稜鏡那樣將那唯一生命的白光分散成眾多光線，而在聶札賀裡呈現它們的燦爛光輝。這裡已不再是力，而是眾力；不是生命，而是眾生命。因此，配賦給聶札賀的天使團就是眾神（Elohim, the Gods），這應是滿明顯的。為了使具現成形，那個「一」已經降成了「多」。

四、我們藉由純粹白光能夠看見每一事物的真實色彩，然而這些分散出來的光線並不是白光，而是許多不同色調的色光，它們會引出並強化具現的某些特化面向，就像藍光只會使跟它合調的色彩更加凸顯，並使它的補色看起來很黑。力在聶札賀具現的每一生命或形式都是部分且特化的具現，因此任何存在若將聶札賀的領域當成是自己的進化領域，那麼它將不會有全面的發展，它必定只會是某個概念的事物，某個單一、簡單、模式化功能的事物。

五、我們的本能之基礎因素就是聶札賀，每一道本能會在其非智性的本質中產生適當的反射，就像嬰兒的嘴唇會去吸吮任何放在雙唇之間的事物。

六、而那些屬於聶札賀的存在們，也就是眾神，並沒有跟概念分身同樣程度的智性。

七、這些在希伯來文名為眾神的存在，是創造力在自然彰顯自身所形成的影響力。若要認識它們的真正本性，得要去看黑系德那裡，在那裡的它們被《形塑之書》稱作神聖力量。然而在象徵反映以太的較高層次之聶札賀那裡，眾神會歷經某種變化，因為擅長編織想像的人類心智開始影響它們，將星狀光鑄成能夠在人的意識中代表它們的形式。

八、這裡有個非常重要、需要我們了解的重點，即這些位在幻象層面的較低輝耀裡面擠滿許多思想形式，人所能想像的任何事物都在那裡，無論那事物有多麼黯淡，都會以星狀光在其周圍建立某個形式，而當人放越多想像在它身上以形塑理想時，它的形式會變得更加明確。而其結果就是，世世代代的預視者在設法辨別任何生命形式的靈性本質與核心要素時遇到這些影像，也就是所謂的「受造者之創造」，就會受到欺騙而把它們誤解成概念要素本身，因為概念要素本身並不會出現在任何會於異象產生影像的層面，只會出現在那些需靠純粹直覺來分辨的層面。

九、當人在心性仍屬原始的時候，會去崇拜這些影像，將自己呈現在偉大的自然力量之前，使那最重要的事物能夠呈現在自己的物質生活中而得到滿足，人藉此與那些力量建立連結，亦即當它們所象徵的能量灌注到人的靈魂時，連結的管道就會發展出來，於是人的本性中的對應因素就會得到刺激而發展起來。這種信仰的操作方式，特別是當信仰像埃及或希臘那樣變得高度組織化與智性化的時候，就建構出非常明確且強力的影像，通常會被理解為眾神。許多世代的崇拜與敬愛會在星狀光中建構出非常明晰的影像，而當犧牲加入崇拜時，那影像會更進一步的被帶進更低的層面以進入具現，並在易首德的厚重以太中獲得某個形體，而當那從候德裡面產生的具體想法當成靈魂注入這形體時，它會是非常強大、具有獨立行動能力的魔法事物（a magical object）。

十、所以我們看到的是，每一位由人的心智構想而成的天界存在，都會有自然力量的基礎，只不過依此基礎建立的象徵性影像代表事物，其象徵的力量會當成靈魂注入其中，使它可以活動。那麼，這種影像不過是人的心智為圖方便滿足自己的象徵模式，但是該影像所代表的力量，以及當成靈魂注入它裡面的事物都是非常真實的事物，並且在特定的情況下會變得非常強大。換句話說，雖然那用於象徵神的形象純粹出於想像，與之關聯的力量卻是真實且主動的事物。

十一、上述的事實是關鍵所在，不僅對於最廣義的儀式魔法——包括所有用於儀式及冥想的聖化物品——是如此，對於生命中許多無法解釋但又確實為我們所見的事物也是如此。它為那組織化宗教裡面的眾多事物——對於信徒來說是真實的事物，但對於不信者來說則是相當難以理解、無法解釋、說不過去的事物——提供解釋。

十二、然而，這些事物在聶札賀那裡會有最為纖細的形式，而相較於「智性之眼」，「信心的靜思」反倒更能覺察到它們。在候德的領域所進行的一切魔法操作，都是靠智性本身對準這些纖細、短暫的影像，為其賦予形體與固定性；然而這樣的操作在聶札賀的領域不會有很好的效果，聶札賀裡面的所有神之形象都是以「藝感」（art）的方式來崇拜，而不是用「哲學」的方式來思索。然而無論如何，聶札賀與候德的活動其實無法分割，它們是功能性配對，就像葛夫拉與黑系德構成新陳代謝的異化作用與同化作用兩個面向。聶札賀的功能無疑會含在候德裡面，因為前者放射出後者，而在聶札賀領域藉由進化而發展的力量，會成為候德的能力基礎。而其結果就是候德領域的所有魔法操作，都是以聶札賀的纖細生命形式為基礎來運作。由於人的智性會在領域到領域之間逐漸增長，所以候德的力量有很大的部分會被走在進化前方的入門靈魂帶到聶札賀那裡。因此，這兩道輝耀在其分別與分類方面並不會有清楚的劃分，然而它們各自裡面都有明確主導的特定功能種類。

十三、在聶札賀所進行的接觸，並不是藉由哲學思索其生命的方式而進行，也不是利用心靈的一般影像想像能力來進行，而是藉由「感受」（feeling with）深入聶札賀的領域，如同阿爾傑農・布萊克伍德（Algernon Blackwood）在其小說繪聲繪影表達的感覺那樣。藉由舞蹈、聲音與色彩，才能接觸、召請聶札賀的天使。在聶札賀的領域中，某位神祇的信奉者會藉由「藝感」進入與自己所敬愛的事物交流的狀態，而他能夠連結並汲取神祇的生命到自己裡面的能力高低，就依他把自己當成某種靈媒或其他媒介方式的藝術家、以象徵性地代表他的神祇之程度而定。具有音韻、移動與色彩的所有儀式都算是屬於聶札賀領域的操作。而身為魔法操作領域的候德，會從聶札賀汲取自己的能量，那麼候德的任何魔法操作，如要順利注入那當成靈魂的事物，必定要有聶札賀的元素才行；而為了提供具現的基礎，必得要有某種形式的犧牲以提供以太物質，即便僅是燒香也是一種犧牲。這方面的問題屬於易首德的領域，我們會留到那裡再作完整的論述。這裡提及此事是有必要的，因為如果對於如何使具現產生、如何將神帶到接近信奉者所處層面的方式沒有理解的話，就會無法了解聶札賀的儀式所具有的重要性。

十四、讓我們現在從微觀宇宙的生命之樹角度來看聶札賀，也就是說，那在靈魂裡面的主觀生命之樹，而眾輝耀代表意識裡面的因素。

十五、上位三輝耀及第一對具現輝耀——黑系德與葛夫拉——象徵高我，而梯孚瑞特則是它與小我的接觸點。下位四輝耀，即聶札賀、候德、易首德與瑪互特，代表小我或人格，也就是轉世的單位，而梯孚瑞特則是它與高我的接觸點，而高我有時被稱作神聖守護天使。

十六、若從人格的觀點來看，梯孚瑞特代表能覺察靈性事物的較高意識，聶札賀象徵直覺本能、候德象徵智性，而易首德代表第五元素——以太，瑪互特則代表四元素，也就是物質的精微面向。能被平均水準的人類智性了解的一切事物就是厚重物質（瑪互特）以及智性（候德）的本質，這兩個都是存在的具體面向。平均水準的人類智性並不會辨識那些將形體建構出來的力量，而這些力量是由直覺本能領域聶札賀，以及以太分身或細緻體領域易首德所代表。所以我們必得仔細研究聶札賀，因為它的本質與重要性很少被了解。

十七、如果我們還記得聶札賀是金星領域及其所暗喻的一切，就應當能夠清楚理解它在微觀宇宙的本質。若用淺白的普通話來翻譯卡巴拉的象徵語言，代表我們這裡要留意的是極性的功能，其範圍其實滿廣的，不會只有一般所認為的性而已。

十八、這裡要注意的是，金星維納斯或她的希臘版本阿芙柔黛蒂是愛之女神，並不是像色列斯及波瑟芬妮（Persephone）那種掌管生殖豐產的女神。而在希臘的生命觀點中，愛含括很多面向，性的關係只是其中一小部分，而戰士之間的同袍情誼以及師徒之間的關係也包括在內。古希臘的交際花（hetaira），也就是以愛為職業的女人，跟我們現代的娼妓差別很大。希臘人會將性裡面最單純的身體關係留給正配妻子，她隱居在內宅、閨房，只為生育下一代，使丈夫有正統的繼承人，而這樣的婦女雖然來自良好的家世，但不會受教育，也不會鼓勵她做誘人的打扮或練習愛的技藝。此外，更不會鼓勵她崇拜掌管愛的較高面向之女神阿芙柔黛蒂。人們會期望她去崇拜掌管壁爐及家庭的神祇，所以大地母親穀神色列斯是希臘婦女的祕法主掌神祇。

十九、對於阿芙柔黛蒂的崇拜其實遠大於某個動物功能的簡單表現。它是關乎生命力在兩個因素之間的微妙互動——好奇與回饋、刺激與反應——這是在性的關係中非常重要的部分，然而它比性的領域還要寬廣許多。

二十、古希臘的交際花在當時被認為應是具有文化素養的女性，當然交際花裡面也有分等級，較低者近似日本的藝妓，較高者則是主持沙龍（salons），其作法接近法國推動女性社交與教育運動的著名女學者們（blue-stockings），而且也潔身自愛到沒有哪個男人膽敢踰矩。由於希臘人普遍對性的功能予以尊敬，所以當時的交際花大概不會有等同現代劣化的賣淫工作之等級。

二一、交際花的功能在於照料客戶的智性及欲求，她是女主人，也是具有才華的女人，能設法使哲學家與詩人獲得靈感並砥礪他們的才情，因為大家都知道，對於一個聰敏有才的男人來說，其最佳靈感來源莫過於跟一位活力充沛且有文化素養的女人交誼。

二二、在阿芙柔黛蒂的神殿中，女祭司們從小就開始勤奮修習愛的技藝。然而這項技藝不只藉由肉體感官的喜悅而引發熱情，而且還藉由磁性、智性與靈性之極化在精微以太層面的交換，使意識的各層次都有適當的滿足。這使阿芙柔黛蒂的崇拜超越簡單的感官領域，也解釋為何該信仰的女祭司雖然來者不拒，然而她們會要求得到尊敬，不得將她們視為一般妓女。她們藉由熟練的技藝去照顧人的靈魂更加細緻的需要。在以電影、諷刺短劇及切分音等技藝來刺激慾望方面，我們的發展比古希臘人所知的一切還要高超甚多，然而我們對於更加重要的技藝——滿足人類靈魂在以太與心智層面的磁性交換之需求——一無所知，所以這就是我們的性生活，無論是在生理上及社交上，都是如此不穩定且無法滿足。

二三、除非我們能夠了解性是神祕家所說的極性裡面的一個面向，不然我們是無法正確了解性，而極性是貫穿整個創造過程的原則，事實上它就是具現的基礎，而在生命之樹係以嚴柱與慈柱代表之。力的所有活動都是由極性原則構成，如同形的所有功能都是由新陳代謝的原則所構成。

二四、極性其實意謂力從高壓領域往低壓領域的流動，而高與低一直是相對的字詞。每個能量領域都需要接受處在更加高壓的能量之灌注的刺激，而且也需要一道流向較低壓力的領域之出口。一切能量的源頭就在偉大的無具現裡面，而能量往下歷經那些層級，並在其間變換形式，直到它最後「落實、接地」在瑪互特裡面。在每個人的生命中、在每個活動的形式中、在每個以任何目的形成的組織化社會團體中，無論是軍隊、教會或有限公司，都可以看到這股能量流動繞行的例證。我們這裡要了解的重點是，即在微觀宇宙的生命之樹中，會有一道在我們意識的主觀層級之正負面向之間上上下下的流動，靈藉此啟發心智、心智藉此引導情緒，而情緒形成以太分身、以太分身鑄造肉身載具，也就是這迴路的「接地」部分。「接地」是一般都能理解的事實，而它的比喻，只要把注意力放在上面的話就容易看得出來。

二五、然而這裡有我們沒那麼容易了解的地方，就是每個「體」或意識層級與其對應巨觀宇宙面向之間會有往與返的能量流動，如同在瑪互特層級會有攝取與排放的功能，食物與水被當成養分吸收進入身體，並被當成排泄物排出體外，而這排泄物經過施肥（這是比較文雅的說法）就成為植物界的食物，在以太分身與星狀光之間、在星光體與自然的心智部分之間也有一樣的攝取與排放現象，而具有較高的六道輝耀之更高層面也是如此。魔法卡巴拉，也就是生命之樹的實務應用，其本質是在建立不同層面的磁性迴路，藉此強化、鞏固靈魂。如同肉體藉由吃喝而得到滋養，並藉由充分的排泄而維持健康——這些可以說是瑪互特領域的操作——那麼人的靈魂也同樣經由梯孚瑞特、救贖者領域的操作而獲得能量，使靈魂能夠健康。我們知道入門會發展較高心靈能力的力量，使人們能夠領會靈性的真理，然而我們並不了解的是，為了讓人能有全方位的發展，我們也需要發展接觸自然能量在其基本形式的能力，而這部分係由聶札賀領域作為象徵。我們已經習慣靈性與自然是互不相容、必得剝奪其中一方才能填補另一方的說法，並認為如果靈性是最高的善，那麼自然必得是最低的惡。然而我們並沒有了解到的是，物質是晶體化的靈，而靈則是蒸氣化的物質，若就其本質而言，它們完全一樣，就是煉金術師所稱的「唯一事物」之不同狀態，就像冰與水那樣。這就是煉金術的奧祕，它形成關於變質的祕密經典之哲學基礎。

二六、相較於靈魂裡面的能量變質過程，金屬的變質除了學術研究之外並沒有什麼重要性。而入門者藉由生命之樹所要處理的事情就是靈魂的能量變質過程，而當意識沿著均衡中柱上下變質時，力也會沿著以聶札賀為底的慈柱上下變質，而形也會沿著以侯德、智性為底的嚴柱上下變質。

二七、所以，我們會在侯克瑪那裡看到龐大的生命驅力，也就是宇宙的龐大男性力量，並在黑系德那裡看到不斷與整體互動的力之組織，而在聶札賀那裡看到準備再次與本質力量連結的領域，因那裡面有著從瑪互特上升、以組織過的力量當成靈魂來催動的形體作為表現之進化。聶札賀是金星－阿芙柔黛蒂（其希伯來名稱是Nogah，即「閃耀」之意）的領域，因此對祕術的實修而言是非常重要的領域。那是因為絕大多數習修祕術的人們只會以中柱、即意識之柱進行運作，不去注意兩根側柱，即功能之柱，而其結果就是入門的收穫少到微不足道。如同盲人在為其他盲人帶路那樣，現代祕術的同溫層裡面的一般準入門者，通常比較不像祕術家，反倒像是祕法家，而他們並不了解除了意識的入門之外，潛意識也要入門才行，讓啟蒙能夠發生在直覺本能，如同發生在理性那樣。

二八、我們已經從客觀與主觀的視野檢視聶札賀，現在剩下的是利用我們已經獲得的知識，來對配賦到這輝耀的象徵事物進行研究。

二九、我們應當馬上觀察到它的象徵中含有兩種明確概念，即力之概念與美之概念，還有也會想到，根據古老神話，金星維納斯與火星瑪爾斯之間存在著愛。這些神話並非毫無根據，頂多在歷史方面的確如此而已，而它們代表著屬於靈的事實。當我們發現同樣的概念於不同的泛神信仰一再出現時，以及發現精神方面南轅北轍的希伯來神祕家與古希臘詩人，也會以不同的形式提出同樣的概念時，我們必得認定這絕不是偶然的情況，而且更要小心仔細檢查。

三十、讓我們跳脫之前常用的依既定順序分析象徵的方式，並將這些象徵物依其所屬分成兩類。

三一、第七輝耀的希伯來名稱是聶札賀，代表勝利之意。它的額外稱號則是「堅毅」，也暗喻著勝利與支配的力量。它的神之聖名則是Jehovah Tseva' oth，即萬軍之上主或眾軍之神，對應聶札賀的天使團則是the Elohim，即統管自然的眾神。

三二、配賦給這輝耀的四張塔羅牌，即以負面的形式呈現，都含有戰鬥的意思。然而這裡有讓人覺得好奇的地方，即只有權杖七擁有正面或好的意思，其他三張數字七都是象徵不幸的牌，然而其原因會在我們以整體的方式了解象徵意義之後就會明白，所以我們稍後再回到這裡。

三三、讓我們開始來思索其他的象徵性影像。聶札賀的塵世能量中心是金星，而其魔法形象是美麗的裸女，這樣的連結是滿明顯的。其對應的靈性經驗是美勝的異象（the Vision of Beauty Triumphant），其美德是無私，也就是說能夠從負向極性那裡進行極化的能力，而其罪咎明顯就是被濫用的愛——不貞與淫慾。

三四、而它在微觀宇宙的對應部位則是腰、臀與雙腿。可以注意到這些部位是形成安置生殖器官的地方，而非生殖器官本身，所以符合前面所提到的概念，即愛之女神與掌管生殖豐產的女神並不相同。

三五、燈、腰帶與玫瑰是配賦給聶札賀的象徵。腰帶與玫瑰的象徵不言自明，因為它們在傳統上就是關聯到金星。然而燈就需要多一些解釋，因為一般的關聯性並沒有這方面的線索，這部分得要從煉金術來看。

三六、四元素關聯到下位四輝耀，其中關聯到聶札賀者為火元素。燈是用於火元素相關操作的魔法武器，因此關聯到聶札賀。火元素對應到的是自然之心的熱烈能量，而它關聯到金星輝耀的火星面向。

三七、所以我們在上述的象徵意義研究當中看到的是，火星、勝利的象徵意義是跟聶札賀的巨觀宇宙面向有關，金星、愛的象徵意義則是跟微觀宇宙、主觀面向有關。這給予我們了解某項在心理層面非常重要的事實之關鍵，古人對那事實非常清楚，然而我們得要等待佛洛伊德的工作以現代語言將其轉譯。也許以下的說法會是最好的表達方式，即個人的元素能量，或說是基本動力，會跟個人的性生活有著非常緊密的連結。

三八、這是我們的心靈生活中非常重要的事實，心理學家對此非常清楚，然而祕法家與靈媒並不重視這部分，因他們通常喜好追求的理想是要逃離物質與其問題。這樣的逃離，就像在打仗時把還沒攻下的城寨留在自己的後方不管那樣，而比較睿智的作法、也是唯一能夠讓生命完整、性情平衡的方法，就是對聶札賀予以足夠的重視，使它能去平衡候德的智性以及瑪互特的物質性，並且一直緊記均衡之柱要有兩側的極性之柱才能構成生命之樹。

三九、自然女神的真正祕訣，在於認知到相對的配對具有的競爭權利，自然沒有善與惡的矛盾相悖，有的只是兩個極端之間的平衡，當某一極端太超過時就是惡，而當兩方不足以達到平衡時也會產生惡。無節制的放縱會招致墮落，而不平衡的理想主義則會招致心理疾病。

四十、通過帷幕到其裡面的人有三種，即祕法家、靈媒與祕術家。祕法家渴望與神合一，藉由從自身生命中移除不屬於神的事物以完成自己對這目標需要盡到的本分；靈媒是精微頻率的接收者，而不是發送者。祕術家則必得至少就某程度而言是個接收者，然而他的主要目標是能夠引導與控制無形界的事物，其方法就跟科學家學會引導與控制自然界的事物完全一樣。

四一、為達成這目標，他必得與無形力量一起和諧運作，就跟科學家藉由了解而掌握自然的作法完全一樣。在這些無形力量當中，有些是從科帖爾降下來的靈性力量，有些是從瑪互特往上走的元素力量。若用卡巴拉的術語來表示的話，巨觀宇宙的科帖爾力量是由微觀宇宙的梯孚瑞特接收，元素力量則是由易首德中心接收，然而——這就是重點所在——這些力量的引導與控制，仰賴聶札賀與候德之間的均衡維持方式。

四二、在微觀宇宙中，聶札賀代表我們的本性中屬於直覺本能及情緒的部分，候德則代表智性的部分。聶札賀是我們內在的藝術家，候德則是科學家。我們的心情在抑制與動態之間的變換，會依照候德與聶札賀在微觀宇宙、即靈魂裡面的極性而動。如果沒有聶札賀的影響力給予動態的要素，過度主導的候德將只會想出一堆理論，但是完全不會在祕術事務上進行實際操作。如果個人的聶札賀領域沒有發揮功能，那麼他將無法掌握魔法，因為候德的懷疑主義會使魔法影像胎死腹中，根本來不及出現。就像自然裡面的一切事物，若沒有對立的極性為其授孕，候德是無法結出果實的。每一個想要進行實際操作的祕術家，其內心必定有藝術家的某些氣質，因為單靠智性的話，無論它有多麼強大，並不會授予力量。藉由我們自身天性裡面的聶札賀，元素力量才能夠連結到意識，如果沒有聶札賀的話，它們就留在易首德的潛意識領域並且盲目運作。祕法裡面的教導之一，即指出具現的每一層級都有著自己的倫理或是對錯標準，而我們必定不要弄錯這些層面，亦即用某一層面的標準來看待另一層面，因為那樣的標準無法使用。心智領域的倫理是「真」，而在星光層面，即情緒與直覺本能領域，其倫理是「美」。如果我們想要使內在眾領域服從合一意識的中央力量的話，就必須學習了解屬於美的正義，以及屬於正義的美。

四三、在進入下位四輝耀的範圍時，我們就來到人類心智的領域。就主觀而言，它們構成人格及其力量，而祕術的入門就在於發展這些力量，並且將它們與梯孚瑞特、即高我或個體性的焦點聯合起來——若從較高觀點來看，與梯孚瑞特的聯合應是必做之事，使力量的發展不會退化為黑魔法。因此在討論聶札賀時，我們必得通過祕法的傳送門，並踏上那只保留給入門者的神聖地方。

四四、雖然我對於單純的祭司技藝並不倡言守密，然而祕法中有些特定的實務祕訣如果用不得體的方式呈現的話，必定會被誤用。而人性也會根深柢固地傾向將自己的定義套用在熟悉的術語上，並且除了自己所熟悉的關聯之外，拒絕認知其他跟該術語有關的定義。如果我揭起聖殿帷幕的一角並揭露性僅是宇宙極性原則的特殊例證時，那麼人性在當下就會認定極性與性是同義詞。如果我說的是，即使性是極性的一部分，然而極性有很大的部分跟性沒有關係，人性還是會無視我的解釋。所以若我用物理學的術語來代換那些其實更為貼切的心理學用語，並說生命只會在迴路中流動，如果把它隔絕，它就會變成無生命的狀態，反而能讓人們更加了解我的意思。就讓我們把個人的人格當成是一部電器，它必得接上來自發電廠的電，這裡的發電廠就是神，是所有生命的泉源，如果沒有接上祂的話就沒有推動的電力。然而這電器同樣也要「接地」，不然那電力無法流動，而每個人類個體都得要跟地球「接地」才行，無論是字面或是比喻的意思均是如此。理想主義者嘗試導入隔絕物，將自己與所有接地點隔絕，好使那流進來的能量不會被浪費，然而他並沒有明白地球是一塊巨大的磁鐵。

四五、古老時代的傳統宣稱，通往祕法的關鍵就寫在赫密士的翠綠石版上，而它上面所刻的字就是「如其上、同其下」。將物理學的原則運用在心理學，謎團反倒能夠加以解讀。有耳可聽者，就應當聽啊[1]！

四六、我們最後來思索與聶札賀關聯的塔羅牌，就是數字七的四張牌卡。

四七、我們現正來到地球層面的影響領域，所以講述一下這些小牌在占卜的象徵意義也許比較好。它們象徵不同的輝耀在卡巴拉神祕家的四界所具有的不同功能模式。權杖牌組對應靈性層級、聖杯牌組對應心智層級、寶劍牌組對應星光層級，而星盤牌組則對應物質層級。所以，如果星盤七是現在占卜結果時，這代表聶札賀的影響力正在物質層面發揮作用。有一句奇特的諺語就是「情場得意、賭場失意」（Lucky in love, unlucky at cards.），其實也就是說那些對於異性頗有吸引力的人通常一直惹上麻煩。金星在世俗事務上會是一股帶來擾動的影響力，使人在進行嚴肅的日常生活工作時分心。一旦她的影響力與瑪互特接通時，她就得把權杖交給穀神色列斯並不再干涉。愛情無法使整個家維繫起來，但孩子可以。星盤七的卡巴拉名字是「沒有完成的勝利」（Success Unfulfilled），而我們只要去看埃及豔后克利歐佩特拉（Cleopatra）、亞瑟王之妻關妮薇（Guinevere）、伊索德公主（Iseult）及哀綠綺思（Heloise）的生平，就會了解到金星在影響物質層面時會有這樣的箴言：「為愛賭一切，必失全世界。」（All for love, and the world well lost.）

四八、寶劍牌組則是配賦在以太層面。寶劍七的祕密名稱是「不穩的努力」（Unstable Effort）。這名稱在表達金星於情緒領域中強烈卻無法持久的行動還真是適切。

四九、聖杯七的祕密名稱是「幻象般的勝利」（Illusory Success），這張牌卡代表金星在心智層面的作用，也就是她的影響力絕不會往「清楚看見」的方向作用。如果處在金星的影響之下，我們會相信自己想要相信的事物。而她在這層面的箴言就是：「愛是盲目的。」

五十、金星只有到靈的領域才能恢復原貌。而她在這裡的牌卡，即權杖七，被稱作「勇敢」，這描述跟當她的靈性意義被了解及運用時，其所展現的動態與活力充沛的影響力十分相符。

五一、這裡有趣的地方在於，配賦給聶札賀的四張塔羅牌卡居然能夠揭露金星在經過這些層面的影響力之本質。它們為我們上了一堂非常重要的課，因為它們顯示出這股力量若沒根植於靈性原則的話，基本上相當不穩定。愛的較低層次屬於情緒，基本上並不可靠，然而較高層次的愛是動態且活力充沛的。

1 譯註：〈馬太福音〉11：15

第二十三章
候德
(HOD)

稱號：

候德，榮耀。

（希伯來文寫法：הוד，即 He, Vau, Daleth。）

魔法形象：

雌雄同體。

在生命之樹上的位置：

位於嚴柱底端。

《形塑之書》的敘述：

第八條路徑被稱為「絕對或完美智性」，因為這就是原始（Primordial）之道，除了藏在屬於「高尚中的偉大」的隱密地方，並在那裡放射出適當的自身本質之外，它沒有可以依戀或棲息的根源。

神之聖名：萬軍之神（Elohim Tseva'oth, the Lord of Hosts）。

大天使：米迦勒（Michael）、似神者。

天使團：眾神諸子（Bene Elohim, the Sons of the Gods）。

塵世能量中心：水星（Kokhav）。

靈性經驗：壯麗輝煌的異象。

美德：真實。

罪咎：虛假、不誠實。

微觀宇宙的對應：腰與雙腿。

象徵：名字以及短詩，還有工作裙。

塔羅牌：

四元素牌組的數字八。

權杖八——迅速；

聖杯八——放棄的勝利；

寶劍八——截短的武力；

星盤八——深謀遠慮。

閃現的顏色：

原型界——紫羅蘭色與紫色之間；

創造界——橘色；

形塑界——赤褐色與紅色之間；

行動界——綴有白色的黃黑色。

一、生命之樹的侯克瑪與庇納象徵宇宙的兩個根源力量，即正向與負向力量。而卡巴拉神祕家則認為，雖然每個輝耀會依照數字順序放射，然而這兩個上位輝耀在當生命之樹建立起來時，還會以對角線的特別形式進行折射。而《形塑之書》也在對於侯德的敘述文字中指出這一點——除了藏在屬於「高尚中的偉大」的隱密地方，並在那裡放射出適當的自身本質之外，它沒有可以依戀或棲息的根源。還記得吧，「高尚中的偉大」是黑系德的另一個名字。

二、庇納是形的給予者，黑系德則是宇宙的同化作用，它將庇納形成的單元組織成複雜、互動的結構。而身為黑系德的反射，候德是再次回到形的輝耀，它在另一領域代表這項凝固的原則。

三、另一方面，侯克瑪是動態原則，它反射到葛夫拉，也就是宇宙的異化作用者，象徵將複雜事物分解成簡單事物而釋出蘊藏能量的過程。而葛夫拉會向下反射到聶札賀，也就是自然的生命力。

四、在對於五道較低輝耀的了解中，重要的是了解目前的進化階段已使它們裡面的人類意識有某程度的發展。梯孚瑞特代表較高層次的意識，而個體性與人格會在它裡面合而為一，聶札賀與候德象徵星光意識中對應形與力之面向。由於人類意識在這些領域已經有些發展，它們的純粹宇宙本性已被人類意識大幅覆蓋。而在瑪互特所發展的人類意識，則是從肉體感官經驗分離出的形體意識，其狀況會以比較稀薄的形式反射回到候德與聶札賀，而回到梯孚瑞特的量還會更少。易首德則是比較明顯受到瑪互特升起的影響力之控制。

五、這是歸因於一項事實，即發展程度足以達到獨立意志的任何存在，其心智會以客觀的態度影響它的環境，藉此調整環境。發展程度較低的存在，例如沒有運動表現力量的單純生命形式，例如海葵，對於環境的影響能力很小。然而發展程度較高、較具智性的存在能夠做出很大的影響，並以自己的能量與智性，迫使環境依循自己的意志，就像水獺建立河壩那樣。至於人類個體，即物質生物中進化程度最高者，已學會能為環境帶來巨大影響的方式，因此物質層面的地球已逐漸屈從於人類，而整個物質領域事實上也全被其利用。

六、關於意識的各層次之相關狀況，也有完全相同的比喻。心智從思想材質建立起來、靈性本性從宇宙的靈性力量建立起來，其過程就跟海葵從海水帶給牠的營養物質建構自身那樣。而發展更高程度的人格，就像進化程度更高的動物那樣，能依自身能量與能力影響自己所待的精微環境，那由思想材質構成的心智也會在心智層面形成能被注意到的影響。

七、星光層面基本上是人類心智較為厚重的面向之功能層級，而當我們在觀察它的時候，會發現這層面的力量與因素會在意識呈現為具有明確人類輪廓的以太形體。若我們不是用全盤接受的態度，而是以哲學觀點來看這主題，那麼我們就無從解釋這一切如何能夠如此。然而，入門者對此有屬於自己的解釋。他會說這是人類心智自己創造出這些具有人類輪廓的形體，用來代表這些具有智性的自然力量以呈現給自己看，而其理由係出自類推，即由於這些形體都是個體化的，那麼它們的個體性之具現載具，必定會跟人的個體性之具現載具一模一樣。

八、當然，實情並不一定如此。事實上，這些生命形體憑自己的意思運作，並在自然現象中完成轉世，而它們的載具已跟河、山、暴風雨等等的自然力量協調一致。當人接觸星光層面時，無論是靈媒還是魔法師，他總會進行人格化的動作，依自己的意思創造許多形體，用來代表那些難以捉摸的精微能量給自己看，因為他想要接觸、了解這些能量，並以自己的意志駕馭之。他是上位母親庇納的真正後裔之一，天生就偏好對自己能夠有意識發展的層面進行組織與創造形體。

九、對於能夠看見星光層面的人來說，他們在那裡看到的形體是由人的想像力造出來的，以象徵這些精微自然力量，因為這些進化形體跟人類不一樣。這些跟我們不一樣的其他進化形體之智性，在接觸到人類生命時，有時能被說服採用（人想像出來的）這些形體，就像人穿上潛水衣而進入另一種環境那樣。有某種特定的基礎魔法就是在處理這類形體的製作，以及將存有注入物體中以當成靈魂。

十、就讓我們來思索像這樣的過程在進行時到底做了什麼事情。原始人的心靈素質其實比文明人還要強，因為他的心智並未被教育充分組織過，所以對於任何具有高度組織的自然力量單元，能夠直覺地覺察到它們後面有著精微的事物，而這些事物使這些單元各自有別。人們的潛意識對於這方面的覺察力遠大於他們自己所承認的程度。用「她」來指稱船隻，或是使用「泰晤士河之父」的名稱，人們之所以如此並非毫無意義。野蠻人感受到那處在現象後面的生命，嘗試去接觸它，為的是使自己能夠順從、接受它。既然他明顯無望征服它，就必須順從它，就像在面對那些活在其他部族的人身裡面的不同靈魂那樣。為了順從它，就要有談判，人無法順從絕不談判的人。根據自身原始類推方法所得出的推理，野蠻人認為那些在自然現象後面的存在會居住在某個跟他的夢裡生活相似的地方，由於白日夢相似於睡夢，而且具有能以己意引動的好處，他嘗試藉由進入對方的居住地方以接觸這些處在不同領域的存在。也就是說，他在白日夢中或幻想中製造出最接近夜間睡夢視野的版本，而當他達到高度的專注時，就能將自己的清醒意識關閉，且自願地進入夢態，那是他自己決定出來的夢。

十一、為了達到這目的，他在個人想像中建立起心智形象，用於象徵他想要順服的自然現象裡面的智性存在。而他一直反覆地建立這形象，他敬愛它、呼喚它並向它祈禱。如果他的呼求夠熱烈，他所尋求的存在會以感應的方式聽到他，而且也開始對他正在做的事情感興趣。如果他的敬愛與犧牲對它來說是樂於接受的事物，就有可能獲得它的配合。於是它可能逐漸變得溫順、馴化，最後就有可能被說服三不五時地進入那些從思想材質建成的形體，將那些形體當成載具，而自己就當那些載具的靈魂。當然，這類操作的成功，在於信奉者藉由對於自己呼求的自然存在之心靈共感而能夠心領神會的程度，而他在這方面的能力高低完全取決於他的本質能夠含有該存在之本質的程度。

十二、如果這過程順利的話，那麼我們就馴化了自然生命的一小部分，而它的轉世就會處在它的信奉者所建造的形體裡面。只要那星光形體能藉由適當的崇拜——即由具有能夠跟那種生命共感交流能力的信奉者所執行的崇拜——而維持下去，那轉世的神就能被帶入到人們能夠覺察的範圍供人們接觸。而當崇拜中止時，這樣的神就會退回到自然裡面屬於自己的地方。然而，如果有其他的信奉者，他們擁有必要的知識以建立出符合他們所要呼請的生命之本質的形體的話，那麼將這股曾被當成靈魂注入形體的經驗之生命吸引來進入這形象，其過程跟當初相比會變得容易許多，如同用一籃燕麥來捕捉馬兒，會比去牠的生長地到處追逐要來得容易許多。

十三、現在也許有人會說，這一切只是純粹武斷的猜想而已。我如何知道原始人是這樣進行的呢？那是因為古早以來，神祕的祕法傳統就是這樣的運作，也因為這方法在被任何具有必要的專注技術，且知道那些用來建構不同形體的符號之人運用時，會是有效的方法，使舊有的神祇回到重新燃起火焰的神壇。明確的結果會出現在信奉者的意識中，如果他們借用降神的方法，且用於物質化的靈媒也在場的話，就會出現非常明確的現象。

十四、這就是具有知識的祭司們在做彌撒（the Mass）所用的方法。羅馬教會有兩種祭司，其一是有領俸的教區神職人員，另一種則是屬於修道院組織，並將教區，特別是在地的福音事工，當成自己分內之事來做。這些修士經常會為彌撒的運作帶來非常高層級的魔法力量，任何靈媒都能證實此事。「聖餐變體」（Transubstantiation）真正在做的動作，就是將靈性力量當成靈魂灌入某個以太形體。「至一、至公、使徒所傳的教會」（the One Catholic and Apostolic Church）的力量，在於擁有對於這些事物的知識，以及那些在對外隔離的修道院受過這類知識的運用訓練的男性與女性所組成的系統化機構。而對於這類內在知識的缺乏就成為倡言宗教分立的基督信仰教派的弱點。若與羅馬天主教儀式相較，聖公會（英國國教）因缺乏這知識而在水酒轉換方面有所不及，即使做足全套儀式也是如此。那是因為進行這些儀式的人缺乏羅馬天主教傳統會有的祕密運作知識，也沒受過觀想技術的訓練。我不是天主教徒，以後也不會加入他們，因為我不會順從他們的規範，也不相信天底下只有一個人的名字可以拯救人類，更不用說敬畏那個名字了，然而當我看到那力量時，我認得它，而且我尊敬它。

十五、不過羅馬天主教會的力量並不在於權柄，而是在於功能。它相當有力量，但不是因為使徒彼得擁有天國的鑰匙（他大概沒有這把鑰匙），而是它知道要怎麼做自己的工作。聖公會的祭司若有運用我在這本書所講的原則，是沒有理由不具力量的。我們在「主耶穌的公會」（the Guild of the Master Jesus）中——這是我自己的組織「內明社」之一部分——是帶著力量進行彌撒，因為我們有應用這些原則。當我們剛開始的時候，有人要為我們的服侍人員提供「宗徒傳承」（Apostolic Succession），然而我們拒絕接受，因為我們覺得還是運用自己的知識自行進行全新的接觸會比較好，而不是從某個沒有超越迷信的源頭獲得「宗徒傳承」——而後續的經驗證明我們當時的決定是對的。

十六、為了完全了解魔法的哲學，我們必須記得單一輝耀絕對無法發揮功能，因為若要發揮功能，就得要有相對的配對處在平衡的均衡，而塑造出具有功能性的三位一體。在相對的配對中，若單靠它們自己並不會發揮功能，因為它們只會不斷互相中和而已。唯有它們統合在平衡的力量中以第三位的姿態流動，也就是父、母、子的象徵時，它們才會達到動態的活動，這跟永遠相互鎖定、等待被呼喚的蟄伏力量有所區別。

十七、下位三合一的功能性三角形是由候德、聶札賀與易首德構成，如前所述，它相當於處在星光層面的形與力。易首德是以太物質——即「空」或別稱「星狀光」——的基礎。候德的特點是魔法之輝耀，因為它就是形體組成之輝耀，所以這就是魔法師真正進行操作的地方——即他的心智會去組成形體，而他的意志則形成將聶札賀領域的自然力量牽引過來的連結，使它以靈魂的形式注入形體之中。然而，這裡要注意的是，若沒有聶札賀、星光層面之力之面向的連結，就不會有注入靈魂的過程。若有連結聶札賀，由於它是情緒的輝耀，所以這些連結是經由共感或「感受」建立的。意志的力量會將魔法師從候德投送出去，然而只有共感的力量才能帶他進入聶札賀。若與決意掌控一切的冷酷之人相比，具有純粹的情緒、柔軟的共感之心的人，才是能與力量一起運作的大師。專注的意志之力是需要的，這使魔法師能夠鼓起勇氣去做自己要做的事情，然而他的連結能力得需要想像的共感之力才行。這是因為唯有用想像的力量，才能進入不同於我們的存在類型之生命中，獲得自己與自然之力的連結。想要用純粹的意志來控制自然之力，如有不從則以強力的神之聖名詛咒，這只會是黑巫術而已。

十八、如同前面所提到的，我們是藉由自身本質中對應的因素來與自然之力接觸。而我們內在的金星質地使我們能夠接觸那些由聶札賀象徵的影響力，我們自身心智中的魔法能力使我們能夠接觸候德－水星－托特領域裡面的力量。如果我們的本性中沒有金星、對於愛的呼喚沒有能力回應的話，聶札賀領域的大門將永遠不會向我們敞開，而我們也永遠得不到它的入門祝福。同樣地，如果我們沒有魔法能力，即智性想像的運作能力，候德領域將永遠不會對我們敞開它的書頁。我們只有在得到某輝耀的入門之後——若用祕法的術語來說就是「授予力量」——才能在該輝耀進行操作。而在祕法的技術運作部分，這些入門會在物質層面藉由儀式來授予，然而儀式也許有效、也許沒效，其要點在於「事物若沒已到蟄伏、蓄勢的程度，無法被搖醒、催動」。生命是真正的點化者，即生命經驗會刺激我們的本質裡面的能力，並按其擁有程度而有所發揮。而在各級次給予的入門、點化儀式及相應知識，僅是設計用來有意識地覺察到那處在潛意識裡面已發展起來的反應能力，以及為了將這些能力帶到意志的控制當中並接受較高智性的指導，因為這些能力在此之前只會盲目回應各自適當的刺激而已。

十九、這裡要記牢的是，只有那些從情緒反應的領域帶出來並置於理性控制之下的反應能力，才能把它們當成魔法力量來用。唯有具備在各層面回應金星呼喚的能力，求道者才能容易且不費力地依自己的意思克制不去回應，如此一來他才會是聶札賀領域的入門者。也是出於這緣故，所以才有「大師能利用一切事物，但不依賴任何事物」的說法。

二十、知道怎麼看的人會從候德的象徵中看出上述原則。《形塑之書》宣稱候德是完美智性，因為那就是原始之道。換句話說，它是處在均衡的力量，因為「道」這個字暗喻著其位置就在兩個極端之間。

二一、關於抑制的反應與預期滿足之概念，就表現在塔羅牌的聖杯八之名稱，其祕密名字是「放棄的勝利」（Abandoned Success）。在塔羅牌的象徵意義中，主要受到金星影響的聖杯牌組，象徵著愛的不同面向與影響。「放棄的勝利」，即對於能夠給予滿足的本能反應之抑制，換言之，通往候德之力的關鍵就是「昇華」（sublimation）。但要記得，昇華跟壓抑或消除是不一樣的事物，昇華會應用在自我防衛的本能與生殖繁衍的本能，然而大眾心智會認為昇華只會應用在後者。

二二、在寶劍八的祕密名稱是「截短的武力之君王」（the Lord of Shortened Force），同樣的概念再次出現。我們能在這些描述為了控制動態力量而給予的檢驗及制動之敍述中得到清晰的畫面。

二三、星盤八則象徵候德的本質具現在物質層面，所以我們就有「深謀遠慮之君王」（the Lord of Prudence），這也是檢驗與抑制的影響力。然而上述三張負向、抑制的牌卡都歸在權杖八的管轄之下，象徵候德領域在靈性層面的行動，其名為「迅速的君王」（the Lord of Swiftness）。

二四、所以我們可以看到，藉由較低層面的抑制與克制，使得最高層面的動態能量變得可以取用。在候德領域中，理性心智會對靈魂的動態動物本性施加抑制的影響，藉由限制及阻止漫射的方式，將其聚集、規劃並引導之。這就是運用象徵物的魔法操作方式，亦即藉由這些方式，自由移動的自然力量被約束並引導到那已計畫妥當的意欲結果。這種指引與控制的力量只會由流動性的犧牲而來，因此候德可說是庇納藉由黑系德呈現的反射影像。

二五、在研究過候德領域的一般原則之後，我們現在來仔細推敲它的象徵。

二六、候德的希伯來文字之意思為「榮耀」，而這會使心智馬上想到的是，它是形已明確組織起來的第一個輝耀，也是那股在人類意識中顯現的原始光輝。物理學家跟我們說光之所以會被看成是藍色的天空，是因為大氣層的灰塵顆粒將其折射所致。絕對無塵的天空會是絕對漆黑的大氣層。神的榮耀只會在具現中、也就是在那裡有著將它具現出來的形式的時候，才能閃現出來。

二七、候德的魔法形象為冥想給予相當有趣的主題。能夠掌握前面幾頁重點的人們會看得出這個結合男性與女性要素的象徵，真是適切地完整表示魔法操作的形力並存之本質。

二八、候德在本質上是接受自然力量以靈魂之姿灌注其中的形之領域，反過來說，自然力量在這個領域採用可供認知的形。

二九、我們對於《形塑之書》的文字已有長篇的討論，因此讀者如要參考相關細節，可以翻閱那部分的討論。

三十、候德的神之聖名「萬軍之神」（Elohim Tseva' oth, the Lord of Hosts）係展現雌雄同體的有趣象徵方式，因為 Elohim 是陰性的文字加上陽性複數的後綴，卡巴拉神祕家藉此表示候德象徵某種雙重的活動，或是力藉由組織而發揮作用。在負向之柱的三道輝耀，其神之聖名都會含有 Elohim 這個字——庇納是 Jehovah Elohim、葛夫拉是 Elohim Gibbor，而候德是 Elohim Tseva'oth。

三一、Tseva'oth 意謂一大群或軍隊之意，所以我們得到的概念是神聖生命在候德具現為一大群形體，且具有力量灌注其中而形成的靈魂，相對於聶札賀的自由流動。

三二、分配給候德的大天使米迦勒也值得我們多做思索。祂一直都被表現成踐踏巨蛇並以劍刺穿的形象，也經常看到祂手持天秤的形象，而天秤象徵著均衡，也在呼應《形塑之書》的同一概念：「原始之道。」

三三、那條被偉大的大天使踩踏的蛇是原始力量，即佛洛伊德派心理學家所謂的陽具之蛇，而這圖像給予我們的教導，則是候德的限制性「深謀遠慮」能夠「截短」原始力量，使它不致溢出自己的界線。還記得「人的墜落」在生命之樹是用具有七個頭的巨蛇作為象徵，牠跨出圍著牠的範圍，並抬起那些戴著王冠的頭指向達阿思。看著象徵彼此往來交織，並且相互強化又闡釋彼此的意思，從而在卡巴拉的冥想中產生它們的果實，其實是相當有趣的觀察經驗。

三四、在候德發揮功能的天使團則是眾神諸子（Bene Elohim, the Sons of the Gods），我們又再次看到「萬軍之神」的概念。神祕科學中最為重要的概念之一，是關於那些須有中介的造物者事工。未入門者及世俗之人會認為神是事必躬親，祂設計高樓大廈的同時也要親手疊砌磚頭。然而入門者將神看成是宇宙的大建築師，在原型層面設計祂的藍圖，而大天使們會來找祂拿設計的指示，因為大天使就是監工，祂們會指導眾多謙恭的工兵依照至高者的原型藍圖疊砌石頭。那麼這位建築師會在何時親手建造祂所設計的高樓大廈呢？答案是，不會有這樣的時候，即使那正在興建的東西就是宇宙，也依然如此。

三五、對應候德的塵世能量中心是水星，而其象徵是赫密士—托特神，這些在之前都已經講過。

三六、分配給這道輝耀的靈性經驗是壯麗輝煌的異象，也就是對於「在這已創造成形的世界中，神的光輝仍持續具現」之了解。候德的入門者看到那些已創造成形的事物之背後並認出它們的創造者，並在了解自然的輝煌及在那無以名狀之事物的外衣當中，他接收到自己的啟悟並成為那位偉大建築師的工作夥伴。對於那操縱一切具現與表現的靈性力量之了解，即是通往那在光之魔法中運用的候德之力的關鍵。藉由將自己當成這些力量的管道，白魔法大師將秩序帶入失衡之力的輝耀所呈現的失序情況，而不是依個人意志偏轉那些無形的力量。他為失衡事物帶來均衡，而不是任意操弄自然。

三七、在墨丘利－赫密士、科學與書籍之神的領域中，我們會明顯看到它的至高美德就是真實，而該輝耀的對立面向則是顯露出墨丘利身為竊賊與精明流氓之神的面向。在神祕倫理當中，每個層面都有自己的一套關於對錯的標準，物質層面的對錯標準是力量、星光層面的對錯標準是美、心智層面的對錯標準是真實，而靈性層面的標準等於我們對於對錯的了解，因此除了用靈性價值來衡量之外，不會有道德倫理的標準，如果有的話，最多只是權宜的說詞而已。因此在本質特別屬於有形心智的領域中，卡巴拉神祕家將其至高美德定為真實是完全正確的作法。

三八、其在微觀宇宙的對應則是腰與雙腿，係根據水星在占星方面的主宰而定。

三九、配賦給候德的象徵物則是名字、短詩及工作裙。名字就是力量文字，而魔法師藉此將「眾神諸子」的多重形式力量召喚到意識之中。這些名字並不是隨意亂取，也不是不具有語源或異議的野蠻文字。這些名字是哲學的方程式，而在某些例子中它們會有語源方面的解釋，例如埃及神祇的名字是由力量的名字以及用在指稱合成力量時的象徵物之名字所構成的。然而，在所有以卡巴拉為根基的魔法系統中，魔法名字係基於對應神聖字母表中子音在數字學所代表的數值而建構的，所以會有希臘文版本、阿拉伯文版本、埃及古文卡巴拉（Coptic Qabalah）版本，還有較為人所知的希伯來文版本。這些子音在用對應的數值代換時，會產生一個數字，因而魔法師就能用多種數學方法處理這數字。有些方式會根據純粹的數學運算方式，而得出的結果再轉譯回文字，這會在一些相似或具有相關力量的名字中顯示出非常有趣的對應關係。這是卡巴拉知識令人非常好奇的面向之一，而它會藉由具有足夠能力的闡述者而產生出有趣的結果，不過它對於粗心的人來說到處都是陷阱，因為它可以被用來產生無限多的結果，只有對於第一原則有完整知識的人才能告訴我們這些類比何時合理、何時不合理，使我們不會掉入輕信與迷信裡面。

四十、短詩就是咒語般的詞句，而咒語可說是發音渾厚響亮的詞句，而當藉由念珠計數的方式再三重複唸誦咒語時，會對心智產生影響，類似自動暗示的特殊形式，這其中牽涉到的心理學已複雜到不適合在這時候探討。

四一、工作裙則立即關聯到睿智之王所羅門（Solomon the Wise）的入門者，這是入門者在小祕法（the Lesser Mysteries）所穿的特色衣裝，而這些入門者都會被視為技藝師，因為他們是形體之製造者。由於候德輝耀是魔法形體製作者的操作領域，所以由此就可看出工作裙在這裡的象徵是滿貼切的。工作裙將月亮中心易首德遮掩起來，而這部分就留到適合之處再提。之前就有提過，易首德是星光層面的相對配對之功能面向。

四二、至於塔羅牌中分配給這輝耀的四張數字八，我們已經在前面講過。

四三、那麼我們做個總結。在候德這裡，有著跟單純心智力量不一樣的正式魔法之領域。魔法師啟用自然力量而在那裡組成的形體，就是眾神諸子。

第二十四章
易首德
(YESOD)

稱號：

易首德，根基。

（希伯來文寫法：יסוד，即 Yod, Samekh, Vau, Daleth。）

魔法形象：

非常強壯的俊美裸男。

在生命之樹上的位置：

位於均衡之柱近底端處。

《形塑之書》的敘述：

第九條路徑被稱作「純淨智性」，因為它淨化眾光輝。它查驗及校準眾光輝象徵物的設計，並在眾光輝無減損、無分裂的情況下，使它們傾向原本設計的合一。

神之聖名：全能的活神（Shaddai El Chai, the Almighty Living God）。

大天使：加百列（Gabriel）、神的力士或英雄。

天使團：基路伯、強壯的天使（Keruvim, the Strong）。

塵世能量中心：月亮。

靈性經驗：宇宙機制（the Machinery of the Universe）的異象。

美德：獨立。

罪咎：懶散。

微觀宇宙的對應：生殖器官。

象徵：香氛與涼鞋。

塔羅牌：

四元素牌組的數字九。

權杖九——巨力；

聖杯九——世俗的快樂；

寶劍九——絕望與殘酷；

星盤九——世俗的成就。

閃現的顏色：

原型界——靛藍色；

創造界——紫羅蘭色；

形塑界——非常深的紫色；

行動界——綴有湛藍色的檸檬色。

一、對於易首德的象徵研究，會顯示出兩套明顯並不相稱的象徵。其中一個概念是將易首德當成具有強力構造的宇宙基礎，這部分是由不斷重複出現的力量概念呈現，例如非常強壯的俊美裸男之魔法形象、全能的活神之神之聖名、基路伯之強壯的天使們，以及權杖九，其祕名為「巨力之君王」（the Lord of Great Strength）。然而另一個概念則是月亮的象徵，非常有流動性、永遠處在潮起潮落之中，而掌管的大天使加百列，是水元素的大天使。

二、我們要如何調解這些相互衝突的概念呢？其答案就在《形塑之書》的敍述，其稱第九條路徑「淨化眾光輝」。它查驗及校準眾光輝象徵物的設計，並在眾光輝無減損、無分裂的情況下，使它們傾向原本設計的合一」。而配賦給易首德的靈性經驗本質，即「宇宙機制的異象」，也為這個概念增添了解。

三、所以我們得到的概念是，流動的混沌之水中終會被聚攏起來，並由那些在候德那裡「設計」的「象徵物」進行組織。而「宇宙的機制」的組織過程中，這些象徵物，或說是組合的形象，會有最終「查驗」、「校準」及「傾向合一」等動作，而對於這一切的異象構成這道輝耀的靈性經驗。事實上，易首德也許能被描述成宇宙機制的領域。如果我們將地球王國比擬成一艘巨船的話，那麼易首德會是它的引擎室。

四、易首德是屬於某種獨特事物的領域，具有心智與物質兩者特質的它被稱為睿智以太（the

Aether of the Wise）、空或是星狀光，依當時使用的術語而定。然而它不是物理學家所稱的以太，那是瑪互特領域的火元素，這種以太對於前面的睿智以太而言已算是厚重物質。事實上，科學家依經驗而認為係屬於以太的那些現象，其基礎即睿智以太。其實，睿智以太也許能被稱為物理以太的根基。

五、對於物質主義者來說，物質宇宙是一道無法解開的謎題，因為他堅持要用它自己的層面來解釋它，然而這樣的作法在任何思考領域都行不通。只用自己來解釋自己，等於完全沒有解釋，如要解釋，只能從更大的整體才能進行。古人的四元素在第五元素以太中得到解釋，入門者也是一直維持這樣的作法，因為神祕哲學的教導有提到，任何四種可以看見的狀態，它們的根總會在隱形的第五種狀態那裡。例如卡巴拉神祕家的四界，它們的根是在無具現之帷幕（the Veils of Unmanifest）的後面。唯有帶入這個未具現的第五者，並賦予它不在具現的四者出現的屬性、使它成為最初因的必要事物，我們才能對這四者的本質有所了解。所以，相對於瑪互特的四元素，即古人所說的火、地、水、風，也就是現代的以太及物質的固態、液態與氣態，我們會在易首德看到未具現的第五元素。

六、那麼，如同卡巴拉神祕家的教導，易首德必得當成是接收所有其他輝耀的放射之容器，是最接近瑪互特的輝耀，而且也是將這些放射傳送到瑪互特、物質層面之唯一管道。如同《形塑之書》所言，易首德的功能是要淨化那些放射，予以查驗、校準，也因此所有設計來校準厚重物質領域的操作，或是處理該領域在設計方面的合一性，也都在易首德進行。因此，對於任何設計要在物質世界發揮作用的魔法來說，易首德是最為重要的輝耀。

七、這裡要清楚知道的是，所有輝耀都會依各自本性運作，而這本性是無法被魔法或奇蹟般的影響力更動，無論力道多強都是如此，所以我們只能「校準」象徵物的「設計」，被象徵的事物仍保持一樣。因此，物質世界的狀況無法恣意處置，就連最高的靈性力量也無法任意而行，雖然還是有人相信能夠藉由祈禱請神為他們出面干涉，像是療癒自己的疾病或是降下雨水等等，然而這些事物受到影響的程度最多也只跟最強大的巫師操作法術造成的影響相當。唯一能夠處理瑪互特的方式就是透過易首德，而處理易首德的方式就是透過候德，也就是「設計」這些「象徵物」的地方。就讓我們徹底清除那存在於心智中關於靈能夠直接作用在物質上的誤解，事情從來都不是如此。靈透過心智運作，而心智透過以太運作，而身為物質架構及生命力載具的以太，可在其本性的範圍之內接受操縱，然而這不代表那範圍小到無足輕重喔。因此，所有的奇蹟或超自然現象，都是藉由操縱以太的自然性質而出現的結果，如果我們了解以太的本質，就應當了解那些結果的基本邏輯理由。我們不應再把它們歸類為神的直接干涉或是亡靈的活動，如同現在的我們也不應再把燃燒的現象歸類成燃素（phlogiston）的活動——燃素是前一世代所認為的火之主要原則，而燃素的存在與否會決定某物質的燃燒與否。有些過去曾在學校學習燃素的人現仍活在世上，他們就見證這想法到後來的改變。同樣地，總有一天人們也會以我們現在看待燃素的態度來看心靈現象與「靈」療。

八、就目前的狀態或我們的知識來看，是無法對易首德的以太之本質有著完整的說明。然而，我們可以講述某些關於它的經驗之談。人們目前已從對於靈質（ectoplasm）的研究知道不少事情，而靈質在本質跟易首德的以太十分近似，事實上應該可以將它描述成有機以太，以相對於物理學的以太，即無機以太。我們知道靈質會採用一些形狀，然而它不論是維持或放棄那些形狀都相當容易，這表示其生命並沒被形狀限制，而是能決定自己的形狀。我們同樣也知道靈質能被放射與吸收，只是還不知道這現象的控制條件。事實上，靈質是一種以太原生質（ethereal protoplasm），而我們可以把以太或星狀光之於靈質的關係，想成跟靈質之於原生質的關係是一樣的[1]。

九、雖然我們對於星光層面的以太之究竟本質的了解程度，就跟對於電的究竟本質一樣不甚清楚，但我們還是能從觀察得知它具有特定的性質。我們並不是以推論得出這些特質，而是經由經驗得知這些特質的存在，因為這些特質使我們能夠像前面所提到的那樣，在這精微事物的本性範圍之內以明確的特定方式操縱之。而其中有兩項特質對於實修的祕術家而言十分重要，事實上他的整個系統是以它們為基礎。

十、而這兩項特質，其一為星光以太能由心智鑄出形狀的可塑性；其二則是以太星光能以其類似文件分類架的網狀張力結構支撐厚重物質的分子之支撐性。也許有人會問，我們要如何知道以太具有這些對我們的魔法假設來說相當關鍵的特質呢？我們的答案會是，因為唯有這些性質的存在，才能解釋有生命的物質與意識心智的性質。我們無法單用心智或物質來解釋它們自己，亦即無法用知覺來解釋心智，也無法用意識來解釋有生命的物質。知覺必定是心智與物質兩者一起參與的事情，只擇其一會變得無法解釋。為了解釋神經知覺，我們必得假定出某種位於心智與物質之間的事物，而為了了解具有目的的移動，我們同樣需要同樣事物的存在，也就是說，這種事物能夠接受並維持思想的印象，以影響物質的原子單位在空間的位置。這就是我們為假設的星光以太所配賦的性質，而在物理以太也有類似的狀況，雖然有合理性的爭議，然而是可以被接受的作法。我們為自己的假設提出先例，如果支持物理以太的議論能被接受的話，是沒有理由禁止把某個以太用在心理學上。古老的格言有說過「假設不應過多」，然而當某個假設像以太那樣能夠得出許多成果的話，我們當然有充分理由在類似心理學的科學上試驗類似的假設。這裡有一點是相當確定，當心理學限制自己只能使用物質主義的觀點，並把意識當成附帶的現象，也就是將意識視為心理活動的無關緊要且無目的的副產品時——如果自然的任何事物能被稱作無關緊要且毫無目的的話——那麼心理學永遠無法有真正的進步。就讓我們向煤焦油（coal-tar）學習一下吧，它是石油生產過程中無關緊要且毫無目的的副產品，免費送給想要拿來漆圍牆的人，然而後來有發現它能被用來製造非常珍貴的化學物質、染料以及藥物。

十一、從魔法的觀點來看，易首德是最重要的輝耀，如同梯孚瑞特憑藉它與上位輝耀的超驗接觸，是神祕主義的功能性領域。如果生命之樹以整體來看，就會清楚看到它是以三合一的分組來運作。上位三輝耀在較低層次的對應是黑系德、葛夫拉與梯孚瑞特。任何有卡巴拉實修經驗的人都會知道，事實上對於寄居在肉身的我們來說，梯孚瑞特就是科帖爾，因為沒有人在得見神的面容還能活著。我們只能看到那在聖子裡面反映的聖父，而梯孚瑞特「將父顯給我們看」。

十二、聶札賀、候德與易首德形成下位三合一，並由梯孚瑞特統管，如同小我由高我統管那樣。事實上，也許有人會說生命之樹的下位四輝耀形成人格或轉世單位，而由黑系德、葛夫拉與梯孚瑞特組成的較高三合一，則形成個體性或高我，至於上位三輝耀則對應神聖火花。

十三、我們會觀察到的是，雖然每個輝耀是依序放射而下，然而當放射達到均衡時，三合一的組合總會呈現為一對相對配對持續具現為功能性的第三者之形式。那麼我們會在下位三合一發現聶札賀與候德會在易首德進行均衡，並設想易首德會接受它們的放射。然而它也接受梯孚瑞特的放射，還有科帖爾透過梯孚瑞特而來的放射，因為同一根柱上總會有由上至下的力量流動。而它也會經由聶札賀與候德接收到它們在各自對應的側柱所接受的影響，其結果就是如同卡巴拉神祕家所言，它是「接受眾放射的容器」。而神聖力量就從易首德那裡湧進瑪互特。

十四、對於實修的祕術家，易首德的重要性最高，因為它是祕術家在執行「從諸層面上升」、將意識提升到瑪互特之上時，首先要去熟悉的輝耀。在走過可怖的第三十二條路徑，即以希伯來文字母表最後一字 Tau（ת，音似〔踏〕）代表的受苦十字架或土星之路徑，他就進入易首德，即「影像寶庫」、幻象（Maya, Illusion）領域。就其本質而言，易首德無疑是幻影領域，因為影像寶庫只會是地之領域的反映以太（the Reflecting Ether of the Earth-sphere），並對應到微觀宇宙中心理學家所稱的無意識，裡面裝滿全人類自童年以來所壓抑的一切已被遺忘的古老事物。而候德、魔法領域那裡可以找到打開影像寶庫的鑰匙，好讓我們能夠役使長住在易首德的事物。祕法的確有提到，僅是達到某級次，是無法發揮它應有的功能，要等到掌握下一個級次才行。任何想要在易首德以魔法師的身分進行操作的人會馬上學到自己所犯的錯誤，即雖然他能在寶庫看見影像，但他並沒有能夠役使它們的力量文字。因此在西方途徑的入門過程中（我不曉得東方途徑，所以無法一概納入這裡），無論如何，小祕法都是直接沿著中柱往上走到梯孚瑞特，不會跟隨閃電的軌跡路線。入門者在梯孚瑞特獲得大師資格的第一級之後，如果他想要的話，可以回返學習那跟生命之樹的個性（the Personality of the Tree）——換句話說也就是巨觀宇宙的轉世單位——有關的魔法師技術。如果他不想做上述的事情，而是希望超脫生死輪迴，就會繼續沿著中柱往上移動——也就是卡巴拉神祕家所說的箭之道路——跨越深淵而進入科帖爾，即進入光中不再回返。

十五、易首德也是月亮領域，因此如要了解易首德的意義，我們得要知道祕術對於月亮的一些看法。在入門者所保留的資訊中，月亮跟地球的分開，是在地球發展的以太階段與厚重物質階段之間的進化分界（the cusp）時發生的。熟悉占星術語的人就會知道，分界就是指那處在兩個星座之間、兩個星座的影響力相互糾纏的階段。因此，月亮由於其組成中有一些屬於物質的部分，所以才能成為我們往天空看到的那顆明亮球體。然而，它的組成當中真正重要的部分是以太，因為當進化走到生命發展出以太形體的階段時，就是月亮的全盛時期，因此有些祕術家會稱這階段為進化的月之階段（the Luna Phase）。想多了解這主題的人可以去看瑪克司・海因德爾（Max Heindel）的《玫瑰十字會的宇宙觀》（The Rosicrucian Cosmo-conception）以及布拉瓦茨基夫人的《神祕教義》，它們都有提及這部分。由於卡巴拉神祕家在分類系統上跟印度吠檀多學家（the Vedantists）並不一樣，所以無法在這本書引用印度占星關於「光線與繞行」（Rays and the Rounds）的龐大主題。我們應當只要給出祕術家已知的某些事實，並為有心的讀者指出可以在那裡找到進一步的資訊就好。

十六、根據祕術理論，月亮與地球雖然是分開的兩個實質球體，但它們共享同一個以太分身，而且月亮是有主導權的一方，也就是說，月亮在涉及以太的事情上是電池的正極，而地球是負極。易首德就如同我們所看到的那樣，反映著梯孚瑞特的太陽，而梯孚瑞特是較低層次的科帖爾。天文學家早就告訴我們，月亮的光是借來的，它反射來自太陽的光，而他們現在也開始在暗指太陽的熾熱能量是從外太空供應。若用卡巴拉神祕家的術語轉譯的話，外太空應是偉大的無具現，而卡巴拉神祕家是在以諾與神同行、不復存在之後開始教導這教條，因為神把以諾帶走了——亦即他已接受科帖爾的入門。

十七、如果從較高的觀點來看，就會發現易首德－月亮總是處在潮起潮落的狀態，那是因為月的盈虧所接受與反射日光的量會有二十八天的循環週期。瑪互特－地球也是基於同樣的理由而有潮起潮落的二十四小時循環週期。同理，瑪互特－地球也有三百六十五天的循環週期，並以冬、夏至與春、秋分標示各個階段。對於實修的祕術家來說，這些潮汐的互動影響組合非常重要。這些潮汐的圖表總是被祕藏起來，有些還非常繁複。由於這關係到祕密的操作，也就是那些貨真價實，只能在入門之後授予的祕術祕密，所以這部分不會在這本書討論。然而，這些文字應當已經充分指出，月之以太存在著重要的特定潮汐，以及指出祕術的學生若想試圖不用必要的圖表而進行操作，可能只會浪費時間。

十八、月之潮汐對於植物與動物的生理運作都非常重要，特別是植物的萌芽與生長以及動物的生殖，而人類女性的二十八天的月亮性週期也是例證之一。男人的性週期會跟太陽的年週期有關，然而文明的人工照明及室內空調暖氣設備使得該週期變得不甚明顯，雖然詩人還是有注意到以下的事實——「到了春天，年輕男子的幻想很容易變成愛的想法」——而其相關參考資料已經多到使這句引述看起來像是老生常談。

十九、月光是這些屬於以太層面的活動之刺激因素，由於地球與月亮共享同一個以太分身，以太層面的一切活動會在月望時達到最為活躍的程度。同理，在月朔時，以太能量就在最低潮的狀況，使得未經組織過的力量容易興起而造成麻煩，換言之，反輝耀的混沌之龍在那時揚起它的眾頭。而其結果就是，除非很有經驗，不然月朔時最好把實修祕術的操作擱在一旁。那是因為給予生命的力量在那時比較弱，而促使失衡的力量變得比較強，使得經驗不足的人容易造成混亂的結果。

二十、所有的心靈力量與感受能力都能感知道這些宇宙潮汐，甚至不是那麼敏感的人們所受到的影響也遠超過一般理解的程度，特別是在生命能量低落的生病期間更是如此。

二一、關於易首德並沒有太多可以講的部分，因為它裡面藏著魔法運作的關鍵，所以我們只能以使用類似密語的形式來作解釋，若有聽出言外之意，還請自由運用。

二二、我們已經注意到聶札賀與候德所具有的有趣雙面性質，像是候德的魔法形象是雌雄同體，而維納斯－阿芙柔黛蒂的形象在古時候也有蓄鬍者。而在易首德，我們又遇到這樣的雙面象徵性，也即將會在瑪互特看到這種性質。這明顯指出，我們應要認清生命之樹下位各輝耀都會具有的力與形之面向。這部分在易首德與瑪互特有著明顯的表現，所以配賦給它們的神祇也都要有男神與女神。

二三、易首德本質上是月亮領域，因此受希臘的月之女神黛安娜管轄。而黛安娜基本上是貞潔的女神、永遠的處女，而當無禮莽撞的阿克提翁（Actaeon）騷擾到她時，他就被自己的獵犬咬碎。然而黛安娜在以弗所被當成掌管豐產生殖的多乳女神來崇拜。此外，伊西絲女神也是月亮女神，係由祂額頭上方的弦月表示，而這道弦月在哈托爾（Hathor）變成牛角，而牛對於所有人來說都是特指母性的象徵。而在卡巴拉的象徵意義中，生殖器官歸屬易首德。

二四、這一切乍看之下讓人感到相當困惑，因為這些象徵事物看似彼此排斥不容，然而若去更進一步探究的話，就能開始找出這些概念之間的連結。

二五、配賦給月亮的女神共有三位，即黛安娜、塞勒涅（Selene）或露娜，以及黑卡蒂，而後者是巫術與魔法之女神，同時也掌管生產之事。

二六、還有一位非常重要的月神，那就是魔法之主托特神。所以在看到希臘的黑卡蒂及埃及的托特都配賦到月亮時，我們應當無誤確認月亮在魔法相關事物上的重要性。既然魔法之月有時是處女神、有時是生殖神，那麼通往它的關鍵會是什麼呢？

二七、其答案並不難找，它就在月亮的韻律本質裡面，事實上就在女性的性生活韻律本質裡面。黛安娜有時會是多乳的生殖女神，有時則會役使她的獵犬把入侵者咬碎。

二八、在面對月神露娜的韻律時，我們所要處理的是以太層面的狀況，而非物質層面的事態。具有生命的生物身上的磁性會有時盈時虧的明確潮汐週期。對於知道要找什麼的人來說，要觀察到這一點並不難。那些磁性比較平衡的人們之間的關係當中會非常容易看到這現象，即有時其中一方會比較強勢，有時會換成另一方比較主動。

二九、那麼，或許有人會問，如果易首德領域屬於以太層面，為何會將生殖器官配賦給它，因為它們的功能怎麼看都應屬物質層面，不是嗎？這問題的答案就在於關於性有比較精微的面向之知識，然而這知識在西方世界已經失傳。但是我們在本書無法仔細討論這部分，所以這裡先用以下的說法就好，亦即性的以太面向與磁性面向才是更加重要的面向。我們也許可以用冰山來比喻，冰山在水面下的體積占總體積的六分之五，而現實的身體反應只占性的很小部分，而且也絕對不是它最重要的功能。我們對性的無知，使得這麼多的婚姻無法達到兩個一半結成完美整體的目的。

三十、我們這裡先不提婚姻的魔法面向，只是提出一項事實，即教會將婚姻當成是聖禮。聖禮的定義是某種對外清楚表露內在靈性恩典的象徵行為，然而個性比較冷淡、輕蔑身體的盎格魯撒克遜人，其婚姻裡面很少有內在靈性的恩典。那將婚姻轉變成真正聖禮的內在靈性恩典，並不是出於昇華、苦行、純然克制或節制的恩典，而是潘神（Pan）在享受自然事物時所賜予的祝福之恩典，如同詩人華特・惠特曼（Walt Whitman）在其詩作系列《亞當之子》（Children of Adam）中的美麗描述。

三一、香氛與涼鞋是易首德的象徵，而這樣的配賦具有非常重要的意義。在魔法操作中，這兩種物品扮演非常重要的角色。涼鞋，或是讓雙腳可以自由活動的無跟軟拖鞋，總是會被用在儀式操作之中以踩踏出魔法圈，是實修祕術家的重要配備，就跟他的力量權杖一樣。神跟摩西說：「當把你腳上的鞋脫下來，因為你所站之地是聖地。」而大師則是穿上經過聖化的涼鞋而為自己做出聖地。鋪在地上、具有適當顏色及象徵圖案的布也是祕法集會處的重要擺設之一。它是設計來聚集用於魔法操作的大地磁性，如同聖壇是靈性力量的焦點那樣。我們是藉由雙腳獲取大地的磁性，而當那股磁性是屬於特別的種類時，我們就會使用不會抑制該磁性的特別涼鞋。

三二、香氛在儀式操作中也是非常重要的事物，因為它們代表相應事物的以太面向。香氛在心理層面的影響眾所皆知，然而在心理層面運用它們的精巧技藝，除了祕術團體之外沒有什麼人會去研究。香氛的運用是最能有效影響情緒、從而改變意識焦點的方式。坐在教會、聞到祭壇飄送的燃香氣味時，我們的思緒會多麼迅速的撇下日常事物呀！而在聞到隔壁長椅傳來的陣陣廣藿香氣味時，我們的思緒又會多快的回到日常事物呢！

三三、而在四張對應易首德的塔羅牌卡當中，我們能夠清楚看到以太磁性的運作樣貌。這裡有著「巨力」（Great Strength），象徵處在大地的我們接觸到潘神並受其祝福的時候。另一張牌則是「世俗的快樂」（Material Happyness），說真的，如果沒有潘神的祝福，就不會有世俗的快樂，因為神經無法安定下來。然而在它的負向，則會看到如此深邃無底的「絕望與殘酷」（Despair and

Cruelty）。不過，藉由腳下與大地形成的穩固連結，就有「世俗的成就」（Material Gain），因為此時的我們足以處理物質層面。

1 譯註：原生質在過去生物學的定義是「生命的物質基礎」，對應的是現代所稱的細胞質與核質，之所以有這樣的定義，是因為所有物種的細胞裡面的細胞質與核質都非常相似

第二十五章
瑪互特
(MALKUTH)

稱號：

瑪互特，王國。

（希伯來文寫法：מלכות，即 Mem, Lamed, Kaph, Vav, Tau。）

魔法形象：

戴著王冠、坐在王位上的年輕女子。

在生命之樹上的位置：

位於均衡之柱的底端。

《形塑之書》的敘述：

第十條路徑被稱作「輝煌智性」(the Resplendent Intelligence)，因為它被高舉在眾人頭上，並坐在庇納的寶座上。它照亮眾光的光輝之處，而它引發的影響，會由眾面之王子、科帖爾之天使放射出來。

賦予瑪互特的稱號：

大門、死亡之門、死蔭之門、淚之門、正義之門、祈禱之門、眾力士（the Mighty Ones）之女的大門、伊甸園之門、下位母、王后（Malkah）、新娘（Kallah）、童貞女。

神之聖名：上主是王（Adonai Melekh）、大地之主（Adon ha-Arets）。

大天使：聖德芬（Sandalphon）。

天使團：火靈（ashim, Souls of Fire）。

塵世能量中心：元素領域（Olam ha-Yesodoth）。

靈性經驗：神聖守護天使的異象。

美德：識別。

罪咎：貪婪、惰性。

微觀宇宙的對應：腳、肛門。

象徵：雙立方體的聖壇、等臂十字、魔法圈、術之三角（the triangle of art）。

塔羅牌：

四元素牌組的數字十。

權杖十——壓制；

聖杯十——臻至完美的成功；

寶劍十——崩毀；

星盤十——財富。

閃現的顏色：

原型界——黃色；

創造界——檸檬色、橄欖色、赤褐色及黑色；

形塑界——綴有金色的檸檬色、橄欖色、赤褐色及黑色；

行動界——上有黃色放射線條的黑色。

一、我們可以觀察到生命之樹的配置自然會分成三個功能性三角形，但瑪互特並不在任一個三角形裡面，反倒獨立出來，而卡巴拉神祕家稱它為接受所有其他輝耀的影響或放射。不過，雖然瑪互特是唯一不在三角形的輝耀，它也是唯一不是單色，而是具有多色的輝耀，因為它被分成四等分，以對應地、風、火、水等四元素。此外，雖然它不屬於任何三角形的功能運作，然而它代表生命之樹一切活動的最終產物。它是進化的最低點、是向外發展層次的最外之處，所有生命都得經過那裡才能返回自己的所來之處。

二、瑪互特被稱為地之領域，然而我們別誤認卡巴拉神祕家是在專指地球領域，他們所指的地之領域還會包括地球靈魂，也就是說物質的精微、心靈面向，亦即那藏在物理層面後面、引發所有物質現象的本體。就像四元素，它們並不是物理學家所認為的地、風、火、水，而是能量能夠藉此存在的四種狀態。神祕家會看狀況使用諸如智慧之風、智慧之地等名字指稱入門者所知道的風元素或地元素，以將它們與現實層面的對應事物區分。

三、物理學家認出物質的存在有三種狀態，首先是固態，各個粒子彼此穩固連結在一起；第二則是液態，各個粒子能夠自由移動經過彼此；第三則是氣態，每個粒子都會企圖離彼此越遠越好，換句話說就是擴散。物質的三態對應到地元素、水元素與風元素，而電的現象對應到火元素。神祕科學將所有具現在物質層面的現象用這四大項來分類，算是在真正了解它們的本質中最為明顯的線索，而這樣的分類也表示出任何力量都能在特定狀況下從某一狀態換到另一狀態，就像水存在於冰、水蒸氣以及正常的液態水那樣。

四、神祕家將瑪互特視為所有操作的最終結果，然而所謂的最終，是要等到那些相對配對達到能夠接受的均衡，以形成地之狀態或是凝聚狀態，才能稱得上完成經驗的循環。而達到這狀態時，它們就形成具現的固定載具並不斷重複自己的反應，而進化至此的表達機制會變成自主調節，能以最少的注意力維持運作，就像人的心臟會適切調節瓣膜開關以回應血壓以及神經信號的固定迴圈。

五、這裡要記住跟瑪互特有關的重點，即它這裡是已經達成的穩定性，而瑪互特的不動當中有著它的美德。所有其他輝耀都有程度不一的活動，即使只是達成均衡功能的中柱，其活動也會像是特技演員在走鋼索時的呈現那樣。

六、如同其他輝耀，對於瑪互特的了解只能從它與鄰近輝耀之間的關係著手。然而它的鄰居只有易首德，所以只有藉由對於易首德的了解，才有可能了解瑪互特。

七、那是因為，雖然瑪互特本質上是形之領域，然其各個部分的連結——除了簡單的機械式應力、電磁吸引排斥力之外——都需要仰賴易首德的功能。而易首德雖然基本上是給予形式的輝耀，但它得倚靠瑪互特提供的物質來具現它的活動。易首德的形式會像是用「夢的材料」作成，直到它們抓取瑪互特的物質粒子而使自己的形式有更進一步的形體。它們是應力系統，而物質粒子會依著這些應力系統的架構建立起來。

八、同樣地，瑪互特在易首德的力量以靈魂之姿灌注其中之前，也只是一塊不會動的物質而已。

九、我們應當將物質層面想成是無形以太活動的外向可見姿態。瑪互特的最純粹之本質，只能由物理學家的儀器觀測到，畢竟只要有生命，就會有易首德，這是不言而喻的事實，因為易首德是「生命的載具」。然而我們也要了解的是，只要有任何電的活動或傳導性，無論那是水晶、金屬或化學物質，易首德的力量就會在那裡發揮作用。基於這項事實，特定物質會非常適合當成護符來用，因為它們能夠儲存以太力量。

十、本書無法仔細探討神祕物理學，然而至少要讓學生對於潛藏在關於物質世界的概念——將物質世界看成係依無形架構織就、讓人可以看見的紡織品——後面的原則有所了解。

十一、我們需要清楚了解易首德與瑪互特之間的關係之真正本質，因為這對於實修祕術工作十分重要。當然，易首德是給予形體的原則，即無論在這領域中建立起何種形式，除非它本身含有不相合的事物，不然必會在瑪互特繼續構成形體，因為它會傾向將物質表現的狀況吸引過來自己這裡。然而，物質粒子的本性非常有抵抗力且不易回應，所以只有在物質最纖細的部分——即入門者所謂的火元素——下功夫，易首德的力量才能產生效果。一旦可從火元素獲得回應時，其餘元素就能夠依序受到影響。

十二、不過，火元素是物質的某種過度激化狀態，只有最先進的物理學實驗室才有可能對此有所了解，所以它最好被視為某種關係，而不是某種事物。風元素也許能被描述成能夠達成這些關係的能力，而這也是實體生命的關鍵原則，因為物質要具備有機化的能力，有機物質才有可能出現。水元素、智慧之水，明顯就是原生質，而地元素就是無機物質。

十三、現在，每一種經過組織的力量與反應能力都有屬於自己的明確本性，而這本性從此不會遠離具現的宇宙的任何力量，連絲毫的偏開也不會有。不過，由於這些四元素狀態之間在影響與表現有著明確的互動關係，的確有可能運用它們彼此之間的影響而達到某些成果，對於不了解的人們而言，這過程就像魔法。當然，對於這些纖細元素形體的操縱的確是屬於魔法的方法，然而這也是生命在做同樣的事情所用的方法，如果魔法不只是自我暗示，那麼它就得要運用生命的方法，也就是說，它得要透過原生質的媒介來運作，因為原生質的有趣網狀結構中含有細微的磁力，而那磁力是藉由風元素傳播的智慧之火。換句話說，操作者得要拿自己的身體當成自發性啟動器來用，因為任何要帶到瑪互特的力量，其具現之基礎都是由操作者自身原生質的磁性所提供的。按其邏輯所得到的結論，那就是「產生」的原則，無論產生的是單細胞生物還是精子均是如此。

十四、現代對於物質的概念相當近似於神祕科學從遠古以來一直護守的看法。我們的感官所覺察到的現象屬於各種不同力量的活動，通常有其組織及組合方式。只有藉由了解這些力量的本性，他才能了解這就是物質的本性。外在科學對於這問題的處理方式，就是將自身對於物質的概念不斷精煉提純，直到沒有實質的事物留下來，所以現在的物理學家所知道的物質也跟我們一般人所能看到的物質外表差異甚大。

十五、而神祕學家則是從相反的方向處理這問題，他指出物質與心智是同一硬幣的正反兩面，然而深究到某程度時轉換術語會比較有所幫助，於是用心理學的術語來討論力與形，就好像它們有其意識及目的。相較於限制自己只能使用描述無生命的物質以及無目的的盲目力量之術語，神祕學家認為用心理學的術語來討論力與形的作法能讓我們更加妥善處理眼前所見的現象。依照人的智性之本性，我們必定總是把類比當成幫助自己了解的方法。如果我們在這個探討的層次中使用的類比是以無生命的物質來比擬的話，就會發現那些類比非常不適用，相當侷限且造成誤解，只會使整個探討變得更加晦暗不明。

十六、然而，如果我們使用屬於生命、智性及具有目標的意志之術語，對於必須面對的最初發展之需求就能適度減少，其類比並不會限制我們，反倒帶來更多靈感，使我們的了解能夠增進。

十七、基於這樣的理由，神祕學家將這些精微力量人格化，並以智性存在稱之。他接著會把它們當成具有智性的存在來面對它們，並發現自己的本性與意識中有某個精微面向能回應這些力量，而他也深信這些力量也會回應到自己的精微面向。無論這回應是否有雙向的交流，他對於這些力量的處理能力都會大為擴展，比起認為它們是「毫不相關的事件所引發的偶然匯流」時所持的處理能力還龐大許多。

十八、瑪互特雖是進化的最低端，不過它不應當看作是非靈性的最低之處，而是應當視為遊艇競賽時的標識浮標。出發的遊艇若沒繞過標識浮標而提前回返的話，均會失去競賽的資格——靈魂也是如此。如果我們在掌握物質的課題之前就企圖逃離物質的訓練，我們並不會往天堂邁進，只會在停滯的發展當中不斷受苦。無數個靠不住的靈性提升組織從遠東與極西之處來到我們這裡，而那些靈性偵探在其中不斷接續尋覓，為的是找到能從生命的嚴格要求中逃脫出來的便宜理想。然而這樣的方法不是進步，而是退步。他們遲早都得面對那柵欄並且通過它，因為生命會一直把他們帶到那裡，並開始以心理疾病作為催促他們的鞭子與馬刺，那些堅持不面對生命的人會分裂自己，而人格分裂是許多作用在心智的疾病主因。

十九、若去研究歷史的話，我們應當能從沒預料過的角度來看道德與靈性問題，並且從中獲得不少啟發。我們可以看到所有的文明及思想的啟發都源自東方，所以就東方人或自豪遵守東方傳統的人來看，西方如要學習生命的祕密，得要追隨東方才行。

二十、不可否認的是，目前有許多事物，特別是心理學比較深奧的面向，東方對它們的了解程度的確比西方還多很多，所以我們在這些部分要向他們學習才是睿智的作法。然而同樣無法否認的是，進化雖然源自東方，然而進化目前的生長點卻在西方，若就處在這地球行星的生活技能之進步而言，東方如果不想安於織布紡紗的生活，就得向西方看齊才行。而且不要忘了，若是用原始的標準來生活，那麼死亡也會套用原始的標準。原始的文明只能支持為數不多的人口，所以會有許多人死掉，大多是老者與幼童。當我們回歸自然時，她會把弱肉強食的原則套在我們身上。自然給予的嚴酷衝擊並不是什麼有趣的事情，當地上的人類數量過於密集時，她會用疾病與饑荒予以清理。而西方人的文明則帶來公共衛生的概念。如果拒絕、不去採用人口密集之地的公眾衛生架構與措施的話，那麼人也許會比自己預期活在世上的時間還要更早、更有效地脫離肉身的束縛喔。

二一、古希臘人對於瑪互特的了解程度無出其右，而他們是歐洲文化的基礎，教導我們在完美的比例與功能之中看見美，這是其他文化沒有的部分。古希臘陶甕上以圖案形成的帶狀裝飾，使得詩人濟慈的心思轉向深思理想的真與美。對於有限的心智而言，這是它能夠深思的最高境界，因為在那境界中，律法與先知都被提升到遠遠超過《摩西法典》（the Mosaic code）的嚴厲禁令，而啟發那能夠追尋的理想。

二二、近一千年來，整個文明都是在瑪互特領域裡面鍛冶。用不到占星學家來說，我們自己就知道世界大戰代表某一時期的結束，而現在正處於新階段的黎明破曉之際。根據卡巴拉的文獻，那道閃電會沿著生命之樹往下走，最後抵達瑪互特，然後它會被睿智之蛇的象徵取代，而牠會沿著生命之樹的路徑往上盤繞，直到牠的頭停在科帖爾休息。閃電象徵力的無意識下降，並在過程中建立具現的諸層面，反覆遊走在主動與被動之間以維持均衡。而沿著諸路徑盤繞而上的蛇，代表客觀意識的萌芽以及入門的象徵，而入門者領先自己的時代所走的那些路徑，進化正要開始走上去，並帶著全人類一起前進。過去只有入門者會做的事情，現已變成一般人眼中的正常之事。

二三、於是，我們看到進化的生長點開始從瑪互特升起，並朝向易首德延伸。這意謂著科學，不論是純理論或應用方面，都正在越過無生命物質的研究範圍，而開始注意到事物的以太與心靈面向。能夠讀出時代徵兆的人，就會發現我們已經身處在這個正在轉變的階段。我們可以從醫藥、國際關係、工業組織看到這樣的變化。而生理學與心理學最後也不情不願地表示出這種改變。

二四、瑪互特分成四元素的祕術觀點，為我們提供非常寶貴的了解關鍵。我們應當將物質視為我們所知道的瑪互特之土，而不同的物質活動類型，不論是在分子層面或巨觀層面，都能用同化作用與異化作用來予以分類，也就是建造與分解的過程，在神祕術語可用瑪互特之水或風作為代表，而任何在祕密哲學或異教神話中對於這兩種元素的相關敍述，都能用新陳代謝這兩種過程與功能來解釋。瑪互特之火則是物質所具有的精微電磁面向，而它是意識與生命諸多過程的連結關鍵，也就是所有生命奧祕的所在之處。

二五、在了解這個分類原則後，煉金術師的用詞就會看起來不再那麼晦澀難懂、撲朔迷離，因為四元素的分類方式其實是指物質層面的四種具現模式。這樣的分類方式具有非常大的價值，因為它使物質層面及其背後的生命過程之間的關係與對應變得清楚可見。這一點在生理學與病理學特別重要，而其實際應用對於治療方式而言是最重要的關鍵。比較先進的醫師已開始感受到他們的作法在往這方向發展，而現今許多醫學思潮先鋒都在引用帕拉塞爾蘇斯的分類方式。[1] 人們開始在關注素質或先天體質的概念。而心理治療也再度開始看到舊有的四質分類能為治療提供有用的指引，也注意到不能用同樣的方式處理每一個人，以及在心智領域中，類似的結果不一定會有類似的成因，因為每個人的質都會干涉其中而使結果無法如實呈現。具有冷淡、黏液特質（phlegmatic）的人所表現的冷淡，可能只是無聊而已，然而同樣的冷淡程度若出現在具有樂觀、紅血特質（sanguine）的人身上，也許會代表人格的全面崩解。用心智來類比物質事物會有可能造成極大的誤導，而用物質來類比心智事物可能會有極大的啟發。

二六、古希臘名醫希波克拉底（Hippocrates）、塔羅牌的四個牌組、黃道的十二星座與占星使用的七個行星，在其描述中都是用四元素對應四種質地。如果這種描述所含的意義的確有用，那麼我們就能看到這裡面藏有非常重要的關鍵。

二七、地元素對應到黏液特質、星盤牌組，星座則是金牛座、處女座與摩羯座，占星使用的行星則是金星與月亮。

二八、水元素則對應到膽汁特質（bilious）、聖杯牌組，星座則是巨蟹座、天蠍座與雙魚座，占星使用的行星則是火星。

二九、風元素則對應到易怒特質（choleric）、寶劍牌組，星座則是天秤座、雙子座與水瓶座，占星使用的行星則是土星與水星。

三十、火元素則對應到紅血特質、權杖牌組，星座則是牡羊座、射手座與獅子座，占星使用的行星則是太陽與木星。

三一、所以，如果我們將日常事物及現象用四元素來分的話，馬上就能看到它們跟占星與塔羅牌的關聯。這裡要講的是，分類在科學方法中是排在觀察之後馬上進行的階段，而科學工作中光是觀察與分類兩個過程就占掉很大部分，事實上它們等同科學的基層人員所做的一切活動。如果科學只侷限在這兩項活動，如同我們會從比較一般的科學家所聽到的那樣，那麼科學就只是對自然現象列出清單並加以整理而已，像是一群仲介在評估宇宙這個品項那樣。然而富有想像力的科學家，也就是沒有辜負「研究員」這個名稱的科學家，他不會把分類當成把東西排列整齊的工具，而是當成使他能夠看出事物關係的工具來用。

三二、從負責觀察的富有想像力之科學家，到負責解釋的理論科學家，僅是一步之遙。而從使用因果來作解釋的理論科學家，到使用「目的」來作解釋、而把科學與人生道理連結起來的神祕科學家，也只是再跨出另一步而已。對於神祕科學來說相當不幸的是，它的闡述者幾乎總是在瑪互特的層面沒有很好的準備，而其結果就是無法將自己得到的結果與其他領域的工作者得到的結果相互配合。只要我們仍然滿足於神祕學的現況，那麼這個領域就無法揚棄糊塗的想法以及無憑無據、只靠相信的假設。神祕科學需要好好觀察遊艇比賽的規則，並使每項魔法操作在判斷完成之前都有繞行瑪互特的標識浮標。

三三、就讓我們從實務祕術的觀點直接闡明上面那句話的意思。每一項魔法操作之設計，都是用來把力量從各層面往下帶到操作者能夠取用的程度，而操作者再把這力量用在任何他所設計的結果上。許多操作者認為只要能夠獲得純粹主觀的結果——也就是說，感覺到有所提升的感受，有的則是產生想要的心靈現象——就已心滿意足。然而，這裡要清楚識別的是，直到操作過程以瑪互特的形式表達出來之前，或是說操作過程已在物質層面發動之前，任何操作都不算完成。如果沒有做到這一步，那股產生出來的力量就沒有適當「接地」，於是這股閒閒沒事做、未加以控制的力量會在魔法實驗中惹麻煩。它也許不會在單一實驗中引發麻煩，因為只有少數操作者能夠產生出足以引發事情的能量，更不用說引發麻煩了。然而在一系列的實驗中，這效應可能會累加起來，而其結果就是實驗者時常回報心靈層面的大幅起伏、接二連三的不幸以及發生怪異的情況。就是這些狀況使得實驗性魔法蒙上惡名，並被視為是跟藥物上癮同樣糟糕的事情。然而，如果真的要比的話，它的危險就像是X光在早期研究時的危險，亦即未臻完善的技術容易造成問題，在處理活躍的力量時也是一樣。將自己的技術臻至完美，除了不會出現麻煩，還會有一股非常強勢的力量等著你用。

三四、從易首德傳送到瑪互特的唯一方式，就是透過具有生命的物質當成媒介來進行。不過，物質具有生命的程度多有不同。神祕家能在任何有組織的形體上認出生命，因為他認為生命本身就是形體的組織者，即使一般所認為的無機物質也含有非常少的生命，有的甚至是無限地少。然而，有些無機物質形體的生命可絕對沒有少到無關緊要的程度，就像植物的智性那樣，絕對沒有少到可以無視的程度。近期實驗研究的進展，特別是由賈格迪什・博斯爵士（Sir Jagindranath Bhose[2]）所做的研究，表現出上述的事實，雖然這是實修祕術家早已從經驗得知的事情。他總是會把晶質與金屬材料當成儲存精微力量的電池，也一直把絲綢視為絕緣物。事實上，他熟知某些物質的特性，而那些物質也是今日的電工技師會使用的事物。一般認為，最好的護身符應由純金屬盤製成，上面刻著適合的紋章，並用對應該護身符所充填的力量之顏色的絲綢包裹保存。寶石，也就是具有顏色的水晶，在特定操作中非常重要，因為它會被用來當成對應力量的焦點。它也是特定種類的無線接受器裡面的重要零件。照相底片製造廠會禁止工人在紅光的房間待上過久的時間，因為廠方發現待得過久的工人容易出現情緒失調，甚至心智暫時失衡的狀況。我們現正藉由現代科學方法及其設備來重新發現這些知識，然而古人熟知這些知識，他們的實際應用方式之有效程度超過現代人的想像，只不過少數作法會被一般人認為「古怪」。

三五、我們也確實知道植物具有或多或少的「心靈活動」，特別是芳香植物。古人們已有詳盡的配賦系統，將植物配賦至不同形式的精微力量。當然，其中有些部分是出自想像，然而那裡面還是有能夠提供指引的大致原則。當我們看到某植物在傳統上與某位神祇有關時，也許就能大致確定該植物已被證實跟這位神祇所代表的力量有親和性。這樣的關聯看在我們現代人的眼裡，也許會過於表面及不合邏輯，然而佛洛伊德指出正在作夢的心智會運用一樣的關聯。至於該神祇的信奉者，如果將這關聯在傳統上視為神聖，他們會在該植物與對應力量之間建立心靈層面的連結。一旦連結建立起來，知道如何運用建設性想像的人就能容易找回這連結，所有其他此類傳統關聯也是如此。無論該自然植物的本性跟對應力量的本性之間是否具有固有的關係，例如玫瑰與維納斯、百合與聖母瑪利亞，這樣的關聯都能被宗教團體的信仰者迅速建立起來，即使後來失傳好幾世紀，也能被那些跟隨先人腳步的後繼者迅速找回來。因此，這樣的關係事實上是存在的，而對於特定神祇的關聯不僅植物，連動物也會有。

三六、香氛與色彩的對應在實務方面可說是具有特別的重要性。關於顏色的對應已經列在各章前面的對應表，至於香氛就難以訂定明確易懂的規則，畢竟現有的香氛多到幾乎數算不完，而在實修運作的力量也常會與其他力量相併。例如企圖將聶札賀與梯孚瑞特的力量保持分開，除了難以做到之外，也最好別這樣做，換成候德與易首德，或是易首德與瑪互特，也會是一樣的狀況。而任何人若想在沒有「高尚中的偉大」的狀況下操作葛夫拉，將會自討苦吃。

三七、香氛的運用不僅能使神祇得以具現，還能校準操作者的想像力——這也是它最有效的地方，這是任何企圖操作儀式時不用適當香氛的人馬上會發現的事情。然而就經驗不多的操作者而言，建議最好先別使用香氛，以免心靈層面的效果太過戲劇化而造成不舒適或不合宜的影響。

三八、大致來說，我們能把香氛分成兩種，即提升意識與活化潛意識。在提升意識的香氛中，芳香樹脂類獨樹一格，教堂的燃香原料多用此類，此外，特定植物精油也含有類似的特質，特別是那些香氣鮮明、使人歛神，但又不是甜香或辛香的香氛。在任何提升智性清晰度或神祕揚升經驗的操作上，它們會相當有用。

三九、活化潛意識的香氛又分兩類，即酒神與愛神。酒神類的香氛是芳香的辛香調，像是正在緩緩燃燒出煙的雪松、檀香或松果。愛神類的香氛則具有甜膩的性質，例如香草。在實際的操作中，這兩類香氛會從其中一類緩緩變成另一類，而有些頗具個性的花香同時屬於這兩個分類。在實際製造香氛產品時幾乎都是混合多種香氛成分，因為香氛成分會彼此強化。許多香氛本身相當粗糙刺鼻，或是相當黏膩，然而在混合過後就變得相當好聞。

四十、有人說合成香氛對魔法操作沒用，但就我的經驗來看並非如此，合成香氛只要品質夠好就沒問題。除非使用化學測試方式，不然優良的合成香氛跟天然產品是無法分辨的。由於香氛的價值是在心理層面，其作用對象是操作者，而非召喚的力量，所以只要操作者能夠得到適當的效果，那麼香氛物質的化學本質可說是無關緊要。

四一、同樣的狀況也適用於寶石，然而這樣的說法會被認為是邪門歪道。操作者所需要的就是一顆具有適當顏色的水晶，至於那是緬甸鴿血紅寶石（Burmese ruby）還是緬甸紅寶石（Burma ruby），並沒有什麼差別，就看你的口袋夠不夠深而已。古人也知道這樣的狀況，其證據就在於那些對應各種不同神祇的神聖寶石列表，其資訊也會包括可以替代的寶石。例如克勞利在《777》會提到珍珠、月光石、水晶與石英都是月之力量的神聖之石，而紅寶石及所有紅色的石頭都是火星的神聖之石。

四二、祕術家相信，心智將意志力的流動聚集起來，再加上想像力的支撐，就能對特定的水晶、金屬與油品產生影響。他會善用這種特性來儲存特定種類的力量，使自己能夠隨時再度喚醒這些力量，或是藉由穩定持續的放射而使這些力量一直發揮影響。絕大多數儀式在某程度上會依靠聖化的魔法武器之原則。這裡值得注意的是，教會的那些非常重要的設備都要經過聖化才會拿來用，至於聖化儀式有沒有效是另一回事。優秀的靈媒都能明確分辨出已聖化與未聖化的物件——當然這是以聖化儀式有效為前提而論。任何實修祕術家都會經驗到，在拿起自己習慣的魔法器具或穿上自己習慣的衣袍時會出現非常明確的改變。對於某些事情，他只要有這些習慣的事物就能做得到，沒有它們就做不到。他也知道「馴練」新的魔法器具需要時間。關於這方面，要跟大家講個有趣的事情，那就是我的背後要是沒放那幅已經又古又舊的生命之樹圖畫，就幾乎寫不出《祕法卡巴拉》的任何內容。而跟此圖有關的另一有趣事情，即它原是別人為我準備的東西，但它逐漸黯淡到難以辨認的程度，於是我為它重新上色。在那之後，它的磁性馬上明顯增強，就像古老傳統所言——在準備自己的魔法武器時，應當總是盡量親自動手來做。

四三、實際操作的重大問題，在於把東西帶到瑪互特的領域。古人所描述的許多方法，到底含有多少真實性還真是沒人知道。古羅馬詩人維吉爾（Virgil）所描述的血祭方式，在當時真正實現願望的程度到底有多少？而在這些令人生畏的儀式中，參與者所提升的想像力為具現的基礎究竟出多少力呢？

四四、然而無論事實為何，古人的屠殺對現代實驗者來說已不是可以依循的實際方法。不過這概念的基礎在於剛流出來的鮮血能夠提供原生質。而且有些物質媒介當然也能在不流血的前提下提供原生質，只是能夠給到適當數量者非常稀有。當幾位在心靈層面有所發展的人們為了召請的目的而聚成一圈時，也許會給出僅限當場使用的足量原生質以形成實體現象所必需的基礎。這樣的方法有其難度，更不用說需要承擔的風險。至於神祕家，他比較像哲學家而不是實驗者，很少使用原生質，因為對他來說，只要能在易飀德領域做出對應的具現，並能以內在視野看見它們的話，這樣就夠了。

四五、所以，用於召請的唯一令人滿意的管道，就是操作者自己。埃及的召請方式，也就是所謂採用神的形象之方式，即操作者將自己視為具有某神祇的同樣形象，並將自己供作某神祇具現的管道，而他所具有的磁性就能夠跨越瑪互特與易首德之間的鴻溝而連結兩者。其他方法都沒有像這方式所能達到的滿意程度，因為無論金屬或水晶有多昂貴，它們所含的磁性都遠不及一個活著的人。

四六、我們其實知道這種古老方法，只是名稱不同而已，就是現代所謂的通靈。神靈透過處在出神狀態的靈媒說話，而這也是古埃及祭司在戴上荷魯斯的面具並以荷魯斯的聲音說話時所發生的情況。

四七、當我們思索微觀宇宙的生命之樹時，身體就是瑪互特、以太分身就是易首德、以太心智體就是候德與聶札賀，而高層心智就是梯孚瑞特。無論高層心智能夠察覺到什麼事物，它們都能立刻被帶到主觀的瑪互特並具現之。我們最好依靠這種召請方式，而不是刻意流失重要的體液或使用具有擠壓出來的原生質之外來器械，即使那些器械在現代文明已到可以實現的程度。

四八、魔法師自己就是最好的魔法武器，而其他的器械都只是為了達到某個目的方法而已，而這個目的就是將魔法師身為普通人所具有的意識予以提升與專注。某位偉大的人曾說：「難道你們不知道自己是活神的殿堂嗎？」如果我們知道如何運用這個活神之殿裡面的象徵擺設的話，我們就握有通往天國的鑰匙。

四九、而生命之樹的微觀宇宙分配，給出這種運用方式的關鍵。將這些分配用功能來詮釋，再用靈性原則來理解這些功能，我們就能夠打開力之倉庫的大門。透過訓練精良且全心全意的人所具有的充滿能量的熱忱，神之力量會有最佳且最完整的具現。與其期望干預自然之道，依順自然管道而期望得到魔法操作的結果才是比較睿智的作法，因為處在事物的本性中卻想要干預自然，必定是失望的下場。

五十、就讓我們舉例說明此點。假設我們想要療癒病痛，若用生命之樹的方法，那麼我們應當使用梯孚瑞特的儀式或是冥想。不過，我們會為這個理由而把自己的操作侷限在梯孚瑞特領域，並且像那些基督教科學派的人（the Christian Scientists）那樣要求這個療癒得是純粹的靈性療癒嗎？或者我們應當調整自己的作法，使按手祝福及膏抹聖油等屬於易首德的操作得以進行，好使磁力可以導入呢？或是我們也加入瑪互特的操作——這對我來說也是比較睿智的作法——使力量能夠穩定往下經過各層面而進入具現，而其轉變或傳導的過程都不會有中斷或隔閡呢？

五一、那麼，瑪互特的操作是什麼呢？它純粹就是物質層面的行動。因此在祈求療癒時，我認為比較睿智的作法會是祈求那一位偉大醫師（the Great Physician，即上帝），將祂的大能藉由人的醫師具現在我們面前，因為這是一條再自然不過的管道，而不是依靠病患的靈性本質當成靈性力量的唯一召喚管道，因為病患不一定能夠應付這樣的挑戰。

五二、巨大的靈性力量無疑能被帶去參與疾病的療癒過程，然而它們必須有具現的管道，那麼如果手邊就有現成可用的自然管道，為何還要費勁去建立一條心靈管道呢？當我們不了解自然之道時，就難以了解神如何催動祂的奇蹟。而當我們了解自然的運作過程時，我們就會看到神是以完全自然的方式、利用一般建立起來的管道來催動奇蹟。超自然與自然的差別，並不在於使用的具現管道，而是在於通過管道的力量數量。在成功祈請靈性力量時，發生變化的是力量的「量」，而不是「質」。

五三、瑪互特的問題會在管道與連結上，而其他方面的問題則靠心智在比較精微的層面運作即可。這當中最難的部分就在於從精微到厚重的轉移，因為精微事物並不適合用來操作厚重事物。而這道轉移過程能靠具有生命的有機或無機事物之磁性予以有效完成。這就是魔法操作的「難在起頭」（Ce n'est que le premier pas qui coûte.）。

五四、在冥思《形塑之書》對於瑪互特的相關敍述時，會出現三個概念——輝煌智性的概念，照亮眾光的光輝；瑪互特與庇納之間的關係；還有瑪互特在引發某個影響從科帖爾之天使放射出來之功能。

五五、身為物質世界的瑪互特居然是照亮眾光的光輝，這觀念乍看之下真是令人好奇。然而，如果我們能夠想到物理方面的類比，也許就能了解為何如此，那類比就是天空之所以為明亮的藍色，是因為漂浮在大氣層的無數灰塵將光折射的結果，完全無塵的空氣並不會發亮，而我們的天空若沒有這些灰塵顆粒，它會是一片星際空間的漆黑。我們也能從物理研究學習到，我們是因為光在物體表面反射才能看得到物體。當物體反射的光很少或甚至沒有時，就像黑布那樣，那麼該物體在微弱的光照下會幾近隱形，這是魔術師及幻覺藝術家常會用到的特性。

五六、瑪互特的組成性、凝固性功能使得原本處在較高層面的不複雜且不確定的事物，轉變成複雜且確定的事物，而這就是它對於具現過程最大的貢獻，也是它獨有的力量。眾光，也就是所有其他輝耀的放射，都在瑪互特的凝固面向折射而變得明亮且顯而易見。

五七、每項魔法操作都得要帶到瑪互特那裡，才能被認為達到完成，因為力只有在瑪互特才能終於鎖定成形。因此所有魔法操作最好都是在物質層面以儀式的形式進行之，即使操作者獨自進行也是如此，都會比只靠星光層面操作的冥想形式還要好。實體層面一定要有東西，即使那只不過是畫在護符上的幾條線，或是在空中虛畫的象徵文字，都會把操作行動帶到瑪互特的領域。經驗證實，以瑪互特作為結束的操作，跟開始與結束都在星光層面的操作相比會有很大的差異。

五八、瑪互特跟庇納各自的稱號已明白顯示它們之間的關係。庇納是上位母，瑪互特是下位母。如同我們之前提過的，庇納是原始的形之給予者，而瑪互特則是形之領域，它們的關係是滿明顯的。從庇納開始的事物，會在瑪互特達至高峰，這一點會是我們在研究多神信仰的延伸影響時的重要線索。對於眾放射的主旨，卡巴拉系統非常清楚，那就是一擴展成多，而多會被重新吸收成一。其他系統都沒有精確指出這一點，雖然它們都會藉由外顯的系譜來暗示這一點。男神與女神的生產與配對，絕不會一直在神聖婚姻裡面，這明確指出放射與極性的固有原理，那不會是原始人只依自己的形象與喜好來塑造諸神的下流幻想。

五九、在仔細比較我們手上關於古人崇拜諸神的儀式之資料時，不久就會看到，那些條理清楚的神話故事，雖然是大人喜愛轉述給孩子們聽的故事，然而這不會影響宗教人士使用它們來表達靈性教導。男神與女神以最難以理解的形式交融在一起，所以我們就有蓄鬍的維納斯，以及獨樹一格、以女性衣物打扮的大力士英雄海克力斯（Hercules）。

六十、某項對於古藝術的研究指出，各種不同的男神與女神所具有的人格與特徵，在當時會被用來當成圖畫敍事的形式以表示明確的抽象概念，這是那時的祭司階級都了解的傳統手法。當時的教育只限於非常少數的人，所以為了大多數並不識字的民眾，祭司們給出聰明的說法：「看這個象徵並想想那個故事。雖然你也許不知道那是什麼意思，但你是往正確的方向看，也就是光會出現的方向。如果你深思這些概念，光會依照你能接納的程度流入你的靈魂。」所以祕法所給予的啟蒙，應該還會包括對於這些神話的形上學之闡釋。

六一、在希臘神話中，波瑟芬妮、黛安娜、阿芙柔黛蒂、赫拉（Hera），都會以非常令人混亂的方式互換彼此的象徵、功能、特徵，甚至隸屬的稱號。而普里阿普斯、潘神、阿波羅及宙斯也有類似的情況。而我們能夠說的就是，所有女神都是偉大的母親，而所有的男神是生命的給予者，而祂們之間的差別並不在於功能，而是在於作用的層級。天界的維納斯跟具有同樣名稱但掌管世間愛情的女神之間，是有清楚的劃分界線。而偉大父神宙斯與陽具之神普里阿普斯之間也有上述同樣的區別，祂們同樣都是暗喻父親這個身分，然而所指的方向卻不一樣，一個屬於世間，另一個則是屬於天界。無論如何，祂們並不是兩個神，而是同一個神。如同庇納與瑪互特並不是明顯不同的兩種力量，而是同一力量在不同層面的運作。這就是了解陽具崇拜的關鍵，陽具崇拜是所有古老原始信仰裡面非常重要的部分，然而負責詮釋這些信仰的刻板學者幾乎不了解這一部分。它的真正意義，在於將神性帶入人性，以期能將人性帶到神性，而這也是佛洛伊德派治療的基礎。

六二、那段關於瑪互特引發某個影響從科帖爾之天使放射出來之敍述也有這樣的概念。而我們可以看到瑪互特、偉大母親，跟偉大父親科帖爾產生相對的極性。

六三、然而無論我們是在運用最簡單的術語來拆解異教泛神信仰，還是在面對個人生活的際遇及改變，這樣的分類方式都過度簡化而無法符合我們的需要。不過在瑪互特所分成的四個象限或四元素中，我們能夠找到自己所需要的關鍵。

六四、這四元素就是所謂的智慧之地、風、火、水，也就是四種活動類型。它們在神祕科學是用四個不同的三角形作為代表標記。火是尖端朝上的三角形，風也是相似的三角形，只是中間多一條橫槓，代表風之本質跟火相似，只是比較厚重。事實上，如果我們稱風為負向之火，或火為正向之風，基本上不能算錯。水是尖端朝下的三角形，而地也是同樣的三角形，僅是中間多一條橫槓，所以前面兩個元素的討論也可以同樣用在這裡。

六五、所以我們應當把火之三角形想成它代表沒受到制約的力，地之三角形代表完全不動的形，而水之三角形代表具有動作的形，那麼就有另一種分類方式可以使用。在最古老的神話中，風或是空間之神是太陽、天界之火的父母，而水是地的基質。這在生命之樹的中柱有相當明顯的表現，即象徵空間的科帖爾，照管著象徵太陽中心的梯孚瑞特，而身為月亮中心、似水的易首德則照管象徵地的瑪互特。

六六、生命之樹值得稱頌之處，在於我們能將它的象徵以不同的方式安排。而當我們在安排這些象徵時用四元素的形式——檸檬色、橄欖色、赤褐色及黑色——來象徵瑪互特的領域，並想著生命力量那樣從科帖爾降下，其流動方式就跟交流電一樣，而這也是變換極性的原則教導我們要去做的事情，我們就會發現那力量有時會從瑪互特流向科帖爾，有時會從科帖爾流向瑪互特。

六七、這是在應用到微觀宇宙時非常重要的重點，因為它教導我們要成為迴路，不僅連結地上的靈魂是如此，連結天堂的上帝也是如此。從無意識升起的靈感跟從超意識降下的靈感是一樣多的。

六八、這概念在希臘神話表現很清楚，我們會在裡面看到身為正向地之力的潘神，其山羊象徵只會從屬於地之領域，因為摩羯座是屬於地元素的三星座當中最近似大地者。潘神象徵大地的正向磁性，從大地往上回返到偉大父神。另一方面，穀神色列斯或多乳的黛安娜女神，都是非常世俗導向的維納斯，跟處女神的概念差異甚大，象徵著神聖之力最後落實在厚重物質。赫拉曾被稱為天界的維納斯或天上的阿芙柔黛蒂，祂則象徵那股往天堂上升的地之力量，並在天界層級是正向的地之特質。

六九、這些事物很難向那些「還沒在午夜時分看見太陽」的人們[3]詳細解釋。對於它們的了解相當仰賴冥想，而不是爭辯。

七十、所有的占卜都在瑪互特領域運作。任何占卜方式的目的，都是要找到能夠正確對應隱形力量且含括範圍甚廣的整組物質事物，如同對應時間流逝的時鐘指針移動那樣。

七一、若就一般傾向與狀況來看，根據研究這類事物的人們的經驗，普遍都會同意占星學是用於對應的最佳系統。然而在回答單一問題時，它就沒法給出足夠精確的答案，因為影響結果的因素變得太多。因此，入門的占卜師就會使用更加精確的系統，像是使用塔羅牌或是土占術（geomancy），以得到關於特定問題的答案。

七二、然而如果沒有建構每張牌卡的以太對應之必要知識，光是到商店買一副塔羅牌是沒有用的。這過程需要時間，畢竟有七十二張牌要去建構。然而一旦建構起來，使用塔羅牌的操作者會相當確信自己的潛意識——不論那是什麼——都會在無意中處理那些與想要問的事情有關的牌卡。至於洗牌與抽牌到底是怎麼被潛意識影響的，我們並不知道，然而有一件事情是確定的，即當我們接觸塔羅牌的偉大天使時，牌卡會滿有啟發的。

七三、在探討過瑪互特領域的一般原則之後，我們現在來研究它的特別象徵時就會有額外的收穫。

七四、它被稱作「王國」，換句話說，那是由某位國王治理的領域，而國王就是小臉，係由除上位三輝耀之外的六道中間輝耀所構成。我們也許能把瑪互特、物質領域視為這六道輝耀的具現領域，而六輝耀本身則是上位三輝耀所放射而成的領域。因此，每事每物，如同都從科帖爾開始那樣，也都會在瑪互特結束。

七五、瑪互特的魔法形象——頭戴王冠，並用面紗遮臉。這就是自然女神伊西絲，她那被遮住的臉象徵那藏於外在形式的靈性力量。這概念也呈現在庇納的象徵中，統整在「隱匿外袍」的概念裡面。《形塑之書》的敘述清楚指出，瑪互特就是較低層次的庇納。

七六、庇納被稱作黑暗不孕之母，瑪互特被稱作小臉之新娘或明亮能孕之母，對應到伊西絲、哈托爾等埃及月之女神的雙重面向，伊西絲是月之女神正向面向，哈托爾則是月之女神負向面向，這在希臘的象徵中就是阿芙柔黛蒂與色列斯。這裡的阿芙柔黛蒂是女性力量的正向面向，因為這裡需要記得的是，在極性互換的原則中，原本於外在層面屬於負向的事物，內在層面就是正向，反之亦然。阿芙柔黛蒂，就是天界的維納斯，她為靈性層面屬於負向的男性帶來磁性的刺激，現代生活之所以有如此多的錯亂，就是因為現代人並不了解她的功能。然而，身為伊西絲較高面向的庇納，卻是不孕，那是因為正極永遠是給予刺激者，絕不會是產生結果者。伊西絲的瑪互特面向則是明亮能孕之母，是多產的女神，因此這指出伊西絲在物質層面的操作會有的最終成果。

七七、瑪互特在均衡之柱的底部位置，使它直接承受那股從科帖爾下降、在隱形輝耀達阿思轉變、藉由梯孚瑞特傳入形之層面的力量。這就是意識之路，兩旁的側柱則是功能之柱。然而兩旁的側柱也會藉由第三十一條路徑與第二十九條路徑在瑪互特融合，其結果就是所有事物最後都會到瑪互特。

七八、轉世進入肉身的我們就處在瑪互特裡面，而當我們開始往入門之路前進時，會走上通往易首德的第三十二條路徑。這條沿著中柱往上走的路徑，被稱作箭之道路，而它是由應許之弓射出。祕法家是從這條路從各層面往上升，然而入門者除了對於中柱的了解之外，還會去經驗側柱的力量。

七九、對於中柱的這個面向，《形塑之書》的表示則是，瑪互特引發的影響，會由眾面之王子、科帖爾之天使放射出來。

八十、賦予瑪互特的額外稱號明白顯示它的特性。它被視為門與配偶，然而這兩個概念就基本而言是同一個概念，因為母親的子宮就是生命之門，同時也是死亡之門，因為在形之層面的出生等於較高事物的死亡。

八一、瑪互特據稱是小臉的新娘，以及國王的皇后。這明顯指出形之層面與力之層面所展現的極性功能，形之層面是女性面向，並因力之層面的影響而極化並受孕。

八二、瑪互特的神之聖名是 Adonai Melekh 與 Adon ha-Arets，意謂「上主是王」與「大地之主」。我們在這當中能清楚看到至高一神統治地之王國的主張，而操作者的任何魔法操作、任何用來掌握力量的動作，都要從祈請上主之名永居於祂的聖殿並從那裡統治一切開始，使任何力量都不會斷絕自己與「一」的連結。

八三、呼喚上主之名的人，就是在呼喚具現於自然的神，而那就是自然祕法入門者所敬仰的神祇面向，無論那是屬於酒神信仰還是伊西絲信仰均是如此，而這兩者只是藉由潛意識開啟超意識的不同方法。

八四、這裡對應的大天使則是偉大的聖德芬大天使，卡巴拉神祕家有時稱之為黑暗天使，而梅特昶、面之天使則是明亮天使。這兩位天使會在靈魂面臨危機時分別站在它的左右兩肩後方，也許會被視為象徵好與壞的業力。由於身為黑暗天使的聖德芬掌管業力債（the Karmic Debt），所以瑪互特會有正義之門、淚之門的稱號。有位風趣的人曾說過這個行星其實是其他某些行星的地獄，他大概不知道自己的玩笑話還滿接近真相，因為事實上業力一般就是在這領域解決的。然而如果有充分的知識，業力就能在較為精微層面被仔細處理，而這就是靈性療癒的形式之一。

八五、配賦到瑪互特的天使團是火靈（Ashim）或是火焰粒子（the Fiery Particles），而布拉瓦茨基夫人對此有講述一些有趣的事情。事實上，火靈就是單一原子的意識，因此它象徵厚重物質的自然意識，而其特色是由這些火焰生命、這些無限微小的電荷所形成的，即它們在物質的後台持續來回交織，如此龐大的活動成為物質的基礎。我們所知的任何物質都是依這基礎建立起來的。特定魔法需要靠這些火焰生命的協助才能運作，不過只有少數人可以運作這種魔法，因為操縱的層面越厚重，下命令的魔法師必須持有的力量就越龐大。

八六、瑪互特的塵世能量中心是元素領域，而我們也在前面盡量詳細討論過這部分。

八七、瑪互特的靈性經驗是神聖守護天使的異象。根據卡巴拉神祕家所言，每個靈魂於個體出生時都會配賦這位天使，終生伴隨左右，並在個體死亡時護佑著靈魂，使其站在神之面容之前接受審判。這位天使其實就是我們的每個人的高我，而我們則是圍繞著靈魂核心——即神聖火花——建構的人格，那是神聖火花為了進化而在每次轉世下降到物質過程中以自己為基礎所形成的新人格。

八八、當高我與小我藉由較高者完全吸收較低者的過程而達至合一時，就獲得真正的大師資格，這就是「大入門」（the Great Initiation）、「小神聖合一」（the Lesser Divine Union）。這對轉世靈魂來說是至高無上的經驗，而當這經驗發生時，靈魂就從任何想要再度重生到肉身牢房的衝動中解脫。在那之後，靈魂可以自由選擇，是要繼續往上走而回到安息之處，還是繼續留在大地領域並發揮上師的功能。

八九、這就是配賦給瑪互特的靈性經驗，即將神性帶入人性，如同梯孚瑞特將人性帶入神性的靈性經驗。

九十、瑪互特的特定美德據稱是「識別」。而這概念還會延伸到另一個令人好奇的象徵，也就是肛門，這是古人宣稱瑪互特在微觀宇宙的對應。生命中那些已經衰敗無效的事物就得被排泄出去，而巨觀宇宙的排泄則是在反輝耀領域，緊靠在瑪互特的下方，而宇宙的排泄物需要找到均衡中的平衡，不然無法回到有序的形之層面。因此，在反輝耀的世界中會有一個不是地獄，而是滌罪（Purgatory）的領域，那是從進化中移除的破損之形體所放射的無序力量之儲存處，是較低層次的混沌。而那裡的死骸們（shells），即不完美的存在們，就利用這些對形體熟悉、還具有組織的力量來建構它們的載具。據說較低層次的邪惡魔法也會吸引它們。這些在反輝耀領域會有的力量，必會傾向再度採用本身在還沒被分解而回歸到原始狀態之前所習慣的形體，而這些形體若非屬於刻意邪惡（actively evil），至少已是不合時宜，所以這種混沌的材質必然不適合用於操作，最好讓它留在那裡完成淨化，而它會從自然管道藉由大地領域被濾回來，重新被吸引進入進化之流。也是出於這個理由，最好別選擇祕密邪教以及死者召喚，因為那些具現的存在所採用的形體必得多少會以這種混沌的材質建構而成。

九一、所以「識別」是瑪互特特有的美德，其功能就像是宇宙的濾網，排除衰敗無效的事物並保留仍有用處的事物。

九二、專屬於瑪互特的運作之罪愆據稱是貪婪及惰性。瑪互特的穩定一旦過度，可以想見懶惰及不活動就會出現。至於貪婪的概念，雖然在一開始沒有很明顯，然而在深入探討之後，就會知道貪婪的過度保留就是靈性的某種便祕，這跟「識別」完全相反，因為後者會藉由宇宙的肛門將生命的排泄物排到反輝耀的宇宙化糞池。有趣的是，佛洛伊德宣稱吝嗇的人總會便祕，而且他認為金錢的夢與糞便有關聯。

九三、在能夠提升到超出瑪互特的界線並呼吸到更為自由的空氣之前，我們得進行的最重要的事情之一，就是學習如何放手、學習如何為大的犧牲小的，才能買到無價珍珠。「識別」使我們能夠知道哪些是應該要放棄的較低價值事物，以獲取較高價值的事物，因為沒有犧牲就沒有獲得。我們沒有了解到的是，每一個犧牲都應當為永不朽壞的天上財富多加一筆可觀收益，不然只是無用的浪費而已。

九四、我們已經了解瑪互特的微觀宇宙對應部位之一，然而它還對應神聖之人的雙腳。而這裡又有一個重要的概念，即除非雙腳能在大地母親上面站穩，不然無法得到穩固。現在已有太多頭重腳輕的祕法家把神聖之人想成只有頸部以上部位，就像基路伯（cherub[4]）那樣，沒有地方容納易首德的生殖器官或瑪互特的肛門。這些人應要學到的是那教導聖彼得的神聖夢境，即神所造的一切都不會是不潔淨的，除非我們使其變得不潔淨[5]。我們應當在神聖生命的所有運作當中認出它，藉此將人性往上帶入神性以聖化之。清淨就在神性的旁邊，特別是內在的清淨。如果我們躲避、閃避某個事物，那麼我們要如何使它保持潔淨與完整呢？我們的文明生活已變得過度重視那些屬於原始人的禁忌，使得全人類的健康與完整性出現災難的後果。

九五、瑪互特的象徵物則是雙立方體的聖壇及等臂十字，後者又稱元素十字（the cross of the elements）。

九六、雙立方體的聖壇是象徵赫密士的格言「如其上、同其下」，並教導可見的事物係不可見事物的倒影，而且是完全地對應之。這個立方體的聖壇就是祕法的聖壇，跟桌壇、即教會的聖壇算是南轅北轍。桌壇會在東方立起，立方體的聖壇則立在中央，而它的恰當尺寸，據稱其高為身高六英尺的男子的肚臍距離地面的高度，其長及其寬均為高度的一半。

九七、等臂十字或元素十字，象徵四元素處在平衡的均衡，而這就是瑪互特的完美狀態。它在生命之樹的象徵，即是將瑪互特分成四等分，並分別塗上檸檬色、橄欖色、赤褐色及黑色，其中檸檬色朝向易首德、黑色朝向反輝耀、橄欖色朝向聶札賀，而赤褐色朝向候德。它們是三柱與反輝耀領域的倒影，因著地元素的遮罩，顏色會有所調合並顯得晦暗。

九八、於是所有事物都會在瑪互特總結，雖然那不是面對面，而是對於映在灰暗玻璃上的倒影之觀察。

九九、藉由對於瑪互特的知曉，冥想對應的四張塔羅牌卡時所產生的結果會使我們感到好奇。權杖十被稱為「壓制之君王」（the Lord of Oppression），聖杯十則是「臻至完美的成功之君王」（the Lord of Perfected Success），寶劍十則是「崩毀之君王」（the Lord of Ruin），而星盤十則是「財富之君王」（the Lord of Wealth）。

一〇〇、如前所述，靈性力量在瑪互特這裡達到它們在形之層面的完成，而藉由拿取並「犧牲」這些已然完整的形體，我們就能將它們變回到靈性力量。

一〇一、我們會在這四張塔羅牌觀察到它們所含的意義有好有壞，事實上寶劍十據說是占卜時最糟糕的牌，而煉金術的某項有趣教導能為此提供一點看法。根據該教導，眾行星的符號都是由三種符號組成，即太陽盤、弦月牙以及象徵侵蝕或犧牲的十字架。若能正確詮釋這三個符號，就能對行星在煉金術上的本性及在偉業的實際用途有所了解。例如火星的符號可視為是十字架放在圓圈上面的組合，代表它對外具有侵蝕性，但其內在很太陽；金星的符號則是圓圈放在十字架上，據說這是代表它對外很陽光，但對內是侵蝕的，若用《聖經》的文字來描述，就是「肚子發苦，然而口中甜如蜜[6]」。

一〇二、在這四張數字十的牌卡中也會看到同樣的原則。每張牌卡象徵特定種類的靈性能量在厚重物質層面的運作。這四張牌卡中最具靈性者，即王牌為火之力的根源之牌組的數字十，被稱作「壓制之君王」。這教導我們，較高靈性力量在物質層面上運作時，容易有朝外侵蝕的傾向。火之力量在權杖十達到高峰時，是一把精煉之火——「如同黃金會在熔爐中得到精煉，心必得經歷痛苦才能得到精煉。」

一〇三、另一方面，聖杯牌組的所有象徵都清楚顯現金星的影響力，所以我們會在這牌組中看到「歡愉」、「世俗的快樂」及「豐盛」之君王，然而我們也會看到「幻象般的勝利」、「放棄的勝利」以及「失去歡愉」之君王，明顯指出這個牌組雖然外在陽光，對內卻是侵蝕的。

一〇四、寶劍則是受火星的影響，而「崩毀之君王」顯示對於一切物質事物的犧牲。

一〇五、然而在身為地中之地的星盤牌組，位置又再度反轉，就會發現星盤十就是「財富之君王」。

一〇六、因此，我們可以看到牌組的本質若是屬於靈性者，其數字十牌卡會於物質層面向外侵蝕；牌組本質若是屬於物質者，其數字十牌卡的對外呈現則很陽光，或是在物質層面很有益處。這是非常有用的教導，也為判定某事裡面所運作的靈性影響之占卜系統提供重要的線索。

一〇七、所有塵世事物都像海浪那樣有起有落，浪峰接著波谷、波谷接著浪峰地處在韻律的進展中。因此，當任何塵世事態處在頂點或底點時，我們就會知道潮流的改變即將出現。而這項知識隱藏在許多常見的俗話裡面，像是「再長的直路總會有轉彎的時候」以及「黎明之前是最黑暗的時刻」。著名的美國百萬富翁哈里曼（Harriman）曾說過自己是靠持續在市場行情下跌時買入、市場行情上漲時賣出——完全跟其他人的操作方式相反——而賺取財富。無論如何，這是具有先見之明的作法，因為景氣總是接著低迷，而低迷之後也會出現景氣。這些情況相當頻繁到甚至在人的一生中都能見識到這些起落，而這多到會讓我們以為人們應會記取歷史的教訓，但他們一直以來都沒學到教訓。而對於此事實的知識，使得我們能夠從容引領內明社穿越戰後的種種困難，而不需要削減社團的任何活動。的確有的時候需要謙卑才能解決事情，但有的時候卻可以大膽跨步，即使周遭環境看來並不像可以這樣做的樣子，那是因為我們知道那股潮水正在現況的背後上漲中。

一〇八、因此這四張牌為瑪互特裡面眾力運作的本質給出非常真實的洞見，而當它們出現在占卜時，就是要準備面對不久將出現向外的黃金轉成侵蝕、向外的侵蝕轉成黃金之情況，並依此收帆或揚帆。

一〇九、這就是占卜的真正用途，即使人能夠判別任何事況裡面的相關靈性力量，並據此採取行動。那麼，沒有靈性辨別能力的人所做的占卜到底有什麼用？而那些只要給點小錢就會講一堆資訊，錢給多一點還會講更多東西的平庸祕術家，能期望從他們身上找到靈性辨別能力嗎？靈性事物並不是這樣進行的。就古人而言，占卜是只在自己人之間進行的宗教儀式，所以它應是在我們之間進行的儀式，才不會在執行時帶來一連串的不幸。

1 譯註：即四體液學說

2 譯註：即 Sir Jagadis Chandra Bose

3 譯註：依個人淺見，這裡的太陽是用來比喻那股永遠都在照耀我們的靈性之光

4 譯註：即易首德天使團的強壯天使，又稱智天使，但這裡係指中世紀圖畫中只以孩童的頭與翅膀呈現的樣貌

5 譯註：參見〈使徒行傳〉10：15

6 譯註：〈啟示錄〉10：9

第二十六章
反輝耀
（THE QLIPHOTH）

一、我們在前面的某一章有提到反輝耀，即邪惡、倒反的輝耀，而此刻該是來仔細研究它們的時候，即便「那是可怕的形式，光是想都有危險」。

二、那麼問題來了，既然這些形式都已被普遍認為連想都會有危險，為何還需要去研究它們？直接使心智背對它們，不讓這些邪惡力量的形象在意識裡面形成，這樣不是更好嗎？為了回答這問題，我們也許能夠引用亞伯拉梅林魔法師（Abramelin the Mage）的規則，這是我們現有的魔法系統當中最強效也最完整者。根據他的系統，操作者在歷經長期的淨化與準備之後，不僅能有召請天使之力，連惡魔之力也能召請。

三、有許多人在亞伯拉梅林的系統吃盡苦頭，而其原因並不難找——如果我們去檢視他們的紀錄，應會發現這些人從來沒有完全遵照這系統，而是按照自己的喜好，這裡挑個儀式、那裡選個召請禱詞，然後就去執行。亞伯拉梅林的系統因此背上「格外危險的方式」之惡名，然而若是完全遵照這系統來做，它卻是「格外安全的方式」，因為它是在也許可以稱為實驗室環境條件當中，處理召請的力量所具有的一切反應並予以中和。

四、任何人如要嘗試運作某輝耀的正面向，就得記住該輝耀也有負的面向，除非運作者能夠維持諸力之間必需的均衡，不然負的面向容易起來主導並使整個操作徹底失敗。在每次魔法操作過程中，相應力量的負面向總會有冒出來而需要實驗者處理的時候，除非有進行處理，不然它會誘使實驗者跳進自己已經挖好的坑。有一句魔法格言相當合理——別去召請任何力量，除非你已經做好處理它的倒反面向之準備。

五、除非你已經充分淨化，並自我訓練到確保自己能夠避免火星力量走向殘酷與破壞的極端，不然你真敢去召請火星（葛夫拉）的猛烈能量進入自己的本性嗎？如果你對於人的本性有些了解的話，應會曉得每個人都會有個性方面的缺點，例如壯健有力且精力旺盛的人會有落入殘酷與壓迫的傾向，而平靜且寬容的人則容易受到自由放任、惰性的引誘。

六、反輝耀被稱作邪惡與倒反的輝耀是恰當的，因為反輝耀並不是宇宙架構裡面的獨立原則或因素，而是這些神聖平台（the Holy Stations）自身的失衡及破壞性的面向。事實上，生命之樹只有一個，而不是兩個，所謂的反輝耀只是輝耀的反面，就像硬幣的正反面那樣。任何將生命之樹當成魔法系統來用的人，一定得要知道反輝耀的領域，因為他除了處理它們之外別無選擇。

七、在原型界那裡的每道輝耀只有一個力量之名予以對應，就是神之聖名。大天使就有魔王（the devil）與之對應，天使團就有惡魔軍隊（the cohort of demons）與之對應，而眾輝耀的領域會有對應的煉獄居所（the Infernal Habitations）。

八、學生得要仔細分辨祕術家所稱的正向與負向邪惡。這是奧祕哲學裡面非常重要的概念，若錯估它的重要性，就會造成影響深遠的實際錯誤，而使入門者——或是就此事而言，任何致力於發展出些許自由意志及自我管理的人——整個人生及志業陷入癱瘓。了解這概念的人很少，然而它在實際運用時特別重要，因為它會立刻影響我們的觀點、判斷力及品行。

九、正向邪惡是移動方向與進化趨勢相反的力量，而負向邪惡則僅是對於尚未克服的惰性或是尚未中和的動力所做的反抗。就讓我舉例說明，使這些定義能夠更加清楚。具有成熟心智的一般保守主義人士，會被想要改革社會的人視為邪惡，而反對傳統的一般年輕人，會被建立體系的行政官員視為邪惡。但是，如果社會要維持健康的話，對於相互對抗的兩方，我們無論如何都不能丟棄任一方，因為我們會在兩方之間逐漸進步，使得社會不會有解體或陷入惰性、腐壞的情況。對於社會的利益來說，兩方都是必要的，然而若不去約束這兩方的話，就會有造成傷害的可能。

十、在兩方的任一方出現過度誇張的表現之前，我們都不能稱之為社會弊病。因此，若以奧祕哲學的術語來看，當我們採用改革者的觀點時，保守主義就會被分類為負向的邪惡；而當我們採用守舊人士的觀點時，反對傳統信仰的人也會被分類為負向的邪惡。

十一、然而正向的邪惡是另一回事。這也許是反傳統的想法本質表現得太超過而轉變成完全的無政府主義；或是守舊的想法表現太過火，而變成階級特權，並將注意力放在不利於大眾社會福利的方向，或是變成貨真價實的政治腐敗，而摧毀行政機構的效率，或是變成社會層面的腐敗，像是賣淫組織或童工，從而傷害整個國家的健康。

十二、保守人士的渴望與改革者的衝動，都會吸引那些對他們的觀點感同身受的人們，而他們的支持者不久會自行組成政黨，不過這些政黨並不是邪惡的，只不過從他們的政治對手的偏執立場來看才是如此。而整個國家的人民則是以中立的態度支持或反對這些政黨並輪番改變想法，因為他們知道它們象徵互補的要素。同理，社會裡面的腐敗、罪惡分子也會傾向組織出屬於自己的坦馬尼社（Tammany Hall）。在這當中，保守的政黨與激進的政黨也許可以各自比作黑系德與葛夫拉，而坦馬尼社也許可以比作與葛夫拉關聯的反輝耀，即「持續鬥爭的狂熱軍隊」（the Burning and Contending Forces）；而具有組織的強硬派政黨也許可以當成黑系德的反輝耀，即「授權毀壞者」（the Permitters of Destruction）。

十三、負向的邪惡是均衡原則必然的實際表現。均衡是相互競爭的力量之間的平衡，所以它們必得相互推擠。我們絕對別犯這樣的錯誤——把相互對抗的兩方之一視為正義、另一方視為邪惡——這樣的作法只會掉入二元論的基本邪說而已。

十四、所有宗教中有受過指導並有所啟悟的闡述者，會把二元論視為邪說，只有無知的信徒才會相信光明與黑暗、靈性與物質之間的鬥爭，到最後則是正義一方獲得勝利，並將所有反抗勢力盡皆廢除消滅。基督新教已經忘記路西法（Lucifer）是「持光者」（the Light-bearer），而撒旦是落入地獄的天使，還有我們的主並沒有將祂的事工侷限在人間，而是親自下去地獄向牢裡的靈魂傳道。我們無法用切除與消滅的方式處理邪惡，只能用吸收與和諧的作法才行。

十五、在我們所有的計算與概念中，我們必須小心分辨代償性輝耀的抗力以及對應反輝耀的影響力。這兩棵樹，即神聖與煉獄之樹或是輝耀與反輝耀之樹，通常使用的象徵是倒反的樹會像天界之樹的鏡影，從朝上伸展的天界之樹的根部向下伸展出一模一樣的範圍。然而如果我們要使概念更加清楚的話，就要把這兩棵樹的圖像想成是畫在一顆球的兩面，所以當葛夫拉與「高尚中的偉大」（火星與木星）之間的擺盪運動在某一方向過頭，就會開始繞到球的反面並進入對應的反輝耀影響領域。如果朝向葛夫拉（嚴厲）的擺盪過頭的話，就會進入「持續破壞的狂熱軍隊」及「憎恨」（Hatred）的領域；如果朝向仁慈的擺盪過頭的話，就會進入「授權毀壞者」的領域，而這樣的名稱有其重要之處。

十六、祕法家會跟我們說，他的目的是在純粹靈質、不雜任何塵土的領域運作，所以他只會呼求神之聖名而已。然而祕術家的回應會是，只要你還處在塵世的身體，你就是土地的孩子，所以與你相合的靈不可能不雜任何塵土。所以當你呼求神的愛時，它無法直接來到你面前，只能透過救贖者而來。救贖者的領域是梯孚瑞特，它的大天使是治療者拉斐爾，而我們不就是因著身體與靈魂的療癒而認出救贖者的影響力嗎？然而給予和諧的救贖者在反轉後就是「爭執者」（the Disputers, the Zourmiel），即「總是在反對彼此的龐大黑巨人」。在基督信仰的那些較為嚴厲的經文中，相較於「在耶和華賞罰並存的統治之中給予的永世獎勵」的概念，那種「永遠於惡魔的國度接受懲罰」的概念不就顯得有爭執者的影響嗎？如果這不是指「總是彼此鬥爭的二元力量」，不然會是什麼？現代宗教思想對於善有很大的誤解，因為善其實也會氾濫成災，絕非多多益善。

十七、完美均衡的力，只會出現在「眾神之夜」（Night of the Gods, Pralaya）的時候。處在均衡的力是靜止、具有潛勢，但沒有任何動態，因為均衡的力量意謂兩股對抗的力量彼此完全抵銷，而使得兩方都處在不活動、不運作的狀態。一旦擾動均衡，那些力量就被釋放出來進行活動，就有可能出現改變，像是成長、進化與組織化。完美的均衡不會有進步的可能，因為那是休息的狀態。據說在宇宙之夜結束的時候，均衡會被推翻，而其結果就是力量再次向外流動，使進化能再度開始進行。

十八、然而宇宙的均衡比較不像鉗子夾住東西的模樣，最好的描述會是鐘擺的擺盪。它並不是夾著不動，而這就是完美的均衡與宇宙的均衡在概念的差別。在宇宙的均衡中一直都會有輕微的振動，那是相互對抗的力量在保持穩定時的推擠與拉扯，這均衡是一種穩定，不是來自惰性，而是壓力。

十九、這部分在生命之樹上面會以相互拉扯的嚴柱及慈柱作為象徵。葛夫拉（嚴厲）會拉扯「高尚中的偉大」（仁慈），而庇納（形）會拉扯侯克瑪（力）。如果反制拉扯的力道不見的話，宇宙就會崩毀，就像某個人正用力拉著繩子時，繩子突然斷裂而使人摔倒在地那樣。我們必須清楚了解，這樣的緊張、這種施加在我們想要做的事情上、使我們得去承受的抵抗力，並不是邪惡，它是我們正在運用的力量之必要的抗衡。

二十、在前面的章節，我們有提到每個反輝耀基本上是相應輝耀在其進化過程中失衡力量的放射。當科帖爾溢流去形成侯克瑪時，會有第二條路徑仍在進入存在中、尚未完全建立的時候，所以科帖爾在那時必定失去均衡，溢流出去但還沒得到代償。我們可以在病態階段轉換的個案中看到這現象，也就是當青春期的少年不再是受到管制的孩童，但也還沒成為能夠自我管理的成人之時候。

二一、這是一段無可避免、屬於失衡力量的病態轉換時期，會使每個反輝耀得以升起。而後續對於邪惡造成的問題之處理、使它在這世界消失的解決之道，並不是用壓抑、切除或破壞來進行，而是藉由代償及後續吸收回到它所屬的領域來進行。科帖爾的不平衡力量所產生的「總是彼此鬥爭的二元力量」，必得藉由增加侯克瑪、即智慧的對應活動來予以中和。

二二、若在進化過程中週期性的暫時不均衡階段當中，各輝耀的失衡力量沒有予以管控的話，就會形成某種核心，具有知覺的存在之意識裡面的邪惡思想形式，或是藉由剛好失去均衡的盲目力量而升起的邪惡思想形式，全都會在核心周圍開始組織起來，而每一種失調都會去尋求它自己的位置。所以這情況的後續演變就是，原先僅是某一股本質純粹且良善的力量出現過剩，但也許會在沒有得到代償的情況下，變成高度組織化、高度發展的正向動態邪惡的中心，而且延續無數世代。

二三、為了弄清楚這個概念，範例會有所幫助。火星（葛夫拉）能量原是推動惰性、清理軟弱與陳舊事物的力量，必定會在救贖者、梯孚瑞特開始照耀之前的階段超過必要程度。而救贖者一旦開始照耀時，就會去代償葛夫拉的殘酷，甚至就像我們的主所說的：「我要給你們新的律法。你們再也不能要求以眼還眼、以牙還牙……」而葛夫拉的這股沒被代償的嚴厲帶給我們的是《舊約》的善嫉之神，以及一切以祂的失衡之名行使的宗教審判，它形成葛夫拉的反輝耀，而一切具有殘酷與壓迫本質的存在都會與之共鳴。那些沒被宇宙中與之對抗的力量吸收的過剩力量——一切永不平息的報復、一切永不滿足的殘酷慾望——就會從這領域投射出去，而這些力量在發現某條表達的管道開啟時，就會從那裡浮現。而其結果就是，縱容殘酷衝動的人不久會發現自己並不只在表現自身不成熟或畸形本質的衝動，而且還會有一股巨力像水位高漲的河流那樣催動他繼續下去，促使他一直做出暴行，直到失去自制與判斷力時，就會藉由個人衝動的一些輕率表現把自己迅速帶向自我毀滅。

二四、無論何時我們使自己成為任何純粹力量——也就是說，任何由隱藏動機及次要考量維持純粹的單一力量——的管道，我們就會發現有一道水位高漲的河流在自己的背後推著，那河流就是對應的輝耀或反輝耀之力量，而它在我們這裡找到可以表達的管道。一心一意的狂熱分子之所以會有那種異於常人的力量，就是這樣的機制所造成的結果。

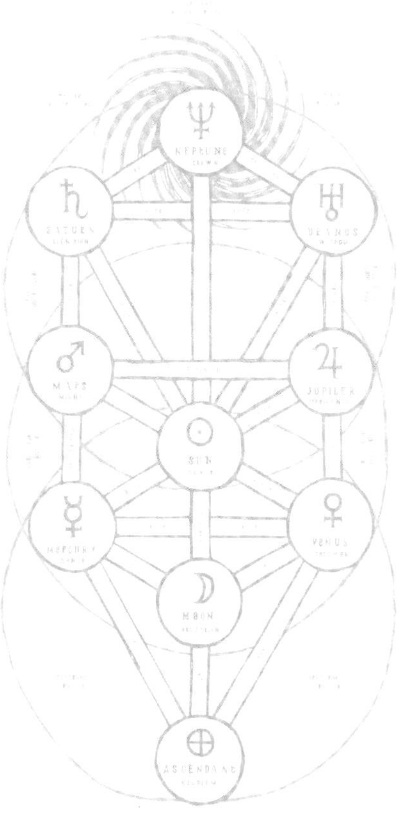
NEPTUNE
SATURN
URANUS
MARS
JUPITER
SUN
MERCURY
VENUS
MOON
ASCENDANT

第二十七章
結語

一、對於生命之樹十輝耀的研究到這裡告一段落，然而我只能說我們所完成的只是一小部分，還有很多還沒做。

二、我希望這本書的後續還會有其他書，也就是關於神祕心理學系統的二十二條路徑，即人的靈魂與宇宙之間的關係。關乎巨觀宇宙的十輝耀是通往明悟的關鍵，那麼關乎巨觀宇宙與微觀宇宙之間關係的二十二條路徑，則是通往占卜的鑰匙。就其真正意義而言，占卜是靈性診斷，它跟算命非常不同。

三、眾神在生命之樹的領域也是令人感到很有興趣的主題，而且能夠很快投入實際應用，因為祂們所提供的關鍵，會在接觸、平衡那些以眾神之名個人化的不同力量時所使用的儀式變得非常有效。

四、然而這一切都需要詳盡的知識，這部分只能靠時間慢慢累積。只靠一枝筆是沒法完成多少事情的，所以我歡迎對這些主題有興趣的人共襄盛舉，不是把它們視為古物來研究，而是把它們看作是從工作或個人內在領會的生命力量。

五、殘留至今的西方儀式掌握在教會、共濟會（the Masons）以及歌舞表演（cabaret）的製作人手上。它們在各自領域都相當有效，教會喚起對神的愛、共濟會喚起對人的愛，而歌舞表演喚起對女人的愛。

六、如果把儀式看作是祈請神靈的方式，那麼它就是純粹的迷信；然而若把儀式看作是召喚人之精神的方式，它就是純粹的心理學，而這也是我的看法。西方雖然已經失去這項技藝，但值得將其再度復興起來。

七、我藉由本書給出這技藝的哲學根基，而其實際運用不僅要依靠科技的知識，還需要心智具有某些藉由漫長、謹慎的訓練過程而發展出來的特定能力，而這些能力當中最先要有的是專注力，其次是視覺觀想的能力——可惜的是，我們西方對於後者相當無知。心理暗示之父庫埃（Coué）在想以延長注意力來替代自發性情緒時也錯過應要轉彎的地方。

第二十八章
主觀的路徑修持

荻恩．佛瓊在《祕法卡巴拉》的結語中有提到，生命之樹的路徑之重要程度足以為此專門寫一本書。

然而相當可惜的是，她所提的寫書構想一直沒有具現成形，不過我們有找到她在《內明誌》（The Inner Light Journal）寫的一系列相關文章，列於後面給大家參考。

這裡還是需要提醒，神祕社團若能嚴格依循生命之樹而恰當運作路徑修持的話，會為整個團體及個體（的心理層面）帶來正面的貢獻。然而，就跟其他事情一樣，沒有經驗就沒有好處可言，所以我們在荻恩的論述之後列出一些可供大家依循的特定原則。

生命之樹是含括一切的簡單圖形，它係源自某種哲學的設計，然其寓意深度能夠同時象徵主觀面向與客觀世界，並指出這兩者之間的關係。十輝耀統括客觀世界的所有層級、所有面向，以及進化的不同階段。而當我們想到，根據《光輝經典》（the Doctrine of Emanations[1]）所言，這些不同面向係對應依序接替的

進化階段，如同動物的組織過程也是從單細胞生物演變到脊椎動物那樣的話，我們應能看出，在時間的橫軸與事物類別的縱軸中，這個圖形能夠幫助我們了解生命與形體進化理論全貌的梗概。藉由它的運用，除了使卡巴拉神祕家能在心智的黑暗時代建構出關於進化的哲學，也使現代哲學祕法家能夠超越物質科學的限制而預示那尚未萌芽的知識發展。熱帶國家所出現的知識萌芽假象，則是天上日光還未落實到大地而過早彎折的反射。而哲學祕法家依據首要原則而演繹出來的推測，已多次在科技尚未發展到可以取得相關資料之前就已預示知識的進步。

生命之樹的客觀面向，以及整個卡巴拉系統奠基其上的哲學概念，都已在本書相關篇章中詳細闡述，所以請還未精熟形上哲學觀點的讀者們在閱讀這些文字時自行往前查閱參考，畢竟這主題所牽連的範圍已經廣大到無法做出合適的摘要。我會利用這幾頁講述生命之樹的主觀面向，用它來區別意識中的不同因素，將其當成發展及客觀運用的技術之基礎，然而與其將客觀運用稱為魔法，不如稱為應用心理學還合適許多。

如果讀者看向《祕法卡巴拉》的生命之樹圖形，會看到以傳統三柱形式排列的十輝耀，而在其間有著《祕法卡巴拉》未提及的二十二條路徑，它們代表生命之樹在用於意識與心智力量時的主觀面向。十輝耀會被看成是藉由閃電的來回彎折軌跡連結在一起，而那軌跡象徵著進化從科帖爾往下走到瑪互特的路線。然而二十二條路徑則是由智慧之蛇（the Serpent Nechushtan[2]）統合，而它繞經一條又一條的路徑，費力地蜿蜒往上，直到牠那戴著王冠的頭能夠靠在科帖爾休息，所以它象徵人的靈魂進化與入門。

如同神聖十輝耀，每一條路徑也都有豐富的對應象徵，然而這當中還是有些重要的差別。這些路徑沒有指定的神之聖名以指示神性具現的面向，事實上也沒有指定任何天使或其他存有的力量之名，因為用於這些路徑的分類係依塵世能量中心來解釋。這些能量中心算是它們所代表的能量之具現領域，而它們與高層力量的接觸點得用迂迴的方式來找。

這些路徑總共設有四類象徵，首先是從十一到三十二的數字，卡巴拉神祕家常用數字來指涉這些路徑。然而就我們目前的需求而言，會將數字學的術語搭配塵世領域的名字，因為這名字代表某路徑的象徵性內容及一切關聯，其代表程度比抽象客觀的數字還要有效許多。

這些數字之所以從十一到三十二，是因為數字一到十是分配給十輝耀。十輝耀使《形塑之書》的箴言與眾路徑相互關聯，而那些箴言則在表述各路徑的神祕意義裡面的隱密象徵，並指出它們在卡巴拉神祕家的四界中最高、最抽象的原型界裡面的重要性。《形塑之書》配賦給每條路徑的文字敍述，事實上等同十輝耀的神之聖名，也就是說，它們指出眾路徑的靈性本質。只有在長時間的冥想與對於相應路徑具有眾多實際經驗之後，我們才能夠了解這些箴言，光是閱讀它們並不會學到多少東西。

第二套配賦給眾路徑的象徵，則是對應力量在塵世具現的領域，係由四元素、七行星及黃道十二星座組成。然而這些象徵總數為二十三個，但出於實際的理由，不會計入地元素，那是因為眾路徑象徵高層意識的面向，而地元素在這個標記系統中係對應主觀的感官意識，因此它屬於輝耀系統裡面的瑪互特領域。這是在運用象徵意義時非常重要的關鍵，而對此隱而不宣也是古代入門者非常喜歡使用的掩飾手段之一。如果有人想要把二十三個象徵套在二十二條路徑上，必定會有混淆。連結主觀與客觀的環節就在於地元素——而這項知識對於整個系統來說相當關鍵，事實上這也是魔法操作的存在理由，也是一切利用象徵的運作所仰賴的關鍵。從主觀到客觀的傳遞不能走捷徑，其過程一定得經過瑪互特才行，因為它是這兩個系統裡面都有的因素。

熟悉占星的人都知道黃道十二星座跟七行星有關，包括行星日、行星時以及行星的擢升（exaltation）星座，還有依照四元素而分的「四元素守護」。四元素則更進一步地被分配給最下位的四輝耀，七行星則被分配給第三到第九輝耀。就此觀之，眾路徑可藉由塵世象徵而關聯到眾輝耀。此外，每條路徑都象徵其所連結的兩輝耀之力的均衡態。這些象徵意義即是神祕占星學與護符魔法所尋求的關鍵。

第三套配賦給眾路徑的象徵，則是希伯來文字母表，其中每個字母也都有數字方面的意義。而從數字與字母的關聯性當中則發展出錯綜複雜的希伯來字母代碼法（the Gematria），那是一種精妙的數學運算方式，但容易被濫用。這系統的基本概念是每個字的意義都能從其字母轉譯的數字予以檢視並約化，而約化的方式除了以一般算術方式進行之外，還能將數值拆成個別數字進行總加。很明顯地，這個方式具有相當大的彈性，然而若要依靠它來量度宇宙，甚至是宇宙的精微面向的話，就好像用橡膠尺來畫指定長度的直線——怎麼畫都「好像」是對的。

不過，這方法若要用在力量文字，那又是另一回事，因為它們是刻意依照希伯來字母代碼法構築且本身含有方程式的文字，所以它們並不是先有文字再轉成數值的組合，而是先有數值再轉譯成文字的組合。就我而言，這整個主題已經龐雜到即使努力探究也不會產出足夠的實際價值。無法精確嚴謹的它不能算是科學，而是技藝，畢竟它總是能夠找出各種不同的替代方案。這算是一種有趣的頭腦體操，而具有祕法概念的數學家能藉此獲得一些非常有意義的結果。那是因為，雖然希伯來字母代碼法就其將特定文字轉成相應數值的有效作法而言完全無法被視為科學，然而它的彈性使它成為有效的心理分析形式，使心智直覺選擇對它而言具有意義的詮釋方法。若用這角度來看的話，希伯來字母代碼法所構成的複雜遊戲會非常有意思，然而我們應當一直謹記的是，某個人所得到的結果並不保證換另一個人也是如此，每個人都能懷著希望走上這條路，然而請別指望自己會走到哪個終點。希伯來字母代碼法的真正價值，在於它能為個別的心智闡述某象徵的潛在意義。

第四套配賦給眾路徑的象徵，則是塔羅牌的大牌，其總數為二十二，明顯指出它們與眾路徑的對應用途，然而它們的數字是從零到二十一，所以我們又看到另一個掩飾手法。在神祕系統中，一號大牌是放在第十一條路徑，其餘大牌則順著生命之樹各路徑依序放置，而最後剩下最底下的路徑就是配給零號大牌。然而這種分法看不出個別路徑的意義與對應牌卡的象徵之間的關聯性，明顯表示這種分法有誤。至於麥克葛瑞格・馬瑟斯傳授給金色黎明會入門者的神祕系統——

由於該系統已歷經數次公開發表，隱密已無意義——則是將零號大牌放在第十一條路徑，其他大牌則依序放置，只有一個例外，即八號與十一號大牌位置對調。這種分配系統將第二十一號大牌放在第三十二條路徑，而所有象徵都恰如其分地就定位，使整個系統變得容易讓人理解。藉此，塔羅的占卜方式就能關聯到占星術，也能讓人更加明白塔羅牌與眾路徑各自所屬主題的意義。

從依上述方式組合而成的資料，特別是《形塑之書》對於眾路徑的分配，還有相應的占星及元素象徵的分配，就能依冥想方式及利用直覺的想像運用而推演出非常大量的資訊，因為藉由占星的關聯象徵就能建立起異教眾神的對應，這也是布拉瓦茨基夫人所用的方法。

四色階級也可用於眾路徑，而這部分在實修有其重要之處，後面會解釋。而特定的魔法武器、寶石與香氛也是如此。

此外，傳統上認為，如同每道輝耀會有對應的靈性經驗，每條路徑也會有對應的特定魔法力量種類。在所有使用卡巴拉系統的魔法社團中，入門的次第會配賦在眾輝耀，而每個次第都會為入門者打開連結自身次第所在的輝耀與更上面的輝耀之間的路徑。任何名副其實的魔法社團，在考究會員對於某路徑相應的魔法力量之掌握程度時，應包括該路徑的相關儀式所具有的象徵——這部分若與路徑分開來看會變得無從理解——以及相應等級（the Degree）的實修。這些魔法社團，包括我所熟悉的幾個在內，都傾向將實修不斷往更高等級推動，直到那股動力在特定等級消融於深淵之後才停下來，藉此一併完成物質層面的課題，也不再有所謂的實修。

絕大多數現代的魔法社團都源自麥克葛瑞格・馬瑟斯的金色黎明會，然而他移除下位四輝耀——儘管那些輝耀也有連結路徑——對應等級之所有實修，使得這些等級相關象徵解讀過程會有的困惑還要再乘上數倍的混亂，而其結果就是學生得在黑暗中摸索長達數年，因為他們對於自己所學的一切都得不到意義方面的解釋。除了測試信心與毅力之外，這樣的訓練方式真的毫無價值可言。

無論如何，撤銷實修的理由顯而易見。若將魔法理論轉成實際操作，就像將音樂理論變成旋律一樣都得經過漫長謹慎的訓練才行。馬瑟斯夫人在丈夫過世之後領導金色黎明會，於是我在得到她的同意後創立「內明社」以提供預備訓練。

自從那些競相掌握權力的人們過世之後，離開金色黎明會四散出去的人們，就像海星被割下來的片段，開始各自發展出新的組織，而其共有的傾向就是恢復較低等級的實修。至於它們會有什麼成果，我不知道，然而我確實知道，將魔法操作傳授給未受訓練、未經嘗試的人，會承擔滿大的風險。如果這樣的試驗沒有以提早失敗告終，就有可能得到爆炸性的成果。不過，就像練習演奏小提琴那樣，如果沒有徹底打好基本技術的基礎，就會變成除了偶有突發性的表現以外沒有任何收穫。

藉由上述象徵的關聯性，就能建構出小型魔法方程式（the lesser magical formule），我們也許可將它稱作路徑星光魔法（the Paths Astral Magic）方程式，以與神聖輝耀的靈性魔法區別。這是因為在了解輝耀魔法方程式時，得要冥想整個宇宙，然而路徑魔法的操作，並不需要超出星狀光本質的範圍。因此在開始解釋眾路徑的操作方式之前，我們得要仔細研究星狀光的本質。然而基於多項理由，這研究絕不簡單也不討喜，雖然就目前的狀態而言，我們所需要的知識必得源自教條及經驗兩者，但我們不能就此認定它只有這樣而已。

對於祕術家來說，星狀光就像是物理學家的以太，他無法證實它的存在，即便事實上它根本不存在，或至少必定不是以他所設想的形式存在。他十分清楚這樣的難局，不過無論事實如何，如果他要進行任何計算或是表述任何結果，就得設想某個如同以太的物質存在才行，這是必不可少的部分——因為能量的表現就像是以太真的存在那樣，如果以太真的不存在，他就完全不曉得要如何解釋能量的行為表現。

所以他假設世上存在某種如同以太的東西，而其具有的特定性質，是他從經驗中習得的那些與能量表現一律相關的性質。無論如何，他從來沒有確實掌握到以太的形狀或形式，事實上它是屬於另一次元的事物。即使現今在數學物理的進展已經指出這種假設的以太本身完全是空無的，僅是一組關係，但物理學家並沒因此動搖。以太的假設畢竟有實用的價值，所以他仍會繼續使用，至於現有的數學解釋——而非實質方面的解釋——他也完全不會感到意外。

所以祕術家也是如此。他假設世上存在某種思想材質的形式並稱之為星狀光，因為那是他對於一切所得結果的唯一解釋，或這個假設能使他獲得那些結果。如果放棄星狀光的假設並把所有奧祕現象視為主觀，那麼就等同完全扼殺祕術的可能性。接受星狀光的假設、學習處理它的技術，並表現得像是真的存在著具備某某特質的事物，那麼後續必會出現令人感到好奇的有趣結果。更甚的是，許多在生理學與病理學方面以物質觀點而言無法理解的事物，它也有可能提供解釋，並且藉此而在治療方法領域得到明確的結果。至於星狀光假說（the Astral Hypothesis）的確實性，係基於某項事實，即個人的主觀狀態除了能以一般心理學所熟知的方式受到影響之外，還會受到某種針對人生境遇與生命歷程的深遠影響，但這現象無法以心理學的術語來解釋。

所以，雖然星狀光的存在無法予以明白解釋或證明，我們還是就傳統經驗以配予它的性質來思考。

它被認為是某種纖細半流質的氛圍，遍布整個宇宙並穿透所有厚重物質，具有傳遞精微能量的介質表現。而當我們應用實驗性科學的方式而更加了解它的天性時，就有可能以電力來解釋它，就像物理的以太已有數學方面的解釋那樣。

它同時具有內聚及擴散兩種性質。如果不去干涉它的話，它傾向擴散，然而若有明確的影響力作用其上，它可以回應內聚的性質。感官無法覺察到它，智性無法想像它，但情緒能與以太產生反應，而其敏感度會隨個人本性差異而有高低不一的程度。有的人具有高度敏感性，但不會有完全無感的人。這就是魔法的邏輯依據，因此我們得要非常仔細檢視它。

以情緒作為觀察點的意識是非常原始的意識，事實上文明人裡面無法保有這種意識的純粹狀態。在我們的經驗中，想法與感受之間的關聯無法分開，使得我們從來不會經驗那與任何相關想法或事物分開的純粹感受。我們總是有著「關於某某事物」的感受，對於純然的「感受」沒有概念。無論如何，理論上情緒應當以純粹狀態存在，而它與事物的關聯則是這純粹狀態的後續發展，因為如果世上沒有所謂獨立存在的情緒，也就沒有可以關聯的事物。我們也許從未看過沒有附著在岩石上的笠貝（limpets），然而無論如何它並不會因為沒有岩石而不存在。所以，假設能將感受跟習慣觸發感受的事物分開，並以中立的態度繼續穩定維持感受的話，你就有可能藉由練習而使感受可以回應一整組過去從未注意的新影響力，也可以說我們將一整組的新影響力帶到幕前，並以一直在回應的感受對準之。

然而，我們已習於以這些感受回應特定種類的影響力，所以就像現實的老狗很難學習新把戲那樣，新的影響力也要明顯符合這些感受的回應習慣才行。因此，象徵會被用在魔法中，因為心智得要學習觀想並處理它完全不熟悉的影響力。

一般認為，在宇宙的進化過程中，星狀光已經完成特定的主要組織階段。而這些組織階段可以方便區分成十輝耀。然而這裡要記住的是，在套用這種分法時，我是用星狀光來指涉具現過程的根本材質。星狀光一詞已被用來指涉各式各樣的意思，而不同的學派對於這種根本材質的稱呼也不盡相同。我用星狀光所稱呼的事物，他們也許會以不同的名字稱之，並認為星狀光是別的東西。就目前關於眾多非關物質的思想脈絡之混亂態勢而言，這是必然的狀況，所以我能做的就是定義我所用的詞彙，並盡量精確到這個非常不精確的主題還能接受的範圍之內。如果說惡魔通曉所有最棒的音樂，那麼唯物主義就擁有一切最好的方法。

星狀光，或說是宇宙根本材質，其組織已進行到能當成實體材料的架構來用的程度。無論如何，在這種根本材質當中，若跟已經可以當成架構的部分相比，絕大部分仍然保持在非常低的組織程度，如同厚重物質有一大部分係屬有機，然而在任何時候都只會有非常少的一小部分被建構成有機組織，即便如此，這過程也是持續在流動當中。我們的感官已經適應到能夠覺察組織的厚重形式，然而如果要覺察厚重物質藉以結晶化的準物質之精微形式，我們就得要運用比感覺器官還要更加細緻的事物才行。

然而，如同靈魂並不是由物質界的材料構成，而是由這種精微的準物質所構成，我們會發現，靈魂就本質而言具有能夠回應非實質存在形式的因素。所有的心靈能力與魔法也是建構在這項藉由經驗而得到的事實之上。

現在請捫心自問，把以下問題當成現實政治事務來看，即我們要如何使心智的習慣從對於有形事物的處理轉換到無形事物的處理呢？如果某個設計用來處理液體的機器要被用來處理固體事物，那麼我們就要溶解固體事物，使它變成液體，即轉變成該機器能夠處理的形式再輸進該機器中。同理，如果習於處理有形事物的心智若被要求去處理無形事物時，我們會用特定的常見任意圖樣來象徵無形事物，將它的意義傳達給直覺，使心智能夠藉由象徵來處理它事實上無法處理的事物，不致過於困難。此外，如果我們持續使用這方法的話，心智會逐漸熟悉處理不具形體的事物，就能不用象徵而直接處理無形事物。

在處理存在的精微面向之經驗——也就是心理學——所得到的事實當中，無論那是否為客觀經驗，只要我們大膽接受生命之樹所暗喻的假設，就能深入探究該精妙系統的眾路徑，且不用擔心會落入迷信。卡巴拉的方法基本上就是應用到心智的心理學方法——一旦掌握這事實，無論這方法到最後被證明含有什麼事物，我們都能敢於容許——事實上是支持——想像力朝著天使團與大天使的領域大膽前進，那是因為想像力具有自我暗示的價值。與這過程相比，我們所感知到的事物是否具有客觀的實相並不重要，就像若以詩詞的藝術價值相比，其歷史價值顯得無足輕重那樣，卡巴拉所關注的是主觀情緒的共鳴感應，而不是科學上的事實。

請將卡巴拉視為一門技藝，而不是一門科學，我們應當專注在結果而非計較現象是否存在的事實——因為事實上我們會獲得的事物是結果。這矛盾是通往神祕主義的卡巴拉方式之線索，將其視為不真實而予以拒絕者會陷入迷信，將其視為不適合而予以拒絕者則會使心智因懷疑論而失去未來發展的可能性。至於將它視為仍然有效的假設來接受的人，至少會開始蒐集資料，後續則對這些資料進行檢視與探究。這樣的發展過程也是所有科學的必經之路，拒絕將它納入形上學領域，就像是短視的維多利亞時代製造商，他們公開責難純科學的研究，只因為它無法在更新、更便宜的製程要求方面產生立即性的結果。

由於生命之樹的眾路徑係與希伯來字母表、占星方面的要素以及塔羅牌的大阿卡納牌卡形成關聯，那麼可以合理推論的是，既然彼此相等的事物代表全部都相等，那麼這三套神祕符號之間必定存在某些關聯。眾路徑是根據某個明確系統而被賦予連貫的編號，而希伯來字母的分配法也是第一個字對第一條路徑、最後一字對最後一條路徑，而所有處在中間的字也依序對應各條處在中間路徑的方式。所以，我們也許能夠認為數字與字母本身其實僅是一種分類的方法而已。然而在思索占星符號及塔羅牌的大牌時，我們並沒有看到這種有序系統的延續，事實上塔羅牌的大牌與生命之樹的對應順序並沒按照牌卡的數字順序。於是我們必會認為，希伯來字母表應為那些配賦於物質層面（果之層面）與精微層面（因之層面）的概念之間的連結關鍵，因為希伯來字母本身即配有奧祕概念，還包括聲音與數字。

而我們也許會認為，連結整個系統的關鍵應當要從占星符號尋找，因它們至少不會反覆多變——那些都是處在自然界中、週期不受我們控制的明確物體。我們可以將塔羅牌大牌當成方便的占卜系統，以指出各種不同的自然影響與因素。事實上，這些牌卡就像賭博的人用來指示各種不同價值的籌碼。

於是我們就擁有一套明確的象徵系統，其分配並非武斷為之，而是具有固定的價值。而另兩套關聯到眾路徑的象徵，即塔羅牌大牌及希伯來字母，其分配可說是五為之，因為就其本質而言不應被那樣安排。我們也有觀察到那些具有固定價值的符號與外在世界的物體有所關聯，所以可以認定的是，如果固定符號的價值能被確立起來，應當能夠減少武斷分配的符號之價值。

這裡所說的固定符號指的是黃道十二星座、七行星及四元素，然而這一切也是由古人做出的價值評斷，就今日的我們來看，他們在這些神祕標記方法的發展不甚正確。那麼古人對他們所使用的現實物體所持有的不正確觀點，會使他們的方法失效嗎？若就未獲啟蒙的人來說，他將一五一十地接受這些論述，認為這些方法必然因此失效。然而對於獲得啟蒙的入門者來說，就其神祕觀點而言，會認為這些方法不受影響，就像那「自這世界奠基之時就被犧牲的『羔羊』」所具有的意義，並不會因考量到世上羊隻飼養或屠宰而受到影響[3]。因此，入門者總是反對將占星學當成占卜或算命的系統來用。

讓我們試圖回到當時做出這些神祕系統的人所具有的心思，看看能否找回那些原是屬於他們、但已佚失的祕密。而最好的作法就是去思考使用同一系統的現代祕術家所持的態度，如果他們的目的與方法對我們來說是有道理的，那麼我們應當能夠發現自己已握有一條連結古人的目的與方法之線索。

首先，自古至今的所有祕法家總是認為這個現實可見的世界，係由隱形力量建造並予以調節，還有如果我們了解這些力量的本質，以及它們的互動與週期，我們應當能夠了解、預測、解釋及引導現實世界的一切具現，如同化學家藉由了解化學元素的本性以及它們彼此連結的模式，就能處理物質材料的因果關係。

如同物質世界的科學家是藉由具有標準的良好觀察與實驗方法來獲得他的知識，祕法家也是依此獲得關於那些隱於幕後的精微因素之知識。然而他所觀察的是非常精微且難以捉摸的事物，也沒有可資運用的儀器或設備供他將其單獨分離出來進行觀察。他的唯一觀察方式，就是研究自身心智運作的反應，包括運作的加速、減慢以及注意力的轉向。

他不久就會觀察到某種週期性，其中有起伏甚大的長週期潮汐，而潮汐之中也有短週期的波浪。但他也觀察到並非每個人都是如此，不過差異雖大，但總在某個範圍之內，且這範圍並不是出於人為的設定。於是他心想，客觀世界中有什麼事物可以代表這些具有各種差異性的靈性週期？是否真的有某些客觀事物在引發這些週期？而自然中最明顯的現象就是生殖與太陽年週期之間的關係，而另一個明顯到即使原始人都難以忽視的事實，則是女人與月亮在本性之間的明確關聯。

今日的我們知道陽光是生命力非常重要的影響因素之一。位處熱帶的國家則非常確信月亮對於生命的影響力，然而對這方面的精確研究甚少，且那些少許研究還是往反對的方向進行。關於眾行星或是黃道十二星座的光芒，並無證據顯示它們會造成任何影響，即便它們能從眾星的散射光線分離出來也是如此，只不過就現實而言這是不可能做到的事情，因為它們的光在來到我們這裡已與眾恆星的放射光混成一體。

對於占星的星象影響，如果就此認定它在物質層面即是如此表現的話，我們沒有可供維護論點的立場。然而若換用另一個切入角度，稱地球的心智氛圍當中的某些特定變化具有週期的本質，不同的人對這些變化會根據某套高度個人化的明確系統而有不盡相同的反應，那麼我們就有非常不一樣的立場，因為我們是站在觀測所得的事實所形成的堅實基礎上，所要處理的問題變成是如何全面及準確觀測事實，並藉此正確做出推論，因為這些事實無可爭辯。

跟古人相較，我們還多知道兩種因素——不斷變動的地球磁性，還有內分泌腺體在生命現象及其與情緒狀態的緊密關聯中所呈現的細緻平衡互動控制。現在已經發展出能夠探測極小電流的儀器，這使我們知道身體的帶電狀態持續處在變動之中。我們雖然還不知道這些事物的互動關係與意義，然而很難就此認定它們之間毫無關係可言。然而，我們對於內分泌腺的了解，已經足以知道它們會直接或間接地掌管生命的不同面向，將它們的影響跟占星學相信的行星影響做出關聯並不困難。

在知道我們能為占星的優勢與劣勢做些什麼之後，大概只有最冥頑不靈的人才會全盤否定占星，然而也只有容易輕信的人才會把占星一概視為真理，無論占星怎麼說都是對的。占星的不確定要素已經龐大到不能稱之為準確的方程式，然在另一方面它有時又顯得意外地正確，所以我們無法把它視為純粹的迷信，也就是說，如果將迷信定義為觀察不全且詮釋有誤的事實的話，至少它是事實。而且這說法會比現行對於迷信的定義——即沒有根據的信仰——還要更加真實，因為任何普遍被接受的信仰很少有毫無根據者。它本身必得有一些能使經驗重複發生的基礎，不然無法在人的思想中長久維持自己的存在。

根據現今在天文學與物理學的了解，我們還要繼續執著那在眾人認為諸天繞地轉動的時期所盛行的占星學理論嗎？還是說，我們應將行星影響的理論視為站不住腳的說法而放棄之，並從地球帶電狀態的變動中找出關於所有感覺靈敏的人都會察覺到的精微變動狀態之線索嗎？

可以想見，各天體的韻律在時間上所形成的變動，都仰賴那「按時引領黃道星座、引導大熊星座及其眾星」的事物[4]。恆星系可視為總是在彼此互動的獨立單元，而裡面的週期運動都是依據某種超乎世間的數學原則而定，在這週期運動裡面的每個因素都會相互關聯，以形成整體的平衡協調。所以也可以這麼說，地球——不是我們——能夠感受到恆星系與太陽系所散發的那些持續變動之影響力，而我們配賦給眾行星的影響因素，其實是地球的磁場變化狀況作用在我們的內分泌組成之表現。換句話說，眾行星就在我們裡面，就是那些無管的內分泌腺體，既不多也不少。

由此更深入探究的話，我們就能清楚知道心智狀態跟地球靈魂也許真的有心電感應方面的緊密關係，而人類個體在面對不斷變動的狀況時，都依各自不同本質組成而各自反應。

人們若以現代知識來看，就能夠理解這說法，然而換用傳統占星理論來看，則變得無法為人理解。也許地球磁力層的變化的確跟眾行星的移動有關，然而磁力層的變化並不是眾行星引發的，而是地球事實上也是行星，所以它會跟眾行星在某種更為龐大的韻律中共享彼此的關聯。

科學越進步，就越能清楚看到同樣的組織與功能原則遍布在所有的具現之中，雖然會視不同的境況而有各自不同的調整，然而這些原則永不被廢棄，也絕不會被任意修改。通往占星學的關鍵，也許並不在因果關係的原理裡面，而是在關於共同目標的主張，亦即火星與金星並沒有以它們的光來影響地球，而是宇宙的某些力量在影響地球，其週期會與火星與金星的光有所關聯。事實上，天體的移動就像是一座複雜精巧的時鐘上面的指針，而不同天體在具現時的組織過程會對應到那些不同影響力的活動狀態，所以這就能解釋它們所具有的關聯性。

占星學的立場弱點應在於認定因果關係（post hoc）必得是「在此之後、故以此為因」（propter hoc）的謬誤，因為那真正的起因應處在更深許多的層級等著我們去找。

神祕哲學的真正目標就是追尋那個藏在更深之處的起因。當神祕哲學藉由經驗及分離的實驗而了解那些不同的相關因素時，它會運用占星學的標記方式，因為生命的諸多功能與進化的各階段之間有著明確的關聯，不僅達爾文明確證實此事，連胚胎學家也在檢視各胚胎時看到同樣的狀況。

在開始探討配賦給眾路徑的象徵時，我們得要採用上面剛提到的態度，認知到真正的對應是在進化各階段與生命諸功能之間，而不是在天體與人類生命之間。天體與人類生命之間的對應就像胚胎那樣，是將其生出來的更大整體——即進化各階段與生命諸功能之間的真正對應——之複製與象徵。

對於內分泌與心智狀態之間的緊密關係，當我們了解自己在這方面能夠如何因應時，就可以看到魔法如何藉著儀式發揮作用的過程。在儀式魔法中有個看似矛盾的狀況，即我們並不是在操作客觀事態，但也不是藉用自我暗示而專注在操作主觀狀況，而是調校自己的主觀狀態，使它能夠從地球靈魂形形色色的影響力當中揀拾某個因素。事實上，魔法就是一種選擇性的操作，即我們從周圍的精微事態之中切分出某個特定因素，並將處在純粹狀態的它吸收到我們的靈魂裡面。

所有的魔法操作都有其理論基礎，而這理論是基於眾行星的分類系統，而所有時代、所有民族的奧祕思想都能藉此形成關聯。各地在火星或金星、太陽或月亮方面的操作都是一樣的，而詹姆斯·弗雷澤爵士（Sir James Frazer）在其鉅著《金枝》（Golden Bough）也有同樣的表示。生命之樹是非常方便、靈活且容易理解的象徵及分類方法，而多神系統的眾神以及一神系統的天使學也是如此。若用這樣的了解來看，我們就能夠以哲學的態度走上生命之樹的眾路徑，除了可以避免迷信之外，也能避免輕信的弊病。

路徑修持的指示

一、開始與結束都要進行相應的神之力量及掌管四方的大天使之祈請。

二、定出位於兩個相鄰輝耀之間的某條路徑。

位於梯孚瑞特以下的路徑通常關聯的是轉世人格的諸面向。

位於黑系德、葛夫拉及梯孚瑞特的三角形之路徑（以塔羅牌的力、正義與隱者為代表）是跟靈魂、進化的人格或個體性有關。

處在位於深淵上方三角形的所有路徑，都與上位輝耀有關，即科帖爾、侯克瑪與庇納。

這裡應當要提醒大家的是，若在沒走過前兩段所述的眾路徑時，就直接碰觸人的本質精神（the Human Spirit）之特定面向的話，很可能會心神不寧，最後在個人生命中出現巨大的改變。

三、每條路徑的模式都是由以下的「成分」構成：

1、路徑修持的起點輝耀所屬的大天使。

2、相關塔羅牌大牌圖像，建議選用以亞瑟・愛德華・偉特（A.E. Waite）或保羅・凱斯（Paul Case）為基礎的牌組。

3、塔羅牌大牌的稱號（為該路徑的大天使予以個人化）。

4、《形塑之書》分配給各路徑的智性之本質。

5、相關的希伯來字母及其各種關聯。

6、配賦到指定路徑的元素或占星象徵，及其相關性的解釋。

7、路徑修持的遠端輝耀所屬的大天使。

8、與指定路徑的「主題」看似相關的神祕學資訊，而主題係由塔羅牌大牌的稱號所決定。

9、配屬指定路徑，且與五感互動有關的歸屬及對應事物，例如顏色、寶石、植物、動物、香氛，以及較有可能遇到的各種不同的元素存在。

在西方傳統中，生命之樹就是原初之人的鑲嵌畫，眾路徑與眾輝耀的修持都應當把握這個觀點。藉由指定路徑的智性及由塔羅牌大牌稱號指出的媒介物，我們就能獲得相應的靈性經驗。路徑修持的目的，在於行走指定路徑時所引發的靈性經驗，係關乎藉由靈魂的重生而達成人之靈的啟動與完成——即藉由神聖儀式魔法，意識就能有所擴展。

所以路徑修持應當是所有參與者所創造出來的經驗，其結果則會顯露「永遠處在擴展狀態的光」，也就是說，參與者各自應會在意識與潛意識層面得到啟發。若要將潛意識的原料提升到意識層面，路徑修持是一個可行的辦法。

在每次路徑修持中，必得祈請相應大天使的智性並致上敬意。

在觀想各路徑的連結鑰匙、也就是相應的希伯來字母時，它的位置應當在塔羅牌大牌及黃道星座或其他象徵的中間[5]，而真正的啟示就藏在該字母的解釋中。

對應的塔羅牌大牌應當觀想在通往指定路徑的門口，而對應的占星或其他符號則是位於指定路徑所抵達的聖殿門口。

路徑是從某一聖殿到另一聖殿的路，所以每條路徑都有兩個極點。物質極點則是由掛在通往指定路徑門口、上有相應塔羅牌大牌的簾幕作為象徵，而靈性極點則由眾星作為象徵。相應的大牌代表某位啟悟者所累積的經驗，而這位啟悟者利用指定路徑與相應的靈性影響力，藉由那道通往較遠輝耀聖殿的門戶而來到你這裡。相應的大牌給予理論，而相應的星辰則給予靈性影響力。

路徑修持是關乎意識從某狀態到另一狀態的過程，其象徵則是靈性狀態在改變時的界標與階段。

路徑修持能在任何層級進行，無論是現實、情緒、心智或靈性都可以。而象徵則應當依照擇定的層級來挑選。不同的傳統與象徵系統通常各自支持某一特定層級，而生命之樹都能完全接受。使用的象徵必須保持一致，而不是混用，例如不能將埃及系統混用在基督信仰系統上。

回歸的旅程必須跟前進的旅程一樣，雖然沿著生命之樹向下走的從容旅程，還是會跟沿著樹往上走的旅程有所差別。在沿著生命之樹往上進行路徑修持時，我建議最好總是選擇閃電或是智慧之蛇的軌跡。

在回歸的旅程中，應當留些時間來了解自己對於指定路徑進行至此還有哪些面向沒有「落實」。人不缺能力，只欠練習。

團體的路徑修持不應當只是一場有人帶領或控制的團體靜心或觀想，它應當由某位導師（Hierophant）引導，而他（她）會藉由旅程，運用自己經驗過的實相為參與者激發對於指定路徑的經驗。這不是被動的過程，而是對於力量的引導。每條路徑都連結兩道輝耀，而它象徵著兩輝耀之間的均衡，所以路徑修持需要對兩輝耀的意識狀態有所覺知，如果沒有這份覺知，參與者就不會知道意識的改變所關聯的意思。

所有參與者都須知悉指定路徑的特定運作及選定的歸屬物。

至於指定路徑的修持本身，應要把運作的面向可能出現的負面傾向減到最小的程度。

「建構」的過程應當清楚，運用所有五感以及第六感來進行。

應當使所有參與者明白相關的兩輝耀之本質，以及它們在接觸時所具有的真實性——然而只會限制在跟路徑有關的內部運作。

整個修持過程應當讓參與者有機會分享自己走在指定路徑上的了解與（或）經驗。為了辨識各人的能力與不足之處，留出足夠的分享空檔實屬必要。

就理想狀態而言，整個修持過程應當留有經驗指定路徑實相的機會，使參與者能將自己觀察到的原則可以應用在日常生活中。

路徑修持的現實層面之極性是在東方與西方之間，現場須有一份國際音標表（I.P.A.），以備不時之需。

參與者應在修持之前預先閱讀《祕法卡巴拉》關於兩個相關輝耀的章節。

---

1 譯註：應指《形塑之書》

2 譯註：沒有找到對應的名詞，疑應為《舊約》〈民數記〉中由摩西製作、掛在杆子上的銅蛇，該銅蛇在〈列王記下〉稱為Nehushtan

3 譯註：參見〈啟示錄〉13：8，若比較《聖經》多種版本，就會發現這句經文有數種解讀方式，而作者在摘錄該句經文的解讀方式明顯與中文和合本不同。參見https://biblehub.com/revelation/13-8.htm

4 譯註：參見〈約伯記〉38：32，「大熊星座及其眾星」譯文係參考希伯來經文原意「熊星座及其兒子」及現代所發現的「大熊座移動星群」

5 譯註：即路徑的中間

路徑修持的對應表

對於各路徑配賦的希伯來字母之稱號本質，這裡只會給出非常概略的描述[1]。關於各個希伯來字母更加深入的洞見，可以參考《光輝之書》的開頭篇章，而這部分會列在以下清單之後。

第十一條路徑：科帖爾—侯克瑪

א

ALEPH（音：阿力夫）：公牛。零號大牌，即「愚者」——以太之靈（The Spirit of Aether）。靈光閃現的智性。風元素[2]。

第十二條路徑：科帖爾—庇納

ב

BETH（音：貝忒）：房屋。一號大牌，即「魔法師」——力之術士（the Magus of Power）。通透的智性。水星。

第十三條路徑：梯孚瑞特—科帖爾

ג

GIMEL（音：基梅爾）：越過深淵的駱駝。二號大牌，即「女祭司長」——銀星女祭司（the Priestess of the Silver Star）。結合的智性。月亮。

第十四條路徑：庇納—侯克瑪

ד

DALETH（音：搭立夫）：門、上位三輝耀之門。三號大牌，即「女帝」——上主之女（The Daughter of the Mighty Ones）。光啟的智性。金星。

第十五條路徑：侯克瑪—梯孚瑞特

ה

HE（音：嘿）：窗、光臨在我們身上所出現的了解。四號大牌，即「皇帝」——晨星之子（Son of the Morning）、大天使之首。構成的智性。牡羊座—火。

第十六條路徑：侯克瑪—黑系德

ו

VAU（音：琺夫）：釘子。五號大牌，即「教皇」——恆之術士（The Magus of the Eternal）。勝利或永恆的智性。金牛座—地。

第十七條路徑：庇納—梯孚瑞特

ז

ZAYIN（音：然因）：劍，在學術方面的分析時也與雙子座有關。六號大牌，即「戀人」——聖聲之子（The Children of the Voice (Divine)）、上主神諭（the Oracle of the Mighty Gods）。接受安排的智性。雙子座—風。

第十八條路徑：庇納—葛夫拉

ח

CHETH（音：賀絲）：柵欄。七號大牌，即「戰車」——水力之子（The Child of the Powers of the Waters）、勝光之主。集勢的智性。巨蟹座—水。

第十九條路徑：黑系德—葛夫拉

ט

TETH（音：饕絲）：大蛇。八號大牌，即「力」——火劍之女（The Daughter of the Flaming Sword）。靈性存在諸作為的智性。獅子座—火。

第二十條路徑：黑系德—梯孚瑞特

י

YOD（音：又的）：手，即具有方向的創造能量之象徵與行動方式。九號大牌，即「隱者」——恆之先知（The Prophet of the Eternal）、力之聲的術士。意志的智性。處女座—地。

第二十一條路徑：黑系德—聶札賀

כ

KAPH（音：髂付）：手掌，五元素之力所從出的圓輪軸心。十號大牌，即「命運之輪」——生命力量之王（The Lord of the Forces of Life）。和解的智性。木星。

第二十二條路徑：梯孚瑞特—葛夫拉

ל

LAMED（音：拉梅的）：趕牛棒，它也跟 Aleph 有關。十一號大牌，即「正義」——真理諸王之女（The Daughter of the Lords of Truth）、平衡的統治者。忠於事實的智性。天秤座—風。

第二十三條路徑：葛夫拉—候德

מ

MEM（音：妹姆）：水，破波（breaking wave）或靜水。十二號大牌，即「吊人」——強勢諸水之靈（The Spirit of the Mighty Waters）。平穩的智性。水元素。

第二十四條路徑：梯孚瑞特—聶札賀

נ

NUN（音：怒恩）：在水裡生活及移動的魚，也反映天蠍座藉由腐熟達到重生的死亡象徵。十三號大牌，即「死亡」——偉大轉變者之子（The Child of the Great Transformers）、死門君王。想像的智性。天蠍座—水。

第二十五條路徑：梯孚瑞特—易首德

ס

SAMEKH（音：薩妹呵）：連結小臉與神之根基的支柱。十四號大牌，即「節制」——調停者之女（The Daughter of the Reconcilers）、生命的產生者。檢驗或試驗的智性。

第二十六條路徑：梯孚瑞特－候德

ע

AYIN（音：艾嗯）：眼。十五號大牌，即「惡魔」——物質諸門之君王（The Lord of the Gates of Matter）、時間諸力之子。更新的智性。摩羯座－地。

第二十七條路徑：候德－聶札賀

פ

PE（音：呸）：嘴。十六號大牌，即「雷殛之塔」、神之家——強勢軍團之君主（The Lord of the Hosts of the Mighty）。激發的智性。火星。

第二十八條路徑：聶札賀－易首德

צ

TZADDI（音：扎迪）：魚鉤。十七號大牌，即「星辰」——穹蒼之女（The Daughter of the Firmament）、諸水之間的居民。自然的智性。水瓶座－風。

第二十九條路徑：聶札賀－瑪互特

ק

QOPH（音：庫夫）：頭的後側。十八號大牌，即「月亮」——漲潮及退潮統治者（The Ruler of Flux and Reflux）、上主之子的孩子。肉身的智性。雙魚座－水。

第三十條路徑：易首德 — 候德

ר

RESH（音：蕊須）：反轉的頭，位在頭部裡面、與梯孚瑞特有關的陽光人類意識的所在之處。十九號大牌，即「太陽」——世界之火的君主（The Lord of the Fire of the World）。聚集的智性。太陽。

第三十一條路徑：瑪互特 — 候德

ש

SHIN（音：信）：牙，也是火元素，亦暗喻三位一體，所以也可以是靈之元素。二十號大牌，即「最終審判」——原始之火的靈（The Spirit of the Primal Fire）。連續的智性。火元素。

第三十二條路徑：瑪互特 — 易首德

ת

TAU（音：踏）：十字——將四元素固化成為大地。二十一號大牌，即「宇宙」——時間之夜的偉人（The Great One of the Night of Time）。管理的智性。土星。

---

1 譯註：希伯來字母的正確發音可在網際網路查詢相關的講解影片，由於其中有些發音並沒有完全對應的中文，所以這裡所列的中文發音均為近似音

2 譯註：原文沒有標出風元素的配賦位置，據查應為此處

根據《光輝之書》所載的希伯來字母內在含意

〈在一開始〉（Be-reshit, בראשית）。尊貴的拉比翰努納（Rab Hamnuna the Venerable）如是說：

我們這裡有看到以字母表逆向順序表示的字母，而排在最前面的兩個字是「在一開始，祂創造」（bereshith bara），係以 Beth 作為開始；後續的兩個字則是「神，那一位」（Elohim eth），並以 Aleph 作為開始。以下是其緣由。

當神聖的那一位——喔～祂是如此有福——準備創造這世界時，字母表裡面的所有字母都還在胚胎狀態，於是神聖的那一位——喔～祂是如此有福——對它們冥想並隨意擺弄它們長達兩千年。等到祂即將創造這世界時，所有的字母都按著字母表的逆向順序出現在祂面前。

Tau 上前並懇求：

「喔～世界之主啊，如果您歡喜的話，希望您將我放在世界創造的首位，由於您的名稱就是『真理』（EMeTh，即 Truth），而我就是那刻在您的聖印之上的『真理』一字的結尾字母，所以身為國王的您從真理的結尾字母開始用我來創造這世界，會是最恰當的作法。」

而神聖的那一位——喔～祂是如此有福——跟她說：

「汝有配稱的價值，然而吾若以汝開始創造世界並不合適，畢竟汝是要被當成畫在虔誠者頭上記號來用（參見〈以西結書〉9：4），他們從 Aleph 到 Tau 一字不漏地遵守律法，額頭無此記號者當被殺戮。此外，汝亦是『死亡』（MaWeTh，即 Death）一字的結尾字母。因此汝不適合用來啟動世界的創造。」

Shin 上前並懇求：

「喔～世界之主啊，如果您歡喜的話，希望您從我開始創造世界，由於我是您的名稱『全能』（ShaDDaI，即 Almighty）的第一個字母，而且用這個神聖之名來創造世界是最適合的作法。」

而祂是這樣回應：

「汝是配稱的、是善的、是真實的。然而吾不會以汝開始創造世界，畢竟汝是『虛假』（SheKeR，即 falsehood）一字的組合字母之一，這個字只有在汝受到 Koph[1] 及 Resh 吸引相伴時才會存在。所以謊言若要使人信服，必得先從某些真實的事物開始說起。因為 Shin 是真實之字母，族長們也是藉此與神合一，然而 Koph 及 Resh 是屬於邪惡方面的字母，它們會形成『陰謀』（QeSheR，即 conspiracy）以確保自己緊緊貼住 Shin。」

Shin 在聽完之後就離開了。Zadé[2]上前，並說：

「喔～世界之主啊，如果您歡喜的話，希望您以我來創造世界，由於我象徵『公義』（Zadikim，即 righteous），而經文也寫著『因為主是公義的，祂喜愛公義』（〈詩篇〉11：7），所以也象徵被稱為公義的您，因此用我來創造世界是最適合的作法。」

而主的回答則是如此：

「喔～Zadé，汝為 Zadé、汝示公義。然汝須隱藏，不彰顯公開，以免世界將汝當成攻擊的藉口。因汝係 Nun 上加 Yod（兩者一起象徵男性與女性原則）」，且此為原初之人的創造奧祕——其係藉由兩張臉而被創造出來（即男性與女性的結合）。依照同樣的道理，Zadé 的 Nun 與 Yod 是背對背而不是面對面，無論 Zadé 是正常或上下顛倒書寫均是如此。

而神聖的祂——喔～祂是如此有福——又繼續跟她說：

「我將會在適當的時候將汝一分為二，以呈顯面對面的模樣，不過汝將上升到另一境地。」

然後她就離開了。

字母 Pé 上前並懇求：

「喔～世界之主啊，如果您歡喜的話，希望您以我來創造世界，因為我揭示救贖（Purkana，即 redemption）與拯救（Peduth，即 deliverance），是您對這世界的恩賜，因此藉由我來創造世界才是最適合的作法。」而主的回答則是：

「汝是配稱的，但汝象徵『違法』（Pesha，即 transgression），更甚的是，汝之形狀肖似那條將頭蜷曲在身體上的蛇，象徵低頭伸手的罪人。」

字母 Ayin 也同樣因為代表「不公正」（'Awon，即 iniquity）而被拒絕，即便她宣稱自己象徵「謙遜」（'Anavah，即 humility）。

然後 Samekh 上前並說：「喔～世界之主啊，如果您歡喜的話，希望您以我來創造世界，因為我象徵對墮落之人的『扶持』（Semikah，即 upholding），而經文也寫著『凡墮落的，主將他們扶持起來』（〈詩篇〉145：14）。」

而主這樣回答她：

「這就是汝應留於自身所在之緣故，因為汝一離開，那些期盼汝之扶持的墮落之人會有什麼的命運呢？」

於是她趕緊離開了。

Nun 上前並陳述她的價值，因她是「可『畏』可頌」（Fearful (Nora) in praises，〈出埃及記〉15：11）、也是「正直人『理當』讚美之」（Comely (Nagra) is praise for righteous，〈詩篇〉33：1）等句的起頭字母。

而主這麼說：

「喔～Nun 啊，因為汝象徵『墮落』（Nofelim，即 the falling），而 Samekh 是為汝著想而回其所在，所以汝也要回到汝之所在，繼續受其支持。」

於是 Nun 馬上回去她的地方。

Mem 上前並說：

「喔～世界之主啊，如果您歡喜的話，希望您以我來創造世界，由於我是您的稱號『國王』（Melekh，即 King）的開頭字母。」

主的回應則是：

「雖然看來真的很像是汝，但吾不能將汝用在創造世界，因為這世界需要國王。所以，汝要跟Lamed及Kaph回去汝之所在，因為沒有國王的話，這世界無法存在[3]。」

就在那時，Kaph 從它的榮光寶座下來，全身震顫，並說：

「喔～世界之主啊，如果您歡喜的話，希望您以我來創造世界，因為我是您的『光榮』（Kabod，即 honour）。」

而當 Kaph 從它的榮光寶座下來時，二十萬個世界開始搖晃、寶座也在顫動，而所有世界都被震到即將變成廢墟。

而神聖的祂——喔～祂的名字如此有福——跟她說：

「Kaph、Kaph，汝為何在此？吾不會以汝創造世界。回到汝之所在，因為汝象徵『滅絕』（Kelayah，即 extermination）。所以，回去汝之所在並繼續留在那裡。」

於是她馬上離開並回去自己的位置。

字母 Yod 上前並說：

「喔～主啊，如果您歡喜的話，請恩准我處在創造世界的第一位，因為我是神聖之名的第一個字母。」

主向她說：「吾裡面已有汝的刻劃與標記，且汝為吾之意志的管道，這已足矣，汝絕不會從吾名抹滅。」

Teth 接著上前並說：

「喔～宇宙之主啊，如果您歡喜的話，請把我放在創造世界的首位，畢竟藉由我，您被稱作『恩惠』（Tob，即 Good）與正直。」

主對她說：「吾不會藉由汝創造世界，因汝所象徵的恩惠隱藏在汝裡面，就像經文寫的『祢為敬畏您的人們所施展的恩惠是多麼大啊』（〈詩篇〉31：20[4]）。由於它被珍藏在汝裡面，所以它不會參與吾即將創造的世界，它只會參與未來會出現的世界。此外，神殿諸門也因汝之恩惠藏在汝裡面而沉入地下，還有，汝旁的字母 Heth 若與汝結合，就形成『罪』（HeT，即 sin）。」（因此在以色列諸支派的名稱中，不會看到這兩個字母相鄰）。

於是她立刻離開。接著 Zayin 上前並提出自己的主張：

「喔～世界之主啊，如果您歡喜的話，希望您將我放在創造世界的首位，因為我代表安息日的『紀念』（observance）。如同經文寫的『當「記念」安息日，守為聖日』（Remember (Zakhor) the day of the Sabbath to keep it holy.〈出埃及記〉20：8）。」

主的回答則是：

「吾不會透由汝創造世界，畢竟汝之形狀像是尖銳的劍或矛，所以汝象徵戰爭。」

於是 Zayin 立刻從主的面前退下離開。

而 Vau 上前並提出自己的主張，她是這樣說的：

「喔～世界之主啊，如果您歡喜的話，希望您將我放在創造世界的首位，因為我是您的神聖之名裡面的字母。」

主就對她說：

「Vau，汝與 Hé 同樣都是吾之名的字母、都是吾名奧祕的一部分，都深刻銘印在吾名裡面，而這樣就已足夠，所以吾不會把創造世界的首位給予汝等。」

接著上前的是字母 Daleth 與字母 Gimel，她們也提出類似的請求，而主也有類似的回應，是這麼說的：

「汝等若能繼續保持在一起，就已足夠，因為『這地上永不應終絕窮人』（〈申命記〉15：11），所以他們需要善心。

「因為 Daleth 代表『貧窮』（Dalluth，即 poverty），且 Gimel 代表『善心』（Gemul，即 beneficence）。所以汝等不要分離，只要支持彼此即足矣。」

然後 Beth 上前並說：

「喔～世界之主啊，如果您歡喜的話，希望您將我放在創造世界的首位，因為我代表那天堂與人間都向您獻上的『賜福祈禱』（Berakhoth，即 benedictions）。」

神聖的祂——喔～祂如此有福——跟她說：「吾確定能藉汝創造世界，而汝將形成世界創造的開端。」

字母 Aleph 仍然留在自己的位置沒有上前。而神聖的祂——其名如此有福——這麼說：

「Aleph、Aleph，為何汝不像其他字母那樣來到吾面前呢？」

她回答：

「因為我看見除了 Beth 之外的其他字母來到您面前都以失敗告終。那麼我還能做得到什麼？況且您已經將這份大禮賜給字母 Beth，那麼若將答應賜給僕人的禮物取回而給予另一位僕人，並不符合至高王的風範。」

主跟她說：

「Aleph、Aleph，雖然吾將以 Beth 開始創造世界，汝仍然保持是諸字母的首位。吾的合一只能透由汝表現，而這世界的所有計算與操作都是以汝作為基礎，合一只有透過字母 Aleph 才能表達出來。」

於是神聖的祂——其名如此有福——做出屬於某個大模式的上層世界字母，以及屬於某個小模式的下層世界字母。因此，我們就有排在最前面、以 Beth 作為開始的兩個字（即「在一開始，祂創造」）；後續會是以 Aleph 作為開始的兩個字（即「神，那一位」）它們象徵上層世界字母與下層世界字母，當二者在操作時，上與下就結合成一體。

《形塑之書》對於諸路徑的描述

第十一條路徑是靈光閃現的智性（the Scintillating Intelligence），是那道緊靠著整套排列秩序安置的帷幕之本質，它會被賦予特別的尊位，使其在眾因之因顯露面貌時還能屹立面對。

第十二條路徑是通透的智性（the Intelligence of Transparency），係出自那名為異象者（Chazchazit）的偉大人種，他們將能夠看見那以幽靈幻影的形式呈現的事物之觀點作如此的命名

（這就是先知藉由異象做出預言的方式）。

第十三條路徑是結合的智性（the Uniting Intelligence），之所以如此稱呼，係因為它本身是神之榮耀的本質，是靈性存在個體的真理之圓滿實現。

第十四條路徑是光啟的智性（the Illuminating Intelligence），之所以如此稱呼，是因為所有關於神聖的隱密、基本概念及其準備階段，都是以看似發光金屬的事物（Chashmal）作為基礎。

第十五條路徑是構成的智性（the Constituting Intelligence），之所以如此稱呼，是因為它在純然的黑暗中構成物質的創造，而人們也有提到這樣的深思熟慮。它就是〈約伯記〉38：9提到的「幽暗」，即「用幽暗當包裹它的布」。

第十六條路徑是勝利或永恆的智性（the Triumphal or Eternal Intelligence），之所以如此稱呼，是因為它是神之榮耀的意願，以後也沒有與其相似的榮耀，而它也被稱作為公正之人預備的樂園。

第十七條路徑是接受安排的智性（the Disposing Intelligence），它為公正之人提供信心，而他們藉此披上聖靈。在高層事物的領域中，它被稱作卓越之基礎（the Foundation of Excellence）。

第十八條路徑是集勢（的智性）（(the Intelligence of) the House of Influence），所憑的是在創造

存在的過程中，好的事物持續湧入的現象大為增加所呈現的偉大。（例如）那些祕法與隱藏的感受，原是隱藏在鄰近眾因之因的陰影之中，而它們會受到相關研究的吸引而出現。

第十九條路徑是靈性存在諸作為的智性（the Intelligence of all the activities of the spiritual beings），之所以如此稱呼，是因為它會大量散布至高的祝福及最為崇高的莊嚴榮耀。

第二十條路徑是意志的智性（the Intelligence of Will），之所以如此稱呼，是因為它係預備一切被造存在的方法，而原始智慧的存在也因這智性而為人所知。

第二十一條路徑是和解的智性（the Intelligence of Conciliation），之所以如此稱呼，係因它接受神聖的影響力，而這力量從那臨於所有存在的祝福流入它裡面。

第二十二條路徑是忠於事實的智性（the Faithful Intelligence），之所以如此稱呼，係因靈性美德會受其影響而增長，而一切地上居民幾乎都受其庇佑。

第二十三條路徑是平穩的智性（the Stable Intelligence），之所以如此稱呼，係因它具有一切數學演算法的一致性之美德。

第二十四條路徑是想像的智性（the Imaginative Intelligence），之所以如此稱呼，是因為它肖似所有依和諧精緻事物的創造過程之類似方式而造出的相似事物。

第二十五條路徑是檢驗的智性（the Intelligence of Probation）或是試驗的（tentative）智性，之所以如此稱呼，係因其為原初的誘惑，造物主藉此考驗所有公正的人們。

第二十六條路徑是更新的智性（the Renovating Intelligence），因為神聖之神藉此更新一切一直在變化的事物，它們會因世界的創造而更新。

第二十七條路徑是激發的智性（the Exciting Intelligence），之所以如此稱呼，係因為藉由它，太陽底下的一切存在本性都在完美之中達致完成與完美。

第二十八條路徑是自然的智性（the Natural Intelligence），因它使太陽底下一切存在的本性得以完成與完美。

第二十九條路徑是肉身的智性（the Corporeal Intelligence），之所以如此稱呼，係因每具身體都是由它形成，而且是在整組的眾世界及其增加的部分之下形成的。

第三十條路徑是聚集的智性（the Collecting Intelligence），之所以如此稱呼，係因這是占星家從對於眾星及諸天上星座的判斷、其學問上的專業，並根據他們的解析規則所得到的推論。

第三十一條路徑是連續的智性（the Perpetual Intelligence），但是為何有這樣的稱呼呢？因為它調節太陽與月亮在其適當秩序中的運動，且各自處在最合宜的軌道上。

第三十二條路徑是管理的智性（the Administrative Intelligence），之所以如此稱呼，係因它指導及關聯所有關於七行星的操作，即使是應當進行的一切操作也是如此。

1 譯註：即 QOPH

2 譯註：即 TZADDI

3 譯註：MeLeKe 就是 Mem、Lamed 及 Kaph 依序組成的字

4 譯註：該句經文在《舊約聖經》英文欽定本及中文和合本是31：19

第四部

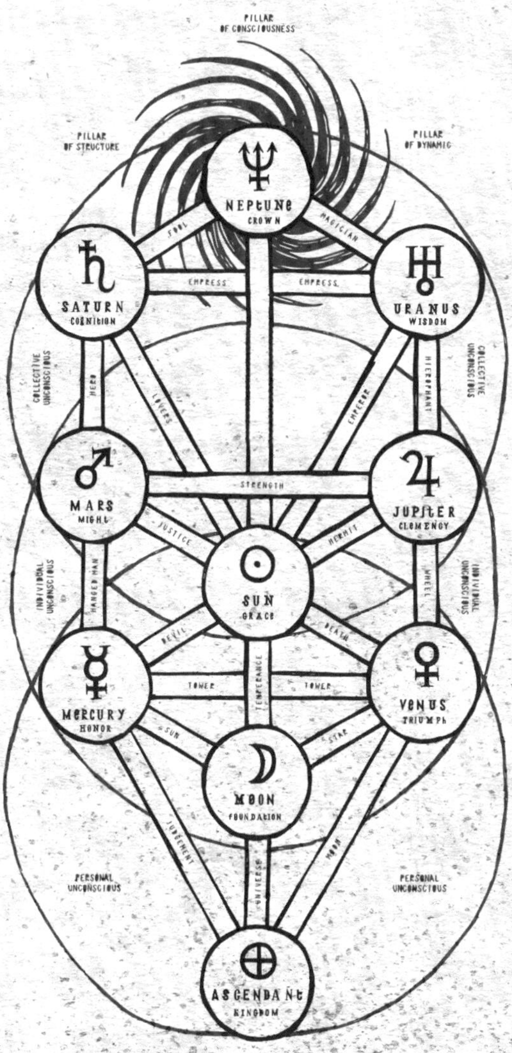
PILLAR OF CONSCIOUSNESS
PILLAR OF STRUCTURE
PILLAR OF DYNAMIC
NEPTUNE
CROWN
FOOL
MAGICIAN
SATURN
COGNITION
URANUS
WISDOM
EMPRESS
EMPRESS
COLLECTIVE UNCONSCIOUS
COLLECTIVE UNCONSCIOUS
LOVERS
EMPEROR
HIEROPHANT
MARS
MIGHT
STRENGTH
JUPITER
CLEMENCY
JUSTICE
HERMIT
SUN
GRACE
INDIVIDUAL UNCONSCIOUS
INDIVIDUAL UNCONSCIOUS
HANGED MAN
WHEEL
DEVIL
DEATH
MERCURY
HONOR
TOWER
TEMPERANCE
TOWER
VENUS
TRIUMPH
SUN
STAR
MOON
FOUNDATION
JUDGEMENT
MOON
UNIVERSE
PERSONAL UNCONSCIOUS
PERSONAL UNCONSCIOUS
ASCENDANT
KINGDOM

編輯資料更新

《祕法卡巴拉》的首次出版距今雖已近五十年[1]，然而它仍應是解說卡巴拉原則的最佳基本教材。而在準備這次的再版時，由於編輯群係為作者所創的「內明社」之社員，他們即把握這次機會更新希伯來文字的音譯、更正內文幾處不正確的地方、為各輝耀的專章前面清單增添及更動一些部分，還有引介一些新的資料，就放在〈編輯資料更新〉這裡。

在將希伯來文轉為英文的音譯連結過程中，作者已在其序第三段清楚聲明其立場，所以編輯群也會採行類似的作法。這方面有許多不盡相同的版本，然而澳洲維多利亞省維多利亞大學猶太研究系的玻懿德博士（Dr. I. R. M. Boid）在這方面慷慨給予建議與指點，於是內文有些部分會依照他的建議修正。無論如何，由於希伯來文並無正式標準化的母音系統，所以必定會有許多各種不同的音譯版本。

在討論梯孚瑞特、聶札賀與瑪互特的幾章所提到的「神聖守護天使」，據稱係對應「高我」，而現今對於這位「天使」的觀點如下：在造物者的意識所持有的眾概念之中會有屬於人類功能及進化的整體概念，由於每個人類單位或是人類本質精神都會參與其中，所以每個單位都會各自與整體概念產生連結。

換句話說，每個人類本質精神對於那個整體概念都會有各自的應用，而這應用就稱為神聖守護天使。從某觀點來看，它們等同每個人類本質精神對於自身獨特命運運作的了解，而從另一觀點來看，它們等同對於同樣事物的神聖概念，再從另一觀點來看，它們等同每個人類本質精神與神、也是神與每個人類本質精神的個別連結。人們已藉由某些各自不同的方式而覺察到它們的存在，然而一般來說，它們時常具現為良心。

人類個體大致上可粗分為「本質精神」（Spirit）、「靈魂」（Soul）與「肉身」（Body）。而在「內明社」中，靈魂與肉身被公認為「高我」與「小我」，或是「個體性」與「人格」，而在這些從「內明社」的文獻中取得的摘要當中，它們也用來指稱「進化人格」（Evolutionary Personality）與「轉世人格」（Incarnationary Personality），前者係由黑系德、葛夫拉及梯孚瑞特的面向所組成，後者是由聶札賀、候德、易首德及瑪互特的面向所組成。

我們目前對於「墜落」（成物質）的了解如下：

本質精神是純粹的存在，是神裡面的個體化可能性核心。本質精神是其一切具現的源頭（這裡的具現係指正向壓力的效應[2]），它雖潛藏在這些具現之下，但又能使其提升，但在某程度上它卻又獨立於那些具現之外。

藉由意志的行使，「內在」（Immanence）成為代理者（a factor）。而本質精神獲得成為「內在」、參與具現的能力。

從內在來看，本質精神可以視自己為一個抱持具現神之意志的驅力而不斷在具現的存在，而在本質精神的究極層次中，神的意志就是本質精神的意志，完全一樣。

當以神為主的本質精神為了能夠更加直接具現神之意志，而開始行使自由意志的禮物時，容易想見這樣的能力如何委派給自己來做。「此事該如何進行」變成「我該怎麼做這件事」，於是焦點幾乎是自然而然地從以神為主，轉變成以自我為主。在〈創世紀〉、〈潘朵拉的盒子〉及其他地方所提到關於「人之墜落」（The Fall）的故事，都是在展示那從以神為主離開（falling away），轉成以自我為主的過程。

生命之樹

人類之所以有卡巴拉，據稱係科帖爾大天使梅特昶的贈予，意謂他「傳送」一套屬於進化的「概念圖表」，而這概念圖表已被銘印在本質我（the Essential Self），且能藉由冥想而被帶入「較低頻率」的心智（也就是屬於轉世人格的心智）。

非人類的存在並不使用我們所了解的語言，然而它們能以心靈感應傳達給人類，再由人類以語言轉譯之。文字最多也只能近似而已，其恰當運用程度仰賴接受者的心智發展與能力，以及他們在當時的文化背景所接受的制約等等因素。

天使與大天使的擬人形象係來自人的心智（參見第十八章第十九節）。而更加合適的形象也許是具有巨大威力的柱子或是跟對應的輝耀之本質有關的幾何形狀。

卡巴拉的方法之所以能超出其他神祕系統，在於它對於人的組成之闡述更加符合人是神之後裔的組成。

於是那些「正在形成中的眾輝耀」（Spheres of Becoming，係取自神之聖名 Ehieh asser Ehieh，即「我是那持續形成的自己」(I am Becoming that which I am Becoming.)）就在人們之間傳述著，而它們與創世過程的主要輪廓相似。

國王是在梯孚瑞特被選定，並在葛夫拉保衛他的王國，最後在黑系德接受膏立。請隨時記得以下這一點，即生命之樹所表達的是科帖爾逐漸展開的過程，而科帖爾的神之聖名 Ehieh 即是「形成」（the Becoming）。

這套「形成」的展開系統是從人的科帖爾中心開始，之後才會隨著個人的靈性功能之覺醒與發展往下運行，而個人的心理功能也會同時藉由從易首德中心開始的往上修習而發展。而內建在人裡面、想要具現自身創造表現之驅力，則在地球上找到宣洩的出口。

我們可以把原型之人看作是頂天立地的模樣，而中柱的力線就從他的頭頂直下到腳底，而中柱的諸輝耀則形成能量中心。

科帖爾、王冠，其位置係靠在頭上，不在頭裡面，比較像是基督信仰或佛教常見的頭上光環或光暈圖像。

瑪互特、王國，則是在腳底之下，而這兩者都處在圍繞肉身的氣場裡面。身為微觀宇宙、個體的人，就在位於個體氣場的科帖爾與瑪互特兩極之間活出自己的生命、致力於自己的進化。科帖爾是他的靈性中心，也是個體最終版本的參考點。

庇納

侯克瑪與庇納的極性創造出生命之網，而這份了解將有助於參透生命的週期本性並如實接受生命的本貌。

藉由這項了解，就能接觸到現實，畢竟任何人在明白之後就知曉生命的變化、韻律與週期，成為生命本貌不可分割的部分。

於是，這會在面對一切事物時產生某種寧靜與平安的狀態，因為巨觀宇宙與微觀宇宙已結合在一起。

因此，個人能在日常生活中更妥善地評估事態、在任何時候都能如實接受他人、看清他們當下所處的階段，而不是只有看見他們可以成為的模樣——雖然後者可以當成未來可能性來考量。

這些都是庇納的主題，而其結果就是「大師的慈心」（the Compassion of the Adept）。這是一項了不起的技藝，即能夠看見靈魂在當前的「如實呈現」與未來在經歷更進一步的訓練之後所能成為的「可能性」之間的差異。

雖然人格是本質精神的器皿，但多少都有侷限。只要轉世人格在其侷限之內願意窮盡所能來成就，使本質精神能夠表現並運用瑪互特裡面的力量，那麼這樣的轉世就被視為是成功、勝利的轉世。

這些對於轉世人格的侷限應當以無分別的無私態度來評估，以避免意氣消沉、過早放棄或增加個人的狹隘限制。

能夠精準結合力與形，且能在其計算中留有「人類因素」（the human element）的餘地，同時修習能夠滋長慈心的「正確關係」（the right relationship）之原則的個體，這樣的人也許可以無愧於「大師」的稱號。

單一輝耀的連結關鍵，最容易在其異象（Vision）、美德（Virtue）與罪咎（Vice）——也就是3V——當中找到。若將此原則用在庇納，那麼首先是悲苦的異象，那是令人不舒服的異象，許多人避而不看。狀態不佳的人類意識會看到自己很難將悲苦的概念從天災、罪惡、死亡、殘酷等等事物當中區分出來。

所以願意這樣做的人也許很少，因為有不這麼做的合理理由，即人們的情緒傾向逃避悲苦，而庇納——即「限制」的宇宙原則——的神聖悲苦之異象，還比人所經驗的悲苦龐大許多。

悲苦的異象是形之投射的基本元素，這跟狀態與焦點的改變有關。

它會在「已經墜落」的人之內心深處產生難過的感覺，那是對於自己應是及自身現況之間的差距——以及了解到自己得付出多少努力才能修正過往錯誤——所感到的難過。

不過，即便不需要「救贖」，而且「人之墜落」也從未發生，基本的悲苦異象仍會存在。

對於這異象的了解是某種存在狀態，在那狀態中，所有已具現的生命之十字架都被接受，而其背後的概念則是將分離視為與意識的合一對抗的概念，以及將無常與改變視為造物者表達形式的常數之概念。

這跟黑暗之母透過葛夫拉對轉世人格發揮作用所造成的痛苦與傷痛不同，其作用一般會在情緒領域，並與梯孚瑞特的十字架犧牲奧祕有關，而其經驗應當在葛夫拉完成。

值得注意的是，當有些真實異象的概念開始撞擊人類個體時，他們的最初反應也許真的會是惰性或貪婪。貪婪可以視為抵抗或拒絕放棄自己所擁有的事物或達到的成就，或是不願將自己所得到的幫助分享或給予他人。

其美德是靜默，而我們對它的需要其實滿明顯，因為靜默能夠清楚判斷何時住口、何事不提。

在遇到自己一無所知的問題時，或是當詢問者拒絕把握自行尋找答案的機會、僅是藉由提問的熱切來展顯自己的知識或發表某個意見時，還能夠拒絕回答的人其實非常少。靜默在某層面即是神聖的無為境界。

庇納是形的「概念」，因此會有神聖意圖（the Divine Intention）的基本形式或「方案」，而這就是基本的「因」，它終會堅持要有符合自身本性的結果。

時間被分配到庇納是合理的，因為時間是形的面向之一。領會的原則屬於庇納，它不是屬於心智的了解，而是從最深層的感受與（每個人都有的）女性本質所湧現的領會。

被分配到庇納者，還有那股具備高階覺察、根植於「阿們」的意識，以及超越思想領域的智慧與信心，而這樣的信心跟具體的心智與常被認為的信心有很大的差異。庇納裡面是上主（Jehovah）的女性力量，智慧的運用只能透過庇納進行。

庇納是兩側柱——功能輝耀——的首位之一，而猶太人則是將這些功能輝耀當成神在巨觀及微觀宇宙的不同層次所施展的力量。就某程度而言，庇納算是女性功能（the Feminine Function），比較不是女性本身（the Female herself）。

神之形象有助於為心智建立清楚的神之象徵，而依照自己的內在光明自行習修眾輝耀，對任何人而言都應是最好的方式。卡巴拉提供符號及符號象徵的踏腳石，而每個人都以不同的方式踏上它們，為的是能夠跨越那道深淵。

庇納象徵那將力帶進外圍具現（outer manifestation）的神之面向，而外圍具現會將「形狀」給予力，好使心智（有時是眼睛）能夠了解力。庇納為最高階的概念賦予心智形狀，由於它係形之原則，所以也能為最低階的世間諸力賦予最粗糙原始的形狀。就人類而言，他得要等到某股力量的顯現，並經過形的詮釋之後才能夠了解那力量。當然，形是限制，然而力沒有形則無法具現在這個太陽系世界裡面。

一些有用的對應

稱號：達阿思，知識。

（希伯來文寫法：תעד，即 Daleth, Ayin, Tau。）

神祇：荷魯斯（Horus）、帕拉斯·雅典娜（Pallas Athene）、雙面神雅努斯（Janus）、北歐光明之神巴德爾（Balder）。

天使：四個方位的四位大天使。

神話、傳說形象：

希臘神話的普羅米修斯（Prometheus）、亞瑟王傳說的加拉哈德（Galahad）、以及金斯利（Kingsley）所著的童話故事集《英雄傳》（the Heroes）中的珀爾修斯（Perseus）與帕拉斯·雅典娜所稱的「英雄們永生者的兒女」（the Heroes, the Sons of the Immortals）。

星辰：天狼星（Sirius）。

靈性經驗：跨越深淵之異象。

美德：無私、完美的公義、不被人格的各種考量沾染的美德表現、對未來抱持信心。

達阿思的色彩：

與這領域關聯的色彩有好幾種。

達阿思[3]

達阿思也許被認為是包含一切知識的統合之處。既然身為統合（unity），它必須含括律法、公義與均衡的合成。達阿思象徵在生命之樹上一切事物的統合與一體，代表那將力與愛在其內統合的神之智慧。

無論你何時祈請四個方位的四位大天使，多少都是將自己向達阿思的力量校準。

雖然達阿思不是輝耀，然而它是生命之樹上一個非常重要的點。它算是一種知識、知曉的狀態，也是對於永恆的覺察，並收藏自身諸投射的眾經驗之本質。

若用基督信仰的術語，達阿思的領域就像是在五旬節聖靈顯現時的「馬可樓」（the Upper Room）。而它在主前時期則是處在心智範圍的創造之火領域，在德魯伊信仰則是與火神貝爾之火（Beltane）有關，而同樣的名稱也用於稱呼慶祝世間創造之火的五朔節。達阿思握有通往個人對於自己的知識之鑰，然而人的內在需要非常多的發展才能使用那把鑰匙。在個人氣場裡面的達阿思所掌握的知識，也包括每個進化人格如何承受地球發展過程所帶來的影響。關於達阿思還有好多可以寫就的部分，而對它及其象徵背後的「概念」進行冥想會相當有價值，然而這些作為應要謹慎進行。

然而那些用來指示這領域、跟人類心智有著緊密連結且能被「高階心靈能力」看見的色彩，並不是一般的世間色彩，而且也無法完全由人類的色彩標準來判斷。

那裡有著非常奇怪的紅色，是屬於上位公義（Supernal Justice）的紅色。它完全不像其他領域的紅色，也不同於生命之樹其他領域的頻率。

那裡還有最不尋常的綠色、具有斑點的棕色與白色，以及像是電之火焰的藍色漸層。

這領域的真正輝耀色彩是薰衣草色、銀灰色、純紫羅蘭色，以及具有黃色片狀斑點的灰色。

當人的心智覺察到這樣的色彩時，它們會給出奇特的振動頻率，容易將內在之人的載具拉扯成過多分離的碎片。

因此這裡必定要強調的是，除非在事前做出謹慎的決定且過程受到引導，否則達阿思的冥想並不安全，然而若是為了平衡靈魂的發展，得要帶著能夠助長人之公義的觀點來接觸達阿思的話，則是例外。對於處在那裡的偉大公義意識，入門者若想自行探究其後更深之處，係屬不智之舉。說真的，光是知道也許有辦法接觸至高平衡以顯示較小的人界平衡如何運作，就已經足夠。在知道公義是有用且正確的事物時，以及對於某事物出現高超的了悟、絕對的覺察時，就是已經多少接觸到生命之樹某輝耀裡面的達阿思了。

若以異象觀之，通往達阿思輝耀的入口內外都有銀灰色的翼蛇（Seraphim，即雙蛇杖上面的蛇之象徵）守著，只有當這些蛇以牠們那不斷吞吐的金色舌頭「准許」時才能進入。這些翼蛇並不像葛夫拉的天使團，持有巨力的牠們不會「冒火焰」，然而牠們象徵所謂的「光亮的知識」（Incandescent Knowledge）。牠們雖是靜態，卻包含所有的動作。

因此，藉由其所持有的偉大智慧與了解之美德，公義的領域就處在達阿思裡面。那是最高層次的公義，是最小的原子與最遠、最大的恆星之間的關係之絕對平衡點——然而這樣的描述仍然相當粗略模糊。

所以公義的頂點就在這個領域，因為公義是了悟的一部分，它不是那股相較之下規模較小、跟人的命運有關的公義之力，而是影響最為深遠、規模最為巨大的公義，影響人類的公義只是它的一小部分而已。那些距離人類甚遠的眾世界與諸狀況的絕對調整都是在達阿思裡面達到平衡，然而當人類意識與達阿思真正接觸時，就有可能或多或少覺察到那些世界與狀況。在冥想時，也許能夠將這股上位公義想成是坐在寶座上的偉大之神的形象，而這樣的接觸就足以燃起整個本質，並促使靈魂了解至高的平衡無法右彎或左拐，它只會朝往完美移動而已。

象徵：空室、死囚房、稜鏡、高的山峰、玉米粒。

「空室」（Empty Room）是表現達阿思本質的偉大「方程式」，而這個詞彙在不同層次會出現一些比喻。這象徵本身係指「沒有象徵」及「接觸現實」。

而在其他較低層次中，「空無一物的房間」就成為：

1、隱修室（the Monastic Cell）。轉世人格的俗世生活在此被削減到只剩可以過活的少許必需事物。而在接下來的階段中，他的人格將只會當成隨時都能依照進化人格的指示而棄下的「外皮」來使用，而進化人格會將轉世人格視為衣物來用。

2、死囚房（the Condemned Cell）。它係隨著黑系德的入門而來，而這兩者（即1與2）均是為下一階段的準備。在「空無一物的房間」所達到的覺察，是將神完全剝除到只剩下非力非形卻又含括兩者的「那個」（THAT），以及事實上確實有超越其他一切狀態的「狀態」——至高態（Supreme State）。這是在進入抽象心智階段時所接觸到的狀態，而抽象心智也許可以被認為是進化人格的外在載具。

「空室」或「空墳」（Empty Tomb）的象徵意指沒有象徵及接觸現實。在與「空室」做最後的連結時，這個「最後的象徵」會被意識吸收，因此「空室」不復存在。「空室」的名稱意指沒有「家具」、沒有形式。它是一個狹小的空間，雖然在一開始充滿著「精華」、「光」，然而它們到最後還是會逐漸消失。本質精神了解這個狹小空間是自己的象徵並將其吸收，使個體靈魂藉由認出自己的「限制領域」而達成完美的自由意志，即經過整合與啟蒙的人完全接受過去，從而對未來有所了解。於是「過去」與「未來」與「當下」合在一起，而這就是達阿思。

生命之樹的「深淵」則是象徵性地指出本質精神在藉由科帖爾、侯克瑪與庇納聚焦於達阿思的運作模式，與透過深淵之下諸輝耀的運作模式之間的差異。本質精神在深淵之上係透過愛、智慧與力量等品質來運作，在深淵之下的運作則會受到知覺、情緒、感受與心智的制約，而人則由此重現愛、智慧與力量的靈性品質，然而這樣的重現過程會因個人發展的偏差與缺乏而遭到沾染與扭曲，也會因個人的成長而有所增益。

然而達阿思的意識無法透過棄絕心智、情緒或知覺而達成，倒不如說這些因素要先發展到極致之後，它們的所謂正常功能才會出現改變，那是突變或可謂點石成金的現象，就進化而言則是超昇。這在智性的層級，則是所謂的直覺、擴展的光、智慧；在情緒的層級，則是連結到那屬於愛的神聖合一之陶醉感受；在感官的層級，則是連接到屬於力量的永生之欣喜感受。

一般來說，個體會認知到知覺、情緒、感受與心智並受其掌控，直到個體對於「各種狀態」的認識及對於自身創造的修習有所成長，才能消除這樣的掌控——所以才會有將影響因素逐個滅除以面對個人生命的負向作法。許多人渴求達阿思的空室狀態與經驗，就某方面來說，空室也是子宮的象徵，只不過它所產出的事物不是肉體，而是下列文字[4]所述的狀態：「到那時我就全都知道，如同主知道我一樣。」這是一種自我覺察的狀態，覺察到那超越心智的起因性創造意圖，然而這是透過覺知到痲木、空虛與枯燥的態度才能孕育出這樣的經驗。這些態度並不是達阿思的狀態，而是環繞它的附加物，是人的心智踰越本分所形成的附加物，而這種踰越算是另一層級的偏差具現。

就心智而言，「空室」是空的、不含形體。不過就意識而言，「空室」並不是空的，因它關聯到各狀態、各態度以及對於各品質的經驗。它的信任及它那由眾頻率形成的諧音，即是能夠跨越鴻溝的力量，將本質精神在「深淵之下」於意識及功能方面所使用的工具，與「深淵之上」的起因性創造存在狀態之核心連接起來。這跟處在何種地方或何種環境沒有關係，而是關乎處在不同的狀態。本質精神之基本智性是創造性的表現之一，而根據個體的「狀態」，其心智、情緒與知覺會去運用、誤用或無視這種創造性。人所需要的一切品質都已經在自己裡面，不用從無到有地發展它們，人要做的是創造及展現那些可以使它們成長、開花的必要狀態。如同花藏在種子裡面，神也是按照自己的形象來創造人。

達阿思的另一個良好象徵，即是隱於雲間的聖山山峰，無論任何民族的聖山都可以。摩西從西奈山、即月之山的山頂接受律法石版時所接觸的意識，就是達阿思－意識（Daath-consciousness）。

達阿思的意識也許能以玉米粒的象徵來表示，即代表它處在一切事物之中。藉由了解自己是小麥不可分割的一部分，也是麵包不可分割的一部分，所以就能從小麥裡面感知到麵包的存在。

若用視覺方式來詮釋達阿思狀態，其中之一可能就是《2001太空漫遊》（2001: A Space Odyssey）的最後場景。

從黑系德到達阿思的祕密路徑

黑系德到達阿思是有一條祕密的路徑（這裡所說的祕密係指沒有顯現在生命之樹的圖像），也許可以稱之為「隱默之徑」（the Secret Silent Path）。這條路徑是在大師已於黑系德安置好自己、了解自己的業力並予以概念化，其轉世人格已完全發展及成熟之後才會跟著出現。為了要開始走上這條路徑，大師得先卸下那屬於黑系德坐在寶座上的國王的衣袍與佩章，然後進入「死囚室」，而他得在那裡了解那些使他成為現在的模樣、但現已不見的事物及原因，還有至此仍會面對的事物之本質。

「死囚室」也許能被觀想成任何監獄的小牢房或修道院的小房間，只有孤獨是自己的牢友或室友。裡面的家具只有一張簡單的床、一張簡單的椅子，而唯一的小窗在牆上高處並隔有柵欄，如果要看到外面的話，得要雙手高舉到窗緣，再靠著兩臂的力量把自己撐起來才看得到——而這裡面也有象徵。如果入門者使力把自己撐起來而能從柵欄間隙往外瞧的話，他將看到的是一座庭園，其後則是一座像是塔門模樣的斷頭台，而在更後面的遙遠地平線上，則有一道光輝。而當他看向那道光輝時，就好像自己受到它的吸引那樣，會感受那光輝在逐漸靠近自己。當他受到那道光的吸引，且那道光也受到他的吸引時，就會出現融合——而這就是聖杯（the Holy Grail）的象徵意義，無論出現在任何層級均是如此。

了解這條路徑的最好方法則是用靈魂行走在荒漠之路（the Desert Path[5]）的經驗作為比喻。靈魂在那條路上學會如何單獨、如何發展自己的垂直連結——即不倚靠其他事物，只仰賴自己與進化人格的連結，以及從這連結而接觸到的內在層面之神聖秩序（the Hierarchy on the Inner Planes）。為了了解這些事物，轉世人格會經歷非常嚴格、嚴峻的訓練，它所需要的一切事物在那時候看似全數撤離，直到它憑著自己的垂直連結而學習到自己完全無需依靠外物。

在通往達阿思的路徑上，這些過程會被逆轉，而靈魂則從死囚室走出來繼續學習，但這時不再是學習如何單獨，而是學習如何與一切生命合而為一，這就是這兩條路徑之間的「偉大逆轉」（the great reversal）之內在核心。靈魂在「荒漠之路」面對自己的「陰影」、自己的「守門者」並開始吸收之，而其觀點會從轉世人格的觀點轉變成進化人格的觀點。而在「祕密之路」上，那已完全發展及成熟的轉世人格會面對自身所有進化經驗總和的存在，讓那存在吸收自己，從而與更大的整體合而為一，不再有可以認知的分離或分開。

為了要完成那過程，那已完全發展及成熟的靈魂會經歷嚴格的訓練，而其方式也跟荒漠之路相反。那是白伊西絲（the White Isis[6]）的訓練，而不是黑伊西絲（the Black Isis）的訓練，而它的祕訣在於需要靈魂集結自己的所有面向，並將自己推向那正等著納入這縷靈魂的「更大的自己」（the Greater Self）。

這條路徑的本質也是有其矛盾之處，即如果轉世人格還未了解自身「應得報應」（Just Dues）之本質、如果它在任何方面仍有不圓滿之處，那麼它就無法完成那與更大的自己融合的過程。然而轉世人格在此刻的「報應」必需是確切「應得」且得到確切的管理支配。在「能量保存」與「應得報應」之間的運作應有精確的平衡，因為平衡一旦失去，無論是保留過多的力氣或是處理過多的「應得報應」，都會拖延融合的過程。

在那之後，完全發展的轉世人格會適時與更大的自己融合。這靈魂從過去一直到融合當下的所有經驗都被用於引發這道融合、變為（becoming）的過程，直到靈魂的「存在」不再有更進一步的「變為」。

靈魂在達阿思裡面達至自身進化發展的最高境界，也獲得完美的自由意志，而它也在那裡面對最後的選擇，看是要放棄自己所達到的成果，並與內在層面的神聖秩序合作來服務人類，還是就此休息——而這選擇係出自絕對的自由意志。它是絕對的，因為倘若某靈魂用頭腦決定與神聖秩序共事以服務相應民族的集體靈魂，但它的心並不想這麼做時，那麼任何事物都沒法將這靈魂維持在能與上師們合作的現實層面位置上。如此重大選擇的決定因素就是「慈心」（Compassion）或是「獨樂」（Solitary Bliss）。

有許多靈魂選擇就此休息進入獨樂的狀態，東方稱之為「涅槃、解脫、大安樂」（Nirvana），也有數量同樣多的靈魂選擇放棄休息而為經驗較淺的弟兄姊妹服務，然而這是個人內在衝突的結束，因為選擇服務人類的靈魂是反過來為人類著想，而不是為自己著想。它內在的一切衝突都已結束，所以已與生命合而為一的它只會覺察到生命的永恆衝突與受苦。

那麼選擇與上師們合作的靈魂，還會面對後續的選擇——這都是出於內心的決定——即是否完全處在內在層面與神聖秩序合作，或是仍然停留在肉身層面，將肉身視為容納自身存在的殼，並以這狀態與內在層面合作。如果某靈魂應當繼續留在這次轉世是整體想要的方向，那麼適合進行事工的條件必得在做出選擇時出現，使轉世生活與事工能夠一起運作。事工本身無法使做出如此決定的靈魂維持在肉身層面，要等到維持在肉身層面的條件出現，才能推動那事工。

傳說達阿思是「藏有生命之樹每一輝耀的奧祕之領域。而地球的救贖與發展之祕密就藏在瑪互特的達阿思裡面」。這不僅關聯到基督之力的出現，還關聯到行星引導者（the Planetary Guide）的進化，而這位存在的「位階」是在上主（Adonai）與大天使聖德芬中間。

薩納特・庫瑪拉（Sanat Kumara）是在奧祕層面進化之人的原型，然而西方傳統很少談到他——說真的，如果猶太人一旦知曉在神之下有著跟自己比較疏遠的強大存在，會一律稱他們為天使或惡魔，以維護一神系統，避免出現誤解的錯誤可能性。

在達阿思裡面實現的是對於生命之樹與其他輝耀的了解與合一。它是「亙古常在者所坐的『寶座』」，然而這「寶座」是狀態而不是物體（其他的「寶座」，如伊西絲的寶座等等，也應如此視之）。

達阿思沒有模糊之處，它連結並了解「深淵」的兩側，是澄澈、簡樸且堅定的心智。而真正的祕法家會在其心智中清楚掌握對於自己的了解，還有對於生命之樹所示現的眾潛勢及其對於神的一致性之了解。

先在科帖爾聯合的侯克瑪與庇納於達阿思再次結合

達阿思的位置在侯克瑪與庇納之間並凌越在深淵之上，而那道深淵將上位三輝耀與生命之樹其他部分隔開，也將永恆的巨大力量與人類心智實際上能夠構思或知道的一切隔開。

達阿思象徵那連結上位三角及其具現的「結合」（the Unity），係藉由人與進化來運作的神之心智。在達阿思中，這些力量的平衡、了解與吸收能以概念心智的觀點結合在一起，所以會有「祕密會議（the Conclaves）都是在達阿思裡面召開」的說法。

侯克瑪與庇納在達阿思的結合，那樣的至高神聖無從描述。最重要的是，達阿思是最高意義的「領悟」，即結合知識的了解，並將對於一切的全然覺察帶進人類心智最為抽象的層級之中。在如此全然的覺察中，人類心智在永恆心智裡面被其吸收而融為一體。因此，達阿思象徵至高的智慧以及至高的領悟力。

上位父與上位母的結合與具現，不僅呈現在高不可攀的層面，也會呈現在每一層面的靈性領域。而在屬於至高的平衡與公義、確實與真理的知識之中，達阿思必定就在那裡。

就元素而言，火之父與水之母在達阿思裡面結合並藉其具現。不過當它們降低到生命之樹的侯德與聶札賀時，雖然它們仍會在大師次第的巨力中結合，但其結合或具現方式無法跟在達阿思的時候一模一樣。

達阿思的其他面向

眾所皆知，達阿思與易首德係為「魔法迴路」的兩個端點。

在以達阿思與易首德為端點的魔法力線之中，宇宙的覺知被帶入以太層面的表現，使它能藉由月之氛圍而被反射到地球層面，讓學生可以了解它到某個程度。就此而言，那些將神之心智帶入人之心智的偉大存在都是達阿思的入門者，如神祕哲學家克利斯坦・羅森克魯茲（Christian Rosenkreuz）、以諾、赫密士・特里斯墨吉斯忒斯（Hermes Trismegistus）等等。

達阿思也是科帖爾的映影，也是從易首德往達阿思流動的內在層面意識之主要極點。四神聖活物的映影是在達阿思之中，而它也同樣連結到掌管基本方位（the Cardinal Points，即東南西北四方）的四大天使。達阿思也代表「負向存在的三道帷幕」之映影，這些帷幕不僅懸掛在生命之樹整體的後方，也會懸掛在每個輝耀裡面的科帖爾後方。

達阿思的象徵還有「圓桌」（Round Table）及「聖杯」，這兩個象徵都含有一些偉大的概念，其一跟個體有關，另一個跟團體有關。

宇宙法則的冥想（the Logoidal Meditation）發生在達阿思裡面，而上位諸力則從達阿思那裡以「概念知識」的形式被帶過深淵。

當然，達阿思跟那常用的錯誤名稱「神祕主義」相差甚遠——後者雖用於指涉超凡事物，但含糊不實。達阿思沒有模糊之處，它連結並了解「深淵」的兩側，是澄澈、簡樸且堅定的心智。達阿思象徵那連結眾法則（例如上位三角等等）及其具現的「結合」，係藉由人與進化來運作的神之心智。我們接著來看瑪互特及其他輝耀。

黑系德

黑系德的美德「服從」係意指人對於律法的接受，不是出於義務或恐懼，而是因為知道自己是律法的一部分。

葛夫拉

葛夫拉的領域係讓個人在此決定是否踏上或轉身離開通往成就之路，因它比其他領域更能顯示能量之柱與耐性之柱的協同合作。有些靈魂能夠面對由宗教、動亂或其他原因造成的慘死，算是葛夫拉的銳劍表現，然而它也有「例行、慣常」的面向，值得我們多加了解。這面向並不以銳劍作為象徵，而是以驅使「持續動作」的鞭子，以及利用時間的無限延續，使人無從脫逃的鎖鏈作為表示。由於憤怒與恐懼太常關聯到神聖第五輝耀，使得對於「持續」的自身運作予以「持續」的警覺與管控常被忽略。後者也許會被描述成葛夫拉的「平穩」面向，這不僅需要意志的驅力，還需要無私的觀察與了解。

葛夫拉通常會有銳利及快速的運作方式，然而它的緩慢卻是其最為強勢的方式之一。以下的詩意摘文將這意思完整表現出來，而且也變成諺語：「雖然神的石磨碾得緩慢，然而它們能夠碾得很細；而祂就站在那裡耐心守候，使一切都得到完全同樣的碾磨。」而這也暗喻著神的耐力、祂的耐心。伊拉斯謨（Erasmus）在其拉丁語著作《神的石磨碾得緩慢》（Sero molunt deorum molae）也有同樣的意思。

聶札賀

「美勝的異象」係對於已達成的完美之了解，如同神在看到自己所做的一切均為美善並在「第七天休息」時的感受那樣。這異象是「一切都在完美之中」的達成，人只有在梯孚瑞特的犧牲之後才會有這樣的了解，而在得到如此美勝之前，他得丟棄所有關於「美」與「和平」的虛假概念。由於人的墜落，他得要勝過那些從墜落那時起即不斷進化的虛假概念——一般常會認為其中一些係由維納斯－阿芙柔黛蒂的概念造成。這異象其實應是真理與律法的勝利。

「眾神」是一的各種放射，藉由民族感受的透鏡而被認為是上主的各種面向，而祂們通常是遠古時代的真實存在個體，是當時民族的引導者與領袖，或是藉由民族記憶而被塑造出的「形體」。只要在運用時予以技術及勢能，祂們的「力量」將會相當逼真，至今仍是如此。

聶札賀在某面向也許會被描述成羅曼史的領域，而羅曼史所含的是經過衝突之後的美與勝利，而那衝突所呈現的力量與凶猛，是在對抗悲劇的逆境、克服諸多不利因素，並將其轉化成榮耀。聶札賀也是「仙子」（Faerie）、眾神及具有巨大力量、絕世美貌的特定自然精靈之領域。

聶札賀被賦予的「堅毅」之稱號，是源自對於其必要性之了解。聶札賀意指「關係」（relatedness），而每段關係（不論是指人或事物）應當堅實、穩固且沒有困惑，才能處在自己的正確位置。而這就是「眾為一」（the Many-which-are-One）的方程式。聶札賀的無序相當常見且廣為人知，而這樣的無序會導致該輝耀的特定罪愆。然而聶札賀有屬於自己的秩序，而這種秩序在面對眾多面向時，並不會出現混淆及不穩定，而是把這些面向聚集起來——不是分離，且使眾成為一。所以「綠光」裡面必定有秩序，而帶來困惑及過度繁盛的面向則是對於聶札賀的錯誤描述。

候德

候德是真理領域，然而如同位於上位三輝耀之下的所有輝耀在微觀宇宙的表現，也是會有欺騙與虛假的相反情況。我們得要記得，這些不適當或相反的品質通常會顯現在每輝耀對應的行星之神的形象上，而不會顯現在各輝耀的純粹或神聖狀態中。候德是真理領域，是知道真理之人的領域，亦是扭曲真理之人的領域。真理是如此澄澈透明，所以人在看向它時不會只有看到映影，而是還能夠看到它後面更加深邃之處。它是歷史與羅曼史的智慧之人與智慧之女的領域，他們當中有些人會支持真理，有些人則是扭曲真理。

候德輝耀是嚴柱的底部，而嚴柱的頂部是庇納。任何輝耀都無法單靠自身來確立自己與另一輝耀在各種情況下的關係、進化與功能。在思考嚴厲之領域[7]所出現的問題時，也必定要納入嚴柱的整體觀點。然而庇納輝耀的功能本質實在太抽象、太普遍，所以在實際應用上並不需要另外考量。它象徵穩定性與惰性的力量，是所有組織的基礎，而它映射到黑系德，又從那裡折射到候德，至於身為動態因素的侯克瑪則映射到葛夫拉，又從那裡折射到聶札賀，因此它為嚴柱的中央輝耀賦予自己的動態面向。

候德是多面向的輝耀，如同其所配賦的雌雄同體之象徵形象。它關聯到赫密士及帕拉斯・雅典娜，祂們借出自己的涼鞋與盾，使珀爾修斯能以公義之名斬殺蛇髮女妖戈爾貢（the Gorgon），而藉由這段神話，我們也許能夠判斷出它與葛夫拉的關聯本質。有翼涼鞋為英雄的雙腳賦予敏捷的思考，而光滑如鏡的盾牌使英雄能藉由鏡影看清戈爾貢的致命頭部，又不會被戈爾貢的目光所害。

候德，或是水星，象徵的是人類心智。進化在生命之樹上面的進展，已然經過候德的領域，就意識而言，這使它變得具有秩序，所以就瑪互特所發展的意識而言，它已是能讓心智在裡面操作的領域，再也不是像葛夫拉那樣的無形輝耀。

易首德

易首德有水與月亮的質地，然而它擁有巨大的力與力量。易首德的「宇宙機制」是名副其實的稱號，即所有外在表現的背後，總會有某種依循自身規則且永不故障的內在機制。

重生的力量跟發生的力量都是在宇宙機制裡面運作，而聖域與地球的根基也被認為是處在易首德裡面。根基不會改變，但在其上的結構會隨著時代變換而改變——即便在世間也是如此——因為那些受到吸引而來到易首德競技場的以太氛圍越來越多，而那些氛圍各自具有的張力及用途差異甚大，使得它們的「外表」看似各自不同，然人與自身本性卻會隨著時間表現出週期性的差異。

而這個名為「人」的現象背後也有同類機制在運作。現代的科學家正開始辨認那些在人身裡面運作、卻無法以肉眼或肉耳辨認或評估的力量。這就是對於「人」這個現象背後規則的了解，而對於這種與人關聯的隱形機制之知識越是詳盡，就能建立更多屬於寶瓶時代的療法——而它目前已開始用不同的形式展現出來。在個人心智裡面運作的力，會影響個人的身體，而藉由徹底了解這些在人的心智運作的規則，就可以為生病的身體提供協助。在這方面更好的運作模式則是使個人接觸自身機制，而像這種能夠影響新療法的知識將會越來越多。

易首德也是影像寶庫，影像有許多種，而文字本身最多也只是影像而已。那裡也有多種不同的畫面，像是主的百種影像，有些圖像也許沒有抓到精髓或觀念淺薄，然而對有些人來說卻能夠帶出與基督的緊密連結。同樣地，那裡也有著名藝術家的傑出作品，也有能夠以非常不同的方式示現主的偉大音樂，而這一切形式在能夠進入地球之前的最後一站就是易首德。易首德的確是宇宙的影像寶庫，而那裡有許多跟這些事情有關的象徵，只是需要我們仔細思量。

瑪互特

對於瑪互特有恰當了解的人是確實地踏在進化的道路上。它的一些稱號表示出它是通往超自然連結的門，是通往轉變與喜樂之門。

這是所有尚未臻至完美的可能性之輝耀，因此其形象就是頭戴王冠、坐在寶座上的年輕女性，而她之所以這麼做是為了達到自己身為眾神之女的完全成長。她還是要提升至庇納的狀態，才能坐上庇納的寶座。而整個生命之樹都在瑪互特裡面，而瑪互特跟聶札賀、候德與易首德有著特別的連結。

1 譯註：距本中文譯本出版約八十五年

2 譯註：這裡的正向壓力應指從無形往有形的持續力量流動

3 譯註：另請參閱 Gareth Knight 所著的《關於卡巴拉象徵意義的實際指南》（A Practical Guide to Qabalistic Symbolism）

4 譯註：見〈哥林多前書〉13：12

5 譯註：應指基督信仰的隱士獨修之路

6 譯註：也許是指 the Bright Isis

7 譯註：即葛夫拉

內明社（THE SOCIETY OF THE INNER LIGHT）

「內明社」是研究祕術、神祕主義及奧祕心理學，並發展相應修習方式的社團。

其使命與基督信仰相同，其修習方式係源自西方文化。

學員在經過必要的探索之後，如果想要更加深化自己的研究，也許可以參加對應的課程，其訓練重點會是形上學理論，同時也會給予相應的規矩，好為理論的實修作準備。

如果想要進一步了解敝社的使命與修習方式（WORK & AIMS），可依下列資訊聯絡以申請書面資訊：[1]

The Secretariat
The Society of the Inner Light
38 Steele's Road
London NW3 4RG
England

《內明誌》（The Inner Light Journal）係由荻恩・佛瓊創立的季刊，致力於神祕主義、奧祕基督信仰、祕術學問及超意識心理學的研究。如有需要，可依前述聯絡資訊洽詢訂閱費用。[2]

作者介紹

荻恩・佛瓊（Dion Fortune，1890-1946）係「內明社」（The Society of the Inner Light）的創始人，是公認二十世紀奧祕思想上最具見識的重要人物。身兼多產的作家，也是先進的心理學家與傑出的靈能者，她將自己的一生奉獻在恢復西方的神祕傳統。她辭世時留下架構穩固的教導系統以及入門的學校，這些都是根據她對於古今眾多系統的知識而建立的。她的作品最初雖是在第二次世界大戰之前出版，卻一直長銷至今。

1 譯註：亦可參考其官網資訊 https://www.innerlight.org.uk/gallery

2 譯註：或是參考官網公布的電子期刊 https://www.innerlight.org.uk/journal

譯後記

在翻譯《祕法卡巴拉》的過程中，我發現卡巴拉滿適合用來分析事態、進而指出解決方向的系統，不僅能夠用在個人生活，也能用在分析時事與術法。雖然作者在本書因個人守密誓言不能明講術法的實際運用，然而她的教導更加高明，亦即鼓勵讀者去直接認識、接觸生命之樹十輝耀的品質，而在過程中自然清楚如何運用，或是套用到其他業已精熟的法門而產生後續進化、質變的可能性。

在譯至第七章第二十三節時，即「……黑系德的仁慈德政與葛夫拉的鐵腕厲行共同合作，好使世上眾國得以恢復」，時值二〇二〇年三月下旬，全球各地已開始出現新型冠狀病毒的疫情，所以世上諸國紛紛各自採取對應方式，有的國家相當嚴厲，直接下令全國封鎖數十天，有的國家則採取放任的態度並預告將有很多人死亡，有的則走嚴格管制與支持民生並行的路線。而到現在撰寫譯後記的八月下旬時，可以發現當時持續嚴慈並行的國家具有最少的每百萬人病例數、頗高的康復率，而且每日新增病例數為零、死亡率也很低，然而當時應對疫情過於嚴厲或過度放任的國家則有很高的每百萬人病例數、較低的康復率，而且每日都有數量不少的新增病例與較高的死亡率。

另一個值得提的經驗是某天有人轉貼某位魔法師的愛情儀式畫面，雖然乍看之下似乎僅是混用幾種不同文化的象徵物，然而在用卡巴拉分析時，就會發現這儀式所使用的特定象徵在數字學都有對應到卡巴拉的聶札賀，也就是金星、女神維納斯的領域。

而本書在十輝耀之間的均衡與關連講得十分透澈，特別是庇納、葛夫拉，因它們對應兩顆凶星，即土星與火星，人們避之唯恐不及，然而作者指出它們也是達到均衡的要素。此外，在讀到〈第七章：上位三輝耀〉時會提到「反輝耀」，不妨那時先跳去閱讀〈第二十六章：反輝耀〉，將會對於「無論吉與凶，失衡才是惡」的觀點更加清楚。

在選擇十輝耀的譯名時，雖然坊間已有一些關於卡巴拉的中文書可以參考，我還是出於個人好奇上網查詢猶太人或拉比們的唸法，最後決定按照他們的發音重新擬定十輝耀的譯名。其實它們的發音有多種方式，並沒有哪個發音才是正確的問題。然而我邀請大家在清靜獨處的時候，緩慢按序唸誦十輝耀之名，即科帖爾、侯克瑪、庇納、黑系德、葛夫拉、悌菲瑞特、聶札賀、候德、易首德、瑪互特，去感受自身能量在唸誦過程的反應。也可以把其他書所載的十輝耀中文譯名拿來唸唸看，甚至上網搜尋拉比及魔法師的唸法，找出自身能量能夠與之共鳴的發音。這過程雖然看似瑣碎，然而在認識十輝耀的過程中會帶來不一樣的深度。

最後，祝君成功！

——邱俊銘

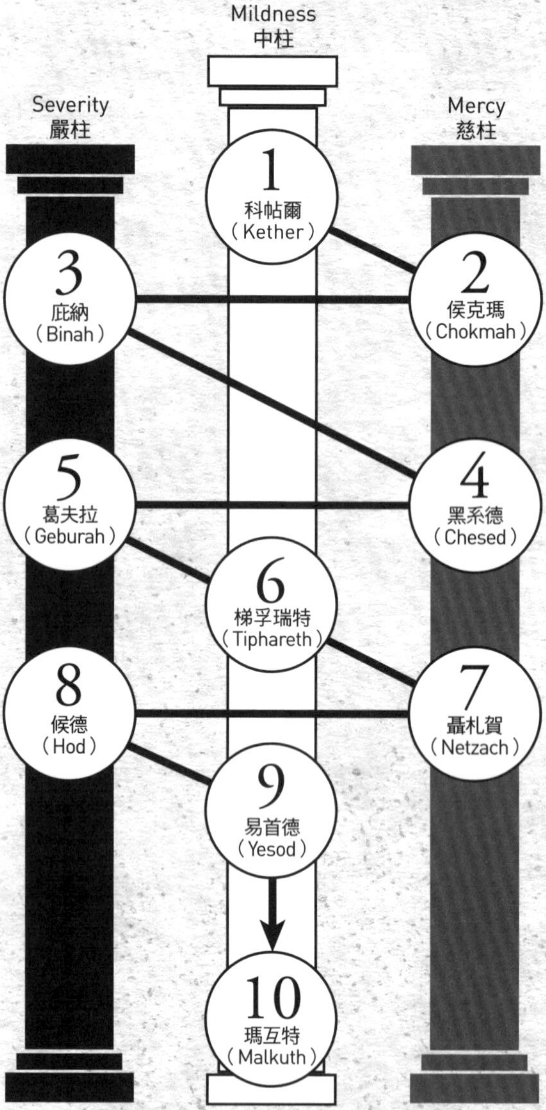

圖一：三柱與力量的向下傳遞——通往水平極性的關鍵

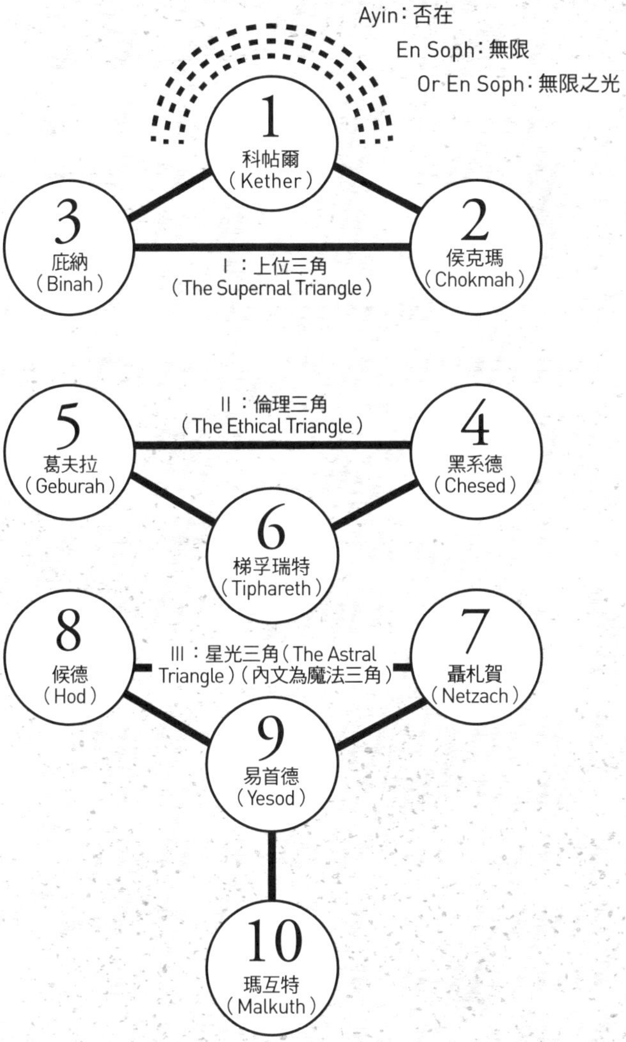

Ayin：否在
En Soph：無限
Or En Soph：無限之光
1
科帖爾
（Kether）
3
庇納
（Binah）
2
侯克瑪
（Chokmah）
I：上位三角
（The Supernal Triangle）
II：倫理三角
（The Ethical Triangle）
5
葛夫拉
（Geburah）
4
黑系德
（Chesed）
6
梯孚瑞特
（Tiphareth）
8
候德
（Hod）
7
聶札賀
（Netzach）
III：星光三角（The Astral Triangle）（內文為魔法三角）
9
易首德
（Yesod）
10
瑪互特
（Malkuth）

圖二：三組三角形——通往垂直極性的關鍵

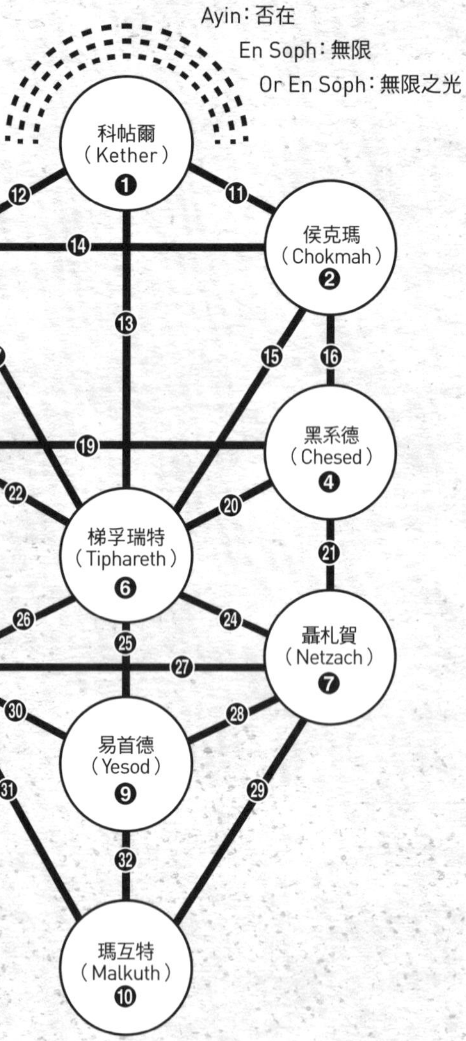

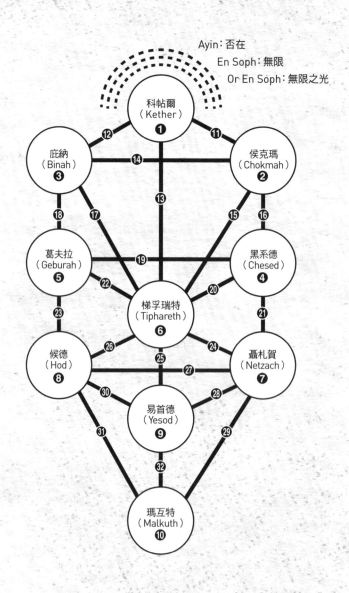

圖三：生命之樹與三十二條路徑——通往主觀經驗的關鍵

THE MYSTICAL QABALAH

DION FORTUNE

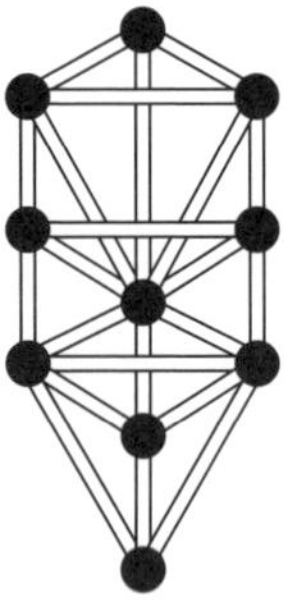

祕法卡巴拉

出 版／楓樹林出版事業有限公司
地址／新北市板橋區信義路163巷3號10樓
郵 政 劃 撥／19907596 楓書坊文化出版社
網址／www.maplebook.com.tw
電話／02-2957-6096　傳真／02-2957-6435
作者／荻恩・佛瓊
翻譯／邱俊銘
責任編輯／陳依萱
校對／鄭秋燕
港澳經銷／泛華發行代理有限公司
定價／900元
出版日期／2021年3月

國家圖書館出版品預行編目資料

祕法卡巴拉 / 荻恩・佛瓊作 ; 邱俊銘翻譯 . -- 初版 . -- 新北市 : 楓樹林出版事業有限公司 , 2021.03　面 ;　公分

譯自 : The mystical Qabalah.

ISBN 978-986-5572-04-4（精裝）

靈修

192.1　109019411